老子道德经的人生智慧

杨　萍　编著

汕頭大學出版社

图书在版编目 (CIP) 数据

老子道德经的人生智慧 / 杨萍编著 . — 汕头：汕头大学出版社 , 2022.6
ISBN 978-7-5658-4709-7

Ⅰ . ①老… Ⅱ . ①杨… Ⅲ . ①道家—人生哲学—通俗读物 Ⅳ . ① B223-49

中国版本图书馆 CIP 数据核字（2022）第 104793 号

老子道德经的人生智慧

LAOZI DAODEJING DE RENSHENG ZHIHUI

编　　著：杨　萍
责任编辑：邹　峰
责任技编：黄东生
封面设计：郭宝鹰
出版发行：汕头大学出版社
广东省汕头市大学路 243 号汕头大学校园内　邮政编码：515063
电　　话：0754-82904613
印 刷 厂：廊坊市印艺阁数字科技有限公司
开　　本：787mm × 1092mm　1/16
印　　张：25.25
字　　数：627 千字
版　　次：2023 年 10 月第 2 版
印　　次：2023 年 10 月第 2 次印刷
定　　价：59.80 元
ISBN 978-7-5658-4709-7

序言1

非常开心看到杨萍老师的初稿，能够这样逐字逐句引领同学们精读《老子道德经》，非常赞叹。

在弘扬二十大精神开展自我革新主题教育的今天，如何引领和带动大家自觉自强不息，是每一位探索践行自强不息学子的内心期盼。本书自胜者强篇通过逐字逐句学习经文尽己章第三十三，润物细无声地认真解答了这个问题，并于争做上士篇提出了立志君子圣贤、努力知行合一、尽力自我超越的具体方法，可喜可贺！

尤其赞赏绪论中对揖让拱手礼的解读。我们平时在日常见面的时候，大家相见的时候，常常有一些尴尬，男女之间、上下级之间，有时候，这个拱手礼，会显得非常自然，显得非常有内涵。我就常常看到，有些人主动地把手伸出去以后，另外一个没反应过来，或者没有伸过手去，让对方很尴尬。拱揖礼就不一样了，如果大家一群人见面，如果参加一个会议，见到一批朋友，使用拱手礼作揖礼给大家打招呼，就非常自然。而握手礼就不行，一一握手，落下哪一个都不好，而且人多了以后显得非常繁琐。所以无论是从哪个角度来讲，这个拱揖礼，都非常值得传承，这个非常有意义。绪论对揖让拱手礼的解读，发掘出了揖让拱手礼的学术价值，不但可以有效去除人们的诸多顾虑、担心和疑问，而且可以有效提升民族自信心和自豪感，深感欣慰。

“祭不欲数，数则烦，烦则不敬。祭不欲疏，疏则怠，怠则忘。”祭祀如此，相见礼也是如此。“礼也者，理也。”一定要先把握好“礼”的繁简，先推广开来，再讲究和提升准确度。

挚诚希望大家共同努力，为弘扬祖国优秀传统文化添砖加瓦！

杨朝明

2022年2月15日初稿

2023年4月15日修订

序言2

在学校领导和礼仪学会的支持下，杨萍老师编著的《老子道德经的人生智慧》终于结集成书付梓问世了。在此，对于她自强不息刻苦努力的精神我由衷佩服，对她取得的丰硕成果表示诚挚祝贺。

尤为赞叹本书绪论《揖让拱手 道德起修》一节对传承揖让拱手礼的解析和论述。“揖让拱手”原指我古代华夏宾主相见所行的礼节，起始于尧舜时期，借此表达友情传递善意。后来经过几千年的实践传承，又增加了“礼乐文德”和“禅让于贤”等新的含义,随历史变迁不断演化,发展至今则专指社交礼仪中的一种很文明特优雅的行礼方式。

为发扬中华文明宏扬揖让拱手礼节，杨萍老师坚忍不拔锲而不舍，在青岛市礼仪学会工作中经过她和团队三年多认真宣传努力推广,民间的拱揖之礼渐入人心初见成效。事有凑巧,在此期间“冠状病毒”爆发渐致猖獗，人们传统的见面礼方式受到制约，不得不寻觅新的表达方法，于是欧美出现了“碰肘礼”，在我国也为推行“揖让拱手”见面礼仪创造了机遇。

面对东西方“见面礼”文化碰撞竞争的现实,激发了杨萍老师时不我待大力弘扬国学精神的使命感和紧迫感，决心从学术上、理论上论证赓续“拱揖礼”的内涵和价值，中华文明得以传承发扬光大，更好地为人民群众的现实生活服务。杨萍老师以绪论《揖让拱手 道德起修》这一节为契机，孜孜求索，还完成了《揖让拱手 礼义之邦》初稿，全书共分三个章节，《揖让拱手 天下归仁》、《揖让拱手 起自尧舜》和《拱揖治国 礼义之邦》。虽然书稿《揖让拱手 礼义之邦》还没有出版问世，但章节段落详细阐述了中国礼义,字里行间抒发着强烈的民族感情,细看下来等于接受了一堂见习中华礼仪文明的必修课，内容丰富美不胜收,让人诚感受益匪浅。相信这本书发行之后能够达到初衷祈望，既展现中华礼仪含蓄动人之美，又传达我们这个古老又年轻民族感人的温度，让它感动更多的人行动起来，在建设人类命运共同体的奋斗中发挥应有的作用。

胡延森

2022年2月15日初稿

2023年4月15日修订

自 序

老子是公认的“百家之祖”，圣人孔子拜见老子后感叹：“老子其犹龙邪！”圣人庄子在《天下·章五》中钦服：“关尹老聃乎，古之博大真人哉！”

01

千百年来，学习和研究老子《道德经》的人，上至帝王将相，下至山野村夫，古今中外不计其数。

中国古代四位皇帝唐玄宗李隆基、宋徽宗赵佶、明太祖朱元璋、清世祖爱新觉罗·福临，都曾亲自注解《道德经》。唐太宗李世民让举国上下臣民都学习《道德经》，将《道德经》原理应用于日常生活工作中，以《道德经》为治理国家的根本原则，创造了大唐盛世。

毛泽东主席对《道德经》深有涉猎，在发言、谈话、文章中每每引用老子名言，并十分重视对老子思想的研究。毛主席对《道德经》爱不释手，每到一处必带《道德经》。

孙中山晚年曾说：“中国古代老子的政治哲学，实在比西方好。”

美国政坛称老子为“总统之师”。1988年，时任美国总统的里根，在他的《国情咨文》中引用“治大国若烹小鲜”，使《道德经》顿时身价倍增，出版社争相出版。奥巴马也多次表明，他当选为美国总统的很大帮助来源于老子《道德经》。

联合国秘书长潘基文曾说：“‘天之道，利而不害；圣人之道，为而不争’，这样才能处理国际关系。”

俄罗斯前总统梅德韦杰夫在2008年国际论坛上说：“俄罗斯应该用中国老子的智慧走出经济危机。”并说：“得与亡孰病？是故甚爱必大费，多藏必厚亡。知足不辱，知止不殆，可以长久。可应对当下金融危机。”

德国前总理施罗德在任时，曾在电视讲话中呼吁每个德国家庭买一本《道德经》，可帮助人们解决思想上的困惑。

习近平主席深谙老子之道。2014年4月1日，他引用的经文“图难于其易，为大于其细。天下难事，必作于易；天下大事，必作于细”从欧盟总部传向全世界。随后在各级各类讲话中，还多次引用“圣人无常心，以百姓之心为心”“祸莫大于不知足，咎莫大于欲得，故知足之足常足也”“吾有三宝，一曰慈、二曰俭，三曰不敢为天下先”“治大国若烹小鲜”“是以圣人去甚、去奢、去泰”“合抱之木，生于毫末；九层之台，起于累土”“多言数穷，不如守中”，等等。习主席深悟“无”的内涵，2019年3月，当被问及担当中国领袖的感受时，回答说：“这么大一个国家，责任非常重、工作非常艰巨。我将无我，不负人民。我愿意做到一个‘无我’的状态，为中国的发展奉献自己。”并说：“一个举重运动员，最开始只能举起50公斤的杠铃，经过训练，最后可以举起250公斤。我相信可以通过我的努力、通过全中国13亿多人民勠力同心来担起这副重担，把国家建设好。我有这份自信，中国人民有这份自信。”

02

老子的思想声名远播，影响巨大。据联合国教科文组织统计，在世界各国经典名著中，《道德经》是被翻译成最多种语言、发行量最大的传世经典。2018年，老子《道德经》的译注总量超越《圣经》，位居世界第一。

古今中外，老子《道德经》激励了一代又一代的人们立身行道，自我超越，成为各行各业的泰斗和翘楚。

1910年，德国人尤利斯·噶尔在其著作《老子的书——来自最高生命的至善教诲》中说：“也许是老子的那个时代没有人真正理解老子。或许真正认识老子的时代至今还没有到来，老子已不再是一个人，不再是一个名字了。老子，他是推动未来的能动力量。他比任何现代的，都更加具有现代意义。他比任何生命，都具有生命的活力。”

德国学者克诺斯培说：“解决我们时代的三大问题（发展、裁军和环保），都能从老子那里得到启发。”德国诗人柯拉邦德1919年写了《听着，德国人》一文，在这篇文章中他号召德国人应当按照“神圣的道家精神”来活，要争做“欧洲的中国人。”

美国学者芭莉娅说：“老子的智能是人类的智能。在美国历史上似乎还找不到像老子这样大彻大悟的哲学家。”

美国著名哲学家史学家威尔·杜兰在《世界文明史》中说：“除了老子《道德经》外，我们将要焚毁所有书籍，而在老子《道德经》中寻得智慧的摘要。”

美国著名学者蒲克明说：“当人类隔阂泯除，四海成为一家时，老子《道德经》将是一本家传户诵的书。”英国著名诗人约翰·高尔：“老子《道德经》的意义永无穷尽，通常也是不可思议的。它是一本有价值的关于人类行为的教科书。这本书道出了一切。”

美国哈佛大学教授泰勒·本沙哈《幸福超越完美》：“极力推崇老子的顺其自然，并建议中国所有的学校、企业人员都应该好好读读老子《道德经》。”

德国著名哲学家叔本华：“《道德经》是一种关于理性的学说，理性是宇宙的内在秩序或万物的固有法则，是太极，即高高在上的载着所有椽子，而且是在它们之上的顶梁”，“太极，实际上就是无所不在的世界心灵”，“理性是道，即路径，也就是通向福祉，即通向摆脱世界及其痛苦的路径，这条路径的尽头便是无所不在的心灵世界”。

在美国著名物理学家爱因斯坦家里的一个书架上，发现了一本已经被翻烂的德文版老子《道德经》。20世纪最著名的英国摇滚乐队披头士将老子《道德经》四十七章改编成歌曲The Inner Light。美国好莱坞影星莎朗·史东，凭着老子《道德经》走出了离婚阴影，重塑生活信心。日本著名企业家“经营之神”松下幸之助，“把《孙子兵法》用在销售上，把《大学》用在管理上，把最难懂的老子《道德经》用在最重要的领导层上”。并说：“我并没有什么秘诀，我经营的唯一方法是经常顺应自然的法则去做事。过分追求欲望的结果是，不仅不能感到舒适，反而会感到痛苦，丧失自我。”

03

鲁迅说：“不读老子《道德经》一书，就不知中国文化，不知人生真谛。”要实现人的全面、健康发展，需要人文素养作基石。老子《道德经》作为大雅之学将深刻影响人们人文素养的细度、密度和高度。本课程的开设在倡导中华民族伟大复兴和文化兴国策略的今天，意义尤为深远。

伴随二十大的胜利召开，党中央关于自我革命和自我革新的理念正以主题教育的方式激励华夏子民，这恰恰与《道德经》许多经文深深契合。可以说《道德经》处处在循循善诱指点我们匡正自我言行，例如：“上善若水，水善利万物而不争。”“金玉满堂，莫之能守；富贵而骄，自遗其咎。功遂身退，天之道也。”“不自见，故明；不自是，故彰；不自伐，故有功；不自矜，故长。夫唯不争，故天下莫能与之争。”“企者不立；跨者不行；自见者不明；自是者不彰；自伐者无功；自矜者不长。”“知人者智，自知者明。胜人者有力，自胜者强。”“祸莫大于不知足，咎莫大于欲得。”“修之于身，其德乃真；修之于家，其德乃馀；修之于乡，其德乃长；修之于国，其德乃丰；修之于天下，其德乃普。”“祸兮福之所倚，福兮祸之所伏”“天下难事，必作于易，天下大事，必作于细。”“轻诺必寡信”“合抱之木，生于毫末；九层之台，起于累土；千里之行，始于足下。”“慎终如始，则无败事”“祸莫大于轻敌，轻敌几丧吾宝。”“信言不美，美言不信。善者不辩，辩者不善。知者不博，博者不知”等等。其散发的智慧光芒时刻像太阳一样照耀我们心田。

本书正是基于自我匡正自我超越和自我革新的角度，特意选择自胜者强篇、争做上士篇、厚德载物篇、立身行道篇和从善如流篇进行精读，力图给出积极的建议。

04

本书将重点精读观妙章第一、尽己章第三十三、处厚章第三十八、闻道章第四十一、善建章第五十四等。

为引领更多学子领悟自修，本书特意选取最负盛名的《老子道德经憨山注》和宋龙源《太上道德经讲义》，进行逐句解析。

《老子道德经憨山注》由被誉为曹溪中兴祖师的憨山弘觉禅师注释，憨山大师为明代四大高僧之一，精通儒释道，主张三学融合，思想与禅宗六祖惠能相契，其功德巍巍为后人敬仰。他认为：“儒释道三教，俱以先破我执为第一步工夫。世人尽以我之一字为病根。贪欲为本、皆为我故。孔子观见世人病根在此，故使痛绝之，曰毋意毋必毋固毋我。意者，生心。必者，待心。固者，执心。我者，我心。毋者，禁绝之辞。教人尽绝此意必固我四者之病也。身心两忘、与物无竞，此圣人之心也。世人所以不能如圣人者，但有意必固我四者之病，故不自在，动即是苦。毋字便是斩截工夫。老子专以破执立言，要人释智遗形、离欲清净。然所释之智乃私智，即意必也。所遗之形，即固我也。所离之欲，即己私也。清净则廓然无碍、如太虚空，即孔子之大公也。是知孔老心法未尝不符。”

《憨山大师警世歌》内容如下：

红尘白浪两茫茫　忍辱柔和是妙方　到处随缘延岁月　终身安分度时光

休将自己心田昧　莫把他人过失扬　谨慎应酬无懊恼　耐烦作事好商量
从来硬弩弦先断　每见钢刀口易伤　惹祸只因闲口舌　招愆多为狠心肠
是非不必争人我　彼此何须论短长　世事由来多缺陷　幻躯焉得免无常
吃些亏处原无碍　退让三分也不妨　春日才看杨柳绿　秋风又见菊花黄
荣华终是三更梦　富贵还同九月霜　老病死生谁替得　酸甜苦辣自承当
人从巧计夸伶俐　天自从容定主张　谄曲贪嗔堕地狱　公平正直即天堂
麝因香重身先死　蚕为丝多命早亡　一剂养神平胃散　两盅和气二陈汤
生前枉费心千万　死后空留手一双　悲欢离合朝朝闹　寿夭穷通日日忙
休得争强来斗胜　百年浑是戏文场　顷刻一声锣鼓歇　不知何处是家乡

此《警世歌》让人想起清代学者金缨《格言联璧》的名句“静坐常思己过，闲谈莫论人非。能受苦乃为志士，肯吃亏不是痴人”。其谆谆教导，无不闪烁着“行有不得，反求诸己”的古训和智慧。六祖曰：“恩则亲养父母，义则上下相怜；让则尊卑和睦，忍则众恶无喧；若能钻木取火，淤泥定生红莲；苦口的是良药，逆耳必是忠言；改过必生智慧，护短内心非贤。”敬佩！

宋龙源《太上道德经讲义》为金莲正宗龙门法派第七代龙渊子宋常星注解，第二十三代玄裔清霞子陈振宗校印，被清圣祖仁皇帝（康熙）尊为天书，并命以五龙铜板制印，价值远超和璧隋珠，弥足珍贵。康熙亲自作序赞曰：“其言洞彻，秘义昭融。见之者如仰日月于中天，悟之者如探宝珠于沧海。”

宋龙源认为：“道一，流行于天地，便是五行四象。流行于人事，便是三纲五常。流行于身心，便是性命魂魄。仁义礼智，为万物总会之理、万理总会之源。添之不得，减之不得。修道之人，若能认得此一，则万事备矣。”

这与道家第十祖张三丰的观点异曲同工。张三丰认为，仁义礼智信与金木水火土和肝肺心脾肾是一一对应的，他在《五德篇》中说：“仁属木也，肝也；义属金也，肺也；礼属火也，心也；智属水也，肾也；信属土也，脾也。心有五德，身有五经，天地有五行，皆缺一不可。心无仁者必无养育之念，其肝已绝，而木为之槁枯；心无义者必无权宜之思，其肺已绝，而金为之朽钝；心无礼者必无光明之色，其心已绝，而火为之衰熄；心无智者必无清澄之意，其肾已绝，而水为之昏涸；心无信者必无交孚之情，其脾已绝，而土为之分崩。”所以，“德包乎身，身包乎心，身为心用，心以德明，是身即心，是心即身，是五德即五经，德失经失，德成身成，身成经成，而后可以参赞天地之五行”。

所以，匡正自我便有了可以自我对照、自我纠正的依据参考，以下两个表格取自熊春锦2009年在团结出版社出版的《道医学》：

五德完备的重要特点

五德	仁	礼	信	义	智
道德特征	仁慈柔容	明理识法	诚信因果	善待万物	谦恭处下
外在表现	仁德慈柔 至善无恶 宽容忍辱 柔和畅达 举止端正 慈怀虚心 博爱万物 主意合德 能立万物	礼德明亮 光明圆通 秉规持范 明白道理 不争不躁 不惑不迷 知时达物 能化万物 不为物拘	信德无疑 忠信诚实 稳重厚道 宽宏敦实 笃信不疑 忠一不二 重视因果 能容能化 能生万物	义德道情 济安拔危 助人为乐 处善聚缘 助弱扶危 果断有力 利生舍己 排忧解难 扶生万物	智德变通 虚怀若谷 处下不争 声色不迷 欲淡不贪 谦虚柔和 不凝不滞 通达调变 能养万物

五德缺失的重要特点

分性／分类	失仁德 阴木性人	失礼德 阴火性人	失信德 阴土性人	失义德 阴金性人	失智德 阴水性人
对人态度	常呛人	常恨人	常欺人	常伤人	常厌人
为人缺点	自傲抗上 不服人管 怒气常生 白眼冷对	性情急躁 无理争胜 虚荣爱美 记恨憎人	猜忌多疑 蠢笨蛮横 疑神疑鬼 埋怨人非	残忍妒忌 虚伪好辩 口舌是非 恼人自责	愚鲁迟钝 多愁善感 忧虑自生 自寻烦恼
易患疾病	怒气伤肝 气滞血瘀 头晕眼花 四肢麻木 胸闷腹胀 耳鸣牙痛 瘫痪中风	恨人伤心 神志紊乱 失眠颠狂 五心烦热 忡悸健忘 上焦气滞 音哑疔疮	怨人伤脾 消化系病 胸闷腹胀 嗳气吞酸 胃肠溃疡 腹痛吐泻 虚弱气短	恼人伤肺 呼吸系病 口舌溃疡 咽喉疾病 气喘咳嗽 肺痨咳血 皮肤发疾	烦人伤肾 泌尿系病 生殖障碍 骨质病变 腰腿病痛 阳萎遗精 耳聋耳鸣

05

为引领学子彻悟经意，本书还借用《说文解字》和《康熙字典》，逐字逐句格物字义，尽力发觉经文的深层内涵，从而激发学子坚定树立见贤思齐的内圣志向，不断提升自己的心灵层次，自觉升华自己的人格精神，拓宽自己的胸襟气度，进而不断超越自我。

在仔细校对经文的每一个文字时，再一次被中国汉字的魅力所震撼，一字一世界，一笔一乾坤，难怪仓颉造字能够感天动地，实在是太伟大了！深切感受到，如果有一天全世界统一文字的话，一定是我中华汉字！

文字学家许慎在《说文解字·序》中指出："盖文字者，经艺之本，王政之始，前人所以垂后，后人所以识古。"文字是智慧传承的重要载体，可以超越时空、跨越古今。要复兴传统文化、传承经典智慧，汉字使命在肩责无旁贷。

比方说经文中的"仁"字，本身就是"揖让拱手礼"，这次终于明白为什么古代圣君会"垂拱而治"，原来这个相见礼的"像"就是在传承仁义！如今新冠疫情肆虐全球，握手礼已经不合时宜，或许传承揖让拱手礼复兴仁义美德更合适请看：《说文解字注》曰："仁，亲也。仁也读如相人偶之人。以人意相存问之言。大射仪。揖以耦。人偶者，谓以人意尊偶之也。礼注云。人偶相与为礼仪皆同也。按人耦犹言尔我亲密之词。独则无耦。耦则相亲。故其字从人二。孟子曰。仁也者，人也。谓能行仁恩者人也。又曰。仁，人心也。谓仁乃是人之所以为心也。"其中的"揖以耦（ǒu耕广五寸为伐16.6cm。二伐33cm为耦）"说的就是揖礼，就是把合拢于胸前的两手推出去，正好距离胸前为33cm左右。可见，揖礼是内心"仁"的外在表现，宏传揖礼就是宏传仁义。

在校对过程中，作者还深刻体会到繁体字的独特魅力，如果粗暴地将繁体字转化为简化字，就直接影响了对经文的理解。例如，经文"修之于家，其德乃馀"的"餘（馀）"，是"饶"的意思，如果更改为简化字"余"，就不能正确理解经文了。所以本书最终决定尊重《说文解字》和《康熙字典》原典，对原典引用尽可能使用繁体字，对经典解读则普遍使用简化字。

另外，遵照经典统摄群生、总览全局的特点，本书除了可以启发大学生领悟道旨之外，对促进准父母树立以身作则积极向上人生观、促进家长言传身教家教观、促进领头人洪范威仪的示范观、促进各界平等交融的公心观等等，都会大有裨益。

本书因作者才疏学浅，虽然已经尽心，但一定会有不当和错谬之处，恳请广大读者谅解并不吝赐教！

总之，纵然高山仰止，也不足以表达我们对圣人的敬意和崇拜；纵然泰山北斗，也无以表达我们对圣人的钦佩和景仰！假如本书能够给您带来喜悦，完全仰赖圣人的智慧与光芒；假如本书能够助您降服自我，完全仰赖圣人的启发与鼓励；假如本书能够真的引人入胜，也完全仰赖圣人的启迪与启示。

挚诚祝愿您与老子合德，与圣人契心，从我做起，从现在做起，立志学做圣贤，天天立身行道，时时内省自胜！

作者于青岛龙泽书苑
初稿于2021年3月9日
终稿于2021年8月18日
修订于2023年4月15日

目　录

绪论：揖让起修　见贤思齐

0.1　揖让拱手　道德起修

0.1.1　揖让传承仁义，礼敬亲仁

【说文解字并康熙字典0-1】仁

忎小篆

𡰥小篆

【說文解字】仁，親也。從人從二。忎，古文仁從千心。𡰥，古文仁或從尸。如鄰切〖注〗臣鉉等曰：仁者兼愛，故從二。

清代段玉裁【說文解字注】親也。見部曰。親者，密至也。從人二。會意。中庸曰。仁者，人也。注。仁也讀如相人偶之人。以人意相存問之言。大射儀。揖以耦（ǒu耕廣五寸為伐16.6cm。二伐33cm為耦）。注。言以者，耦之事成於此意相人耦也。聘禮。每曲揖。注。以相人耦為敬也。公食大夫禮。賓入三揖。注。相人耦。詩匪風箋雲。人偶能烹魚者。人偶能輔周道治民者。正義曰。人偶者，謂以人意尊偶之也。論語注。人偶同位人偶之辭。禮注雲。人偶相與為禮儀皆同也。按人耦猶言爾我親密之詞。獨則無耦。耦則相親。故其字從人二。孟子曰。仁也者，人也。謂能行仁恩者人也。又曰。仁，人心也。謂仁乃是人之所以為心也。與中庸語意皆不同。

【釋名】忍也。【易·乾卦】君子體仁，足以長人。

【禮·禮運】仁者，義之本也，順之體也。得之者尊。

果核中實有生氣者亦曰仁。【程顥曰】心如穀種。生之性，便是仁。

【方書】手足痿痺為不仁。（痹《說文》溼病也。《正字通》內經曰：風寒溼三氣雜至，合而為痹。風氣勝者為行痹，寒氣勝者為痛痹，溼氣勝者為著痹。注：

風屬陰中之陽，善行而數變，凡走注曆節之類，俗名流火是也。陰寒之氣，乘於肌肉筋骨，則凝閉不通，故為痛痹，卽痛風也。著痹者，重著不移，濕從上化，故病在肌肉，不在筋骨也。有心痹，肺痹，肝痹，腎痹，腸痹，胞痹。凡痹之類，逢寒則急，逢熱則縱。言寒則筋攣，故急。熱則筋弛，故縱也。程子曰：醫書以手足痿痹為不仁。

【歐陽修·送吳子京南歸詩】我笑謂吳生，爾其聽我言。顏回不貳過，後世稱其仁。

【六書正譌】**元，從二從人。仁則從人從二。在天為元，在人為仁。人所以靈於萬物者，仁也。**

"仁"字玄机：

（1）"'元'从二从人。'仁'则从人从二。在天为元，在人为仁。人所以灵于万物者，仁也。"所以，孔子思想以"仁"为核心。

（2）"仁"的本义为"亲"。而至亲为父母，所以百善孝为先。

（3）"仁者，人也""仁者兼爱"，所以孔子教导我们说"仁者，爱人"。

（4）古文仁（忎）從千心，所以"仁，人心也""仁乃是人之所以为心也""谓能行仁恩者人也"，由此可以效法天地圣贤，把对至亲的仁爱推广到对所有人的仁爱，所以《易》曰："君子体仁，足以长人。"

（5）"仁者，义之本也，顺之体也。得之者尊"，所以"果仁者，人多畏"。

（6）"心如谷种，生之性，便是仁"，果核中实有生气者亦曰"仁"，所以"仁"符合生生之道。

（7）"仁，从人从二，会意""仁也读如相人偶之人，以人意相存问之言"，为表达"仁"意，古代以揖让拱手礼"以相人耦为敬"，"揖以耦（ǒu耕广五寸为伐16.6cm。二伐33cm为耦）"说的就是揖礼，就是把合拢于胸前的两手推出去，正好距离胸前为33cm左右。认为"人耦犹言尔我亲密之词，独则无耦，耦则相亲"，认为"人偶能辅周道治民者"。

（8）揖礼是内心"仁"的外在表现，宏传揖礼就是宏传仁义。

【说文解字并康熙字典0-2】义

【說文解字】義，**己之威儀也**。從我羊。羛，《墨翟書》義從弗。魏郡有羛陽鄉，讀若錡。今屬鄴，本內黃北二十裡。宜寄切〖注〗臣鉉等曰：此與善同意，故從羊。

清代段玉裁【說文解字注】己之威義也。言己者，以字之從我也。己，中宮。象人腹。故謂身曰己。義各本作儀。今正。**古者威儀字作義。今仁義字用之。儀者，度也。今威儀字用之。誼者，人所宜也。今情誼字用之。**鄭司農注周禮肆師。**古者書儀但為義。今時所謂義為誼。是謂義為古文威儀字。誼為古文仁義字。**故許各仍古訓。而訓儀為度。凡儀象，儀匹，引申於此。非威儀字也。古經轉寫既久。肴雜難辨。據鄭，許之言可以知其意。威義古分言之者，如北宮文子云**有威而可畏謂之威，有儀而可象謂之義**，詩言令義令色，無非無義是也。威義連文不分者，則隨處而是。但今無不作儀矣。毛詩。威義棣棣。不可選也。傳曰。君子望之儼然可畏。禮容俯仰各有宜耳。棣棣，富而閑習也。不可選，物有其容不可數也。**義之本訓謂禮容各得其宜。禮容得宜則善矣。故文王，**我將毛傳皆曰。**義，善也。引申之訓也。**

"义"字玄机：

（1）"义"乃"己之威仪"，有"法度"的内涵，有"善"的内涵。所以，宏传揖礼，可以无言而身教，令行礼之人心存善念，按照内心的仁义"法度"去互相敬爱。

（2）"义"的本意是礼容得宜，所以风度翩翩、仪表堂堂、容止端庄等等，都属于"义"的内涵范畴。

（3）"谊"为古文仁"义"字，"谊"乃人之所宜，就是符合道义、正义、规律的情谊，也就是按照道义应该去表达的情谊。

0.1.2 传承推让谦让美德，见贤思齐六合同风

【说文解字并康熙字典0-3】拱

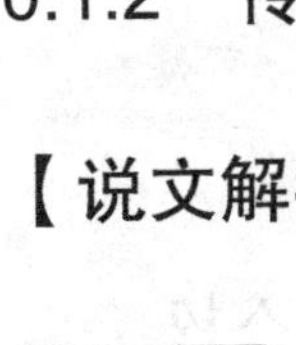

【說文解字】拱，**斂手也**。从手共聲。居竦切。

【說文解字注】斂手也。斂當作撿。與下篆相聯爲文。**尚書大傳曰。拱則抱鼓。皇侃論語疏曰。拱、沓手也。**九拜皆必拱手而至

地。立時敬則拱手。如檀弓孔子與門人立拱、論語子路拱而立、玉藻臣侍於君垂拱是也。行而張拱曰翔。**凡拱不必皆如抱鼓也。推手曰揖，則如抱鼓**。拜手，則斂於抱鼓。稽首頓首，則以其斂於抱鼓者下之。引手曰厭，則又較斂于拜手。**凡沓手、右手在內。左手在外。是謂尚左手。男拜如是。男之吉拜如是。喪拜反是。左手在內。右手在外。是謂尚右手。女拜如是。女之吉拜如是。丧拜反是。**丧服记。袪尺二寸。注曰。袪、袖口也。尺二寸足以容中人之併两手也。吉时拱尚左手。丧时拱尚右手。合内则奔丧、檀弓尚左尚右之文绎之。可以知拱时沓手之宜矣。**拱古文假借作共。乡饮酒礼注曰。共，拱手也。**○尚书大传注曰。两手搤（è扼）之曰拱。然则桑穀一暮大拱、孟子拱把之桐梓皆非沓手之拱。拱之小者也。赵岐云。**合两手**。徐锴云。**两手大指头相拄**。从手。共声。居竦切。九部。
【书·武成】垂拱而天下治。【注】垂衣拱手也。【礼·玉藻】凡侍于君垂拱。【疏】沓手也。身俯则宜手沓而下垂也。又【尔雅·释诂】执也。【注】两手合持为拱。

"拱"字玄机：

（1）"沓手""两手合持""两手大指头相拄"，都是"拱"的动作内涵。

（2）"凡拱不必皆如抱鼓"，但与拜礼结合时，最好"拱则抱鼓"。

（3）《尚书》记载的武王"垂拱而天下治"，说的就是武王以揖让拱手礼以身示范，传承揖让谦让美德。

（4）如果两手交叠成"沓手"，则讲究男左女右，而且红白喜事不一样，具体要求是"凡沓手、右手在内。左手在外。是謂尚左手。男拜如是。男之吉拜如是。喪拜反是。左手在內。右手在外。是謂尚右手。女拜如是。女之吉拜如是。丧拜反是。"

（5）"凡拱其手使前曰揖"，所以，拱手礼的实质是揖礼。请看说文解字"揖"：

【说文解字并康熙字典0-4】揖

【說文解字】**揖，攘也**。從手咠聲。一曰手箸胷曰揖。伊入切。
【說文解字注】攘也。攘汲古閣改作讓。誤。此與下文攘推也相聯爲文。鄭禮注云。**推手曰揖。凡拱其手使前曰揖。凡推手小下之爲**

土揖。推手小舉之爲天揖。推手平之爲時揖也。成十六年。敢肅使者。則若今人之長揖。從手。咠聲。伊入切。八部。一曰手箸匈曰揖。此別一義。上言揖以爲讓。謂手遠於胸。此言手箸於胸曰揖者。箸直略切。禮經有揖有厭。厭一涉切。推手曰揖。引手曰厭（yàn）。推者，推之遠胸。引者，引之箸胸。如鄉飲酒。主人揖先入。此用推手也。賓厭衆賓。此用引手也。謙若不敢前也。今文厭皆作揖。則今文禮有揖無厭。許君於禮或從古文。或從今文。此手箸胸曰揖。葢於此從今文。不從古文。是以統謂之揖介。推手引手隨宜而用。今人謙讓亦兼有此二者。周禮疏，儀禮疏厭或作撎。謁字不可從。

【六書故】拱手上下左右之以相禮也。【儀禮·鄉飲酒禮賓厭介注】推手曰揖，引手曰厭。

【詩詁】上手當曰厭，謂手厭於胷，引手當曰揖，下手曰拜。

【周禮·秋官·司儀】土揖庶姓。時揖異姓。天揖同姓。【注】土揖，推手小下之也。時揖，平推手也。天揖，推手小舉之也。

【前漢·高帝紀】酈生不拜長揖。【注】長揖者，手自上而極下。

進也。【禮·玉藻】進則揖之，退則揚之。【注】揖之謂小俯也。揚之謂小仰也。

三揖，卿大夫士也。【左傳·哀二年】三揖在下。

又成也。又與輯通。【史記·秦始皇紀】普天之下，摶心揖志。【前漢·郊祀志】揖五瑞。【注】合也。

"揖"字玄机：

（1）"揖，让也"，说明揖礼表达的恰恰是君子的"谦让""推让"美德。

（2）"手箸胷曰揖"，说明揖礼的起始动作是两手像手握筷子一样抱合于胸前，这个动作也叫"拱"。

（3）"推手曰揖""凡拱其手使前曰揖""推者，推之远胸"，说的是把合抱于胸前的两手顺势向前推出，不必推到尽头，呈抱鼓状态就行，这个抱鼓的姿势也叫"拱"。古代根据行礼致敬的对象不同，姿势略有不同，行揖让拱手礼时，"凡推手小下之为土揖。推手小举之为天揖。推手平之为时揖也"，即：对待晚辈或小朋友，如果对方个子矮小，还礼时可以朝向他拱手的方向斜向下前推；对待平辈或朋友，水平前推；对待长者、长辈、上级，斜向上前推。行礼的同时，嘴上可以配合称呼和问候，如"您好""认识您很高兴"等等。

（4）"引手曰厌""引者，引之箸胸"，说的是拱手推出问候之后，把双手收回胸前。至此揖让拱手礼礼毕。如果意犹未尽，可以连续3次行礼问候。

（5）总结："揖"起始动作是两手合于胸前（拱手），然后往外推出（揖），动作完成后，双手再回到胸前，可以连续行礼三次，礼毕，双手从胸前自然放下。这样就把"拱"与"揖"有机联系起来了。所以，民间所称的"拱手礼""作揖礼"都是这个动作，为顺应民意，咱们可以统称为"揖让拱手礼"。

"手箸胸曰揖"启发："箸"就是筷子。筷子的长度为七寸六分，代表人的七情六欲，启发我们要学会掌控自己的七情六欲；筷子一头圆一头方，圆象征天，方象征地，方圆同体，启发我们要学会内方外圆有分寸；筷子为"一双"，合二根为一双，一是太极，二是阴阳，启发人们要学会胸怀全局、辩证施策；筷子使用讲究配合和协调，一根主动，一根被动，动静结合才能夹住食物，启发人们要学会戮力同心、同舟共济。

揖"字主要内涵是"攘"，"攘"为古"讓"字，就是现在"推让"的"让"。请看：

【说文解字并康熙字典0-5】攘

【說文解字】**攘（rǎng），推也**。從手襄聲。

【說文解字注】推也。**推手使前也。古推讓字如此作**。上曲禮注曰：**攘古讓字**。許云：讓者，相責讓也。攘者，推也。從古也。漢書禮樂志：**盛揖攘之容**。藝文志：**堯之克攘**。司馬遷傳：小子何敢攘。皆用古字。**凡退讓用此字**，引申之**使人退讓亦用此字**，如攘寇、攘夷狄是也。從手襄聲。

"攘"字玄机：

（1）"攘"是揖让拱手礼中推手的动作。

（2）古代"攘"就是现在"推让"的"让"。

（3）"盛揖攘之容"，说的就是盛行揖让拱手礼的景象。

（4）"尧之克攘"，说的是尧帝肩负传承揖让、推让、退让的使命。

（5）古代凡是"退让""使人退让"的"让"都用"攘"字。

【说文解字并康熙字典0-6】讓（让）

【説文解字】讓，相責讓。從言襄聲。人漾切。

【説文解字注】相責讓。經傳多以爲謙攘字。從言。襄聲。人漾切。十部。

【玉篇】謙也。【類篇】退也。【字彙】先人後己謂之讓。【書·堯典】允恭克讓。

【左傳·文元年】卑讓，德之基也。【襄十三年】讓，禮之主也。

【禮·曲禮】君子恭敬撙節退讓以明禮。【疏】應受而推曰讓。

【儀禮·聘禮】賓入門皇升堂讓。【鄭注】讓，謂舉手平衡也。【鄉飲酒禮注】事同曰讓，事異曰辭。

【讀書通】通作攘。【史記·司馬相如·封禪書】進讓之道，何其爽與。【漢書】作進攘。

“讓（让）”字玄机：

（1）让的本义虽然为“相责让”，但经传多以“谦攘”为意，还有“退让”的意思，“应受而推曰让”，“先人后己谓之让”。

（2）让为“德之基”“礼之主”，“君子恭敬撙节退让以明礼”。

（3）让“通作攘”，为揖让拱手礼的推让动作，手推出去后呈“举手平衡”的状态。

《玉篇》曰：“让，谦也。”《韩诗外传》称为“谦德”。《史记·太史公自序》曰：“景公谦德，荧惑退行。”宋王安石《乞皇帝御正殿复常膳表》：“仰窥谦德，志在閔民。”

“谦”在《易经》为谦卦，六爻全部吉祥，承载了全部趋吉的愿望。“谦”的说文解字和康熙字典解释为：

【说文解字并康熙字典0-7】谦

【说文解字】谦，敬也。从言兼声。苦兼切。

【说文解字注】敬也。敬，肃也。谦与敬义相成。从言，兼声。苦兼切。七部。谦或假嗛为之。

（古文）䜊【玉篇】让也。【增韵】致恭也。不自满也。

卦名。【易·谦卦】谦亨，君子有终。【释文】卑退爲义，屈己下物也。【朱子·本义】有而不居之义。【史记·乐书】君子以谦退为礼。【礼·大学】此之谓自谦。【注】谦读为慊。慊之言厌也。【韵会】谦与慊通。

“谦”字玄机：

（1）“谦”的本义为“敬”，《孝经》曰：“礼者，敬而已矣。”所以，谦就是礼敬。

（2）谦，“让也”，“有而不居之义”，“卑退为义，屈己下物也”，所以，《易·谦卦》曰：“谦亨，君子有终。”

（3）揖让拱手礼中，让的动作是由胸前向外推手，谦（厌）的动作就是由外往里收回，所以《礼记·大学》曰：“此之谓自谦。”“谦读为慊，慊之言厌也”。也就是说，谦让美德表现在相见礼中，都是揖让拱手礼，《史记·乐书》曰：“君子以谦退为礼。”

【说文解字并康熙字典0-8】慊

【说文解字】慊，疑也。从心兼声。户兼切。

【说文解字注】疑也。疑者，惑也。故下文受之以惑。今字多作嫌。按女部嫌者，不平于心也。一曰疑也。不平于心爲嫌之正义。则嫌疑字作慊为正。今则嫌行而慊废。且用慊爲歉。非是。又或用慊爲慝。尤非是。**大学。此之谓自谦。注曰。谦读为慊。慊之言猒也。**凡云之言者，皆就字之本音本义而转之。猒足，非慊之本义也。至若郑本周易为其慊于阳。故偁龙焉。郑注云。慊读爲羣公溓之溓。古书篆作立心与水相近。读者失之。故作慊。溓，襍（杂）也。阴谓此上六也。阳谓今消息用事乾也。上六为蛇。得乾气襍似龙。此郑注则易慊为溓。皆不用字之本义也。

通作谦。【礼·大学】此之谓自谦。【注】读为慊。慊之言厌也，谓诚意自足。【朱注】快也，足也。

综上，宏传揖让拱手礼，就是宏传“推让”“谦让”的美德，就是树立学做君子、学做大人、学做大丈夫、学做淑女，就是开阔心胸、见贤思齐，就是亲仁友爱、六合同风。

0.1.3　揖让美德起自尧舜

孟子曰：“孔子曰：‘唐虞禅，夏后殷周继。’”“唐虞”是唐尧虞舜的简称，就是圣人尧舜。《前汉·律历志》曰：“尧嬗以天下。”《前汉·異姓诸侯王表》曰：“舜禹受。”这里的“嬗”“受”都是“禅”的古体字，都是祭祀天地、敬天敬地，把功劳归功于天地的意思，引申之就是推贤尚善的揖让禅让美德。《尚书·尧典第一》有“遂禅之”的记载，详细记载了尧帝“翼善传圣”的故事，盛赞尧舜禅让圣贤，为百代常行之道。《尚书正义》赞曰：“典策既备，因机成务，交代揖让，以垂无为，故为第一也。”

【说文解字并康熙字典0-9】嬗

【說文解字】嬗，緩也。从女亶聲。一曰傳也。時戰切。

【說文解字注】緩也。**今人用嬋字亦作此**。从女。亶聲。時戰切。十四部。一曰傳也。**孟子。孔子曰。唐虞禪。夏后殷周繼**。依許說**凡禪位字當作嬗**。禪非其義也。禪行而嬗廢矣。嬋者、蟬聯之意。

【集韻】**同禪**。【史記·秦楚之際月表】五年之間，號令三嬗。【賈誼·服賦】斡流而遷，或推而還。形氣轉續，變化而嬗。又同善。【說文】吉也。

【说文解字并康熙字典0-10】禪

【說文解字】**禪，祭天也**。從示單聲。時戰切。

【說文解字注】祭天也。從示。單聲。**凡封土爲壇。除地爲墠**。古封禪字葢祇作墠。項威曰。**除地爲墠。後改墠曰禪。神之矣**。服虔曰。**封者，增天之高。歸功於天。禪者，廣土地**。應劭亦云。**封爲增高。禪爲祀地**。惟張晏云。天高不可及。于泰山上立封。又禪而祭之。冀近神靈也。元鼎二年紀云。**望見泰一。修天文禬。禬卽古禪字**。是可證禪亦祭天之名。但禪訓祭天。似當與祡chái爲伍。不當廁此。時戰切。十四部。

【唐韻】【集韻】【韻會】【正韻】時戰切，音繕。封禪。【韻會】**築土曰封**，除地曰禪。古者天子巡守，至於四岳，則封泰山而祭天，禪小山而祭山川。舜典，歲二月東巡守至於岱宗，柴望秩於山川是也。齊桓公欲封泰山，管仲設辭拒之，謂非有符瑞，不可封禪。至秦始皇惑于神仙之說，欲禱祠以求長生，遂以封禪爲異典。項氏曰：除地爲墠，後改曰禪，神之矣。
又代也。禪讓，傳與也。【孟子】唐虞禪。一作嬗。【前漢·律曆志】堯嬗以天下。【師古往】嬗，古禪讓字也。又通作擅。【荀子·正論篇】堯舜擅遜。【注】與禪同。又作僤。【揚子·法言】允哲堯僤舜之重。【注】同禪。又漢書禪多作禮。詳禮字注。

"禅"字玄机：

（1）"禅"本义为祭天。但《续汉书·祭祀志》："禅，祭地于梁阴。"即"除地于梁甫之阴，为墠之祭地也。变墠为禅神之也。""封禅刻石纪号也，是墠为祭地，坛为祭天。"可见，禅的内涵同时含有祭祀天地的意思，这就仿佛"他"包含"她"、"父"包含"母"一样，"祭天"活动也同时不可省略"祀地"活动。

（2）"築土曰封，除地曰禪。古者天子巡守，至於四岳，則封泰山而祭天，禪小山而祭山川。"这里的"築土曰封"就是以土筑"坛"以便"尞祡祭天"。这里的"除地曰禪"就是"除地町町""野治地除草"，也就是除去杂草、平整土地。

（3）"封者，增天之高，归功于天。禅者，广土地"就是归功于天地、效法天地、宽广心胸的意思。

【康熙字典0-11】禮

禮

禮【集韻】時戰切，音繕。祭天也。一曰讓也。【前漢·異姓諸侯王表】舜禹受禮。【韻會】禪，漢書每作禮，後世遂多通用，惟連言墠社壇，則須分別耳。

综上，"嬗""禮""禅"本义都是祭祀天地、效法天地、礼敬天地、归功于天地。祭祀为我国五礼（吉礼、凶礼、军礼、宾礼、嘉礼）之首，为"吉礼"。尧舜体天之道推贤尚善，开创了揖让禅让的先河。

从祭祀天地仪式的内涵象征意义来看，“封者，增天之高，归功于天”就是启发我们要谦虚为怀、开阔心胸，学会把功劳归功于天地、父母、长辈和国家。“禅者，广土地，封为增高，禅为祀地”就是启发我们要善于扩容和耕耘自己的心田，学会宽容大度和厚德载物。

0.1.4 揖让拱手礼的动作要领

要领1：举两手敛收，合于胸前。

（1）“手箸胸曰揖”。

敛收方法多种多样，以孔子画像的“手箸胸曰揖”为最正式、最标准，建议各位家长、教师采用，如图0-1所示。

图0-1 孔子揖礼起式手形

（2）两手重叠，大拇指相触。

（3）民间流行的抱拳礼如图0-2所示。

图0-2 民间流行抱拳礼手形

（4）武术抱拳礼如图0-3所示。

图0-3　武术界抱拳手形

动作溯源依据：

（1）《说文解字·揖》：“手箸胸曰揖。”

（2）《尚书大传注》曰：“两手搤之曰拱。”

（3）宋代陆游《老学庵笔记》：“古所谓揖，但举手而已。”

（4）《说文解字注》：“拱之小者也。趙岐云。合兩手。徐鍇云。兩手大指頭相拄。”

要领2：直身行礼，可以不强求鞠躬，如孔子图像所示。

动作溯源依据：《说文解字注》曰：“凡拱其手使前曰揖。”也就是说，只要把合拢于胸前的两手往外一推，就是“揖”。

所以，室外相见如果条件不允许，不必强求配合鞠躬拜（时间允许、敬仰有加例外，由行礼人自己灵活运用），操作安全、简单、快捷，打消了人们的担心和顾虑。

如果在室内，见到上级或长辈，为表达敬意，可以自自然然在上举推出手后，配合鞠躬拜，此乃敬仰有加，情谊所致，自然而为。

要领3：同辈、平辈、同级行礼，平推手，如图0-4所示。

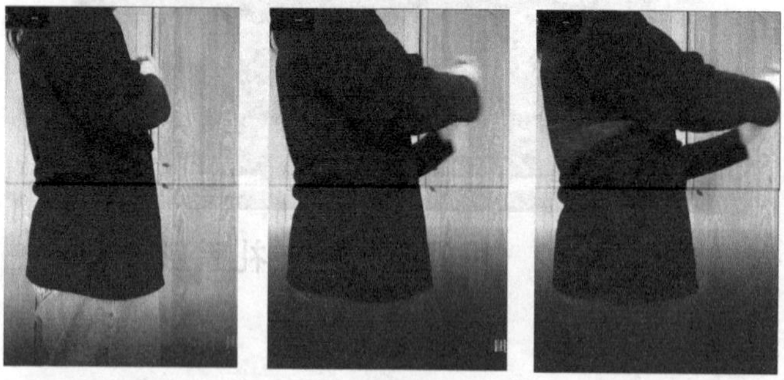

图0-4　平推手（时揖）

动作溯源依据：

（1）清代段玉裁《說文解字注》云："推手曰揖。"

（2）《康熙字典·让》："谓举手平衡也。"

（3）《说文解字注》曰："推手平之为时揖也。"

相见行礼时，伴随着口说"你好"等问候语，把交合于胸前的两手自然往外水平一推即可，这个动作古代叫"时揖"。

要领4：向长辈、上级行礼，斜向上推手，如图0-5所示。

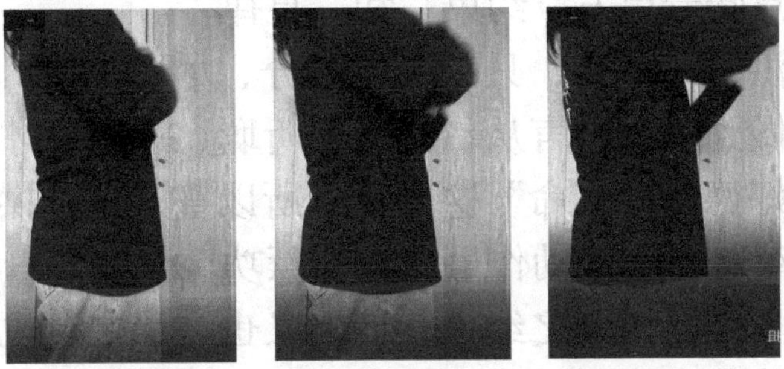

图0-5　斜向上推手（天揖）

动作溯源依据：《说文解字注》曰："推手小举之为天揖。"

说的是如果遇到长辈，地位高者，晚辈、地位低的人，把平推手改为斜向上推手，高度至眉目即可，同样要伴随"您好""请多指教"等问候语。这个古代叫"天揖"。

要领5：向个头矮小的晚辈或下级或小朋友回礼，斜向下推手

动作溯源依据：《说文解字注》曰："推手小下之为土揖。"

说的是如果遇到个头矮小的晚辈、下级或者小朋友，待他们给自己行礼后，自己还礼时，可以把手斜向下朝向小朋友推出，慈祥和蔼地看着他，伴随"小朋友好""你也好""不客气"等问候语。这个古代叫"土揖"。

要领6：男左女右。

动作溯源依据：

（1）老子《道德经》曰："君子居则贵左，用兵则贵右"。

（2）《说文解字注》曰：“右手在内，左手在外，是谓尚左手。男拜如是，男之吉拜如是，丧拜反是。左手在内，右手在外，是谓尚右手。女拜如是，女之吉拜如是，丧拜反是。”

意思是说，行礼一定要区分场合，吉礼场合讲究男左女右，行拜见礼时，男士讲究左手在外右手在内，女士讲究右手在外左手在内，丧礼场合则反之。

《礼记》云：“礼之教化也微，其止邪也于未形，使人日徙善远罪而不自知也，是以先王隆之也。”揖让拱手礼，双手敛收于胸前。敛收敛聚，就意味着启发“约束”和“自律”。

《尚书·洪范》认为，只有安于本分、尽职尽责，不断匡正自我的言谈举止，做到貌恭、言从、视明、听聪、思睿，才能收获“寿、富、康宁、攸好德、考终命”这五福。所以普及揖让拱手礼，就是在时刻化育百姓革新自我，动作虽微，却厥功至伟。

左传曰：“夫礼，天之经也，地之义也，民之行也。”揖让拱手礼满载礼敬、传承文明，不知不觉中可以移风易俗，相信只要人人学会以礼节约束言行，以礼敬之心践行仁义，知行合一、六合同风的大同世界指日可待！

0.2　感怀老子　见贤思齐

0.2.1　老子生平

老子生于周定王三年。姓李氏，名耳，字伯阳，谥曰聃。母孕八十年而生。生而皓首，故称老子。《史记·老子韩非列传》云：“老子者，楚苦县厉乡曲仁里也。周守藏室之史也。”曲仁里，即现在的河南省鹿邑县太清宫镇。守藏室，相当于现在的国家图书馆馆长。

老子集古圣先贤之大成，著有《道德经》五千言，自古就享有道教始祖、道德天尊、太上老君、老子天下第一等美誉。唐高宗乾封元年（公元666年），老子被封为“太上玄元皇帝”；宋真宗大中祥符六年（公元1013年），加号“太上老君混元上德皇帝”。

《后汉书·桓帝本记》记载：“延熹八年，春正月，遣中常侍左官之苦县，祠老子。”同年十一月，“使管霸之苦县，祠老子”。

据《唐史》记载，唐高祖李渊以老子为始祖，以老君庙为祖庙，太宗贞观六年，敕修太上老君庙（即今鹿邑县的太清宫）。

唐高宗乾封元年，二月己未，幸老子庙（即今鹿邑的太清宫）。据《旧唐书·高宗本记》记载，武则天光宅元年（684年），追封老子母为“先天太后”，并于太清宫北建洞霄宫，以祀之（旧址犹存，俗称后宫）。

在现代，老子被誉为“东方三大圣人之首”，在世界文化名著中，其著作《道德经》成为译成外国文字出版发行量最大的两部经典（《道德经》《圣经》）之一。被美国《纽约时报》评为“世界古今十大作家之首”。圣人孔子曾数次向老子问礼求道，圣名至今家喻户晓。

0.2.2　圣迹与传说

0.2.2.1　静思好学

老聃自幼聪慧，受教于精通殷商礼乐的商容老先生。先生博古今礼仪，通天文地理，深受家人敬重。

一日，商容教授道：“天地之间人为贵，众人之中王为本。”老聃问道：“天为何物？”先生道：“天者，在上之清清者也。”老聃又问：“清清者又是何物？”先生道；“清清者，太空是也。”“太空之上，又是何物？”先生道：“太空之上，清之清者也。”“之上又是何物？”“清之清者之上，更为清清之清者也。”老聃又问。“清者穷尽处为何物？”先生道：“先贤未传，古籍未载，愚师不敢妄言。”夜晚，老聃以其疑惑问其母，母不能答；问家将，家将不能言。于是仰头观日月星辰，低首思天上之天为何物，彻夜不能寐。

一日，商老先生教授道："六合之中，天地人物存焉。天有天道，地有地理，人有人伦，物有物性。有天道，故日月星辰可行也；有地理，故山川江海可成也；有人伦，故尊卑长幼可分也；有物性，故长短坚脆可别也。"老聃问道："日月星辰，何人推而行之？山川江海，何人造而成之？尊卑长幼，何人定而分之？长短坚脆，何人划而别之？"先生道："皆神所为也。"老聃问道："神何以可为也？"先生道："神有变化之能，造物之功，故可为也。"老聃问："神之能何由而来？神之功何时而备？"先生道："先师未传，古籍未载，愚师不敢妄言。"夜晚，老聃以其疑惑问其母，母不能答。问家将，家将不能言。于是视物而思，触物而类，三日不知饭味。

一日，商先生教授道："君者，代天理世者也；民者，君之所御者也。君不行天意则废，民不顺君牧则罪，此乃治国之道也。"老聃问道："民生非为君也，不顺君牧则其理可解。君生乃天之意也，君背天意是何道理？"先生道："神遣君代天理世。君生则如将在外也；将在外则君命有所不受。君出世则天意有所不领。"老聃问道："神有变化之能，造物之功，何以不造听命之君乎？"先生道："先圣未传，古籍未载，愚师不敢妄言。"夜晚，老聃以其疑惑问其母，母不能答；问家将，家将不能言。于是求教相邑之士，踏遍相邑之土，遇雨不知湿，迎风不觉吹。

一日，商老先生教授道："天下之事，和为贵。失和则交兵，交兵则相残，相残则两伤，两伤则有害而无益。故与人利则利己，与人祸则祸己。"老聃问道："天下失和，百姓之大害也，君何以不治？"先生道："民争，乃失小和也；失小和则得小祸，然而君可以治也。国争，乃失大和也；失大和则得大祸，大祸者，君之过也，何以自治？"老聃问："君不可自治，神何以不治？"先生道："先哲未传，古籍未载，愚师不敢妄言。"夜晚，老聃以其疑惑问其母，母不能答；问家将，家将不能言。于是，遍访相邑之士，遍读相邑之书，遇暑不知暑，遇寒不知寒。

0.2.2.2　探究实相

一日，母亲问："李耳，你今天去哪里玩了？"

李耳答："娘，孩儿去后山玩了。"

母亲问："玩了什么？"

李耳答："看蚂蚁搬家。"

母亲问："看到了什么？"

李耳答："刚开始看到一只蚂蚁，后来看到了一群，好多蚂蚁。孩儿还做了一件事，把它们的窝给挖开了，看到好多蚂蚁，它们在搬食物。"

母亲："你从中受到了什么启发？"

李耳："事情并不都是像我们看到的那样，很多事情背后都有更深层次的真相。蚂蚁吃腐烂的动物尸体，每样事物存在都有它存在的功能，大自然就是一个自我循环的过程。"

母亲："与你的生命有什么关系呢？"

李耳："蚂蚁虽小，也有它的作用。人也一样，大人物有大人物的作为，小孩子有小孩子的优势，自然界中的万事万物都有着自己的用途，谁也不比谁高，谁也不比谁低。而且今天在观察蚂蚁的过程中，我在想，与蚂蚁相比，我就是庞然大物，我可以任意改变它们的命运，甚至决定它们的生死。那么有没有可能，存在着另外一种庞大的存在，也可以轻易地决定我们的人生，那会是什么样的，又是怎样控制我们的呢？"

母亲："嗯，这是个很不错的问题，明天上课时你可以问问先生。"

李耳："先生总说我问的问题'先贤未传，古籍未载，不敢妄言'，我怕先生不高兴，不太敢问了。"

母亲："先生在周朝都非常有名望，精通殷商礼乐，'师父领进门，修行在个人'，没有答案也没关系，也许这正是你未来需要探索的方向呢。"

李耳："孩儿明白了。"

0.2.2.3 入周求学

商老先生教授三年，来向老夫人辞行道："老夫识浅，聃儿思敏。今来辞行，非老夫教授无终也，非聃儿学之不勤也。实乃老夫之学有尽。聃儿求之无穷，以有尽供无穷，不亦困乎？聃儿，志远图宏之童也；相邑，偏僻闭塞之地也。若欲剔璞而为玉，需入周都而求深造。周都，典籍如海，贤士如云，天下之圣地也，非入其内而难以成大器。”老夫人闻听此言，心中犯难：一乃聃儿年方十三，宋都尚且难返，去周都岂不如登九天？二乃老氏只留此根，怎放心他孤身独行？正犹豫不知怎么回答，不料先生已猜知其为难处，忙说：“以实相告，老夫师兄为周太学博士，学识渊博，心胸旷达，爱才敬贤，以树人为生，以助贤为乐，以荐贤为任。家养神童数位，皆由民间选来。不要衣食供给，待之如亲生子女。博士闻老夫言，知聃儿好学善思，聪慧超常，久愿一见。有家仆数人路经此地，特致书老夫，意欲带聃儿去周。此乃千载难逢之良机，务望珍惜！”老夫人听后，不禁悲喜交集。喜先生保荐，使聃儿有缘入周，登龙门有路；悲母子分别，何日能见？思至此，好似聃儿已在千里之外，不觉心酸难抑，潸然泪下。老聃扑入母亲怀中，泣言道：“母亲勿须伤心，聃儿决不负老师厚望，待我业成功就，定然早日来接母亲！”说罢，母子二人相抱而泣。哭之良久，母子二人转而为喜，拜谢先生举荐之恩。

三天后，全家与商老先生送老聃至五里之外。老聃一一跪拜，上马随博士家仆西行而去。老夫人遥望聃儿身影远去，方才郁郁入车，闷闷返回。

老聃入周，拜见博士，入太学，天文地理人伦无所不学，古籍经典圣书无所不览，文物典章史书无所不习，三年而大有长进。博士又荐其入守藏室为吏。守藏室是周朝典籍收藏之所，集天下之文，收天下之书，汗牛充栋，无所不有。老聃处其中，如蛟龙游入大海，海阔凭龙跃；如雄鹰展翅蓝天，天高任鸟飞。老聃如饥似渴，博览泛观，渐臻佳境，通礼乐之源，明道德之旨，三年后又迁任守藏室史，名闻遐迩，声播海内。

0.2.2.4 彻悟情智

老聃任周守藏室史，数次归家省亲，欲劝母亲随之去周；其母在陈国相邑住久，人熟地熟，不愿远迁。日月如梭，光阴荏苒，转眼间已过三十余年。一日，老聃忽得家讯，言家母病危，于是报请天子，归家省视。待回到家时，母已辞世。面对茫茫大地上一堆黄土，思想九泉之下母亲之灵，回忆母亲慈祥容貌、养育之恩，老聃悲痛欲绝，寝食俱废，席地而坐，沉思冥想，顺理追索，忽然大悟，如释重负，愁苦消解，顿觉腹饥体倦。于是饱餐一顿，倒头大睡。

家将、侍女皆感奇怪，待其醒来，问其缘故。老聃答道："人生于世，有情有智。有情，故人伦谐和而相温相暖；有智，故明理通达而理事不乱。情者，智之附也；智者，情之主也。以情统智，则人昏庸而事颠倒；以智统情，则人聪慧而事合度。母亲生聃，恩重如山。今母辞聃而去，聃之情难断。情难断，人之常情也。难断而不以智统，则乱矣，故悲而不欲生。今聃端坐而沉思，忽然智来，以智统情，故情可节制而事可调理也。情得以制，事得以理，于是腹中饥而欲食，体滋倦而欲睡。"

家将问道："智何以统情？"老聃答道："人之生，皆由无而至有也；由无至有，必由有而返无也。无聃之母及聃之时，无母子之情也；有聃之母及聃，始有母子之情也；母去聃留，母已无情而子独有情也；母聃皆无之时，则于情亦无也。人情未有之时与人情返无之后不亦无别乎？无别而沉溺于情、悲不欲生，不亦愚乎？故骨肉之情难断矣，人皆如此，合于情也；难断而不制，则背自然之理也。背自然之理则愚矣！聃思至此，故食欲损而睡可眠矣。"众人闻之，心皆豁然旷达。

0.2.2.5　紫气东来

函谷关守关官员尹喜，少时即好观天文、爱读古籍，修养深厚。一日夜晚，独立楼观之上凝视星空，忽见东方紫云聚集，其长三万里，形如飞龙，由东向西滚滚而来，自语道："紫气东来三万里，圣人西行经此地。青牛缓缓载老翁，藏形匿迹混元气。"尹喜早闻老聃大名，心想莫非是老子将来？于是派人清扫道路四十里，夹道焚香，以迎圣人。

七月十二日午后，夕阳西斜，光华东射。尹喜正欲下关查看，忽见关下稀落行人中有一老者，倒骑青牛而来。老者白发如雪，其眉垂鬓，其耳垂肩，其须垂膝，红颜素袍，简朴洁净。尹喜仰天而叹道："我生有幸。得见圣人！"三步并作两步，奔上前去，跪于青牛前拜道："关尹叩见圣人。"

老子见叩拜之人方脸、厚唇、浓眉、端鼻，威严而不冷酷，柔慈而无媚态，道："关令大人叩拜贫贱老翁，非常之礼也！老夫不敢承当，不知有何见教？"关尹道："老丈，圣人也！务求留宿关舍以指修行之途。"老子道："老夫有何神圣，受你厚爱？"关尹道："关尹不才；好观天文略知变化。见紫气东来，知有圣人西行；见紫气浩荡，滚滚如龙，其长三万里，知来者至圣至尊，非通常之圣也；见紫气之首白云缭绕，知圣人白发，是老翁之状；见紫气之前有青牛星相牵，知圣人乘青牛而来也。"

老子听罢，哈哈笑曰："过奖、过奖！老夫亦早闻你大名，特来拜会。"关尹闻言大喜，叩头不迭。之后，关尹引老子至官舍，请老子上坐，焚香而行弟子之礼，恳求道："先生乃当今大圣人也！圣人者，不以一己之智窃为己有，必以天下人智为己任也。今汝将隐居，求教者必难寻矣！何不将汝之圣智著作为书？关尹虽浅陋，愿代先生传于后世，流芳千古，造福万代。"

老聃允诺，以王朝兴衰成败、百姓安危祸福为鉴，溯其源，著上、下两篇，共五千言。上篇起首为"道可道，非常道；名可名，非常名"，故人称《道经》。下篇起首为"上德不德，是以有德；下德不失德，是以无德"，故人称为《德经》，合称《道德经》。

《道经》言宇宙本根，含天地变化之机，蕴阴阳变幻之妙；下篇《德经》，言处世之方，含人事进退之术，蕴长生久视之道。关尹得之，如获至宝，终日默诵，如饥似渴。

0.2.2.6　仙丹救民

老子在函谷关写《道德经》时，他的坐骑青牛被当地一老农饲养。当时，函谷关流行瘟疫，许多人毙命。一天，青牛不吃不喝，急坏了饲养人。他找郎中，郎中说人都看不好，更看不好牛，饲养人死缠硬磨让给牛瞧瞧。郎中让人扶起，牛站不稳，咔咔不止，突然咔出一个肉团（牛黄），牛如释重负，张嘴吃草。郎中大喜，忙将肉团拿回家中，炮制成小药粒，发给有病关民。病人吃后病情马上见轻。人们为了感激青牛救命之恩，说这是仙丹。

至今，灵宝还流传有正月二十三为牛节的习俗。这天，家家门上贴着用黄纸剪成的青牛图案，并写上“新春正月二十三，天上老君炼仙丹，家家门上贴金牛，一年四季保平安”。

0.2.2.7　点化杨子

一日，老聃骑牛行至梁之郊外，正闭目养神，忽闻有人大呼“先生”。老聃闻声，睁开双目，发现是弟子阳子居（即杨子）。阳子居，魏国人，入周太学，闻老子渊博，曾私拜老子为师。没想到在梁会与老子相遇，阳子居慌忙从高头大马上翻身而下，掀起锦绿长袍，跪拜于老聃所乘青牛前。老聃下来，扶起阳子居，与之相并同行。

老聃问道：“弟子近来忙于何事？”阳子居施礼道：“来此访先祖居，购置房产，修饰梁栋，招聘仆役，整治家规。”老聃道：“有卧身之地、饮食之处则足矣，何需如此张扬？”阳子居道：“先生修身，坐需寂静，行需松弛，饮需素清，卧需安宁，非有深宅独户，何以能如此？置深宅独户，不招仆役，不备用具，何以能撑之？招聘仆役，置备用具，不立家规，何以能治之？”老聃笑道：“大道自然，何须强自静。行无求而自松，饮无奢而自清，卧无欲而自宁。修身何需深宅？腹饥而食，体乏而息，日出而作，日落而寝。居家何需众役？顺自然而无为，则神安体健；背自然而营营，则神乱而体损。”阳子居知己浅陋，惭愧道：“弟子鄙俗，多谢先生指教。”老聃问：“安居何处？”阳子居道：“沛。”老聃说：“正好相伴同行。”阳子居很高兴，欣然与老师结伴向东而行。

行至难水，二人乘船而渡。老聃牵牛而先登，阳子居引马而后上。老聃慈容笑貌。与同渡乘客谈笑融融；阳子居昂首挺胸，客人见之施之以座，船主见之奉茶献巾。难水过，二人骑牲继续前行。老聃叹道：“刚才观你神态，昂首挺胸，傲视旁人，唯己独尊，狂妄自大，不可教也。”阳子居面带愧色，恳言道：“弟子习惯成自然，一定改之！”老聃道：“君子与人处，若冰释于水，与人共事，如童仆谦下；洁白无瑕而似含垢藏污，德性丰厚而似鄙俗平常。”阳子居听后，一改原来高傲，其貌不矜亦不恭，其言不骄亦不媚。老子赞曰：“小子稍有进！人者，生于父母之身，立于天地之间，自然之物也。

贵己贱物则背自然，贵人贱己则违本性，等物齐观，物我一体，顺势而行，借势而止，言行自然，则合于道矣！”

0.2.3　孔子问道

0.2.3.1　《文子·道原》记载（文子为老子嫡传弟子）

孔子问道，老子曰：“正汝形，一汝视，天和将至；摄汝知，正汝度，神将来舍，德将为汝容，道将为汝居。瞳兮，若新生之犊，而无求其故。形若枯木，心若死灰，真其实知而不以曲故自持，恢恢无心可谋——明白四达，能无知乎？”

0.2.3.2　《憨山老子道德经注》记载

孔子适周，将问礼于老子。老子曰：“子所言者，其人与骨皆已朽矣，独其言在耳。君子得其时则驾，不得其时，则蓬累而行。（蓬累，簦笠也。首戴之而行，言无车盖也。）吾闻之，良贾深藏若虚，君子盛德，容貌若愚。去子之骄气与多欲、态色与淫志，是皆无益于子之身。吾所以告子者，若是而已。”孔子去，谓弟子曰：“鸟，吾知其能飞。鱼，吾知其能游。兽，吾知其能走。走者可以为网，游者可以为纶，飞者可以为矰。至于龙，吾不能知其乘风云而上天。吾今见老子，其犹龙耶。”

0.2.3.3　《孔子家语·卷第三·观周第十一》

孔子谓南宫敬叔曰：“吾闻老聃博古知今，通礼乐之原，明道德之归，则吾师也，今将往矣。”对曰：“谨受命。”遂言于鲁君曰：“臣受先臣之命，云孔子圣人之后也，灭于宋，其祖弗父何，始有国而授厉公，及正考父佐戴武宣，三命兹益恭，故其鼎铭曰：‘一命而偻，再命而伛，三命而俯，循墙而走，亦莫余敢侮，饘于是，粥于是，以餬其口，其恭俭也若此。’臧孙纥有言：‘圣人之后，若不当世，则必有明君而达者焉。孔子少而好礼，其将在矣。’属臣曰：

‘汝必师之。’今孔子将适周，观先王之遗制，考礼乐之所极，斯大业也，君盍以乘资之，臣请与往。”公曰：“诺。”与孔子车一乘、马二匹，竖其侍御。敬叔与俱至周，问礼于老聃，访乐于苌弘，历郊社之所，考明堂之则，察庙朝之度。于是喟然曰：“吾乃今知周公之圣，与周之所以王也。”及去周，老子送之曰：“吾闻富贵者送人以财，仁者送人以言。吾虽不能富贵，而窃仁者之号，请送子以言乎：凡当今之士，聪明深察而近于死者，好讥议人者也；博辩闳达而危其身，好发人之恶者也；无以有己为人子者，无以恶己为人臣者。”孔子曰：“敬奉教。”自周返鲁，道弥尊矣。远方弟子之进，盖三千焉。

孔子观乎明堂，睹四门墉，有尧舜之容，桀纣之象，而各有善恶之状，兴废之诫焉。又有周公相成王，抱之负斧扆南面以朝诸侯之图焉，孔子徘徊而望之，谓从者曰：“此周公所以盛也。夫明镜所以察形，往古者所以知今，人主不务袭迹于其所以安存，而忽怠所以危亡，是犹未有以异于却走而欲求及前人也，岂不惑哉！”

孔子观周，遂入太祖后稷之庙。庙堂右阶之前，有金人焉，三缄其口，而铭其背曰：“古之慎言人也，戒之哉。无多言，多言多败。无多事，多事多患。安乐必戒，无所行悔。勿谓何伤，其祸将长。勿谓何害，其祸将大。勿谓不闻，神将伺人。焰焰不灭，炎炎若何。涓涓不壅，终为江河。绵绵不绝，或成网罗。毫末不札，将寻斧柯。诚能慎之，福之根也。口是何伤，祸之门也。强梁者不得其死，好胜者必遇其敌。盗憎主人，民怨其上，君子知天下之不可上也，故下之。知众人之不可先也，故后之。温恭慎德，使人慕之。执雌持下，人莫踰之。人皆趋彼，我独守此。人皆或之，我独不徙。内藏我智，不示人技，我虽尊高，人弗我害，谁能于此。江海虽左，长于百川，以其卑也。天道无亲，而能下人，戒之哉！”孔子既读斯文也，顾谓弟子曰：“小人识之，此言实而中，情而信。诗曰：‘战战兢兢，如临深渊，如履薄冰。’行身如此，岂以口过患哉？”孔子见老聃而问焉，曰：“甚矣，道之于今难行也，吾比执道，而今委质以求当世之君而弗受也，道于今难行也。”老子曰：“夫说者流于辩，听者乱于辞，如此二者，则道不可以忘也。”

参考译文：

孔子对南宫敬叔说：“我听说老子博古通今，通晓礼乐的起源，明白道德的归属，那么他就是我的老师，现在我要到他那里去。”南宫敬叔回答说：“我遵从您的意愿。”

于是南宫敬叔对鲁国国君说：“我接受父亲的嘱咐说：‘孔子是圣人的后代，他的先祖在宋国消亡了。他的祖先弗父何，最初拥有了宋国，后来给了弟弟厉公。到了正考父时，辅佐戴公、武公、宣公三个国君，三次任命，他一次比一次恭敬。因此他家鼎上刻的铭文说：‘第一次任命，他弯着腰；第二次任命，他弯着身子；第三次任命，他俯下身子。他靠着墙根走，也没有人敢欺侮他。在这个鼎里煮稠粥，煮稀粥，用来糊口。他的恭敬节俭就到了这种地步。’臧孙纥曾说过这样的话：‘圣人的后代，如果不能执掌天下，那么必定有圣明的君主使他通达。孔子从小就喜好礼仪，他大概就是这个人吧。’我父亲又嘱咐我说：‘你一定要拜他为师。’现在孔子将要到周国去，观看先王遗留的制度，考察礼乐所达到的高度，这是大事业啊！您何不提供车子资助他呢？我请求和他一起去。”

鲁君说：“好。”送给孔子一辆车两匹马，派了一人他给侍驾。南宫敬叔和孔子一起到了周国。孔子向老子问礼，向苌弘问乐，走遍了祭祀天地之所，考察明堂的规则，察看宗庙朝堂的制度。于是感叹地说：“我现在才知道周公的圣明，以及周国称王天下的原因。”

离开周国时，老子去送他，说：“我听说富贵者拿财物送人，仁者用言语送人。我虽然不能富贵，但私下用一下仁者的称号，请让我用言语送你吧！凡是当今的士人，因聪明深察而危及生命的，都是喜欢讥讽议论别人的人；因知识广博喜好辩论而危及生命的，都是喜好揭发别人隐私的人。作为人子不要只想着自己，作为人臣要尽职全身。”孔子说：“我一定遵循您的教诲。”从周国返回鲁国，孔子的道更加受人尊崇了。从远方来向他学习的，大约有三千人。

孔子观看明堂，看到四门的墙上有尧舜桀纣的画像，画像善恶分明，都配有兴废警诫之语。还有周公辅佐成王，抱着成王背对着屏风面朝南接受诸侯朝见的画像。

孔子走来走去地观看着，对跟从他的人说：“这是周朝兴盛的原因啊。明亮的镜子可以照出形貌，古代的事情可以用来了解现在。君主不努力沿着使国家安定的路上走，而忽视国家危亡的原因，这和倒着跑却想追赶上前面的人一样，难道不糊涂吗？”

孔子在周国观览，进入周太祖后稷的庙内。庙堂右边台阶前有铜铸的人像，嘴被封了三层，还在铜像的背后刻着铭文：“这是古代说话谨慎的人。警诫啊！不要多言，多言多败；不要多事，多事多患。安乐时一定要警诫，不要做后悔的事。不要以为话多不会有什么伤害，祸患是长远的；不要以为话多没什么害处，祸患将是很大的；不要认为别人听不到，神在监视着你。初起的火苗不扑灭，变成熊熊大火怎么办？涓涓细流不堵塞，终将汇集为江河；长长的线不弄断，将有可能结成网；细小的枝条不剪掉，将来就要用斧砍。如能谨慎，是福的根源。口能造成什么伤害？是祸的大门。强横的人不得好死，争强好胜的人必定会遇到对手。盗贼憎恨物主，民众怨恨长官。君子知道天下的事不可事事争上，所以宁愿居下；知道不可居于众人之先，所以宁愿在后。温和谦恭谨慎修德，会使人仰慕；守住柔弱保持卑下，没人能够超越。人人都奔向那里，我独自守在这里；人人都在变动，我独自不移。智慧藏在心里，不向别人炫耀技艺；我虽然尊贵高尚，人们也不会害我。有谁能做到这样呢？江海虽然处于下游，却能容纳百川，因为它地势低下。上天不会亲近人，却能使人处在它的下面。要以此为诫啊！”

孔子读完这篇铭文，回头对弟子说：“你们要记住啊！这些话实在而中肯，合情而可信。《诗经》说：‘战战兢兢，如临深渊，如履薄冰。’立身行事能够这样，哪还能因言语惹祸呢？”

0.2.3.4　《庄子·外篇·天运》记载

孔子行年五十有一而不闻道，乃南之沛，见老聃。老聃曰：“子来乎？吾闻子北方之贤者也，子亦得道乎？”孔子曰：“未得也。”老子曰：“子恶乎求之哉？”曰：“吾求之于度数，五年而未得也。”老子曰：“子又恶乎求之哉？”曰：“吾求之于阴阳，十有二年而未得也。”

老子曰：“然。使道而可献，则人莫不献之于其君；使道而可进，则人莫不进之于其亲；使道而可以告人，则人莫不告其兄弟；使道而可以与人，则人莫不与其子孙。然而不可者，无佗也，中无主而不止，外无正而不行。由中出者，不受于外，圣人不出；由外入者，无主于中，圣人不隐。名，公器也，不可多取。仁义，先王之蘧庐（qú lú古代驿站中供人休息的房子。犹今言旅馆）也，止可以一宿而不可以久处。觏（gòu遇见也，成也）而多责。古之至人，假道于仁，托（tuō寄也）宿于义，以游逍遥之虚，食于苟简之田，立于不贷之圃。逍遥，无为也；苟简，易养也；不贷，无出也。古者谓是采真之游。以富为是者，不能让禄；以显为是者，不能让名。亲权者，不能与人柄。操之则慄，舍之则悲，而一无所鉴，以窥其所不休者，是天之戮民也。怨、恩、取、与、谏、教、生、杀八者，正之器也，唯循大变无所湮（yān没也，塞也）者为能用之。故曰：正者，正也。其心以为不然者，天门（天机之门，指心）弗开矣。”

孔子见老聃而语仁义。老聃曰：“夫播糠眯目，则天地四方易位矣；蚊虻噆肤，则通昔不寐矣。夫仁义憯（cǎn痛也，甚）然，乃愤吾心，乱莫大焉。吾子使天下无失其朴，吾子亦放风而动，总德而立矣！又奚杰然（特出不凡貌，高耸雄伟貌）若负建鼓（亦称植鼓，鼓身长而圆，用一木柱直贯鼓身，以为支柱；古时军队作战，立晋鼓以指挥进退）而求亡子者邪！夫鹄不日浴而白，乌不日黔而黑。黑白之朴，不足以为辩；名誉之观，不足以为广。泉涸，鱼相与处于陆，相呴（xǔ张口哈气使对方温润）以湿，相濡以沫，不若相忘于江湖。”

孔子见老聃归，三日不谈。弟子问曰：“夫子见老聃，亦将何规哉？”孔子曰：“吾乃今于是乎见龙。龙，合而成体，散而成章，乘乎云气而养乎阴阳。予口张而不能嗋（xié闭合）。予又何规老聃哉？”子贡曰：“然则人固有尸居而龙见，雷声而渊默，发动如天地者乎？赐亦可得而观乎？”遂以孔子声见老聃。

老聃方将倨堂而应微曰：“予年运而往矣，子将何以戒我乎？”子贡曰：“夫三皇五帝之治天下不同，其系声名一也。而先生独以为非圣人，如何哉？”老聃曰：“小子少进！子何以谓不同？”对曰：“尧授舜，舜授禹。禹用力而汤用兵，文王顺纣而不敢逆，武王逆纣而不肯顺，故曰不同。”

老聃曰："小子少进，余语汝三皇五帝之治天下。黄帝之治天下，使民心一。民有其亲死不哭而民不非也。尧之治天下，使民心亲。民有为其亲杀其杀而民不非也。舜之治天下，使民心竞。民孕妇十月生子，子生五月而能言，不至乎孩而始谁，则人始有夭矣。禹之治天下，使民心变，人有心而兵有顺，杀盗非杀。人自为种而天下耳。是以天下大骇，儒墨皆起。其作始有伦，而今乎妇女，何言哉！余语汝：三皇五帝之治天下，名曰治之，而乱莫甚焉。三皇之知，上悖日月之明，下睽山川之精，中堕四时之施。其知憯于蠆虿（蠆虿皆蝎之异名）之尾，鲜规之兽（未详，盖噬人之兽），莫得安其性命之情者，而犹自以为圣人，不可耻乎？其无耻也！"子贡蹴蹴然立不安。

孔子谓老聃曰："丘治诗、书、礼、乐、易、春秋六经，自以为久矣，孰知其故矣，以奸者七十二君，论先王之道而明周、召之迹，一君无所钩（gōu钩索义理，犹言穷理也）用。甚矣夫！人之难说也？道之难明邪！"老子曰："幸矣，子之不遇治世之君！夫六经，先王之陈迹也，岂其所以迹哉！今子之所言，犹迹也。夫迹，履之所出，而迹岂履哉！夫白鶂之相视，眸子不运而风化；虫，雄鸣于上风，雌应于下风而风化。类自为雌雄，故风化。性不可易，命不可变，时不可止，道不可壅。苟得于道，无自而不可；失焉者，无自而可。"孔子不出三月，复见，曰："丘得之矣。乌鹊孺，鱼傅沫，细要者化，有弟而兄啼。久矣夫，丘不与化为人！不与化为人，安能化人。"老子曰："可，丘得之矣。"

0.2.3.5　其他记载

孔丘拜道："弟子不才，虽精思勤习，然空游十数载，未入大道之门。故特来求教。"

老子曰："欲观大道，须先游心于物之初。天地之内，环宇之外。天地人物，日月山河，形性不同。所同者，皆顺自然而生灭也，皆随自然而行止也。知其不同，是见其表也；知其皆同，是知其本也。舍不同而观其同，则可游心于物之初也。物之初，混而为一，无形无性，无异也。"

孔丘问："观其同，有何乐哉？"

老子曰："观其同，则齐万物也。齐物我也，齐是非也。故可视生死为昼夜，祸与福同，吉与凶等，无贵无贱，无荣无辱，心如古井，我行我素，自得其乐，何处而不乐哉？"

孔丘闻之，观己形体似无用物，察己荣名类同粪土。想己来世之前，有何形体？有何荣名？思己去世之后，有何肌肤？有何贵贱？于是乎求仁义、传礼仪之心顿消，如释重负，无忧无虑，悠闲自在。

老子曰："道深沉矣似海，高大矣似山，遍布环宇矣而无处不在，周流不息矣而无物不至，求之而不可得，论之而不可及也！道者，生育天地而不衰败，资助万物而不匮乏者也；天得之而高，地得之而厚，日月得之而行，四时得之而序，万物得之而形。"

孔丘闻之，如腾云中，如潜海底，如入山林，如沁物体，天我合为一体，己皆万物，万物皆己，心旷而神怡，不禁赞叹道："阔矣！广矣！无边无际！吾在世五十一载，只知仁义礼仪。岂知环宇如此空旷广大矣！好生畅快！"

老子见孔丘已入大道之门，侃侃而谈曰："圣人处世，遇事而不背，事迁而不守，顺物流转，任事自然。调和而顺应者，有德之人也；随势而顺应者得道之人也。"

孔丘闻之，若云飘动，随风而行；若水流转，就势而迁。喜道："悠哉！闲哉！乘舟而漂于海，乘车而行于陆矣。进则同进，止则同止，何须以己之力而代舟车哉？君子性非异也，善假于物也！"

老子又曰："由宇宙本始观之，万物皆气化而成、气化而灭也。人之生也，气之聚也；人之死也，气之散也。人生于天地间，如白驹过隙，忽然而已矣。万物之生，蓬蓬勃勃，未有不由无而至于有者；众类繁衍，变化万千，未始不由有而归于无者也。物之生，由无化而为有也；物之死，由有又化而为无也。有，气聚而可见；无，气散而不可见。有亦是气。无亦是气，有无皆是气，故生死一气也。生者未有不死者，而人见生则喜，见死则悲，不亦怪乎？人之死也，犹如解形体之束缚，脱性情之裹挟，由暂宿之世界归于原本之境地。人远离原本，如游子远走他乡；人死乃回归原本，如游子回归故乡，故生不以为喜死不以为悲。得道之人，视生死为一条，生为安乐，死为安息；视是非为同一，是亦不是，非亦不非；视贵贱为一体，贱亦不贱，贵亦不贵；视荣辱为等齐，荣亦不荣，辱亦不辱。何故哉？立于大道，观物根本，生死、是非、贵贱、荣辱，皆人为之价值观，亦瞬时变动之状态也。究其根本，同一而无别也。知此大道也，则顺其变动而不萦于心，日月交替，天地震动、风吼海啸、雷鸣电击而泰然处之。”

孔丘闻之，觉己为鹊，飞于枝头；觉己为鱼，游于江湖：觉己为蜂，采蜜花丛；觉己为人，求道于老聃。不禁心旷神达，说：“吾三十而立，四十而不惑，今五十一方知造化为何物矣！造我为鹊则顺鹊性而化，造我为鱼则顺鱼性而化，造我为蜂则顺蜂性而化，造我为人则顺人性而化。鹊、鱼、蜂、人不同，然顺自然本性变化却相同；顺本性而变化，即顺道而行也；立身于不同之中，游神于大同之境，则合于大道也。我日日求道，不知道即在吾身！”

0.3　立志圣贤　自我超越

0.3.1　圣贤境界

圣贤境界，在古圣先贤的经文里面有多处描述，现将人们耳熟能详的呈现如下：

0.3.1.1　《黄帝内经》中的记载

余闻上古有真人者，提挈天地，把握阴阳，呼吸精气，独立守神，肌肉若一，故能寿敝天地，无有终时，此其道生。

中古之时，有至人者，淳德全道，和于阴阳，调于四时，去世离俗，积精全神，游行天地之间，视听八达之外，此盖益其寿命而强者也，亦归于真人。

其次有圣人者，处天地之和，从八风之理，适嗜欲于世俗之间。

无恚嗔之心，行不欲离于世，被服章，举不欲观于俗，外不劳形于事，内无思想之患，以恬愉为务，以自得为功，形体不敝，精神不散，亦可以百数。

其次有贤人者，法则天地，像似日月，辨列星辰，逆从阴阳，分别四时，将从上古合同于道，亦可使益寿而有极时。

0.3.1.2　《中庸》中的记载

唯天下至圣，为能聪明睿知，足以有临也。宽裕温柔，足以有容也。发强刚毅，足以有执也。齐庄中正，足以有敬也。文理密察，足以有别也。溥博渊泉，而时出之。溥博如天，渊泉如渊。见而民莫不敬，言而民莫不信，行而民莫不说。是以声名洋溢乎中国，施及蛮貊。舟车所至，人力所通，天之所覆，地之所载，日月所照，霜露所队，凡有血气者，莫不尊亲。故曰配天。

0.3.1.3　《孔子家语·卷一·五仪解第七》中的记载

孔子曰："人有五仪，有庸人，有士人，有君子，有贤人，有圣人。审此五者，则治道毕矣。"

公曰："敢问何如，斯可谓之庸人？"

孔子曰："所谓庸人者，心不存慎终之规，口不吐训格之言，不择贤以托其身，不力行以自定。见小暗大，而不知所务；从物如流，不知其所执。此则庸人也。"

公曰："何谓士人？"

孔子曰："所谓士人者，心有所定，计有所守，虽不能尽道术之本，必有率也；虽不能备百善之美，必有处也。是故知不务多，必审其所知；言不务多，必审其所谓；行不务多，必审其所由。智既知之，言既道之，行既由之，则若性命之形骸之不可易也。富贵不足以益，贫贱不足以损。此则士人也。"

公曰："何谓君子？"

孔子曰："所谓君子者，言必忠信而心不怨，仁义在身而色无伐，思虑通明而辞不专。笃行信道，自强不息。油然若将可越，而终不可及者。此则君子也。"

公曰："何谓贤人？"

孔子曰："所谓贤人者，德不逾闲，行中规绳。言足以法于天下而不伤于身，道足以化于百姓而不伤于本。富则天下无宛财，施则天下不病贫。此则贤者也。"

公曰："何谓圣人？"

孔子曰："所谓圣人者，德合于天地，变通无方。穷万事之终始，协庶品之自然，敷其大道而遂成情性。明并日月，化行若神。下民不知其德，睹者不识其邻。此谓圣人也。"

0.3.1.4 《孟子·滕文公下》中的记载

原文：居天下之广居，立天下之正位，行天下之大道。得志，与民由之；不得志，独行其道。富贵不能淫，贫贱不能移，威武不能屈，此之谓大丈夫。

意译：扩展自己的心胸，以天地为家使心安住，以符合正道为确立原则使天下万事万物各得其所，遵循天下正道而行使万事万物各得其理。如果得志，就与民众共同遵道而行；如果不得志，就独自遵道而行。再富贵也不迷惑不前，再贫贱也不见异思迁，再威武也不屈服退却，这称之为大丈夫！

0.3.1.5 《文子道原篇》中的记载

原文：大丈夫恬然无思，淡然无虑，以天为盖，以地为车，以四时为马，以阴阳为御，行乎无路，游乎无怠，出乎无门。

意译：大丈夫泰然处世，淡泊名利，无忧无虑没有杂念，以苍天做车盖，以大地做车身，以春夏秋冬四时为驷马，以阴阳五行为御夫，行于八荒开辟道路，徜徉天地毫无懈怠，出入大道无为之门径。

0.3.1.6 老子《道德经》中的记载

原文：大丈夫，处其厚不居其薄，处其实不居其华，故去彼取此。

意译：大丈夫，处世厚道不刻薄，为人诚实不虚华，随时舍弃薄与虚、选择厚与实。

0.3.1.7 《庄子·天下》节选

“圣有所生，王有所成，皆原于一。”

不离于宗，谓之天人；不离于精，谓之神人；不离于真，谓之至人。以天为宗，以德为本，以道为门，兆于变化，谓之圣人；以仁为恩，以义为理，以礼为行，以乐为和，熏然慈仁，谓之君子；以法为分，以名为表，以参为验，以稽为决，其数一二三四是也，百官以此相齿；以事为常，以衣食为主，蕃息畜藏，老弱孤寡为意，皆有以养，民之理也。

古之人其备乎！配神明，醇天地，育万物，和天下，泽及百姓，明于本数，系于末度，六通四辟，小大精粗，其运无乎不在。其明而在数度者，旧法、世传之史尚多有之；其在于《诗》《书》《礼》《乐》者，邹鲁之士、缙绅先生多能明之。《诗》以道志，《书》以道事，《礼》以道行，《乐》以道和，《易》以道阴阳，《春秋》以道名分。其数散于天下而设于中国者，百家之学时或称而道之。

0.3.2 圣贤十力

宋龙源在《太上道德经讲义》中详细阐述了圣人“自胜者强”的十种力量，现将本书自胜者强篇尽己章第三十三“4.4 胜人者有力 自胜者强”中提到的“十力”，提前呈现原文译文如下：

0.3.2.1 信力者。以信为主。当初心发现。崇信大道。不生疑贰退怯之意。道果终必圆明。圣位终必成就。一切至圣真仙。证无漏果者。未尝不从初心信力。发脚者也。是故超凡入圣。总是一个信力精进。始终成就。可知信力二字。即是修真之真种子。入道之大总要也。不有此种。难以成真。经中言自胜之力。即是此力。

第一，以信力自我战胜。

【说文解字并康熙字典0-12】信

【說文解字】**信，誠也。**從人從言。會意。

【說文解字注】誠也。釋詁。**誠，信也。從人言。人言則無不信者。故從人言。**

（古文）㐰訫【唐韻】息晉切【集韻】【正韻】思晉切，𠀤音訊。**慤也，不疑也，不差爽也。**

【易·繫辭】**人之所助者，信也。**【左傳·僖七年】**守命共時之謂信。**

【爾雅·釋地】大蒙之人信。【注】地氣使然也。

符契曰信。【前漢·平帝紀】漢律，諸乘傳者持尺五木轉信。【注】兩行書繒帛，分持其一。出入關，合之乃得過。或用木為之。【後漢·竇武傳】取棨信閉諸禁門。【注】棨，有衣戟。

古人謂使者曰信。與訊通。【史記·韓世家】陳軫說楚王，發信臣，多其車，重其幣。

【集韻】【正韻】𠀤升人切。與申同。【易·繫辭】**往者，屈也。來者，信也。**

同身。【周禮·春官】侯執信圭，伯執躬圭。【注】信圭，刻人形伸也。躬圭，刻人形屈也。

又葉斯鄰切，音新。【詩·小雅】庶民弗信。

信力，就是以诚信为主。怀有诚信之心，对大道、对规律、对圣人的教导，深信不疑，诚实秉持，身体力行。一旦我们发现了大道（规律），从一开始就要树立以道为尊、信道以诚的理念，下决心遵道而行，绝不疑惑退却、三心二意。如果以信力去坚守规律遵道而行的话，一定会收获智慧圆全慧光照彻的道果。如果按照这种信力坚持不懈，不断改正自己的缺点为优点，那么自己转凡成圣指日可待。一切证得至圣道果的人，都是从初心信力入手开始第一步的。所以，把自己的境界转凡成圣，总归是从信力入手，始终诚实坚守、遵道而行、坚持不懈，一定会成就。可见“信力”二字，就是自己修成真我、转凡成圣的“真种子”。是自己契入大道的主要开关、最关键按钮、最了不起的节点。如果没有这颗种子，难以实现转凡成圣。《道德经》中所言“自胜之力”，说的就是这个信力。

孔子的学生颜回，就是最好的榜样。颜回有“不贰过”的学习本领，就是他一旦学习了孔子教导他的正确人生规律，不管是孔子教导他哪一句话，他一学到，就马上改正自己的言谈举止，绝不让自己的错误犯第二遍。比方说，孔子教导他早睡早起，如果他以前曾经晚睡晚起不按规律，那么他绝不让这个错误犯第二次，非常非常了不起！也就是说一旦我们认识了规律，绝不让自己错误地违背规律的言谈举止犯第二遍。也就是说，对遵循规律的初心绝对不改变、不退却，比方说认识到迟到不对，绝不让迟到再重复，认识到晚睡晚起不对，也绝不让自己再晚睡晚起。这就是信力的内涵。

0.3.2.2　舍力者。捐舍布施之谓也。舍力修行。亦有三件。一曰大舍。二曰中舍。三曰小舍。大舍者。身心俱舍。一切皆忘。如虚空一般。一切福业等事。俱不贪着。是名大舍。中舍者。行道布德。不贪吝财宝。是名中舍。小舍者。行着布施。修有为之功德。利人还求利己。是名小舍。然虽有三等。若是大根大器之人。人我两忘。色空一致。何有三等之分。是以修行人。不可不以舍力自胜也。舍力既能自胜。道德日进。烦恼日轻。便是强之之义。

第二，以舍力自我战胜。

【说文解字并康熙字典0-13】舍

【說文解字】舍，市居曰舍。從亼屮，象屋也。口象築也。

【說文解字注】市居曰舍。食部曰館，客舍也。客舍者何也。謂市居也。市居者何也。周禮遺人曰。凡國野之道。十裡有廬。廬有飲食。三十裡有宿。宿有路室。路室有委。五十裡有市。市有候館。候館有積。鄭云。一市之閑。有三廬一宿。候館及廬，宿皆所謂市居曰舍也。此市字非買賣所之。謂賓客所之也。舍可止。引伸之為凡止之偁。釋詁曰。廢稅赦舍也。凡止於是曰舍。止而不為亦曰舍。其義異而同也。猶置之而不用曰廢。置而用之亦曰廢也。論語。不舍晝夜。謂不放過晝夜也。不放過晝夜，即是不停止於某一晝一夜。以今俗音讀之。上去無二理也。古音不分上去。舍舍二字義相同。從亼屮口。屮口二字今補。全書之例。成字則必曰從某而下釋之也。從亼者，謂賓客所集也。屮象屋也。象屋上見之狀。說從屮之意。口象築也。口音圍。說從口之意。始夜切。古音在五部。

【康熙字典】【昭十三年】施捨不倦。【注】施捨，猶言布恩德。

可见“舍”的本义重在“止息”，而非重在“施舍”。那“止”与“息”的内涵呢？我们仍然根据说文解字进行学习。

【说文解字并康熙字典0-14】止

【說文解字】止，下基也。象艸木出有址，故以止為足。凡止之屬皆從止。

【說文解字注】下基也。與丌同部同義。象艸木出有址。止象艸木生有址。屮象艸木初生形。【徐曰】初生根幹也。㞢象艸過屮枝莖益大。出象艸木益滋上出達也。故㠯止為足。此引伸假借。許書無趾字，止卽趾也。詩麟之止。注曰：止，足也。【廣韻】停也，足也。【易·艮卦】艮，止也。時止則止，時行則行。

【禮·玉藻】口容止。靜也。【注】不妄動也。

【莊子·德充符】人莫鑒於流水，而鑒於止水，唯止能止眾止。靜也。

【商頌】邦畿千里，惟民所止。又心之所安為止。

【说文解字并康熙字典0-15】息

【說文解字】息，喘也。從心從自，自亦聲。

【說文解字注】喘也。口部曰喘，疾息也。喘為息之疾者，析言之。此云息者喘也，渾言之。人之氣急曰喘。舒曰息。引伸為休息之偁。又引伸為生長之偁。引伸之義行而鼻息之義廢矣。詩曰。使我不能息兮。傳曰。憂不能息也。黍離傳曰。噎，憂不能息也。此息之本義也。從心自。自者，鼻也。心氣必從鼻出。故從心自。如心思上凝於囟。故從心囟。皆會意也。

什么是舍力呢？遵循《说文解字》，舍的本义是居舍“止息”，启发人们学会按照生活规律及时平静内心使心安住，好比是结束一天的劳作，及时回家休息一样，提示人们一定要学会放下，就像深潭，平静，自然就清澈。“舍力者。捐舍布施之谓也。”把“舍力”解释为施舍、布施，是“舍得”的“舍”的动词含义，《康熙字典》解释为施舍、恩德。要使自己的内心安住处静，最大的障碍是贪心不断，俗话说“人无百岁命，常怀千岁忧”，贪心不除，心难平静；心不平静，内心无法安详；心不安祥，如何止息？所以，历来古圣先贤用布施的舍力来对治自己的悭吝贪求之心。

用舍力对治自己的贪心，进而修正自己的言行，有三种不同内心境界的划分，分别是大舍、中舍和小舍。

大舍，就是把自己的身心都忘掉，比方说周恩来“为中华之崛起而读书”，内心没有存一己之私，这个就叫大舍之心。再比方说疫情期间那些逆行而上的英雄，“君子喻于义”，他心存战胜疫情的“大我”，这个就叫身心俱舍。大舍的人，思想境界能做到无私忘我，“宰相肚里能撑船”，心量如虚空一样宽广，不计较、能包容，对一切名利金钱等福业，都不贪图，这个境界就是“大舍”。

中舍，就是遵道而行广布恩德，既不贪图财宝，也不吝啬财宝，这个境界叫中舍。比方说当老师的，以传道授业解惑为天职，唯恐学生学不会，再造学生的精神生命，自比蜡烛，燃烧自己照亮别人。古代四民“士农工商”，“士”排在第一，能够做到“中舍”的缘故。

小舍之人，言谈举止执着于“布施”的名像，比方说做好人好事，都是自己有意计划去做，如捐助希望工程、捐助养老院、孤儿院、下岗职工、捐助灾民等等。很多人做好事生怕别人不知道，甚至变相作为营销手段广而告之。这些都是修“有为”功德，在利于别人的同时，也希求利于自己。这个境界叫“小舍”。

“舍力”虽然有这三个不同境界，有大舍、中舍、小舍之分。内心境界如果属于大根大器，与天地合一、与万物一体，心无杂念，哪有什么境界的不同？

所以，匡正自我言行的修行人，不可不以“舍力”自胜。一旦能够用舍力战胜自我，自己的道德水平就会一天比一天进步，自己的烦恼就会一天比一天减轻，这就是自我战胜比战胜别人更强有力的含义。

这个强，就是自我战胜。自我战胜，从表象上来看，是自己的缺点越来越少，自己的优点越来越多，实际上是自己内心的烦恼越来越少，自己的快乐越来越多。所以，凡是真正能自我战胜的人，都不是整天阴着脸痛苦不堪的人，而是烦恼越来越轻。长此以往，慢慢地，自己的痛苦就会越来越减少，自己的快乐就越来越增加。

【拓展学习0-1】葛洪袁天罡龟息故事传说

1. 来自葛洪著作故事传说

东汉末年，军阀混战，社会动荡，民不聊生。当时河南颖川有一位名叫张仲定的百姓，经常带着全家逃灾避乱。有一次带着妻子及四岁女儿，慌慌张张地再次出外躲避逃难。刚奔至村口，已闻追兵声。女儿幼小，不能奔跑且爱哭泣，若带着行走，全家都难免遇害。

这时，张仲定看见一座古墓顶巅被穿破一个穴口，他就与妻子相商说："若被兵追上，我们全家均难有生望。不如将女儿与行李一起放进古墓，干粮也全部留给女儿，这样女儿或许有一条生路。假若不久返回，还有相见之日；否则，全家必死无疑。"

虽然夫妇俩痛似撕心裂肺，但形势紧迫，只得垂泪涟涟，七手八脚将女儿和行李、干粮一起放进古墓之中。然后，夫妇俩泣不成声地逃命而去。

谁知这一逃就是三年，张仲定与妻子重返故乡后，第一件事情就是赶到古墓顶上看望女儿，两人声泪俱下地呼号："女儿啊，爹娘看你来了！"张仲定夫妇正哭得伤心欲绝，突然墓中传出一个声音："爹、娘，我在这儿闷死了，快接我上去吧！"

这一吓不要紧，吓得张仲定夫妇不寒而栗，以为是女儿的冤魂悲鸣之声，急忙说："女儿，不要怨恨爹娘狠啊，那是实在没办法呀！""说什么呀？我已在这里这么长时间，快接我上去吧！"

张仲定夫妇到村中找了几名大胆的青年，将信将疑地进入古墓，只见女儿仍然健康地活着，当然比三年前长高长大了。

一家人欢呼雀跃回到家中，女儿便讲述来龙去脉："干粮吃完后，我饿得难受，就坐在被褥上，忽见古墓边角有一物，不停伸颈好像呼吸空气，我深觉好玩，就学它的样子玩耍。谁知，这样一模仿口中即有津液产生，不断吞服津液，奇怪的是肚子竟不饿了。我就一直照它的样子去做，始终不觉饥饿。”

张仲定又约人重到古墓中去寻找女儿所言之物，原来是一只老龟。这一方法道士知道了，于是便虔诚地仿效，认真地实验，发现并采纳了其中长生之道的奥秘，并由此创造出了“龟息”养生法。

2. 来自袁天罡故事传说

唐朝人李峤在年幼时就才气横溢，但他家兄弟五人全不到30岁就死去了，李峤长大成人之后，李峤的母亲担心儿子同样会夭折，就请著名相师袁天罡到家里来，让他给李峤看看面相。

袁天罡仔细看了看说：“小伙子神气清秀，可惜寿命不长，恐怕活不到30岁。”李峤这时已经很有名气。家中人都希望他显贵发达，听了袁天罡的话，都很伤心。袁天罡见状，虽然理解李母的心情，但面相天定，不可能虚言妄语，如果现在不据实相告，到时候李家人反而会更埋怨他。

但李母伤心之极还是打动了袁天罡，他只好劝慰：“令郎虽然寿短，但少年英才，写了不少诗文名篇，能够名垂青史，如此也不枉来人世间一回了。”无奈，李母只好安排饭食招待袁天罡，晚上安排袁天罡到书斋和李峤在一张床上同睡。

睡觉时候，袁天罡发现李峤居然没有呼吸，用手试一下，鼻下已经断气。袁天罡大吃一惊，心想李峤虽然命短，但也不至于这么快啊？

袁天罡察看了许久，才发现李峤是用耳朵呼吸。虽然是深夜了，袁天罡还是马上叫醒李家的人，他想把这好消息最快告诉给李母，而事实上李母因为伤心欲绝而根本没有入睡。

袁天罡向李母道贺，说：“之前看面相，全都没有找到问题的所在。今天才看见，你儿子必定大贵长寿，原来他是像龟一样呼吸啊！但大贵长寿，却不能富。”

后来，果然像袁天罡说的那样。武则天执政期间，李峤官拜宰相，但是家中仍然很贫困。在此期间，高宗皇帝多次到过宰相府，看见李峤睡觉用的帐子是用像布一样的粗绸做的时，半生气半关心地说：“一国的宰相用这样的帐子，有损我大国的体面，我赐你宫中御用的绣罗帐！”

但李峤在皇上赐给的绣罗帐里面睡觉，一宿到天明也没有睡安稳，觉得身体好像生了病似的，极不自在。于是自己奏报皇上说：“臣年轻时，袁天纲大师对我说过，不应该侈华，所以睡不安稳。”高宗听了这话，也没有办法，只好任由李峤一贫如洗。

有关龟息的故事很神奇，但龟息的方法却很简单：端坐板凳上，两腿分开略宽于肩，眼若垂帘或轻闭，凝神静息，全身肌肉放松，舌尖轻抵上牙，促使津液分泌；身向前移，使臀少着座，两手重叠或分别按于小腹上，边呼气边将上身前俯，直至头部低于两膝，将肺部余气吐尽，引颈前伸，同时缓缓吸气，上身也徐徐挺起，恢复端坐时气也恰好吸满；然后缓缓呼气，呼气快完时，又将上身前俯，如此反复俯伸九次，循序渐进，直到增至36次，这样为一个练习。不管是古代的大德高僧、方士道士，还是现代的生物学家，一直认为乌龟长寿的最主要原因就是乌龟独特的呼吸方法，就是所谓的“龟息”。

龟息之法在道藏里有几十种，大体是伸颈，下咽口水，反复下咽口水，然后吐出空气，然后再重复伸颈，下咽口水，如此这般进行。

【拓展学习0-2】吾日三省吾身

来源：《中国纪检监察报》

“吾日三省吾身”，出自《论语·学而》。曾子在回答孔子提问时说：“吾日三省吾身——为人谋而不忠乎？与朋友交而不信乎？传不习乎？”

曾子16岁拜孔子为师，深受孔子教诲，一生讲求合乎礼制，谨守道德不逾矩。他在弥留之际，还命令儿子给他换掉只有大夫才能用的席子。他之所以能做到守礼法甚于生命，就是得益于长久的“三省吾身”习惯养成的严以律己、知错必改的精神，最终成就自我。

自省的精神是儒家的基本精神，历来为古代士人所推重。孟子提出了“反求诸己”。荀子则把自省和学习结合起来，作为实现知行统一的一个环节：“君子博学而日参省乎己，则知明而行无过矣。”西汉扬雄在《逐贫赋》中说道：“三省吾身，谓予无愆。”意为每天多次自我反省，就可以避免过失。宋代朱熹在《四书集注》中说：“日省其身，有则改之，无则加勉。”

自省是“修身之本”。儒家讲求“内圣外王”，内圣即指自身的修养，只有具备了良好的自身修养，才能齐家治国平天下。古人云：“金无足赤，人无完人。”任何人生来都有缺点，但是通过不断的自省和学习就能出类拔萃，成就卓越。认识到错误不难，但要用坦诚的心灵面对它却不是人人都能做到的，就像一个人亲手割掉自身的毒瘤，需要巨大的勇气。就连孔子都发出感慨：“已矣乎！

吾未见能见其过而内自讼者也。”（《论语·公冶长》）所以说，懂得自省是大智，敢于自省则是大勇。

古往今来，反躬自省的典范并不鲜见。北宋宰相文彦博小时候因为顽皮经常犯错误，为了加强对自己的监督，他准备了两个罐子，每天做了有益之事，就在一个罐子里放一粒红豆；做了无益之事，就在另一个罐子里放一粒黑豆。他每天检查红豆和黑豆的数目，以此警省自己，终于红豆越来越多，黑豆越来越少。这两个罐子使他一生受益匪浅。

同一时期的北宋名臣范仲淹在每晚睡觉前，一定要回顾一下当天所做的事，看是不是对得起当天所得的俸禄，如果对得起，就能安稳熟睡；如果对不起所领的薪水，就整夜都睡不好，第二天一定要补足欠缺的部分，才能安心。

“君子检身，常若有过。”（《亢仓子·训道》）。《庄子·人间世》曾记录颜回准备出游，向孔子请教游说之法。孔子指出颜回尚未认清自己，叫他先做到“心斋”。这个“心斋”，说白了就是自省。精神的斋戒期，一方面，应注意从小事和细微处陶冶情操，常念“紧箍咒”，真正做到防微杜渐，砥砺品行。另一方面，要做到“慎独”，始终保持“如履薄冰、如临深渊”的戒惧心态，无论是人前还是人后，公共场所还是独处之时，都坚守正确道德信念，自觉做情趣健康、品行高尚的楷模。

【拓展学习0-3】狂心顿歇，歇即菩提

“狂心若歇，歇即菩提”出自经典《楞严经》。

所谓“狂心”，就是指妄想、妄念和执着，狂妄自大的心、好高骛远的心、看不起人的心、自以为是的心、求名的心、求利的心……一切不切实际的妄想、妄念和执着，都叫狂心。

人们最怕独处，一独处就被胡思乱想淹没，一个妄念接着一个妄念，不切实际的杂乱念头就像脱了缰绳的马一样。人的心流，如同泛滥的江河，滚滚汹涌。人们执着于电子游戏和网络，实际上是伴随游戏不断升起虚假不实妄念的过程，长此以往就被妄念牵着鼻子走，就迷失了自我。自我一迷失，就降低了是非判断力，就容易认不该为该、认不对为对。比如不会喝酒的，他看见别人喝酒也想要跟着喝；不会吸烟的，看见人家吸烟，也想学着吸，等等。本来很守规矩

的，看见其他人不守规矩，他也不守规矩了，人们总是归罪于别人和环境，认为“近朱者赤，近墨者黑”，实际根源是自己内心的迷失。

如果能把这狂心休歇了，一转化，就是菩提心（无上正等正觉的道心或觉悟心）。狂心与菩提心，就像手的正反面，是一个不是两个，就看你用哪一面。用狂心，就像挥舞屠刀，刀刀砍伐自己的本性；用菩提心，就像高举明灯，一灯能照千年暗。以此理解，“狂心顿歇，歇即菩提”，就是转化自己的缺点为优点，转化自己的狂心为平常心、智慧心、平等心、爱心。

憨山大师诗云：“瞥然一念狂心歇，内外根尘俱洞彻。翻身触破大虚空，万象森罗徒死灭。”参禅的先决条件就是除妄想。妄想如何除法？最简单的莫如“歇即菩提”中的一个“歇”字。禅宗由达摩祖师传来东土，到六祖后，禅风广播，震烁古今。但达摩祖师和六祖开示学人最紧要的话，莫若“屏息诸缘，一念不生”。

0.3.2.3　戒力者。断恶防非之谓也。修行之人。果能内戒于心。外戒于身。用此戒力。以自胜。即有司逻十部。戒神等众。卫护戒子之身。出入动静。一切善缘相随。起居坐卧。一切恶业远避。守戒日久。道可就矣。不但学道之人。当用戒力以自胜。自古仙圣。未有不修戒果而成道者。今玄门弟子。和进步者。或持三戒五戒。初真十戒。九真妙戒可也。果能戒力坚固。功满千二百善。再修持身之戒。观身之戒。一百八戒。三百大戒可也。如此渐次进修。道无不成。道无不就者也。是以戒力自胜者。诸天护善。诸魔敬护。此等之人。方可言强也。

第三，以戒力自我战胜。

【说文解字并康熙字典0-16】戒

【說文解字】**戒，警也。**從廾持戈，以戒不虞。

【說文解字注】警也。言部曰警，戒也。從廾戈。**會意。持戈以戒不虞。**說從戈之意。

【易·萃卦】戒不虞。【注】備不虞也。**戒，備也。**

【易 · 繫辭】聖人以此齊戒。【注】洗心曰齊，防患曰戒。
【朱子 · 本義】湛然純一之謂齊，肅然警惕之謂戒。

戒力，就是自我断恶防非的意思。《弟子规》认为“无心非名为错，有心非名为恶”，就是要想方设法断除自己明知是错却故意犯的错，防止错误再次出现。比如说，明明知道迟到不对却总是迟到，明明知道旷课不对却总是旷课，明明知道上课玩游戏不对却总是玩游戏，明明知道熬夜不对却总是熬夜，明明知道骂人不对却总是骂人，等等。只要是明知故犯的错，就叫恶。所有的错，都叫非。所以，戒力，警示戒除的是自己的过错，与别人无关。善于修正自己言行的人，如果真能做到对内从自己的思想上念头上断恶防非，对外从自己的言谈举止上断恶防非，就能用这种戒力来自我战胜。

道教有“南斗六司”的说法，即南斗第一天府司命上将镇国真君、南斗第二天相司禄上相镇岳真君、南斗第三天梁延寿保命真君、南斗第四天同益筭保生真君、南斗第五天枢度厄文昌鍊魂真君、南斗第六天机上生监薄大理真君。《说文解字》说“臣，司事于外者”，“逻，巡也”。意思是说，冥冥中就会有所有的执法神和护戒神守卫护佑以戒力自胜的人。用老百姓的话说，就是会受到所有法律和规章制度的保护。

无论自己是外出还是返回，无论自己是处于动还是静的状态，所有的善缘都会伴随自己左右。自己无论起居工作还是坐卧休息，一切对自己不利的环境和人员都会远离。自己秉持戒力进行自我战胜，不断用戒力断恶防非修炼自己的内心和言谈举止，自己这种遵道而行惟道是从的习惯就养成了，日复一日坚持不懈，成就道业指日可待。不但是学道之人应该以戒力自我战胜，自古所有成就圣贤、转凡成圣的，没有不是经过用戒力自胜成就道业的。如今的道门弟子和社会进步人士，分别受持三戒、五戒、初真十戒、九真妙戒就可以。如果真的能够做到持守戒力坚固不退，积累功德圆满千二百善，可以进而再修“持身之戒”“观身之戒”“一百八戒”“三百大戒”。如此渐次递进修习，道业没有不成就的。这就是以戒力自胜的人。《周易》曰：“自天佑之，吉无不利。”这种能以戒力自胜的人，因为遵道而行惟道是从，所以获天护地敬，此等境界之人，方可成为“强有力”！

0.3.2.4　进力者。精进不退之谓也。精进之功。妙在专心致志。譬如登高自卑。行远自近。脚根之下。必须步步着力。然有六行之义。又名六度。一布施。二持戒。三忍辱。四勤慎。五静定。六智慧。果能智行此六行。道德日新。真常自得。方可谓之精进也。

第四，以进力自我战胜。

【说文解字并康熙字典0-17】进

参见【说文解字并康熙字典3-13】进

进力，就是境界不断提高，精进不退。不断沿着转凡成圣的道路前进，绝不退转，绝不懈怠。进力，妙在专心致志上。譬如攀登高山，所有的成就，不专心致志就难以成就，比方说听课，专心致志的学生就可以当下领悟。为人处世都要遵循秩序，循序渐进。《礼记·中庸》曰：“譬如行远必自迩，譬如登高必自卑。”攀登高山必定从山底开始起步，行到远处也必从近处脚下开始发力，需要脚根之下切实履行，一步一个脚印步步积累。

圣贤精进践行的进力，有六种不同含义，叫作“六行”也叫“六度”，分别是：第一布施，持戒，忍辱，勤慎，静定，智慧。如果真能做到有智慧地践行六行法门，则自我道德日新月异，自我真常之性自然证得。如此进修，方可谓之真精进。

【拓展学习0-4】赵朴初对“六度”的解释

“度”梵语是“Pāramitā波罗蜜多”，字义是“到彼岸”，即从烦恼的此岸渡到觉悟的彼岸。“六度”就是降服自我从烦恼的此岸抵达觉悟的彼岸的方法。

1. 施度：能对治自己的悭吝贪爱烦恼。分为财布施、无畏施、法布施三种。

2. 戒度：即遵道而行惟道是从，严守戒律，严以律己。

3. 忍度：谓由修忍辱，断除自我瞋恚烦恼。外忍饥寒，内忍七情六欲，遇挫折毁谤，不怨不怒，由忍化恕，心自安之。

4. 精进度：对治自我懈怠，成就一切善法。道海高远，学无止境，真理研习不可停顿。若有过失，立即改正，精进不怠。

5. 禅度：止观双运名禅，亦名静虑、三昧、三摩地、定。定止内心散乱，体悟心一妙境。

6. 慧度：对治自我愚痴无明，通达法性本空，证得真性之慧。

0.3.2.5　念力者。即是止念之谓也。大根大行之人。有念必有觉。惟小根小器之人。有念无觉。只因有念无觉。所以流入邪径。贪求不已。烦恼炽盛。遂至于劫劫相仍。失其大道之本根也。是以大道教人先止念。念头不住枉徒然。今修行人。果能认自性之真常。明本心之正觉。不取不舍。空人空法。则心外无法。法外无心。不如此行之。念头从何处起乎。倘若不然。念动即乖。心生即乱。种种法生。头头是妄。所以千迷万执。只在此一念之微。觉照回来。便是圣贤。不能觉照。便是凡夫。譬如千钧之弩一般。千钧之弩。妙在一寸之机。转万斛之舟。妙在一寻之木。是故返还造化之机。妙在一念回照。以念力自胜者。可以谓之强矣。

第五，以念力自我战胜。

【说文解字并康熙字典0-18】念

【說文解字】念，常思也。

【說文解字注】常思也。方言曰。念，思也。又曰。念，常思也。許云。懷，念思也。左傳引夏書曰。念茲在茲。釋茲在茲。名言茲在茲。允出茲在茲。惟帝念功。

【爾雅·釋詁】思也。【疏】常思也。【釋名】念，黏也。意相親愛，心黏著不能忘也。【書·大禹謨】念茲在茲。【六書精蘊】人當念所當念者，故從今。

【小爾雅】無念，念也。【詩·大雅】無念爾祖。【書·洪範】汝則念之。

念力就是止息妄想的念头。智慧根器深厚的人，伴随念头产生必定升起觉悟。智慧根器浅小的人，因为有念无觉执迷不悟，所以顺着念头迁流背离正道，随着想入非非，贪求不断。如果烦恼炽盛不能自拔，以至于积累万仞之高无以自控，就会迷失自我，失去大道本性。比方说学生上课玩游戏，伴随游戏的险象环生步步深入，自己的念头便念兹在兹无以自拔，即使老师提醒也放不下，如果老师没收手机，反而做出愤恨的举动，完全背离了上课的初心使命。更有学生玩游戏通宵达旦晨昏颠倒，完全不顾家长配置手机电脑的初心，把家长供奉上学的意图也置之脑后，任由邪思邪念牵着自己的鼻子走，这些都是小根小器之人有念无觉造成的痛苦。所以践行大道，必须教导学人先从“止念”入手，念头不住，枉费工夫。

现在，如果修行人果真能够体认自性真常、明达本心正觉，于任何境界不取不舍，于人于法都不执着，就会了悟心外无法、法外无心，不如此切实力行，念头从何处起？倘若不如此修正念头，念头一动就背逆，心思一起就杂乱，种种法相丛生，头头是妄念不断，所以千迷万执，只在这当下一念之微，若能觉照，一回心，就改邪归正，便是圣贤境界。如果不能觉照，任由念头丛生，便是凡夫。譬如执持千钧弓箭一般，射发千钧弓箭，妙在寸心之机，扭转万斛舟船，妙在舵手手中一寻短的木舵。所以，返还造化之机，妙在一念回心觉照。能以念力自我战胜的，可以称得上“强有力”了！

自胜者强的修行人，都是从念头上发力，从念头上下功夫的。自古修行人重视静心，就是在学着觉照自己的念头，让自己能够掌控自己的念头归正，这是非常了不起的。

0.3.2.6　定力者。即是心不散乱。意不邪思。不动不摇之力也。此定中之旨。亦有三义。一曰妙定。二曰圆定。三曰大定。妙定者。观妙而入定。即是真人之观。人能观到徼妙双忘之妙处。自然泯相澄神。是以谓之妙定。圆定者。无欠无余。无动无静。山河大地。总是定中之定体。大千法界。无非一体之定性。

真如自在。圆满具足。是以谓之圆定。大定者。真妄不分。圣凡不见。定中之太虚无体。定中之一法不立。是以谓之大定。此三者。非出世之大圣。二乘者。不能具足此义矣。修行之人。不过遣制七情。断除六欲。收敛身心。不致散乱。一日神气少有混合。自谓入定。却不知徼妙未曾双忘。真理未得入妙。岂可谓之定乎。倘若逆顺二境。一有所触。识性即生。未有不假托因缘。而根尘互起者也。

以此观之。三义定体。修行者。不可不自胜于此。不但太上。每以经教。演说泰定之旨。成就后学。度脱将来。当闻西域圣人。

经教中云。奢摩陀等语。亦是大定之总名也。是故一切教中。不入此定。难以成道。学道者。果能性定而心自清。心清而意自静。意静而神自凝。神凝而气自回。气回而精自还。精还而丹自结。所谓金精既返黄金室。一颗明珠永不离。定力有如是之验。闻经之士。有能以定力自胜者。当详审其义矣。

第六，以定力自我战胜。

【说文解字并康熙字典0-19】定

【說文解字】定，安也。

【說文解字注】安也。古亦叚奠字為之。

【增韻】靜也，正也，凝也，決也。【易·說卦】天地定位。

【書·堯典】以閏月定四時成歲。【禹貢】震澤厎定。

【禮·王制】論進士之賢者，以告于王，而定其論。【注】謂各署其所長也。止也。【書·洛誥】公定，予往已。【注】成王欲周公止洛，自歸往宗周也。

【儀禮·鄉飲酒禮】羹定。【注】定猶熟也。【疏】熟卽止，故以定言之。

【諡法】純行不差，安民法古，𡗜曰定。

定力，就是心不散乱、意不邪思、不动不摇的内心心静之力。这是“定”的内涵。“定”有三层不同境界：一是妙定，二是圆定，三是大定。妙定，就是因观妙而入定，这就是“真人之观”的境界。妙定之人能谛视“常无欲以观其妙，常有欲以观其徼”的徼妙双忘神妙境界，泯相澄神自然而至，这被称为妙定。圆定，就是无欠无余、无动无静的精神境界。此时，体悟到心物合一，内心与山河大地、大千法界融为一体，定性无二，真如本性自在无碍，自我本性本来圆满具足。“菩提本无树，明镜亦非台。本来无一物，何处惹尘埃。”以此被称为“圆定”。大定，就是没有真假、圣凡之别，定中犹如太虚空无实体、不存一法，这种定的境界叫作“大定”。这三种定的境界，如果不是志在出世的圣贤，不可能具足此定深义。

修行定力之人，不过是学习钳制住自我的喜、怒、哀、乐、悲、恐、惊七种情绪，断除自我的眼、耳、鼻、舌、身、意六种欲望，收敛自我身心意念，不致散乱。如果哪一天觉得自己神气稍有混合，就自称为入定，却不晓得自己未曾达到徼妙双忘境界，自己也未曾证得泯相澄神的真理神秘境界，岂可谓为入定？！假如逆境顺境，一碰到就引发眼、耳、鼻、舌、身、意六识升起欲望，七情六欲牵制自我的念头瀑布涌动，没有不假借色、声、香、味、触、法六尘因缘的。用此定力谛视观察，妙定、圆定、大定三种定境界，修行人，不可不以定力自胜。不但太上老子，每每以经文教导演说泰定旨意、成就后学道士度脱将来众生，听闻西域佛学圣人，亦在佛典经教中有云奢摩陀等各类定中境界，认为首楞严乃大定之总名的。

一切儒释道经教，不入定力修学，难以修成正道。学道之人，果真能够使心性契入定的境界，心念自然清净，心清则意静，意静则神凝，神凝则气回，气回则精还，精还则丹结。所谓“金精既返黄金室，一颗明珠永不离”的境界自然现前。定力有如此之神验，听闻此经的修学之士，有能以定力自胜的，应当详细审查其中义境。

【学习与思考0-1】东坡坐禅

有一次，宋代大文豪苏东坡到金山寺与佛印禅师一起坐禅。坐了一个时辰，东坡觉得身心通畅，内外舒泰，便忍不住问禅印：“禅师，你看我坐禅的样子如何？”佛印看了一下东坡，点头赞道：“嗯！不错，像一尊佛。”东坡非常高兴。佛印随口也问东坡：“你看我的坐姿如何？”苏东坡揶揄地说：“嗯！我看哪，就像一堆牛粪！”佛印听了，并不动气，只是置之一笑。

东坡像捡了个大便宜，得意洋洋地回家了，把经过告诉了苏小妹，说：“我今天终于赢了佛印禅师！”苏小妹颇不以为然地说：“哥哥，今天输的还是你。禅师是心中有佛，所以才看你如佛；你心中有牛粪，所以才视禅师为牛粪啊！”

0.3.2.7　慧力者。心光朗照。慧性常明。内无法尘之起灭。外无根尘之染着。远离尘缘。照破识性虽十方法界。纯是一个灵光妙觉。所以万象皆空。六虚洞彻。学道者。若或慧力不举。则慧性不现。慧性不现。则识性用事。识性用事。则根尘互起。根尘互起。不染于有。必染于无。有无相生。烦恼取舍。无所不至矣。当此之时。认识为心。依尘现妄。六识一动。慧性之真体隐矣。慧性既隐。六根俱是魔军。心性返为魔主。如人背明入暗。终不能得光明大道也。是故慧力之用。修道者。不可不自胜矣。

第七，以慧力自我战胜。

【说文解字并康熙字典0-20】慧（儇）

【說文解字】慧，儇（xuān）也。從心彗聲。

【說文解字注】**儇也**。人部曰。儇慧也。二篆為轉注。慧古多叚惠為之。從心。彗聲。胡桂切。十五部。【徐曰】儇，敏也。

【廣韻】**解也**。【增韻】**性解也。妍黠也。了也，智也**。【謚法】柔質受諫曰慧。

通作惠。【列子 · 穆王篇】秦人逢氏有子，少而惠。

另望文生義：慧=丰+丰+彐+心，丰：細枝茂盛的草，彐：手持，彗：小草紮成的掃帚（掃帚星），引伸為清掃。心：心塵，含有色塵聲塵香塵味塵觸塵法塵六種。**慧：拂去心塵**。

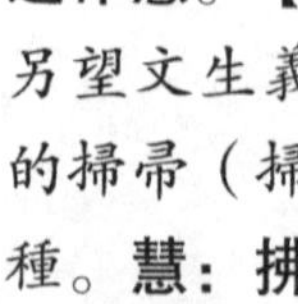

【說文解字】**儇，慧也**。

清代段玉裁【說文解字注】**慧也**。心部慧下曰。儇也。是二字互訓也。齊風。**揖我謂我儇兮**。傳曰。儇，利也。此言慧者多便利也。

方言。儇，慧也。荀卿子曰。鄉曲之儇子。

【詩·齊風】揖我謂我儇兮。【路史】黄帝之宗有儇國。

慧力，自己的智慧之光像太阳一样光明普照。慧的秉性意义是“常明”，即永远光明。慧光朗照之下，对内，内心不受色、声、香、味、触、法六尘引发意识起灭的影响，对外，不受眼、耳、鼻、舌、身、意六根的诱惑染污。慧光朗照之下，身心清净，能够做到远离尘缘干扰，此慧力可以照破六识秉性，虽穷尽十方法界，也归于纯一一个灵光妙觉。所以霞光万丈之下，万象空明，上下四方无不洞彻。

学道之人，如果自己的慧力不能发挥作用，则慧力的霞光万丈秉性就展现不出来。慧力霞光万丈的秉性展现不出来，就会依凭自己的眼识、耳识、鼻识、舌识、身识、意识为人处世，依凭这六识为人处世，自己的眼根、耳根、鼻根、舌根、身根、意根六根和自己的色尘、声尘、香尘、味尘、触尘、法尘六尘，就会交互发挥作用，影响自己正确的判断，要么有意受干扰，要么无意受干扰，分别取舍间自己患得患失，贪嗔痴慢疑种种烦恼便无所不至。

这时，认自己的眼识、耳识、鼻识、舌识、身识、意识为自己的本心，依自己的色尘、声尘、香尘、味尘、触尘、法尘呈现种种妄想。自己的眼识、耳识、鼻识、舌识、身识、意识六识一起，自己慧力真正的霞光万丈的秉性真体就隐没了。慧性隐没，自己的眼根、耳根、鼻根、舌根、身根、意根六根，全都转化为戕害自己霞光万丈智慧本性的妖魔障碍，这时，自己的心性反而变成戕害自己霞光万丈智慧本性的魔王。就像人背弃光明进入阴暗一样，无论如何努力，终不能得光明大道。因此，想方设法使自己慧力的霞光万丈本性发挥出来不受自我魔力戕害，修道之人，不可不用慧力自我战胜啊！

0.3.2.8　智力者。即是慧光圆通。无碍之妙。慧光从定性中所出。不有大定。慧光不生。不有慧性。真智不出。智为真水。慧为真火。能用智慧力者。乃是以真水真火。炼真如之妙性也。学道之人。果能用此智力。除惑断妄。破愚去执。智力道力。无有不胜者。

第八，以智力自我战胜。

智力，就是自己慧力霞光万丈的本性圆通普照、没有阻碍的境界。慧光是从自己的定性中生出的。如果自己没有处于大定的境界中，自己的慧光是生发不出来的。慧光生发不出来，自己的真智也就产生不了。智是真水，慧是真火，能发挥出自己本性中智慧力的，就是用自己的真水真火，修炼自己的真如妙性。学道之人，如果能够发挥出自己的智力，以此除去自己的迷惑，断除自己的妄想破除自己的愚痴，去除自己的执着，那么，自己的智力、道力增长，就没有不能自我战胜的了。

0.3.2.9　道力者。真常体用之力也。道力之用。一切物欲不能胜。慧性常明。观妙。可以见天地之始。观徼。可以见万物之母。道体既见。众妙之间。可得而入也。所以修真之上士。常具道眼。常怀道心。常守道力。常修道身。一动一静。无往而不以道自强也。今之学道者。当以道力自胜。自强而不息者可也。

第九，以道力自我战胜。

道力，是自己的真常体用之力。如果能使自己的道力起作用，一切为了维护衣、食、住、用、行所产生的欲望都无法战胜，自己霞光万丈的慧性就会永远放射光明。

用道力观妙，可以照见天地之始的“无”境界；用道力观徼，可以照见万物之母的“有”境界。道体既能显现，则众妙之境，没有不能契入的了。所以，修真常的上士勤而行之，常具道眼以谛视万物，常怀道心以对待万物，常守道力以处理万物，常修道身以成就万物，一动一静间，无往而不以道力自胜自强啊！

今天的学道之人，应当学着以道力自我战胜，《易》曰：“天行健，君子以自强不息。”效法天，学做君子，自强不息就行了。

0.3.2.10　德力者。心体纯粹。性中自善。德非道而不立。道非德而不成。是故德之所存。即道之所存。德之所失。即道之所失。道与德。原是一而二二而一者也。能修德以全道。可以修身治国平天下。无所往而不善也。

第十，以德力自我战胜。

德力，就是自己心体纯粹的境界。德性之中自体纯善。道与德是一体两面，离开道了不成德，离开德也成不了道。所以，道与德互为依存，失德即失道，反之亦然。道与德，原本是一而二、二而一的关系。如果能做到不断修德以全道，长此以往，就可以渐次实现修身治国平天下，那么自己纯善的德性之光就无往而不照耀了。

1 立身行道篇

开宗明义：

本篇主要阐释老子《道德经·观妙章第一》，试图通过学习，契入道德经学习，树立见贤思齐、立身行道志向，从我做起，从现在做起，开心每日，重树自我。

本篇章节主要有：

1.1 观妙章第一

老子【道德经·尽己章第三十三】全文：道。可道。非常道。名。可名。非常名。无名天地之始。有名万物之母。故常无欲以观其妙。常有欲以观其微。此两者。同出而异名。同谓之玄。玄之又玄。众妙之门。

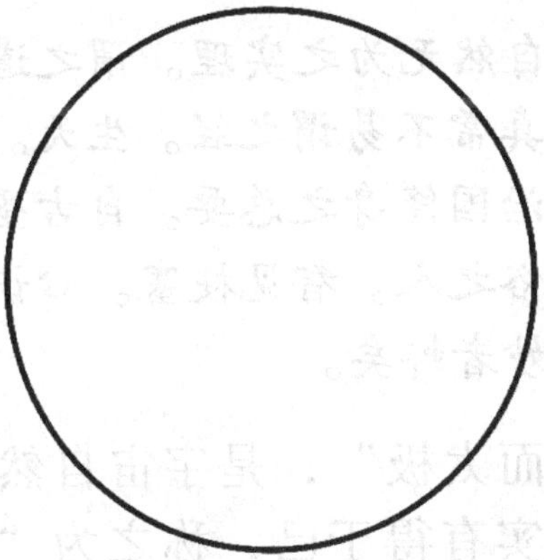

图1-1 无极图

图1-2 太极图

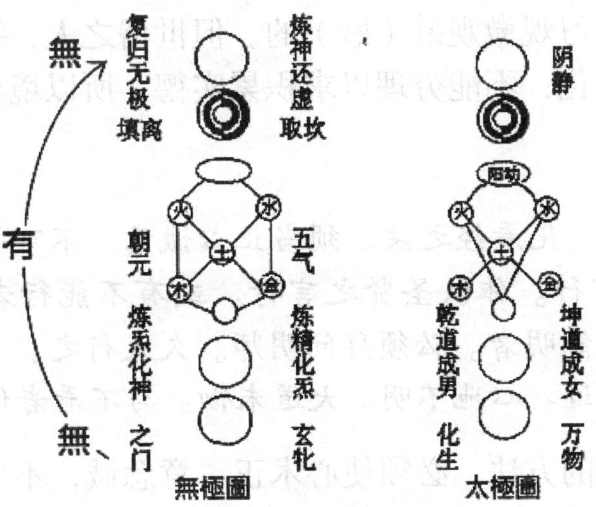

图1-3 无极太极生化图

1.1.1　憨山大师注解

1.1.1.1　此章总言道之体用，及入道工夫也。老氏之学，尽在于此。其五千余言，所敷演者，唯演此一章而已。

此章是总说道体、道用和入道工夫。老子的学说精髓，全在此章。老子《道德经》共五千余言，所陈述发挥的，唯一围绕演绎的也是这一章。

1.1.2　宋龙源版本注解

1.1.2.1　恭闻无极而太极。自然无为之实理。谓之道。造道而实有得于己。谓之德。经者。真常不易谓之经。生天。生地。生人。生物。出生了死之真诠。治国修身之总要。自古圣贤。莫不从此而观徼观竗（妙）。但世俗之人。智见梗塞。心识蒙昧。不能造道以求实德。所以经粗入妙者鲜矣。

恭敬地听闻圣人教导："无极而太极"，是宇宙自然无为的实理，称之为"道"。格物穷理而实有得于己，称之为"德"。"经"，真如本性恒常不变，称之为"经"。诞生天、诞生地、诞生人、诞生万物，是了脱生死的真谛，是治国修身的总要。自古圣贤，没有不从此章学习观徼观竗（妙）的。但世俗之人，智慧见识阻塞不通，心识蒙昧不化，不能穷理以求积累实德，所以境界由粗入妙的非常稀少。

1.1.2.2　凡看经之法。须当正心诚意。不可轻忽放过一字。将自己之言行。体认圣贤之言行。或有不能行者。必须奋志勉力。或有不能明者。必须拜问明师。久久行之。自然心地开明。若或草草看过。心地不明。大道未彻。与不看者何异乎。

凡看经学习的方法，必须使心术正、意念诚，不可轻率疏忽放过每一个字。体察认识圣贤的言行，将自己的言行与之对比，或者有自己不能实行的，必须振奋志气勉力为之；或者有不能明了的，必须拜问明师以求通达，这样久久践行学习，自然就会心地开明。如果看经草率不认真，心地不明了，大道未彻悟，与不看经的有何不同？

1.2 道，可道，非常道。名，可名，非常名

老子【道德经·尽己章第三十三】经文：道，可道，非常道。名，可名，非常名。

【说文解字并康熙字典1-1】道

【說文解字】：道，所行道也。从辵从𩠐。一達謂之道。𨕥，古文道從寸。徒皓切〖注〗衜、䆃，亦古文道。

【說文解字注】所行道也。毛傳每云行道也。道者人所行。故亦謂之行。道之引伸為道理。亦爲引道。從辵首。首者，行所達也。一達謂之道。釋宮文。行部偁四達謂之衢。九部偁九達謂之馗。按許三偁當是一例。當作一達謂之道。從辵首。道人所行也。故從辵，此猶上文邍人所登故從辵也。自邍以下字皆不系於人。故發其例如此。許書多經淺人改竄。遂不可讀矣。

【爾雅·釋宮】一達謂之道路。【詩·小雅】周道如砥。

【廣韻】理也，眾妙皆道也，合三才萬物共由者也。

【易·繫辭】一陰一陽之謂道。立天之道，曰陰與陽。立地之道，曰柔與剛。立人之道，曰仁與義。【書·大禹謨】道心惟微。

順也。【書·禹貢】九河旣道。【注】順其道也。

【正韻】言也。【孝經】非先王之法言不敢道。【大學】如切如磋者，道學也。

由也。【禮·禮器】苟無忠信之人，則理不虛道。【中庸】尊德性而道問學。

治也。與導同。【論語】道千乘之國。【史記·文帝紀】道民之略，在於務本

"道"字玄机：

（1）道的本义为"所行道也"。小篆"道"从辵（chuò），从

首，谓“长行”。首，谓面之所向，行之所达。长行于面之所向与行之所达之途，此途即“道”。

（2）道“从辵从䭫”，“辵”乃“乍行乍止”之意，在人生路上不要只顾埋头奔走，走累了要停下来，走不通的时候，也要停下回头看看自己走得对不对，有没有偏离。“从䭫”意含着道要行，而且还要运用头脑。古文道为“衟”，从寸，“寸者，忖也”，有法度可忖的意思，也就是以符合道义正义规律为判断标准。

（3）“一达谓之道”“四达谓之衢”“九达谓之馗”。行道要专心一意，且要“顺道而行”，只要专注一达之道，把每一个当下都行得问心无愧，则“条条大路通罗马”，终究会一通百通。

（4）道之引申含义为“理”“道理”，《广韵》认为，“众妙皆道也，合三才万物共由者也”。《易·系辞》认为，“一阴一阳之谓道。立天之道，曰阴与阳。立地之道，曰柔与刚。立人之道，曰仁与义”。

（5）《孝经·开宗明义章》认为，“立身行道，扬名于后世，以显父母，孝之终也”，而且还认为“非先王之法言不敢道”，所以立志学道、悟道、行道，是每一位华夏子孙的使命之一。《史记·文帝纪》认为“道民之略，在于务本”。《中庸》认为“尊德性而道问学”。《礼记·大学》认为“如切如磋者，道学也”。《尚书·大禹谟》认为，“道心惟微”。所以把每一个细节都遵循规律做到最佳，谦敬地效法圣贤学做圣贤，严净自己的每一个心念，不断积善成德，相信一定会收获满满！

【说文解字并康熙字典1-2】可

【說文解字】可，肎（肯本字）也。從口丂，丂亦聲。凡可之屬皆從可。

【說文解字注】肎也。肎者，骨閒肉肎肎箸也。凡中其肎綮（qìng筋肉结处也）曰肎（司馬云：猶結處也。按肎之言可也，故心所願曰肎，得其窾郤曰中肎，引伸之義也。）。可肎雙聲。從口丂（hē）。口氣舒。丂亦聲。肯我切。十七部。凡可之屬皆從可。
【廣韻】**許可也。**【韻會】**可者，否之對。**【書·堯典】嚚訟可乎。【文中子·事君篇】達人哉山濤也，多可而少怪。
僅可，未足之辭。【論語】子曰：可也簡。
所也。【禮·中庸】體物而不可遺。【註】體猶生也，可猶所也。不有所遺，言萬物無不以鬼神之氣生也。
丂【說文】反丂也。讀若呵。【六書正譌】**氣舒也。**丂（丂者，气欲舒出之象。一其上不能徑達。亏與丂音不同而字形相似，字義相近，故古文或以丂爲亏）**之轉注。**【精蘊】**氣出而易也。反丂見意。**重之爲大笑聲，借譴怒聲，皆動於聲氣也。

“可”字玄机：

（1）可的本义为“肎（肯）”，“肎者，骨闲肉肎肎箸也”，即骨间筋肉结处，比喻关键、窍要。庄周《庖丁解牛》有“依乎天理……技经肯綮”之说，意思是说，因循规律切中关键。

（2）“肎”字《说文解字注》曰：“肎之言可也，故心所愿曰肎，得其窾郄曰中肎，引伸之义也。”因而《广韵》认为“可，许可也”、《韵会》认为“可者，否之对”，都是可字的引申内涵，我们现在普遍使用。

（3）“可”字“从口丂（hē），口气舒。”而“丂”与“丂”意思相反。《精蕴》认为，“丂，气出而易也。重之为大笑声，借谴怒声，皆动于声气也”。《六书正讹》认为，“丂，气舒也。丂之转注”。而“丂（kǎo）”的《说文解字》认为，“丂者，气欲舒出之象。一其上不能径达。亏与丂音不同而字形相似，字义相近，故古文或以丂为亏”。可见，认识规律并遵道而行，就像“可”的结构“丂”，是气舒之象；反其道而行之，背道逆道，就是“丂”，气虽欲舒出，但却“一其上不能径达”，对治的唯一办法就是翻手转身，变“丂”为“丂”，也就是“回头是岸”“改弦更张”“改邪归正”。《老子道德经》曰：“反者道之动。”太了不起了！

【说文解字并康熙字典1-3】非

【説文解字】非，違也。从飛下𦐇，取其相背。凡非之屬皆从非。甫微切。
【説文解字注】韋也。韋各本作違。今正。違者，離也。韋者，相背也。自違行韋廢。盡改韋爲違。此其一也。非以相背爲義。不以離爲義。从飛下𦐇。謂从飛省而下其𦐇。取其相背也。𦐇垂則有相背之象。故曰非，韋也。甫微切。十五部。凡非之屬皆从非。
【玉篇】不是也。【書·説命】無恥過作非。【易·繫辭】辨是與非。
【玉篇】下也。【玉篇】隱也。【增韻】訾也。【孝經·五刑章】非聖人者無法，非孝者無親。
【玉篇】責也。【前漢·魏相傳】使當世責人非我。
【集韻】本作誹。謗也。【前漢·食貨志】不入言而腹非。【史記·平準書】作腹誹。又【鼂錯傳】非謗不治。【註】非，讀曰誹。

"非"字玄机：

（1）非的本义为"韦"，背道之意。比如从青岛到北京，顺道而行就是"是""可"，背道而行就是"不是""非"。

（2）非的引申含义是"不是"等。即：《玉篇》"不是也"、《书·说命》"无耻过作非"、《易·系辞》"辨是与非"、《玉篇》"下也""隐也""责也"、《增韵》"訾也"。

（3）非与"诽"通，《集韵》"本作诽，谤也"。《前汉·食货志》"不入言而腹非"，即"口不言，心非之"叫"诽"。

【说文解字并康熙字典1-4】常

【説文解字】常，下帬也。從巾尚聲。裳，常或從衣。市羊切。
【説文解字注】（常）下帬也。釋名曰。上曰衣。下曰裳。裳、障也。以自障蔽也。士冠禮。爵弁。服纁裳。皮弁。服素積。玄端。玄裳、黄裳、襍裳可也。禮記深衣。續衽鉤邊。要縫半下。今字裳行而常廢矣。從巾。尚聲。從巾者、取其方幅也。引伸爲經常字。市羊切。十部。（裳）常或從衣。
【玉篇】恆也。【正韻】久也。【易·坤卦】後得主而有常。【繫辭】動靜有常。【詩·周頌】常于時夏。【箋】謂久長之功，於是夏而歌之。

【朱傳】謂君臣父子之常道。【廣韻】倍尋曰常。

五常。【書·舜典愼徽五典傳】五典，五常之教，父義母慈兄友弟恭子孝。

【五品傳】五品，謂五常（仁义礼智信）。【疏】此事可常行，乃爲五常耳。

神名。【荀子·九家易】兌爲常，西方之神也。

常服。【詩·小雅】載是常服。【傳】日月爲常服，戎服也。

“常”字玄机：

（1）常的本义为“下裙”“下裳”，就是现在人们穿的裙子裤子。尤其是强调礼服、裙子、裤子。

（2）穿裙子裤子的主要内涵是“遮羞”，其次才是“御寒”。与被誉为“礼义廉耻国之四维”的“耻”呼应，提醒人们时刻约束自我、严守自己内心的护城河。

（3）引申含义为“恒”“久”。就像衣服一生一世不能离身一样，应该一生持守精气神长生之道、一生弘扬仁义礼智信五常、一生秉持父义母慈兄友弟恭子孝五常之教。

【说文解字并康熙字典1-5】名

【說文解字】名，自命也。從口從夕。夕者，冥也。冥不相見，故以口自名。

【說文解字注】自命也。祭統曰。夫鼎有銘。銘者，自名也。作器刻銘稱揚先祖之德。鄭君注經乃釋銘為刻。劉熙乃云。銘，名也。記名其功也。（鼎鼎大名的由來）

【春秋·說題】名，大也。【書·武成】告於皇天后土，所過名山大川。【疏】山川大，乃有名，名大互言之耳。

名號也。【儀禮·士昏禮】請問名。【疏】問名，問姓氏也。名有二種，一是名字之名，一是名號之名。【周語】勤百姓以為己名。【注】功也。

【釋名】名，明也，明實事使分明也。

【爾雅·釋訓】目上為名。【注】眉眼之閑。

“名”字玄机：

（1）常的本义为“自命”。“命者，人所稟受”，就是自己的天命。

（2）“夫鼎有铭。铭者，自名也。作器刻铭称扬先祖之德。铭，名也。记名其功也。”这就是鼎鼎大名的由来。所以，自己的名字，就是自己一生丰功伟绩的集成，仿佛是电脑的存储器一样。所以我们中国向来重视命名。

（3）“名，大也。”“山川大，乃有名。”所以《书·武成》有“告于皇天后土，所过名山大川”的记载。“请问尊姓大名”取义也是“大”。

（4）名还有名号的内涵。《仪礼·士昏礼》“请问名”，其中“问名”，就是问姓氏。古代名有两种，一是名字之名，一是名号之名。现在各地掀起传承古代成人礼，里面的加冠加笄环节后，要给孩子们起“字”，比方说毛泽东字润之，这个就是“字”，有获得第二生命的新生之感。而“号”谓“尊其名，更为美称”之意，如《白虎通·春秋传》曰：“王者受命于王，必择天下之美号，以为号也。”“号”还有“谥号”的含义。《夏官·大司马》曰：“家以号名。乡遂之属谓之名，家之属谓之号。”

（5）“名，明也，明实事使分明也。”这是“名”给我们的又一启发。

综上，道，可以用语言表达，但语言表达出来的，不是真如恒常大道的全貌。为“道”命名，道名可以记名大道之功，但铭刻记录的，不是大道功德的全貌。

1.2.1 憨山大师注解

1.2.1.1 所言道，乃真常之道。可道之道，犹言也。

所说的“道”，乃是真如本真恒常之道。“可道”之道，类似语言描述。

1.2.1.2 意谓真常之道，本无相无名，不可言说。

意思是说，真如本真恒常之“道”，其本性没有形象，没有命名，无法用语言描述。

1.2.1.3 凡可言者，则非真常之道矣，故非常道。

凡可用语言描述的，就不是真如本性恒常不变之道了，所以说“非常道”。

1.2.1.4 且道本无名，今既强名曰道，是则凡可名者，皆假名耳，故非常名。此二句，言道之体也。

且“道”本无法命名，现在既然勉强命名为“道”，是说凡可命名的，都是假托之名，所以“非常名”。此二句经文，说的是道体。

1.2.2 宋龙源版本注解

1.2.2.1 道之一字。先天先地之先不为先。在后天后地之后不为后。最极最大。最细最微。无方圆。无形象。大无不包。细无不入。极大。尚有可量。极细。尚有可指。惟道极大不可量。极细不可指。乃是至妙至玄。无极太极之大道也。

“道”字，比天地生成之先还先、比天地消失之后还后，最极最大，最细最微，没有方圆，没有形象，广大无所不包，细致无所不入。极大，尚且可以量化。极细，尚且可以标指。只有“道”极大不可量化、极细不可标指，乃是极为微妙、极为奥妙的无极大道、太极大道。

1.2.2.2 可道二字。凡落于言句。便是可道。

“可道”二字，凡是停留在语句上，便是“可道”，即可以演说可以描述的。

1.2.2.3 真静悠久。谓之常。可道之道。即非真常之道也。

口既能言。有所形容。有所指示。亦必有所变换。既有变换。岂能常久乎。故曰。可道非常道一句。

符合“真静悠久”真如恒常悠久特点的，叫作“常”。“可道之道”，不是真如恒常之道。口既然能说，有所形容、有所指示，也必有所变换，既然可以变换，岂能恒常悠久？所以说“道可道非常道”。

1.2.2.4　名之一字。即是无名之真名也。凡有名象。皆可名。谓之名。此为有变有易之名也。无变无易不可名。

“名”字，就是“无名”之“道”的真名。凡是有名称物象的，都可以为之命名，叫作“名”。这是有“变易”变化改变特点的“名”。（大道）不变不易，无法为之命名。

1.2.2.5　有变有易。所以谓之非常名。天壤之间。形形色色。品汇何穷。其间安名立字者无穷。但万物之名。可以安名立字。

有变有易，所以称之为“非常名”，非是恒常之名。天地之间万事万物形形色色，品类繁多无可穷尽。其间安立名字的不可胜数。但凡万事万物的不同名称种类，都可以为之安立名字。

1.2.2.6　大道之真名。虽以道字名之。总是强名。毕竟无名。人能悟可名之名。又悟无名之名。则种种之法。种种皆空矣。

大道的真名，虽以“道”字命名，总是勉强命名，毕竟无法命名。人能悟解可以命名的名字，又能悟解无法命名的名字，那么种种命名之法，种种皆是空性。

1.3　无名天地之始，有名万物之母

老子【道德经·尽己章第三十三】经文：无名天地之始，有名万物之母。

【说文解字并康熙字典1-6】无

【說文解字】無，亡也。奇字無，通於元者。

【說文解字注】奇字無也。謂古文奇字如此作也。今六經惟易用此字。通於元者。元俗刻作無。今依宋本正。禮運曰。是謂合莫。注引孝經說曰。上通元莫。正義云。上通元莫者，孝經緯文。言人之精靈所感。上通元氣寂寞。引之者證莫為虛無也。正本元字作無。謂虛無寂寞。義或然也。依許云通於元者，虛無道也。則孝經緯必作元莫矣。葢其義謂上通元始。故其字形亦用元篆。上毌於一。虛無道也。謂虛無之道上通元氣寂寞也。玉篇曰。無，虛無也。奇字之無與篆文之橆義乃微別。許說其義。非僅說其形也。王育說。天屈西北為無。此稱王育說又無之別一義也。亦說其義。非說其形。屈猶傾也。天傾西北。地不滿東南。見列子及素問。天傾西北者，謂天體不能正圜也。

【爾雅·釋詁】虛無之閑也。【注】虛無皆有閑隙。【周子·太極圖說】無極而太極。

【禮·三年問】無易之道也。【注】無，猶不也。周易無字俱作無。【集韻】或作亡。又通作毋。書，無逸。【史記·魯世家】作毋逸。

【集韻】無或作橆。韻會，橆本古文蕃橆字。篆借爲有無字。李斯變隸變林爲四點。○按說文橆，從亡無聲，在亡部。至蕃橆之橆，在林部。音義各別，不云相通。且有無與蕃橆義尤相反，不應借用。玉篇集韻韻會俱非。韻會蕃橆作蕃橆，尤非。又按讀書通云：通作勿莫末沒蔑微不曼瞀等字，或止義通，或止音近，實非一字也。讀書通誤。又梵言，南無呼那謨。那如拏之上聲，謨音如摩，猶云歸依也。

"无"字玄机：

（1）无的本义为"亡""元"和"奇字无"。道家的"无"，对应的是佛家的"空"，说的都是人的真如本性。

（2）"奇字无"，说的是"一者，奇也。阳奇而阴偶。"《仙经》云："人有三奇，精，气，神也。"

（3）无"通于元者"。《礼运》曰："是谓合莫。"《孝经》曰："上通元莫。""人之精灵所感，上通元气寂寞。"所以"虚无""元莫"都是指"虚无之道上通元气寂寞"。

（4）《周子·太极图说》认为"无极而太极"。《礼·三年问》也认为，"无，《易》之道也"。

【说文解字并康熙字典1-7】天

参见【说文解字并康熙字典5-31】天

【说文解字并康熙字典1-8】地

【說文解字】**地，元氣初分，輕清陽爲天，重濁陰爲地。萬物所陳列也。**從土也聲。墬，籀文地從㒸。徒內切〖注〗埊、墬、坔、埅，亦古文地。

【說文解字注】元氣初分。輕清昜為天。重濁侌為地。元者，始也。陰陽大論曰。黃帝問于岐伯曰。地之為下否乎。岐伯曰。**地為人之下。大虛之中者也。**黃帝曰。馮乎。岐伯曰。**大氣舉之也**。按地之重濁而包舉乎輕清之氣中。是以不墜。萬物所敶列也。敶各本作陳。今正。攴部曰。敶者，列也。凡本無其字，依聲托事者。如萬蟲，終古叚借為千萬。雖唐人必用萬字。不可從也。若本有其字。如叚陳國為敶列。在他書可。而許書不可。地與敶以雙聲為訓。從土。**地以土生物。故從土。也聲。坤道成女。玄牝之門。為天地根。故其字從也**。或云從土乙力。其可笑有如此者。徒四切。古音在十七部。漢書或叚為第但也之第。

（古文）埊墬埅𡋯坔【廣韻】徒四切【集韻】大計切【韻會】徒二切【正韻】徒利切，𡘋音弟。

【白虎通】**地者，易也。言養萬物懷任交易變化也**。【釋名】**地，底也，其體底下，載萬物也**。

【易·說卦傳】坤為地。【內經】岐伯曰：地為人之下，太虛之中。黃帝曰：馮乎。曰：大氣舉之。

【周禮·地官】土訓掌地道圖，以詔地事，地道慝，以辨地物，而原其生，以詔地求。

【博物志】**地以名山為輔佐，石為之骨，川為之脈，艸木為之毛，土為之肉。**

【屈原·橘頌】**閉目自愼，終不失過兮。秉德無私，參天地兮。**

“地”字玄机：

（1）地的本义为“地，元气初分，轻清阳为天，重浊阴为地。万物所陈列也”。《黄帝内经》云：“地为人之下，太虚之中”“大气举之”。

（2）《白虎通》认为:“地者，易也。言养万物怀任交易变化也。地，底也，其体底下，载万物也。”“地以名山为辅佐，石为之骨，川为之脉，草木为之毛，土为之肉。”大地秉德无私，像母亲一样生养万物、包容万物，“大地能容，容天下难容之事”，所以我们应该效法大地、学习大地，扩容心胸、容忍万物、容恕万物。

【说文解字并康熙字典1-9】始

【說文解字】**始，女之初也。**從女台聲。詩止切〖注〗乱、乨、乿、𠃥，古文。

【說文解字注】女之初也。釋詁曰。**初，始也。**此與爲互訓。**初，裁皆衣之始也。基者，牆之始也。**凡言之者皆分別之耑。有叚殆爲始者。七月毛傳云殆始也是也。從女。台聲。詩止切。一部。按凡始事有急緩之殊。不得云有二義。今人乃為之二音。緩者讀去聲。月令紀節物用始字十餘。而蟬始鳴獨市志反。其亦庸人自擾也矣。

【廣韻】【正韻】【集韻】【韻會】首止切，音。初也。【易·乾卦】**大哉乾元，萬物資始。**

【毛詩序】是為四始。【注】風二雅頌也。

【前漢·鮑宣傳】日食於三始。【注】**元日為歲之朝，月之朝，日之朝。始，猶朝也。**

【王褒·聖主得賢臣頌】**春秋法五始之要。**【注】**元者，氣之始。春者，四時之始。王者，受命之始。正月者，政教之始。公卽位者，一國之始。**

又七始，華始，樂名。【孟康曰】**七始，天地人四時之始。華始，萬物英華之始。**【漢·安世房中歌】七始華始，肅倡和聲。

“始”字玄机:

（1）“始”的本义为“初”，初始。如“日食于三始。元日为岁之朝，月之朝，日之朝”“元者，气之始。春者，四时之始。王者，受命之始。正月者，政教之始。公卽位者，一国之始”。《易·干卦》曰:“大哉干元，万物资始。”

（2）引申含义为“基”，即根本、本源。《淮南子·俶真》曰:“是故圣人之学也，欲以返性于初，而游心于虚也。”《史记·卷四七·孔子世家》曰:“进取不忘其初。”

【说文解字并康熙字典1-10】有

【説文解字】有，不宜有也。《春秋傳》曰：“日月有食之。”從月又聲。凡有之屬皆從有。

【説文解字注】**不宜有也。謂本是不當有而有之偁**。引伸遂為凡有之偁。凡春秋書有者、皆有字之本義也。春秋傳曰。**日月有食之**。從月。日下之月、衍字也。此引經釋不宜有之恉。亦卽釋從月之意也。**日不當見食也。而有食之者**。孰食之。月食之也。月食之。故字從月。公羊傳注曰。不言月食之者。其形不可得而覩也。故疑言曰有食之。**引孔子曰。多聞闕疑。慎言其餘。則寡尤**。凡有之屬皆從有。

【玉篇】不無也。【易·大有疏】**能大所有**。【繫辭】富有之謂大業。【詩·商頌】奄有九有。【傳】九有，九州島也。【左傳·桓三年】**有年**。【**注**】**五穀皆熟書有年**。

【玉篇】**果也，得也，取也，質也，寀也**。

與又通。【書·堯典】朞三百有六旬有六日。【詩·邶風】不日有曀。【注】有，又也。

“有”字玄机：

（1）“有”字本义为“本是不當有而有”。例如月食，“日不当见食也，而有食之者”就是本来不应该有日被月吞食的现象，但是当月球运行进入地球的阴影时，原本可被太阳光照亮的部分，有部分或全部不能被直射阳光照亮，使得人们无法看到普通的月相，叫作月食。理解了这个“不当有”的本质，就不会太执着于“有”。

（2）《易》曰：“能大所有”“富有之谓大业”。“天下熙熙皆为利来，天下攘攘皆为利往”，世间人们痴迷于财富、美色、名声等欲望不能自拔，结果忘记了自己来此世界的初衷。财富再多，死带不走；美色再好，死不能伴；名声再远，死不能随。这些都像月食一样，虽然可以欣赏，可以回味，但终究不是月亮、太阳本身，无碍于太阳、月亮发光照明和规律运转。同样，财富、美色、名声等等，无论多还是少，都不能妨碍人性中仁慈、正义、礼敬、智慧、诚信等精神品质永恒地放射光芒。所以，证悟这些精神本性并践行之，才是真正的“能大所有”。

【说文解字并康熙字典1-11】母

【說文解字】**母，牧也。從女，象褱子形。**一曰象乳子也。莫後切

【說文解字注】（母）牧也。**以曡韻為訓。**牧者、養牛人也。以譬人之乳子。**引伸之、凡能生之以啟後者皆曰母。**從女。象褱子形。褱、褢也。象兩手褢子也。一曰象乳子也。廣韻引倉頡篇云。其中有兩點者、象人乳形。豎通者卽為毋，音無。按此就隸書釋之也。莫後切。古音在一部。

【廣雅】**母，牧也。言育養子也。**【釋名】冒也，含已生也。【增韻】**慕也。嬰兒所慕也。**

天地為大父母。【書·泰誓】惟天地萬物父母。【易·說卦】**乾，天也，故稱乎父。坤，地也，故稱乎母。**【蔡邕·獨斷】**天子父事天，母事地，兄事日，姊事月。**

日為陽德之精，故稱日母。【枚乘·七發】流攬無窮。歸神日母。

元氣之本曰氣母。【莊子·大宗師篇】伏羲得之，以襲氣母。

父母，尊親之詞。【詩·小雅】豈弟君子民之父母【禮·表記】使民有父之尊有母之親

【淮南子·說山訓】西家子謂其母曰社。【說文】蜀人謂母曰姐，齊人謂母曰㚷，又曰𡢃，吳人曰媒。【眞臘風土記】呼父為巴駞，呼母為米。方音不同，皆自母而變。

乳母亦曰母。【越語】生三人，公與之母。

禽獸之牝皆曰母。【孟子】五母雞，二母彘。【前漢·昭帝紀】罷天下亭母馬。【張華·禽經】鷇將生，子呼母應。雛旣生，母呼子應。

十母，謂甲乙之屬，十幹也。十二支為十二子。見【史記·律書】。

西王母，神名。見【山海經】。《大戴禮》云：舜時，西王母獻白玉管。

寶母，所以集寶者。【祥異記】魏生常得一美石，後有胡人見之，曰：此寶母。每月望，設壇海邊上，可以集珠寶。

凡物之有大小者皆曰子母。【詩·鄭風】重環，子母環也。【疏】謂大環貫一小環。

"母"字玄机：

（1）"母"字本义为"牧"，引申为"凡能生之以启后者皆曰母"。所以，母亲为母，乳母亦曰母，禽兽之牝皆曰母。

（2）母"慕也，婴儿所慕也"，所以凡所仰慕皆可以母视之，如"元气之本曰气母""天地为大父母""日为阴德之精，故称日

母”“天子父事天，母事地，兄事日，姊事月”“乾，天也，故称乎父。坤，地也，故称乎母”“流揽无穷，归神日母”,等等。

综上，经文“无名天地之始，有名万物之母”可以理解为：

（1）无相无名的无极道体，是有名有相天和地的本始，有名有相的天地，是包罗万象万事万物的父母。

（2）无相无名的无极道体，孕育生成有名有相的天和地，有名有相的天地，孕育生成包罗万象的万事万物。

1.3.1 憨山大师注解

1.3.1.1 然无相无名之道，其体至虚，天地皆从此中变化而出，故为天地之始。

然而没有形象没有命名的大道，其本体极虚，天地宇宙都是从中变化而出，所以说是“天地之始”。

1.3.1.2 斯则无相无名之道体，全成有相有名之天地，而万物尽从天地阴阳造化而生成。此所谓一生二，二生三，三生万物，故为万物之母。此二句，言道之用也。

如此，无相无名的道体，成全出了有相有名的天地，而万事万物全从天地孕育生成，这就是所谓的“一生二，二生三，三生万物”，所以说是“万物之母”。这二句经文，说的是道的功用。

1.3.2 宋龙源版本注解

1.3.2.1 太极未分。阴阳未判。本无极也。其间无不有太极。无不有阴阳。不可指太极。不可指阴阳。即是无极。

太极未分之时，阴阳未能分辨，本质是无极状态。无极之中无不含有太极、无不含有阴阳。无法指明哪是太极哪是阴阳，这个状态就是无极。

1.3.2.2 天地本无名。因形象而有名。天地尚在道之后。所以无名乃天地之始。

天地本没有名字，因形象不同而有名字的区别。天地久远，产生在道之后，所以“无名乃天地之始”。

1.3.2.3 在人心乃喜怒哀乐未发之时。寂然不动之地。此谓人心中无名天地之始也。

在人心，乃是喜怒哀乐等情绪没有发起之时，寂然不动的那个心地状态，这称之为人心中的“无名天地之始”。

1.3.2.4 修道之人。果能知此无名之始。便知天地之始。一切有名者。皆属后起。可知是变灭不常。而非常名矣。

修道之人，如果真能知晓此“无名之始”，便能知晓“天地之始”。一切有名，都属于后起。可见名是变化幻灭不久常的，而不是久长不变的“常名”。

1.3.2.5 大道既无名。又言有名者何也。

大道既然“无名”，又说它“有名”，给它起名为“道”，为什么呢?

1.3.2.6 有此道。即有此理。有此理。即有此天地万物。

有此道存，就一定有存此道的理；有理存，规律就运转，道按照规律运转，就必然产生天地万物。

1.3.2.7 以无而生有。以一而化万。皆从无极所发。此无极之名。为有名万物之母。皆是自然之妙。

以道“无”的本性，而产生天地等万“有”。以道“一”而化生天地宇宙“万”物。都是从道之“无极”所发，这就是无极之“名”，就是“有名万物之母”。都是道的本然奥妙。

1.3.2.8 所以天地从道而生。万物自道而成。道为天地万物之母者。信可知矣。

所以，天地从道化生、万物从道产成。道是天地万物的母亲，真实不虚可以认知了。

1.3.2.9 修道之人。若能知此有名之母。便知万物虽各具一性。实同于一性。虽各具一名。实本于无名也。

修道之人，如果能知道“有名万物之母”，便可以知道万事万物虽然各具有不同秉性，实质本性同一；虽然各具有不同名称，实质都起源于无名。

1.4 故常无欲以观其妙，常有欲以观其徼

老子【道德经·尽己章第三十三】经文：故常无欲以观其妙，常有欲以观其徼。

【说文解字并康熙字典1-12】欲

参见【说文解字并康熙字典3-26】欲

【说文解字并康熙字典1-13】观

【說文解字】觀，**諦視**。字形採用“見”作邊旁，“雚”。

【說文解字注】諦視也。**宷（shěn）諦之視也**。谷梁傳曰。**常事曰視。非常曰觀。凡以我諦視物曰觀。使人得以諦視我亦曰觀**。猶之以我見人，使人見我皆曰視。一義之轉移。本無二音也。而學者強為分別。乃使周易一卦而平去錯出。支離殆不可讀。不亦固哉。小雅采綠傳曰。**觀，多也。此亦引伸之義。物多而後可觀。故曰觀，多也**。猶灌木之為藂木也。古文觀，從囧。

【韻會】**所觀也，示也**。【易·觀卦】大觀在上，順而巽，中正以觀天下。【朱注】**觀者，有以中正示人而為人所仰也**。

【周禮·冬官考工記】㮚氏為量。嘉量既成，以觀四國。【注】**以觀示四方，使放象之**。

【爾雅·釋宮】觀謂之闕。【注】宮門雙闕（què皇宮門前兩邊供瞭望的樓）。

【左傳·僖五年】**公旣視朔，遂登觀台，以望而書，禮也**。【注】**臺上構屋，可以遠觀者也**。【廣韻】樓觀。【韻會】道宮謂之觀。

“观”字玄机：

（1）观的本义为“谛视”。“凡以我谛视物曰观。使人得以谛视我亦曰观。”“视”与“观”的区别是：常事曰视，非常曰观。

（2）“观者，有以中正示人而为人所仰也。”“以观示四方，使放象之。”所以《易》曰：“大观在上，顺而巽，中正以观天下。”《周礼》曰：“㮚氏为量。嘉量既成，以观四国。”

【说文解字并康熙字典1-14】秒

【說文解字】**秒，禾芒也**。春分而禾生，夏至晷景可度。從禾少聲。亡沼切

【說文解字注】（秒）禾芒也。下文云。**禾有秒。秋分而秒定**。淮南書。**秒作蔈（biāo）**。**亦作標（miǎo）**。按艸部云。**蔈、末也**。禾芒曰秒。猶木末曰杪。九穀考曰。粟之孚甲無芒。芒生於粟之莖。從禾。少聲。亡沼切。二部。

【韻會】秒之言妙也，**微妙也**。【前漢·敘傳】產氣黃鐘，造計秒忽。【注】秒，禾芒。忽，蛛網細者。

“秒”字玄机：

（1）秒的本义为“禾芒”。“禾有秒。秋分而秒定。”“秒”作“蔈”“末”的意思。也作“穮”，禾穗芒的意思。《宋书·律志》曰：“秋分而禾穮定，穮定而禾熟。律之数十二，故十二穮而当一粟，十粟而当一寸。”

（2）“秒之言妙也，微妙也。”《前汉·叙传》有“产气黄钟，造计秒忽”的记载，并注曰“秒，禾芒。忽，蛛网细者”。按照现在比寸小的数学计量单位，1寸=10分，1分=10厘，1厘=10毫，1毫=10丝，1丝=10忽，因为“十粟而当一寸”，所以1粟=1分；又因为“十二穮而当一粟”，即12秒=1粟，所以12秒=1分，而1分=10厘，所以12秒=10厘=100毫=1000丝，所以1秒=0.83厘=8.3毫=83丝。

（3）引申含义为“微妙”。《韩非子·说林上》：“圣人见微以知萌，见端以知末，故见象箸而怖，知天下不足也。”汉·袁康《越绝书·越绝德序外传》：“故圣人见微知著，睹始知终。”宋·苏洵《辨奸论》：“惟天下之静者乃能见微而知著。”

【说文解字并康熙字典1-15】微

【說文解字】微，循也。

【說文解字注】（徼）循也。百官表曰。中尉掌徼循京師。如淳曰。所謂遊徼循禁備（bèi慎也、謹也，古同備）盜賊也。按引伸為徼求、為邊徼。今人分平去。古無是也。從彳。敫聲。古堯切。二部。

【前漢·百官表】中尉，秦官，掌徼循京師。【注】師古曰：徼，遮繞也。

【韻會】邏卒曰遊徼。【後漢·臧宮傳】少為縣亭長遊徼。【注】每鄉有遊徼，掌循（古同“巡”，巡行；遵守、依照沿襲）禁奸盜也。

【玉篇】邊徼也（邊界）。【史記·司馬相如傳】南至牂牁（zāng kē指漢代的牂牁郡，今貴州省東南）為徼。【注】徼，塞也。以木柵（zhà）水，為蠻夷界。

【廣韻】小道也。【班固·西都賦】徼道綺（qǐ文繒也，細綾，有花紋的絲織品；縱橫交錯【韻會】一曰徼妙。【玉篇】要也，求也。【左傳·昭三年】徼福于太公。【注】徼，要也。

“徼”字玄机：

（1）徼的本义为“循”，巡行、遵守、依照沿袭的意思。

（2）古代有专门的官员负责徼循工作。《前汉·百官表》曰：“中尉掌徼循京师。”《后汉·臧宫传》曰：“每乡有游徼，掌循禁奸盗也。”

（3）引申含义为“要”“求”“塞”“边界”。

综上，“无”和“有”是相对而存在的，“无”的特点是无名无相无声无嗅，“有”则恰恰相反，有名、有相、有声、有嗅。相对于精神“无”来说，物质就是“有”。相对于仁义礼智信“无”来说，言谈举止、行住坐卧所表达出来的仁爱、正义、礼敬、智慧和诚信就是“有”。“水”是有名有相的“有”，但水的准平、清涤、润下、利万物等精神就是其无名无相的“无”。人的身体五脏六腑、四肢百骸等是“有”，人的精气神就是“无”。功名利禄荣华富贵都是“有”，视若浮云不执着就是“无”。一切获得都是“有”，不钻牛角尖并能够舍去狂妄和吝啬就是“无”。体力劳动脑力劳动都是“有”，专注一心且不抱怨就是“无”。一切缺点错误言行都是“有”，一念匡正改正就是“无”。练太极、练静坐是“有”，所收获的放松与心静就是“无”。静坐时杂念丛生是“有”，念与念之间的空隙就是“无”。呼吸是“有”，呼吸之间的间歇就是“无”。以此类推。

所以，经文“常无欲以观其妙，常有欲以观其徼”可以理解为：经常处于“无”的状态，欲念合于理并能适可而止，就可以谛视观察万事万物的微妙变化，领悟引起这些微妙变化的起因、溯源其来龙去脉，进而见微知著。经常处于“有”的状态，欲念合于理并能适可而止，就可以谛视观察万事万物的运行规律，识别其通塞窍要、边界作用和关键所在，进而得以掌控和驾驭。

1.4.1 憨山大师注解

1.4.1.1 此下二句，乃入道之工夫。

此下二句经文，乃是契入大道的致力工夫。

1.4.1.2　常，犹寻常也。欲，犹要也。老子谓，我寻常日用安心于无，要以观其道之妙处。我寻常日用安心于有，要以观其道之徼处。徼，犹边际也。

常，犹如寻常。欲，好比是“要”。老子认为，如果我寻常日用言谈举止时，把心安于“无”的状态，要重点谛视观察道的微妙处。如果我寻常日用言谈举止时，把心安于“有”的状态，要重点谛视观察道的边际或要塞处。徼，好比是边际或者要塞、窍穴。

1.4.1.3　意谓全虚无之道体，既全成了有名之万物。是则物物皆道之全体所在，正谓一物一太极。是则只在日用目前，事事物物上，就要见道之实际，所遇无往而非道之所在。

意思是说，完全虚无的道体，既然成全了有名的万物，那么物物都是道的全体显现，正所谓“一物一太极”，所以，就在当下的日用事物和为人处世上，就要窥见道的实际，但凡所接触所经历的，没有不是道存续和发挥作用的地方。

1.4.1.4　故庄子曰，道在稊稗，道在屎尿。如此深观，才见道之妙处。此二观字最要紧。

所以庄子曰：“道在稊稗，道在屎尿。”如此深深谛视领悟，才能窥见道的妙处。此处两个“观”字最最重要。

1.4.2　宋龙源版本注解

1.4.2.1　常无者。无声无臭。自古及今。无有改易。是以谓之常无。

道“常无”，说的是道无声无臭，自古及今没有改变，所以称之为“常无”。

1.4.2.2　**此是太上欲世人在常无之中。要观其至道生生化化之妙。真常之妙却在无中而生有。其有不尽。所以为妙。**

这是太上老君（老子）希望世人在“常无”之中，重点观察大道生生化化的微妙。道的至真恒常之妙，在于于虚无中而生万有，万有不能穷尽，所以为妙。

1.4.2.3　**人果能观常无。而会心于其妙。则知常无者。即无名天地之始。经中言常无欲以观其妙。即是此义。**

人如果真能谛视观察道的“常无”，而体会微妙于内心，就会明白道的“常无”，即是“无名天地之始”。经中所言“常无欲以观其妙”即是此义。

1.4.2.4　**常有者。有形有象。自古及今。在在皆然。是以谓之常有。**

“常有”，就是有形有象，自古及今，处处都是形象，所以称之为“常有”。

1.4.2.5　**此是太上欲世人在常有之中。要观其至道的的确确之徼。**

此是太上老君（老子）希望世人在常有之中，重点观察大道实实在在的边际。

1.4.2.6　**实在之窍。却在无中而有据。隐微独知。所以为窍。**

实实在在的窍要，却都在冥冥虚无之中有痕迹，隐约细微知人所不知，所以称之为窍。

1.4.2.7　**人果能观常有。而洞见其徼。则知常有者。即是有名万物之母。经中言常有欲以观其徼。即是此义。**

人果真能够观到“常有”，而洞见其边际要塞，就可以知道，常有即是“有名万物之母”。经中所言“常有欲以观其徼”，即是此义。

【学习与思考1-1】希尔顿首任经理的传奇故事

一天夜里，已经很晚了，一对年老的夫妻走进一家旅馆，他们想要一个房间。前台侍者回答说：“对不起，我们旅馆已经客满了，一间空房也没有剩下。”看着这对老人疲惫的神情，侍者不忍心深夜让这对老人出门另找住宿。而且在这样一个小城，恐怕其他的旅店也早已客满打烊了，这对疲惫不堪的老人岂不会在深夜流落街头？于是好心的侍者将这对老人引领到一个房间，说：“也许它不是最好的，但现在我只能做到这样了。”老人见眼前其实是一间整洁又干净的屋子，就愉快地住了下来。

第二天，当他们来到前台结账时，侍者却对他们说：“不用了，因为我只不过是把自己的屋子借给你们住了一晚——祝你们旅途愉快！”原来如此。侍者自己一晚没睡，他就在前台值了一个通宵的夜班。两位老人十分感动。老人说：“孩子，你是我见到过的最好的旅店经营人。你会得到报答的。”侍者笑了笑，说这算不了什么。他送老人出了门，转身接着忙自己的事，把这件事情忘了个一干二净。

没想到有一天，侍者接到了一封信函，打开看，里面有一张去纽约的单程机票并有简短附言，聘请他去做另一份工作。他乘飞机来到纽约，按信中所标明的路线来到一个地方，抬眼一看，一座金碧辉煌的大酒店耸立在他的眼前。原来，几个月前的那个深夜，他接待的是一个有着亿万资产的富翁和他的妻子。富翁为这个侍者买下了一座大酒店，深信他会经营管理好这个大酒店。

【学习与思考1-2】超资深家庭主妇坂井顺子

每天早上5：15起床，8点前做完家务，准备一家九口的饭菜，47年如一日，这样的生活你能坚持多久？日本超资深家庭主妇坂井顺子，变身网红奶奶。

每天早上5：15，顺子奶奶准时起床。起来后第一件事，是给自己煮一杯咖啡。等待咖啡的时间，正好可以完成晨间的洗漱。顺子奶奶喜欢在早上洗头发，因为这样就不用担心睡觉时把发型弄乱了。接下来，用香醇的咖啡唤醒新的一天。

5：30，用10分钟把前一晚洗的衣服折叠收好。为每件家务确定一个时间，是顺子奶奶提高效率的小诀窍。5：40，是扫地的时间。在使用吸尘器和扫地机器人的今天，顺子奶奶依旧坚持使用一把已经有30年历史的扫帚。

6：00，开始为自己和家人准备早餐，一般是三明治再加上土豆片和当季水果，简单又美味。做早饭的同时顺子通常还会决定晚上的饭菜，并做好一份晚上吃的料理，这样能大大缩短晚饭的准备时间。

7：00后，顺子奶奶会顺便把厨房和周围擦一擦。比起集中做大扫除，顺子奶奶更喜欢"即时清洁"，也就是在生活中养成"清理习惯"。比如洗漱完立刻把洗脸台打扫干净。买菜回来后马上把食物做简单处理，清洗、切块、腌制等，分类储存在冰箱里。家里每样东西的位置都安排得明明白白，一用完马上放回原处，减少另外收拾的时间。还不到8点，很多人可能才刚起床不久，但顺子奶奶已经完成了家务，出门去了。有时是去散心，有时则是去买菜。顺子奶奶家在偏远的郊区，去买菜需要开上好一会儿的车。所以她每次都选择大采购模式，一次买好几天的菜。

每天5：30不到起床，收纳、打扫、做早餐，8点完成一天中大部分家务，这就是顺子奶奶47年如一日的生活。

别看顺子奶奶现在家务做得那么顺手，刚结婚那会儿她是连鱼都不会处理的"家务小白"。每次去超市买菜，还要"威胁"鱼贩："帮我去除内脏我才要买。""我年轻的时候根本什么都做不到。"在主妇生涯中，顺子奶奶虽然对家务逐渐熟练，但也不可避免对每日重复的生活感到迷茫和一丝厌倦。顺子奶奶在采访中坦言自己也有过很讨厌做家务的时候，不过她很快意识到这种"讨厌"的心情对事情只有坏处。

当我怀着不愉快的心情时，做出的食物也会散发出不好的味道，吃的人同样不会开心。既然"做家务"这件事无可避免，那就改变自己的心态吧。"不要让负面情绪一直充斥着你的生活"，顺子奶奶开始寻找做家务的意义。

当看到丈夫和孩子因为美味的料理、温暖的被子而出现幸福的表情，她也会不自觉地露出笑脸。看到被收拾得干净整齐的家，她感到了满满的成就感。顺子奶奶发现，做家务，其实是在践行一个家的爱与生活。每天过着一成不变的生活，不会厌倦吗？对现在的顺子奶奶来说，不会。“虽然我家过着非常普通的生活，但普通地活着才是世上最难的事，我觉得能这样生活是一件很棒的事。”

什么是幸福？顺子奶奶认为，幸福不需要大量的金钱和物质，能够普通地活着，能够几十年来每天做着同一件事，就已经是幸福。

做家务是顺子奶奶日常中必不可少的一部分，但她并没有让家务、丈夫和孩子成为生活的全部。顺子奶奶没有因为家庭而忽略了自己的朋友，空闲的下午跟姐妹约会，一起喝茶聊天，或者在晚上跟朋友煲电话粥。因为擅长做饭，她在家里开设料理教室，教年轻妈妈们做健康美味的家庭饮食，分享自己多年的育儿、家事经验。同时顺子奶奶也是《天然生活》《大人的时尚手帖》等日本人气杂志的专栏作家，至今顺子依旧在多本杂志上进行连载。不仅如此，顺子奶奶还把自己70多年的生活智慧汇集成书——《生活良方》和《永续美好生活》。除了在日本畅销外，如今更是被翻译成多国语言。

顺子奶奶跟家人，一直保持着亲密又独立的关系。她跟丈夫有过整整两年的“分居”生活。“迄今为止从未独自生活过，我想一个人住一段时间。”退休了的丈夫突然说。于是他们租下了朋友的一栋别墅，开始了每月只一起生活一星期的分居生活。“丈夫在新泻，我在叶山，各自一人生活。”经过这段分居日子，他们发现夫妻间也需要空间感。所以，顺子奶奶和丈夫重新住在一起后，也延续了不黏不腻的夫妻关系。即使两个人都在家，午饭也会分开吃。晚上分房睡，两人的房间用障子门作为隔断，既能互相照顾，又能为彼此留下独处空间。

顺子奶奶和孩子间同样保持着适当的距离。她会用心为孩子准备好健康又美味的一日三餐、准备好晒得蓬松柔软的棉被，让孩子感受到生活中的幸福。但并不会给他们太多的束缚，高中时孩子们提出想出国留学，顺子奶奶虽然万分不舍，但也全力支持他们的决定。她认为孩子是看着父母的背影长大的。只要父母履行了自己的职责，剩下的只需顺其自然发展。如今顺子奶奶虽然跟女儿一家和儿子一家住在同一栋房子里，但她不会插手孙子孙女的教育，既不会当着他们父母的面对他们发火，也不会代替他们的父母参加家长会之类的学校活动。相互陪伴，但不干涉彼此，这就是顺子奶奶和家人相处的秘诀。

现在顺子奶奶有了很多称号，作家、料理家、网红，但她对自己的定义一直都只有一个“普通的家庭主妇”。她从来不觉得自己有着多么不同凡响的人生，而她也确实没有。没有惊人的财富，没有跌宕起伏的经历，住在50年的老房子里，每天穿着相似的棉上衣和长半裙，过着一成不变的生活。但就是这样普通的生活，引起了无数人的羡慕。

精致生活，其实并不用花太多钱，没有Asprey的餐具，吃不起Almas的鱼子酱，冬天不能去北海道滑雪，夏天去不了夏威夷度假，也没关系。精致生活，其实只需要我们用心做好每件简单的事情，用最大的诚意对待生活，就如顺子奶奶一般。

1.5 此两者，同出而异名。同谓之玄，玄之又玄，众妙之门

老子【道德经·尽己章第三十三】经文：此两者，同出而异名。同谓之玄，玄之又玄，众妙之门。

【说文解字并康熙字典1-17】同

【說文解字】同，合會也。從冃從口。徒紅切〖注〗臣鉉等曰：同，爵名也。《周書》曰："太保受同嚌，故從口。"史籀亦從口。李陽冰云："從口。"非是。

【說文解字注】（同）合會也。從冃口。口皆在所覆之下。是同之意也。徒紅切。九部。

【玉篇】共也。【易·同人】天與火同人，君子以類族辨物。【書·益稷】敷同日奏罔功。

【廣韻】齊也。【書·舜典】同律度量衡。【詩·小雅】我馬既同。

聚也。【詩·小雅】獸之所同。【傳】同猶聚也。

和也。【禮·禮運】是謂大同。【注】猶和也，平也。

【周禮·春官·大司樂】六律六同。【注】六律合陽聲者，六同合陰聲者。

【典同】掌六律六同之和。【注】律以竹，同以銅。言助陽宣氣，與之同也。

【周禮·春官·大宗伯】時見曰會，殷見曰同。

【周禮·地官·小司徒·井牧其田野注】司馬法曰：十成為終，十終為同，同方

百里。【疏】謂之為同者，取象震雷百里所聞同，故名百里為同也。爵名。【書·顧命】上宗奉同瑁。【注】同，爵。瑁，圭也。

“同”字的玄机：

（1）“同”的本义为“合会”，引申含义为“共”“齐”“聚”“和”。

（2）“大同世界”的“同”是“和”“平”的意思。同字的结构从冃口，口皆在所覆之下。“冃”字内涵为“重复也。冂下一覆也。一上又加冂，是为重复”。“冂”字的说文解字为“邑外谓之郊，郊外谓之野，野外谓之林，林外谓之冂。象远界也”。所以，大同世界的境界一定是恩惠天下、普天同庆。“一”字的说文解字为“惟初太始，道立于一，造分天地，化成万物”。《弟子规》曰：“天同覆地同载。”《广韵》“数之始也，物之极也。”《易·系辞》：“天一地二。”《老子·道德经》“道生一，一生二。”《广韵》曰：“一，同也。”所以，大同世界一定是和同于命运共同体，和同于道德规律、和同于公平正义。

（3）从面积上讲，因为“震雷百里所闻同”，所以“十成为终，十终为同，同方百里”，即方圆百里为同。

（4）“时见曰会，殷见曰同”，这是周代诸侯觐见天子的礼仪制度。《周礼·秋官·大行人》曰：“时会以发四方之禁，殷同以施天下之政。”汉郑玄注曰：“殷同，即殷见也。王十二岁一巡守。若不巡守，则殷同。殷同者，六服尽朝。”可见，殷见也叫殷同，是指六服诸侯共同朝见天子。六服诸侯是指侯服、甸服、男服、采服、卫服和蛮服（要服），是周王邦畿以外的诸侯。《周礼·秋官·大行人》曰：“邦畿方千里，其外方五百里谓之侯服，岁壹见，其贡祀物；又其外方五百里谓之甸服，二岁壹见，其贡嫔物；又其外方五百里谓之男服，三岁壹见，其贡器物；又其外方五百里谓之采服，四岁壹见，其贡服物；又其外方五百里谓之卫服，五岁壹见，其贡材物；又其外方五百里谓之要服，六岁壹见，其贡货物。”时见也叫时会，就是六服诸侯各自按照以上不同的会见频率，进行不定期觐见。

【说文解字并康熙字典1-18】出

【說文解字】出，**進也。象艸木益滋，上出達也。**凡出之屬皆從出。尺律切。

【說文解字注】（出）進也。本謂艸木。**引伸為凡生長之偁。又凡言外出為内入之反。象艸木益茲上出也。**茲各本作滋。今正。**茲、艸木多益也。**艸木由才而屮而㞢而出。日益大矣。尺律切。十五部。凡出之屬皆從出。

【廣韻】**見也，遠也。**【增韻】出入也，吐也，寫也。

生也。【爾雅·釋訓】男子謂姊妹之子為出。

【增韻】**斥也。**【正韻】亦作黜絀。【唐韻】**自中而外也。**

【正韻】凡物自出，則入聲。非自出而出之，則去聲。然亦有互用者。

【詩·小雅】匪舌是出，維躬是瘁。又葉敕律切，音黜。

【说文解字并康熙字典1-19】异

【說文解字】**異，舉也。**從廾㠯聲。《虞書》曰："嶽曰：异哉！"（異）**分也。**從廾從畀。畀，予也。凡異之屬皆從異。〖注〗徐鍇曰："將欲與物，先分異之也。《禮》曰：'賜君子小人不同日。'"

清代段玉裁【說文解字注】舉也。從廾。㠯聲。羊吏切。一部。按篆從㠯。隸作異不合。疑篆隸皆從己而誤也。虞書曰。虞書當作唐書。嶽曰異哉。堯典文。釋文曰。鄭音異。於其音求其義。謂四岳聞堯言驚愕而曰異哉也。謂異為異之假借也。

【廣韻】**已也。**【書·堯典】異哉，試可乃已。【傳】**異，已也，退也。**言餘人盡已，惟鯀可試，無成乃退。【正義】異聲近已，已訓止，是停住之意，故為退也。【集韻】發歎也。

與異通。【列子·楊朱篇】何以異哉。

【博雅】**異分也。**【史記·商君傳】民有二男以上，不分異者，倍其賦。

不同也。【書·旅獒】王乃昭德之，致於異姓之邦。

【禮·儒行】同弗與異弗非也。【疏】謂彼人與己之疏異，所為是善，則不非毀之也。

怪也。【釋名】異者，異于常也。【左傳·昭二十六年】據有異焉。【注】異猶怪也。

奇也。【周禮·地官】掌成市之貨賄，人民，牛馬，兵器，珍異。【注】珍異，四時食物。

【说文解字并康熙字典1-20】谓

【說文解字】謂，報也。從言胃聲。於貴切。

【說文解字注】報也。㚔部曰。報、當罪人也。葢刑與罪相當謂之報。引伸凡論人論事得其實謂之報。謂者、論人論事得其實也。如論語謂韶、謂武子、謂子賤子、謂仲弓、其斯之謂與、大學此謂身不修不可以齊其家是也。亦有借為曰字者。如左傳王謂叔父、卽魯頌之王曰、叔父也。亦有訓為勤者。亦以合音冣近也。從言。胃聲。於貴切。十五部。

【廣雅】說也。【廣韻】告也，言也。【增韻】與之言也。【易·乾卦】何謂也。【疏】假設問辭，故言何謂。【詩·召南】求我庶士，迨其謂之。【傳】但相告語而約可定矣。

【韻會】事有可稱曰有謂，失于事宜不可名言曰無謂。【莊子·齊物論】今我則有謂矣，而未知吾所謂之，其果有謂乎，其果無謂乎。【前漢·景帝紀】奸法與盜，盜甚無謂也。

【正韻】非與之言而稱其人亦曰謂，《論語》子謂子賤，子謂子産，是也。指事而言亦曰謂。《詩·召南》謂行多露，《小雅》謂天蓋高之類，是也。稱其言，亦曰謂。

【爾雅·釋詁】勤也。【詩·小雅】心乎愛矣，遐不謂矣。【箋】謂，勤也。勤思君子也。

【正字通】援古釋義而言亦曰謂。《易·臨卦》大君之宜，行中之謂也。《禮·樂記》明聖者述作之謂也。【廣雅】使也。【玉篇】信也，道也。

【说文解字并康熙字典1-21】玄

【說文解字】玄，幽遠也。黑而有赤色者爲玄。象幽而入覆之也。凡玄之屬皆從玄。𢆯，古文玄。胡涓切。

【說文解字注】幽遠也。老子曰。玄之又玄。衆妙之門。高注淮南子曰。天也。聖經不言玄妙。至僞尚書乃有玄德升聞之語。象幽。

謂幺也。小則隱。而人覆之也。幽遠之意。胡涓切。十二部。黑而有赤色者爲玄。此別一義也。凡染，一入謂之縓。再入謂之赬。三入謂之纁。五入爲緅。七入爲緇。而朱與玄周禮，爾雅無明文。鄭注儀禮曰。朱則四入與。注周禮曰。玄色者，在緅緇之間。其六入者與。按纁染以黑則爲緅。緅，漢時今文禮作爵。言如爵頭色也。許書作纔。纔既微黑。又染則更黑。而赤尚隱隱可見也。故曰黑而有赤色。至七入則赤不見矣。緇與玄通偁。故禮家謂緇布衣爲玄端。凡玄之屬皆從玄。

“玄”字玄机：

（1）“玄”的本义为“幽远”。《释言》曰：“玄，天也。”《淮南子》曰：“天道玄默，无容无则。”《太玄·玄告》曰：“天以不见为玄，地以不形为玄，人以心腹为玄。”《庄子》曰：“玄古之君天下，无为也，天德而已矣。”维摩经序曰：“玄心独悟。”玄心，即心无所著，六尘不染。

（2）玄的别义为“黑而有赤色者为玄”，即带红头的黑色。《易·坤》曰：“夫玄黄者，天地之杂也，天玄而地黄。”即天的颜色为玄色，地的颜色为黄色。关于染色，《说文解字注》曰：“凡染，一入謂之縓。再入謂之赬。三入謂之纁。五入爲緅。七入爲緇。”《周礼》曰：“凡玄色者，在緅缁之间，其六入者与。”“緅”为黑红色，“玄”为黑中带红头，“緇”为黑色。

【说文解字并康熙字典1-22】门

【说文解字】门，闻也。从二户。象形。凡门之属皆从门。莫奔切。

【说文解字注】闻也。以疊韵为训。闻者，谓外可闻于内。内可闻于外也。从二户。象形。此如斗从二丮。不必有反丮字也。莫奔切。十三部。凡门之属皆从门。

【玉篇】人所出入也。在堂房曰戶，在区域曰门。

【博雅】门，守也。【释名】扪也。言在外为人所扪摸也。

【易·同人】同人于门。【注】心无系吝，通夫大同，出门皆同，故曰同人于门也。

【书·舜典】宾于四门，四门穆穆。【传】四门，四方之门。

【周礼·天官·掌舍】为帷宫，设旌门。【注】王行止食息，张帷为宫，树旌以表门。

【楚辞·九辩】君之门以九重。【注】天子九门：关门、远郊门、近郊门、城门、皋门、雉门、应门、路门、寝门，亦曰库门。又谯门，城上为高楼以望者。

"门"字玄机：

（1）"门"的本义为"闻"。"闻者，谓外可闻于内。内可闻于外也"。《周易注》曰："心无系吝，通夫大同。"

（2）通俗字义为"人所出入"，引申为守持。《楚辞·九辩》曰："君之门以九重，即天子之门：关门、远郊门、近郊门、城门、皋门、雉门、应门、路门、寝门（亦曰库门）"。

（3）天机之门，指心，如《庄子·天运》云："其心以为不然者，天门弗开矣。"道家称鼻孔或两眉之间的天庭，如《道德经》曰："天门开阖，能为雌乎？"

综上，经文"此两者，同出而异名。同谓之玄，玄之又玄，众妙之门"可以理解为："无"与"有"，同出于一念之心，但所名各异。同被称为"玄"，天之玄至清，心之玄至净，所以葆有内心素朴、清净无为是通往本真大道的要妙门户。

1.5.1　憨山大师注解

1.5.1.1　此两者同已下，乃释疑显妙。老子因上说观无观有，恐学人把有无二字看作两边，故释之曰，此两者同。

"此两者同"以下，是释疑显妙。老子因上面经文说"观无""观有"，恐怕学经之人把"有""无"二字看作对立的两边，因此解释说"此两者同"。

1.5.1.2　意谓我观无，不是单单观无。以观虚无体中，而含有造化生物之妙。我观有，不是单单观有。以观万物象上，而全是虚无妙道之理。是则有无并观，同是一体，故曰，此两者同。

意思是说，我观"无"，不是仅仅观"无"，还要观虚无道体之中，含有化育万物产生万物之妙。我观“有”，不是仅仅观“有”，还要观万物万象之上，全部都内存虚无妙道之理。

这样就可以从“有”和“无”的不同角度并同谛视观察，体会同存并生一体两面的道理，所以说“此两者同”。

1.5.1.3 恐人又疑两者既同，如何又立有无之名，故释之曰，出而异名。

恐怕学人又疑，两者既同，如何又立“有”“无”不同的名字？所以解释说“出而异名”。

1.5.1.4 意谓虚无道体，既生出有形天地万物。而有不能生有，必因无以生有。无不自无，因有以显无。此乃有无相生，故二名不一，故曰，出而异名。

意思是说，此虚无道体，既然能够生出有形的天地万物，而“有”却不能产生“有”，必要因凭“无”来产生“有”，“无”不能自己显示“无”，必因“有”来显“无”。这就是“有无相生”，所以说，二者的名字不能一样，所以说“出而异名”。

1.5.1.5 至此恐人又疑既是有无对待，则不成一体，如何谓之妙道，故释之曰，同谓之玄。斯则天地同根，万物一体。深观至此，岂不妙哉。

至此，恐学人又疑，既是有无相对而互有所待，则二者不成一体，如何叫作“妙道”？所以解释说“同谓之玄”。天地同根生，万物为一体。能深观至此，岂不是道的微妙！

1.5.1.6 老子又恐学人工夫到此，不能涤除玄览，故又遣之曰，玄之又玄。意谓虽是有无同观，若不忘心忘迹，虽妙不妙。殊不知大道体中，不但绝有无之名，抑且离玄妙之迹，故曰，玄之又玄。

老子又恐学人，谛视工夫到此，却不能涤除杂念，用内心光明照察万物，所以又遣发说“玄之又玄”。意思是说，虽然是有无同观，但如果做不到排除杂念忘心忘迹，虽微妙却体会不到微妙。竟不知道，大道道体之中，不但弃绝有无之名，更是离绝玄妙之迹，所以说“玄之又玄”。

1.5.1.7 工夫到此，忘怀泯物，无往而不妙，故曰，众妙之门。斯乃造道之极也。似此一段工夫，岂可以区区文字者也之乎而尽之哉。此愚所谓须是静工纯熟，方见此中之妙耳。

工夫到此，心不系恋泯灭万象，无往而不妙，所以说“众妙之门”。这是修道境界极高了。像这般工夫，岂可凭借区区几行文字可以表达清楚的！这就是我所说的必须是禅静功夫纯熟，方能照见此中奥妙。

【拓展学习1-1】张三丰《打坐歌》

初打坐，学参禅。这个消息在玄关。秘秘绵绵调呼吸，一阴一阳鼎内煎。
性要悟，命要传。休将火候当等闲。闭目观心守本命，清净无为是根源。
百日内，见应验。坎中一点往上翻。黄婆其间为媒约。婴儿姹女两团圆。
美不尽，对谁言。浑身上下气冲天。这个消息谁知道，哑子做梦不能言。
急下手，采先天。灵药一点透三关。丹田直上泥丸顶，降下重楼入中元。
水火既济真铅汞。若非戊己不成丹。心要死，命要坚。神光照耀遍三千。
无影树下金鸡叫。半夜三更现红莲。冬至一阳采复始，霹雳一声震动天。
龙又叫，虎又欢。仙药齐鸣非等闲。恍恍惚惚存有无，无穷造化在其间。
玄中妙，妙中玄。河车搬运过三关。天地交泰万物生，自饮甘露似蜜甜。
仙是佛，佛是仙。一性圆明不二般。三教原来是一家，饥则吃饭困则眠。
假烧香，拜参禅。岂知大道在目前。昏迷吃斋错过了，一失人身万劫难。
愚迷妄想西天路，瞎汉夜走入深山。天机妙，非等闲。泄露天机罪如山。
四正理，着意参，打破玄关妙通玄。子午卯酉不断夜，早拜明师结成丹。
行一日，一日坚，莫把修行眼下观。三年九载功成就，炼成一粒紫金丹。
要知此歌何人作，清虚道人三丰仙。

【拓展学习1-2】诸子百家与万法归一

东汉班固《汉书·艺文志》："凡诸子百家……蜂出并作，各引一端，崇其所善，以此驰说，联合诸侯。"诸子百家主要指春秋战国时期学术界百家争鸣、百花齐放、畅所欲言、各抒己见的学术盛况。《汉书·艺文志》认为，数得上名字的学派一共有189家，4324篇著作。《隋书·经籍志》《四库全书总目》等书记载"诸子百家"实有上千家。

传统上关于百家的归纳划分，最早源于司马迁的父亲司马谈，在《论六家要旨》中，将百家最有影响力的归纳为"阴阳、儒、墨、名、法、道"等六家。后来，刘歆在《七略》中，增"纵横、杂、农、小说"等为十家。班固在《汉书·艺文志》中认为："诸子十家，其可观者九家而已。"于是，去"小说"，百家变身"九流"。今人吕思勉在《先秦学术概论》一书中再增"兵、医"，认为："故论先秦学术，实可分为阴阳、儒、墨、名、法、道、纵横、杂、农、小说、兵、医十二家也。"

现在的思想学派以儒家、道家、释家为最具代表性，被称为"三教"，代表人物分别是孔子、老子和释迦牟尼。古人云："古今无二道，圣凡无两心，教有三教，行之则一。所谓殊途同归也。"

老子、孔子、释迦皆圣人也，儒释道三教之道皆道也，道无二理，教则分三，三教之中皆人也。人人俱有心性，俱有天理，理无二理，心无二心，儒家曰存心养性，道家曰修心炼性，佛家曰明心见性，三教无不从心性上着实用功。

何以道家谓之性命双修？吕祖云："修命不修性，此是修行第一病，若修孤性不修丹，万劫阴灵难入圣。""性无命不立，命无性不存。"古人云：修得一分性，保得一分命。修性即修命，性命本不分。

释家所言之性，谓本来真性，真性即性命之本源也。儒家所言性理，此理具性中，理即性也，性即理也，理一而气二，气有阴阳，理惟一致，理明则性存。

张三丰《大道论》曰："仙道者，长生之道也。"又曰："一阴一阳谓之道，修道者，修此阴阳也，一阴一阳，一性一命也，修道以修身为大。"古人云："人身自有延年药，何必身外苦寻求。"

无论"明心见性，万法归一"还是"修心炼性，抱元守一"，抑或者是"存心养性，执中贯一""洗心移性，默祷亲一""坚心定性，清真还一"，最终都要回归大道。

老子《道德经》曰："上士闻道，勤而行之。"愿人人从自身做起，严于律己，宽以待人，见贤思齐，立身行道！

【拓展学习1-3】经典论静坐

美国伊利诺斯大学的科学家们对40名学生进行静坐生理实验观察表明：只要静坐5至10分钟，人的大脑耗氧量就会降低17%，相当于深睡7个小时后的变化，同时血液中被称为"疲劳素"的乳酸浓度也在不同程度上有所下降。

在我国，论证静坐的好处，属于"月亮地里打灯笼——多此一举"。谦虚践行，才是本分。白居易、王维、李白、陆游、苏东坡、欧阳修等等，无不在诗句美篇中洋溢静坐之美。杜甫评价挚友李白曰："自是君身有仙骨，世人哪得知其故。"

程颐《鹤林玉露》曰："每见学者静坐，便叹其好学。"朱熹也崇尚学生："半日读书，半日静坐。"明代王阳明曰："昔吾居滁时，见诸生多务知解，口耳异同，无益于得，姑教之静坐，一时窥见光景，颇收近效。聪明日开，德性坚定。"

下面将汲取点滴著名经典子集和知名圣贤的教导，以启发学子破迷开悟，勤奋努力：

老子《道德经》："塞其兑，闭其门。""致虚极，守静笃。""虚其心，实其腹。"

《礼记·大学》："知止而后能定，定而后能静，静而后能安，安而后能虑，虑而后能。"

王重阳祖师《论打坐》："凡打坐者，非言形体端然，瞑目合眼，此假坐也。真坐者，须十二时辰，行住坐卧，一切动静中间，心如泰山，不动不摇，把断四门，眼、耳、口、鼻，不令外景入内。但有丝毫动静思念，即不名静坐。"

《黄庭经》："物有自然事不烦，垂拱无为心自安，虚无之居在廉间，寂寞旷然口不言。"

《元始天尊说得道了身经》："夫修炼了身，饮食有则禁口独坐，口唇相沾，牙齿相对，眼不观邪色，耳不听淫声。洗心涤虑，对境忘境。万缘消息，外想不入，内想不出。莫起一念，万事俱忘。”

《玄珠心镜注》：“人能空虚无为，非欲于道，道自归之。”

《太上老君说常清静经》：“人能常清静，天地悉皆归。”

司马承祯《坐忘论》：“夫定者，出俗之极也，致道之初基，习静之成功，持安之毕事。”

《太平经》说：“求道之法，静为基先，心神已明，与道为一。”

《道枢》曰：“虚无恍惚者道之根也，生我于无，置我于也，故生我者神也，死我者心也。”

《太上虚皇天尊》：“虚无自然，道所从出，真一不二，体性湛然。”

《内养真诠》：“道家宗旨，以空洞无涯为元窍，以知而不守为法则，以一念不起为功夫。”

《太上老君说常清静经注》：“道者无为清净，空寂湛然也。”

《无上秘要》：“遗形忘体，泊然若无，谓之虚。”

《庄子·大宗师》：“坠肢体，黜聪明，离型去知，同于大通，此谓坐忘。”

《五厨经气法注》：“修性离志，则内外俱寂，无起住心，亦无空心。坐忘行忘，次来次灭。”

《庄子·天地》：“忘乎物，忘乎天，其名为忘己。忘己之人，是之谓入于天。”

《庄子·人世间》：“唯道集虚，虚者，心斋也。”

《玄珠心镜注》：“守空虚无为，久而神效，如响应声，如影随形也。”

《抱扑子·论仙》：“仙法欲静寂无为，忘其形骸。”

《庄子逍·遥游》：“坐忘，可游乎无人之野，游乎四海之外。”

《玄珠心镜注》云：“夫守一之人，凝思冥冥然，胎息绵绵然。一定凝神不动，又名身心泰定，即神之久留，是神不出身。神不出身，可与天道同久，可以守神长存也。”

《性命圭旨》：“人若知此天人合发之机，遂于中夜静坐，凝神聚气，收视返听，闭塞其兑，筑固灵株，一念不生，万缘顿息。”

明代高攀龙《静坐说》：“静坐之法，不用一毫安排，只平平常常，默然静去，此平常二字，不可容易看过。”

《洞古经》：“无为则神归，神归则万物云寂。不动则气泯，气泯则万物无生。”

《太清中黄真经》：“专修静定，身如玉。”

《云笈七签》：“慧心内照，名曰内观。”

《道枢》云：“坐忘者长生之基也，故招真以炼形，形清则合于气；合道火炼气，气清则合于神。体与道冥，其谓之得道者矣。”“学道以清静为宗，内观为本者也，于是深根固蒂，使纯气坚守，神不外驰，至于坎离交际而大药可成矣。”

《太平经合校》曰：“静身存神，即病不加也，年寿长矣，神明佑之。故天地立身以靖，守以神，兴以道。”

《史记》：“老子百有六十余岁，或言二百余岁，以其修道而养寿也。”

《中经》：“静者寿，躁者夭。”

《坐忘论》：“静定曰久，病消命复。”

《金莲仙史》：“静久则气益生。”

《太平经钞》：“静以生光明，光明所以候神也，能通神明，有以道为邻，且得长生久存。”

《庄子·在宥》：“无视无听，抱神以静，形将自正。必静必清，无劳汝形。无劳汝静，乃可长生。目无所视，耳无所闻，心无所知，汝神将守形，形乃长生。”

《易·系辞》曰：“寂然不动，感而遂通天下。”

司马承祯说：“心者，一身之主，百神之师。静则生慧，动则生昏。”

道家有云：“大道全凭静中得。”

《太平经》曰：“求道之法，静为根，久久自静，道俱出。”

《道枢》：“虚静至极，则道居而慧生也。”

《类证治裁·喘症》曰：“肺主出气，肾主纳气。”

《素问·六节藏象论》曰：“心者，先之本，神之变也。”张景岳：“脏腑百骸，惟所之命，聪明智慧，莫不由之。”**《本草纲目》**：“脑为元神之府。”**《素问·灵兰秘典论》**：“君主之宫。”

《老子章句》：“天道与人道同，天人相通，精气相贯。”

《吕祖百章句》：“无念方能静，静中气自平。气平息乃住，息住自归根。归根见本性，见性始为真。”

《元始天尊说得道了身经》云：“道本虚无，三才六合之中，无所不灵，无所不至。道乃万圣之祖，万物之宗。清静混沌，凝神炼气，三六时中，常清常静。灵台无念为清，一念不起为静。意定神全，水源清；意动神行，水源浊。此是木金真间隔。”

王重阳祖师《坐忘铭》：“常默元气不伤，少思慧烛内光。不怒百脉和畅，不恼心地清凉。不求无谄无曲，不执可圆可方。不贪便是富贵，不苟何惧君王。味绝灵泉自降，气定真息自长。触则形毙神游，想则梦离尸强。气漏形归厚土，念漏神趋鬼乡。心死方得神活，魄灭然后魂昌。转物难穷妙理，应化不离真常。至精潜于恍惚，大象混于渺茫。造化若知规矩，鬼神莫测行藏。不饮不食不寐，是谓真人坐忘。”

王重阳祖师《论降心》：“凡降心之道，若湛然不动，昏昏默默，不见万物，杳杳冥冥，不内不外，无丝毫念想，此是定心，不可降也。若随境生心颠倒，寻头觅尾，此名乱心，败坏道德，损失性命，不可纵也。行住坐卧，常勤降心，闻见觉知，此为病矣。”

道家《炼心性歌》：

急退步，习柔软，随着方圆就长短。觉照见，防危险，动中取静凭慧剑。

为炼性，胜心免，人前逞能总不敢。私要除，过要灭，纵然吃亏无天谴。

那债主，瞪了眼，急速低头把心坦。凭他辱，任他贬，好似凉水喝几碗。

色不变，气不喘，心火下降回光返。打骂完，账勾点，本利全还数不短。

事一结，心不返，这是炼性真效验。无明尽，罪苦满，回头莫把他人管。

访明师，去学懒，六门紧闭心灯点。撇皮囊，不顾险，邋遢洁净全不管。

身外物，不着眼，酒色财气全不染。不截长，不护短，红尘世事一刀斩。

十二时，意不散，心与天合真性显。重积德，魔自远，功圆行满得自然。

【拓展学习1-4】《黄帝内经·素问》生气通天论篇第三

黄帝曰：夫自古通天者生之本，本于阴阳。天地之间，六合之内，其气九州、九窍、五藏、十二节，皆通乎天气。其生五，其气三，数犯此者，则邪气伤人，此寿命之本也。

苍天之气清净，则志意治，顺之则阳气固，虽有贼邪，弗能害也，此因时之序。故圣人传精神，服天气，而通神明。失之则内闭九窍，外壅肌肉，卫气散解，此谓自伤，气之削也。

阳气者若天与日，失其所，则折寿而不彰，故天运当以日光明。是故阳因而上，卫外者也。因于寒，欲如运枢，起居如惊，神气乃浮。因于暑，汗烦则喘喝，静则多言，体若燔炭，汗出而散。因于湿，首如裹，湿热不攘，大筋短，小筋弛长，短为拘，弛长为痿。因于气，为肿，四维相代，阳气乃竭。

阳气者，烦劳则张，精绝，辟积于夏，使人煎厥。目盲不可以视，耳闭不可以听，溃溃乎若坏都，汩汩乎不可止。

阳气者，大怒则形气绝，而血菀于上，使人薄厥。有伤于筋，纵，其若不容，汗出偏沮，使人偏枯。汗出见湿，乃生痤痱。高粱之变，足生大丁，受如持虚。劳汗当风，寒薄为皶，郁乃痤。

阳气者，精则养神，柔则养筋。开阖不得，寒气从之，乃生大偻。陷脉为瘘。留连肉腠，俞气化薄，传为善畏，及为惊骇。营气不从，逆于肉理，乃生痈肿。魄汗未尽，形弱而气烁，穴俞以闭，发为风疟。

故风者，百病之始也，清静则肉腠闭拒，虽有大风苛毒，弗之能害，此因时之序也。

故病久则传化，上下不并，良医弗为。故阳畜积病死，而阳气当隔，隔者当写，不亟正治，粗乃败之。

故阳气者，一日而主外，平旦人气生，日中而阳气隆，日西而阳气已虚，气门乃闭。是故暮而收拒，无扰筋骨，无见雾露，反此三时，形乃困薄。

岐伯曰：阴者，藏精而起亟也；阳者，卫外而为固也。阴不胜其阳，则脉流薄疾，并乃狂。阳不胜其阴，则五藏气争，九窍不通。是以圣人陈阴阳，筋脉和同，骨髓坚固，气血皆从。如是则内外调和，邪不能害，耳目聪明，气立如故。

风客淫气，精乃亡，邪伤肝也。因而饱食，筋脉横解，肠澼为痔。因而大饮，则气逆。因而强力，肾气乃伤，高骨乃坏。

凡阴阳之要，阳密乃固，两者不和，若春无秋，若冬无夏，因而和之，是谓圣度。故阳强不能密，阴气乃绝，阴平阳秘，精神乃治，阴阳离决，精气乃绝。

因于露风，乃生寒热。是以春伤于风，邪气留连，乃为洞泄，夏伤于暑，秋为痎疟。秋伤于湿，上逆而咳，发为痿厥。冬伤于寒，春必温病。四时之气，更伤五藏。

阴之所生，本在五味，阴之五宫，伤在五味。是故味过于酸，肝气以津，脾气乃绝。味过于咸，大骨气劳，短肌，心气抑。味过于甘，心气喘满，色黑，肾气不衡。味过于苦，脾气不濡，胃气乃厚。味过于辛，筋脉沮弛，精神乃央。是故谨和五味，骨正筋柔，气血以流，腠理以密，如是，则骨气以精，谨道如法，长有天命。

1.5.2 宋龙源版本注解

1.5.2.1 此两者。谓常无常有也。有无之名虽异。其实皆在无极中而所出。故曰同出。

此两者，说的是“常无”和“常有”。有无之名虽然不同，但二者都是从无极中生出的，所以说“同出”。

1.5.2.2 名不得不异者。无可以无名。断不可以言有。万物之朕兆未形也。

名称不得不有异，是因为“无”可以没有名字，但却不可以说成是“有”，万物处于征兆状态，还没有形成实体形象。

1.5.2.3 有可以有名。断不可以言无。万物之形色已着也。

“有”可以有名字，但却不可以说是“无”，万物的形状、色泽等具体形象已经形成了。

1.5.2.4 玄者。不可执捉。不可端倪。无形象。无言说。至静至明。至圆至活。至显至露。至真至常。浑化无端。妙用无方。是以谓之玄。经中此两者。同出而异名。同谓之玄。盖是此义。

“玄”的意思，不可执持捉拿，不可推寻头绪，没有形象、不可言说，最静最明、最圆最活、最显最露、最真最常，浑融化育没有始终、妙用无极，所以称之为“玄”。经中“此两者，同出而异名，同谓之玄”就是此义。

1.5.2.5 无朕兆。无端倪。可谓玄矣。乃至极之又极。微之又微。真之更真。确之更确。非玄之又玄乎。

没有征兆没有头绪，可称为“玄”。乃至于极之又极、微之又微、真之更真、确之更确，难道不是“玄之又玄”吗？

1.5.2.6 是以观于无而识玄之妙。观于有而识玄之真。观于有无之同出。而愈识玄之变化无穷。

所以观“无”可以认识“玄”的奥妙。观“有”可以认识“玄”的真相。观“有”“无”的会同出入，而更加认识玄的变化无穷。

1.5.2.7　在太虚为太虚之妙。在天地为天地之妙。在万物为万物之妙。一切有形无形。有色无色。莫不出入于此门。是以谓之玄之又玄。众妙之门。

此“玄”的变化无穷，在太虚表现为太虚之妙，在天地表现为天地之妙，在万物表现为万物之妙。一切有形无形、有色无色的奥妙变化，没有不是从此玄门出入的。所以说“玄之又玄，众妙之门”。

1.5.2.8　若即吾身识众妙之门。朱子云。人之所得乎天。而虚灵不昧。以具众理。而应万事者。知此可以言道。

比方说自身识得自身的“众妙之门”。朱熹在其《大学章句注》中说“明德者，人之所得乎天，而虚灵不昧，以具众理而应万事者也”，了解此句含义，就可以谈道了。

1.5.2.9　虽天地至大。万物至繁。不出吾人性分之中。人果能勘透玄之又玄。则识窍识妙。有名无名。可道不可道。皆不须远求。何用创为无稽邪说。以蛊惑愚迷。自取罪于圣人乎。

虽然天地至高至大、万物至繁至多，但都超出不了人的天性。人果真能够勘察透彻自身的“玄之又玄”，那么，识窍识妙、有名无名、可道不可道，就都不须远求。何需创作无稽邪说，来迷惑不明事理的人，而自我获罪于圣人呢?

1.6 思考与练习

一、思考并回答

1. 请问“道”的内涵是什么？有何启发？
2. 请问“可”的内涵是什么？
3. 请问“常”的内涵是什么？
4. 如何理解“道可道非常道”？
5. 请问“名”的内涵是什么？有何启发？
6. 如何理解“名可名非常名”？
7. 请问“无”的内涵是什么？有何启发？
8. 请问“天”的内涵是什么？有何启发？
9. 请问“地”的内涵是什么？有何启发？
10. 请问“始”的内涵是什么？有何启发？
11. 请问如何理解“无名天地之始”？
12. 请问“有”的内涵是什么？有何启发？
13. 请问“母”的内涵是什么？有何启发？
14. 如何理解“有名万物之母”？
15. 请问“欲”的内涵是什么？有何启发？
16. 请问“以”的内涵是什么？请问如何理解“上义为之而有以为”？
17. 请问“观”的内涵是什么？有何启发？
18. 请问“秒”的内涵是什么？有何启发？
19. 如何理解“常无欲以观其妙”
20. 请问“徼”的内涵是什么？有何启发？
21. 如何理解“常有欲以观其徼”？
22. 请问“同”“出”“异”的内涵是什么？
23. 如何理解“同出而异名”？
24. 请问“谓”“玄”的内涵是什么？有何感悟？
25. 如何理解“玄之又玄”？
26. 请问“门”的内涵是什么？如何理解“众妙之门”？

二、每日早晚静坐背诵经典，各半小时。

三、参照下表制定自己的“日三省吾身表”，并每日记录、写日记。

日三省吾身表

序号	项目	规则	日期				
			3月1日	3月2日	3月3日	……	本月合计
1	起床	1. 6点起床加10分					
		2. 晚起半小时扣5分，以此类推					
		3. 早起半小时加20分					
2	背经典	一分钟加5分，半小时加150分					
		无论何时何地（如早晨起来、晚上睡觉前）					
3	锻炼身体	一分钟10分（健康的项目都可以）					
		如篮球、足球、爬山等					
4	进餐	1. 按规定时间吃三餐加10分					
		2. 不按规定时间吃饭扣10分					
		3. 吃夜宵扣50分					
5	上课	1. 迟到扣10分					
		2. 玩游戏扣10分					
		3. 戴耳机扣10分					

（续表）

序号	项目	规则	日期				
			3月1日	3月2日	3月3日	……	本月合计
		4. 认真听课1分钟加10分					
		5. 旷课扣900分					
6	读书	1. 每天10页加10分					
		2. 再多读10页每10页加10分					
		3. 少读书每10页扣5分					
7	助人为乐	每次帮助别人加10分					
		帮助的人越多加的分越多					
		如帮助全班擦黑板5分班级人数					
		帮助宿舍倒垃圾5分宿舍人数					
8	尊重师长	1. 跟老师上课积极互动加10分					
		2. 在外遇到不认识的老师打招呼加10分					
		3. 顶撞老师扣50分					
9	为人谋而不忠	1. 为别人真心做事加10分					
		2. 为别人做事虚情假意扣10分					
10	交友	1. 与朋友交真心加10分					
		2. 与朋友虚情假意扣20分					

（续表）

序号	项目	规则	日期				
			3月1日	3月2日	3月3日	……	本月合计
11	睡觉	1. 10点半准时睡觉加10分					
		2. 晚睡半小时扣10分					
		3. 提前半小时睡觉加50分					
12	与父母的关系	1. 改善和父母的关系，做让父母高兴的正确之事加100分					
		为父母做饭加10分					
		帮父母做家务加10分					
		2. 故意使父母不高兴扣20分（父母失正除外）					
13.	以下请根据自己的实际情况进行添加	最阻碍自己的，分值高，以此类推即可 缺点变为优点，并已经成为习惯之后，可以变动分值，再把另一个最主要障碍列入高分值，以此类推 优点增加的过程，就是快乐增加的过程，就是降服烦恼的过程 深切祝福！					
合计							

II　厚德载物篇

开宗明义：

本篇主要阐释《老子道德经•处厚章第三十八》，试图通过学习，了达圣贤、君子、大丈夫境界，遵循二十大精神关于自我净化、自我完善、自我革新、自我提高的理念，不断宽广心胸厚德载物，努力自强不息勤奋践行

本篇章节主要有：

2.1　处厚章第三十八

2.2　上德不德，是以有德

2.3　下德不失德，是以无德

2.4　上德无为，而无以为；下德为之，而有以为

2.5　上仁为之，而无以为；上义为之，而有以为

2.6　上礼为之，而莫之应，则攘臂而仍之

2.7　故失道而后德，失德而后仁，失仁而后义，失义而后礼

2.8　夫礼者，忠信之薄，而乱之首也

2.9　前识者，道之华，而愚之始也

2.10　是以大丈夫处其厚，不居其薄，处其实，不居其华，故去彼取此

2.11　思考与练习

2.1 处厚章第三十八

老子【道德经·处厚章第三十八】全文：上德不德。是以有德。下德不失德。是以无德。上德无为。而无以为。下德为之。而有以为。上仁为之。而无以为。上义为之。而有以为。上礼为之。而莫之应。则攘臂而仍之。故失道而后德。失德而后仁。失仁而后义。失义而后礼。夫礼者。忠信之薄。而乱之首也。前识者。道之华。而愚之始也。是以大丈夫处其厚。不居其薄。处其实。不居其华。故去彼取此。

此章是老子《道德经》下篇的首章，与上篇首章《观妙章第一》遥相呼应。

【说文解字并康熙字典2-1】厚

【说文解字】厚，山陵之厚也。从㫗从厂。垕，古文厚从后土。胡口切〖注〗𡊁，古文厚。

【说文解字注】**山陵之𠂤也**。𠂤各本作厚。今正。山陵之厚故其字从厂。今字凡𠂤薄字皆作此。从厂。从㫗。㫗亦声。

【玉篇】**不薄也，重也**。【易广】博厚配天地。

【战国策】非能厚胜之也。【注】**厚，犹大也**。【增韵】**醲也**。谥法，思虑不爽曰厚。

"厚"字玄机：

（1）"厚"的本义为"山陵之𠂤"。《中庸》曰："博厚，配地。高明，配天。悠久，无疆。如此者，不见而章，不动而变，无为而成。天地之道，可一言而尽也。其为物不贰，则其生物不测。天地之道，博也、厚也、高也、明也、悠也、久也。"

（2）“旱”的本义为“管（笃）”。南唐文字学家徐锴认为“以进上之具，反之于下则厚也”。《说文解字注》认为，“不奉人而自奉，旱之意也”，都是告诫我们要笃厚朴实、自尊自严。《菜根谭·概论》认为：“念头宽厚的，如春风煦育，万物遭之而生；念头忌克的，如朔雪阴凝，万物遭之而死。勤者敏于德义，而世人借勤以济其贪；俭者淡于货利，而世人假俭以饰其吝。君子持身之符，反为小人营私之具矣，惜哉！人之过误宜恕，而在己则不可恕；己之困辱宜忍，而在人则不可忍。恩宜自淡而浓，先浓后淡者人忘其惠；威宜自严而宽，先宽后严者人怨其酷。士君子处权门要路，操履要严明，心气要和易。毋少随而近腥膻之党，亦毋过激而犯蜂虿之毒。遇欺诈的人，以诚心感动之；遇暴戾的人，以和气熏蒸之；遇倾邪私曲的人，以名义气节激励之。天下无不入我陶熔中矣。一念慈祥，可以酝酿两间和气；寸心洁白，可以昭垂百代清芬。阴谋怪习、异行奇能，俱是涉世的祸胎。只一个庸德庸行，便可以完混沌而招和平。”

2.1.1 憨山大师注解

2.1.1.1 此言世降道衰，失真愈远，教人当返其本也。

根据经意，世间由高境界到低境界递减（降阶）顺序为：德→仁→义→礼。“世降”的顺序亦是如此。世间人的总体内心境界越高，自律能力越强，幸福感越强，人与人越亲善，物质越丰富，越趋于盛世大同。天下、国家、家族（含家庭）、个人的内心境界规律以此类推。本章揭示了各种不同内心境界世间的总体规律，认为世间层次越低，此世间人的平均内心境界越低，人们内心精气神本性越亏损，仁义礼智信本真（真常）越缺失，所以圣人老子教导我们应当想方设法返璞归真。

2.1.1.2 所言道，乃万物之本。德，乃成物之功。道为体而德为用。故道尊无名，德重无为。故道言有无，而德言上下。此道德之辨也。

经中所说的“道”，乃是万事万物的根本。经中所言的“德”，乃是万事万物的成就。道为本体，德为功用。所以道重在“无名”，德重“无为”。所以说，说“道”，必定说“有”还是“没有（无）”；说“德”，必定说上下或者高低。这就是道德的分辨关系。

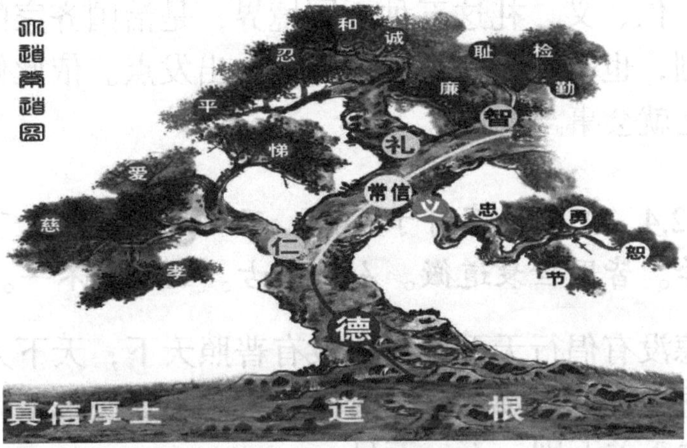

图2-1　道德之树

2.1.2　宋龙源版本注解

2.1.2.1　恭闻未有天人之先。其至诚无妄者谓之道。受命于天。全之于性。得之于心。谓之于德。

恭敬聆听圣人教导：三界广宇未有天人之前，秉性至诚没有妄想私心的，称为有道之人的境界。秉受天命，精气神真性全备、仁义礼智信真常得心应手的，称为有德之人的境界。

2.1.2.2　至公无私。生理常存者。谓之仁。有分别。有果决。当行则行者。谓之义。天秩之品节。人事之仪则。有文有质。恭谨谦让者。谓之礼。

大公无私、心中常存生生之道的，称为仁人境界。明辨是非、果断抉择、应当行动就行动的，称为义士境界。上天以品格节操来规范秩序，社会效法天地以威仪规则来接人待物，能学习君子力行文质彬彬、恭谨谦让的，称为礼仪人的境界。

2.1.2.3　此五者。乃是治国齐家之达道。修身立命之本始也。修之者则吉。悖之者则凶。

道、德、仁、义、礼这五种不同境界，是治国齐家的通行不变之道和公认准则，也是个人修身立命的根本出发点。依此修正自我，万事如意，反之就会事与愿违。

2.1.2.4　但道之不行于天下。不明于天下。天下之民。不蒙至治之泽。皆因世衰道微。人心不古。故治乱不一。

但是道德没有倡行天下，道德没有普照天下，天下人民没有承蒙盛世大治的恩泽。原因都是世道衰微、人心不效法古圣先贤的缘故。所以治乱方法千差万别，不一而足。

2.1.2.5　圣人维持辅翼。因其势而无所不尽其力。欲挽回上古之风。故宁处其厚。不处其薄。宁居其实。不居其华。不得不以权衡参合大道也。此章经旨。是太上训人。返朴还淳之义。

圣人以道德仁义礼维持天下辅佐圣君。尽一切努力因势利导，希望能够挽回上古道德淳朴之风，所以为人处事宁可选择诚实纯厚而不选择虚华刻薄，权衡利弊一定要看是否合于大道。此章经旨，主要是圣人教导我们返朴还淳。

2.2　上德不德，是以有德

老子【道德经·处厚章第三十八】经文：上德不德，是以有德。

【说文解字并康熙字典2-2】上

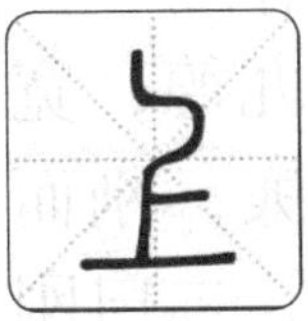

【說文解字】**上，高也**。此古文上，指事也。凡上之屬皆從上。上，篆文丄。時掌切〖注〗二，古文。

【說文解字注】高也。此古文丄。古文上作二。故帝下旁下示下皆云從古文上。可以證古文本作二。篆作丄。各本誤以丄為古文。則不得不改篆文之上為𠄞。而用上為部首。使下文從二之字皆無所統。示次於二之恉亦晦矣。今正丄為二、[上豎為弓曲]為丄。觀者勿疑怪可也。凡說文一書。以小篆為質。必先舉小篆。後言古文作某。此獨先舉古文後言小篆作某。變例也。以其屬皆從古文上、不從小篆上。故出變例而別白言之。指（指）事也。凡指事之文絕少。故顯白言之。不於一下言之者、一之為指事不待言也。**象形者實有其物。日月是也。指事者不泥其物而言其事。丄丅是也。天地為形。天在上、地在下。**地在上、天在下。則皆為事。凡二之屬皆從二。時掌時亮二切。古音第十部。

【说文解字并康熙字典2-3】德

【說文解字】**德，升也**。從彳悳聲。多則切。

【說文解字注】升也。**升當作登**。辵部曰。**遷，登也**。此當同之。德訓登者。公羊傳。公曷為遠而觀魚。登來之也。何曰。登讀言得。得來之者，齊人語。齊人名求得為得來。作登來者，其言大而急。由口授也。唐人詩。千水千山得得來。得卽德也。登德雙聲。一部與六部合韻又冣近。今俗謂用力徙前曰德。古語也。

【廣韻】**德行也**。【集韻】**德行之得也**。【正韻】**凡言德者，善美，正大，光明，純懿之稱也**。

【易·乾卦】**君子進德修業**。【詩·大雅】**民之秉彝，好是懿德**。

【玉篇】**福也**。【書·皋陶謨】**九德，寬而栗，柔而立，願而恭，亂而敬，擾而毅，直而溫，簡而廉，剛而塞，強而義**。【洪範】**三德，一曰正直，二曰剛克，三曰柔克**。

【周禮·地官】**六德：知、仁、聖、義、中、和**。

【玉篇】**德，惠也**。【書·盤庚】施實德於民。【詩·小雅】既飽以德。

善教也。【禮·月令】孟春之月，命相布德，和令，行慶，施惠。【注】德謂善教。

感恩曰德。【左傳·成三年】王曰：然則德我乎。【疏】德加於彼，彼荷其恩，故謂荷恩為德。

【韻會】**四時旺氣也。**【禮·月令】某日立春，盛德在木。

【謚法】**綏柔士民，諫爭不威，執義揚善，曰德。**

“德”字玄机：

（1）德的本义为“升”。《说文解字注》认为“升当作登”。应该提升和不断攀登的道德，《尚书·皋陶谟》认为是“九德，宽而栗，柔而立，愿而恭，乱而敬，扰而毅，直而温，簡而廉，刚而塞，强而义”。《尚书·洪范》认为是“三德，一曰正直，二曰刚克，三曰柔克”。《周礼·地官》认为是“六德：知、仁、圣、义、中、和”。《正韵》认为“凡言德者，善美，正大，光明，纯懿之称也”。

（2）德的引申含义为“德行”“善教”“感恩”“惠”等。《易经》曰：“君子进德修业。”《诗经·大雅》曰：“民之秉彝，好是懿德。”《尚书·盘庚》曰：“施实德于民。”《礼记·月令》曰：“孟春之月，命相布德，和令，行庆，施惠。”

（3）德重在遵道而行。道无所不在，不“行”则无以成“德”。虽然“条条大路通罗马”，不从脚下起步践行，永远只在原地，无法抵达终点。种子再优选，不种在地里，永远长不成参天大树。学校条件再好，自己不勤奋，永远无以成才。所以老子《道德经》曰：“合抱之木，生于毫末；九层之台，起于累土；千里之行，始于足下。”

（4）“德”是“道”的践行，可以用上下、高低、多少等进行量化。宋龙源曰：“道言有无，而德言上下，此道德之辨也。”所以自古就有“行善积德”的教导。《国语晋语六》曰：“夫德者，福之基也。”《格言联璧》曰：“古往今来多少世家，无非积德；天地间第一人品，还是读书。”《周易坤文言》曰：“积善之家，必有余庆。”吴承恩在《西游记》也有“行善，如春园之草，不见其长，日有所增；行恶之人，如磨刀之石，不见其损，日有所亏”的至理名言。

【说文解字并康熙字典2-4】不

【説文解字】**不，鳥飛上翔不下來也**。從一，一猶天也。象形。

【説文解字注】鳥飛上翔不下來也。凡云不然者。皆於此義引申段借。其音古在一部。讀如德韻之北。音轉入尤，有韻讀甫鳩，甫九切。與弗字音義皆殊。音之殊，則弗在十五部也。義之殊。則不輕弗重。如嘉肴弗食不知其旨，至道弗學，不知其善之類可見。公羊傳曰。弗者，不之深也。俗韻書謂不同弗。非是。又詩鄂不韡韡箋云。不當作柎。柎，鄂足也。古聲不柎同。從一。一猶天也。他處云一地也。此以在上。知為天。**象形。謂也。象鳥飛去而見其翅尾形**。音見上。凡不之屬皆從不。

【禮·曾子問】葬引至於堩，日有食之，則有變乎，且不乎。

【周禮·夏官】服不氏，掌養猛獸而教擾之。【注】服不服之獸者。

【韵会】俯九切，音缶。与可否之否通。

“不”字玄机：“不”字本义为“鸟飞上翔不下来也”。引申含义就是追求至善之道的境界提升不退转。启示如下：

（1）“鸟飞上翔”揭示的是君子自强不息的精神。关于修行境界，自从《庄子·天下》提出“内圣外王”的理念，有识之士一直矢志不移。道家更是有“跳出三界外，不在五行中”的修行目标。《黄帝内经》还详细记载了上古圣贤“真人”“至人”“圣人”“贤人”等的不同内圣境界。《孔子家语》也认为：“人有五仪，有庸人，有士人，有君子，有贤人，有圣人。审此五者，则治道毕矣。”

（2）“上翔不下来”揭示的是志在追求至善道德不退转。只有不断破除自我的见惑（身见、边见、见取见、戒取见、邪见）和思惑（贪、嗔、痴、慢、疑），也就是彻底降服自我烦恼，才能够切实实现内心境界的不断提升。“上翔不下来”表达了志在突破现有自我、追求更高内在境界的愿望。这就像小学生从小盼望上大学念研究生一样，一旦志向确定，就不会被日常的喜怒哀乐情绪左右，也不会被外在的困难和挫折吓倒。

（3）现代把“不”解释为“否定”的含义，是从其本义“不下来”中引申出来的。比方说，已经高升到“研究生”水平，就不可能用“小学生”“高中生”或者“大学生”来描述，所以有“否定”内涵在。同样，内心境界已经达到“圣贤”境界，其功德就不可能用

“庸人”“士人”的概念能够描述和概括。

【拓展学习2-1】《白虎通德论·圣人》

圣人者何？圣者，通也，道也，声也。道无所不通，明无所不照，闻声知情，与天地合德，日月合明，四时合序，鬼神合吉凶。《礼别名记》曰：“五人曰茂，十人曰选，百人曰俊，千人曰英，倍英曰贤，万人曰杰，万杰曰圣。”

圣人未没时，宁知其圣乎？曰知之。《论语》曰：“太宰问子贡曰：‘夫子圣者欤？’孔子曰：‘太宰知我乎？’”圣人亦自知圣乎？曰：知之。孔子曰：“文王既没，文不在兹乎。”

何以知帝、王圣人也？《易》曰：“古者伏羲氏之王天下也，于是始作八卦。”又曰：“圣人之作易也。”又曰：“伏羲氏没，神农氏作。神农没，黄帝、尧、舜氏作。”文俱言作，明皆圣人也。《论语》曰：“圣乎尧舜，其由病诸。”

何以言禹、汤圣人？《论语》曰：“巍巍乎舜、禹之有天下而不预焉。”与舜比方巍巍，知禹、汤圣人。《春秋传》曰：“汤以盛德，故放桀。”

何以言文王、武王、周公皆圣人？《诗》曰：“文王受命。”非圣不能受命。《易》曰：“汤武革命，顺乎天。”汤武与文王比方。《孝经》曰：“则周公其人也。”下言：“夫圣人之德，又何以加于孝乎？”

何以言皋陶圣人也？以《自篇》曰：“若稽古皋陶。”圣人而能为舜陈道。“朕言惠可底行。”又：“旁施象刑，维明”。

又圣人皆有表异，《传》曰：“伏羲禄、衡连珠、唯大目、鼻龙伏，作《易》八卦以应枢。黄帝颜，得天匡阳，上法中宿，取象文昌。颛顼戴午，是谓清明，发节移度，盖象招摇。帝喾骈齿，上法月参，康度成纪，取理阴阳。尧眉八彩，是谓通明，历象日月、璇玑玉衡。舜重瞳子，是谓玄景，上应摄提，以象三光。”

《礼》曰：“禹耳三漏，是谓大通，兴利除害，决河疏江。皋陶马喙，是谓至诚，决狱明白，察于人情。汤臂三肘，是谓柳翼，攘去不义，万民咸息。文王四乳，是谓至仁，天下所归，百姓所亲。武王望羊，是谓摄扬，盱目陈兵，天下富昌。周公背偻，是谓强俊，成就周道，辅于幼主。孔子反宇，是谓尼甫，立德泽所兴，藏元通流。”圣人所以能独见前睹，与神通精者，盖皆天所生也。

【拓展学习2-2】《太上老君外日用妙经》

敬天地，重日月。惧国法，依王道，孝父母。上谦让，下和睦。好事行，恶事止。成人学，破人断。高知危，满知溢。静常安，俭常足。慎无忧，忍无辱。去奢华，务真实。掩人非，扬人德。行方便，和邻里。亲贤善，远声色。贫守分，富施惠。行平等，休倚势。长克己，莫嫉妒。少悭贪，除狡猾。逢冤解，积人行。许不违，话有信。念孤寡，济贫困。救危难，积阴德。行慈惠，休杀生。听忠言，莫欺心。依此行，可超升。

【说文解字并康熙字典2-5】是

【说文解字】是，直也。从日正。凡是之属皆从是。昰，籀文是从古文正。承旨切也。

【说文解字注】直也。直部曰。正见也。从日正。十目烛隐则曰直。以日为正则曰是。从日正会意。天下之物莫正于日也。左传曰。正直为正。正曲为直。

【释名】是，嗜也，人嗜乐之也。

【玉篇】是，是非也。【礼·曲礼】夫礼者，所以定亲疏、决嫌疑、别同异、明是非也。

【博雅】是，此也。【易·乾卦】不见是而无闷。

“是”字玄机：

（1）“是”字本义为“直”，“正见”之意。《说文解字注》认为“以日为正则曰是”，并认为“天下之物莫正于日”。《左传》曰：“正直为正。正曲为直。”

（2）是，就是对，就是应该，就是合理，就是符合道义正义规律。礼者，理也，《礼·曲礼》认为：“夫礼者，所以定亲疏、决嫌疑、别同异、明是非也。”

【说文解字并康熙字典2-7】有

详见【说文解字并康熙字典1-10】有

综上，经文“上德不德，是以有德”可以理解为：

（1）高德圣人志在不断提升内在至善道德境界，信念坚定，心不退转，他们效法天地并以符合道义、正义、规律为遵循标准，以此富有大德。

（2）上德圣人至善不退如日普照，他们因循自然心无德痕，所以被尊为有德。

【拓展学习2-3】经典记载的圣贤

（一）三皇：有八说，详见附录

1. 燧人、伏羲、神农（《尚书大传》）。

2. 伏羲、女娲、神农（《风俗通义》）。

3. 伏羲、祝融、神农（《风俗通义》）。

4. 伏羲、神农、共工（《风俗通义》）。

5. 伏羲、神农、黄帝（《古微书》）。

6. 自羲农，至黄帝。号三皇，居上世（《三字经》）。

7. 天皇、地皇、泰皇（《史记》）。

8. 天皇、地皇、人皇（《民间传说》）。

（二）五帝：有六说，详见附录

1. 黄帝、颛顼、帝喾、尧、舜（《大戴礼记》）。

2. 庖牺、神农、黄帝、尧、舜（《战国策》）。

3.太昊、炎帝、黄帝、少昊、颛顼（《吕氏春秋》）。

4. 黄帝、少昊、颛顼、帝喾、尧（《资治通鉴外纪》）。

5. 少昊、颛顼、帝喾、尧、舜（伪《尚书序》）。

6. 黄帝（轩辕）、青帝（伏羲）、赤帝又叫炎帝（神农）、白帝（少昊）、黑帝（颛顼）（五方上帝）

（三）三王：有以下观点

1. 指夏、商、周三代之君。

（1）夏禹、商汤、周武王。《谷梁传·隐公八年》："盟诅不及三王。"范宁注："三王，谓夏、殷、周也。夏后有钧台之享，商汤有景亳之命，周武有盟津之会。"

（2）夏禹、商汤、周文王。《孟子·告子下》："五霸者，三王之罪人也。"赵岐注："三王，夏禹、商汤、周文王是也。"

（3）商汤、周文王、周武王。《尸子》卷下："汤复于汤丘，文王幽于羑里，武王羁于王门；越王栖于会稽，秦穆公败于崤塞，齐桓公遇贼，晋文公出走，故三王资于辱，而五霸得于困也。"

2. 指周之太王、王季、文王。

（四）其他被经典记载的圣贤主要有：

广成子、老子、尹喜、庄子、列子、文子、鬼谷子、周公、孔子等。

2.2.1　憨山大师注解

上德者，谓上古圣人，与道冥一，与物同体。虽使物各遂生，而不自有其德。以无心于德，故德被群生，终古不忘。故云上德不德，是以有德。

上德之人，说的是上古圣人，他们的内心境界是：心与道浑沌为一，心与物合同一体。就像天地一样，天无言而四时动，地无语而万物生。虽使万物生长，而绝不归功德于己。以大公无私之心广施道德，内心不存半点有德之心，所以德泽覆盖群生，自古及今不能忘怀。所以说"上德不德，是以有德"。

2.2.2　宋龙源版本注解

2.2.2.1　**上古上德之君。天德昭明。蕴之于心。及之于物。**

万善全备。而不自知其德。是以谓之上德。

上古时期的上德之君，其道德像天上的太阳一样明彻，既能蕴藏于内温暖心田，又能及之于外普照万物，道德虽然已经万善全备，而从不执着，所以称之为“上德”。

2.2.2.2　虽不自有其德。德之本体。日日常新。德之妙理。时时具足。日用长行之际。无不是德。君臣父子之间。无不是德。故曰上德不德。

虽然心不执“德”，但自我道德之本性却日日常新，自我道德之妙理时时具足，吃穿住用行日常处事之际，无不是德的展示。君臣父子上下交往之间，也无不是德的显现。所以说“上德不德”。

2.2.2.3　是以有德。德不自有。其德无穷。德不自知。其德至大也。

所以有德的境界，不执德不具德，成就德的无穷无尽。心无德痕，成就德的至高至大。

【学习与思考2-1】手术费：一杯牛奶

一个生活贫困的男孩为了积攒学费，挨家挨户地推销商品。他的推销进行得很不顺利，傍晚时他疲惫万分，饥饿难耐，绝望地想放弃一切。走投无路的他敲开一扇门，希望主人能给他一杯水。开门的是一位美丽的年轻女子，她笑着递给他一杯浓浓的热牛奶。男孩和着眼泪把它喝了下去，从此对人生重新鼓起了勇气。许多年后，他成了一位著名的外科大夫。一天，一位病情严重的妇女被转到那位著名外科大夫所在的医院。大夫顺利地为妇女做完手术，救了她的命。无意中，大夫发现那位妇女正是多年前在他饥寒交迫时给过他那杯热牛奶的年轻女子！他决定悄悄地为她做点什么。一直为昂贵的手术费发愁的那位妇人硬着头皮办理出院手续时，在手术费用单上看到的是这样七个字：“手术费：一杯牛奶”。

2.3 下德不失德，是以无德

老子【道德经·处厚章第三十八】经文：下德不失德，是以无德。

【说文解字并康熙字典2-8】下

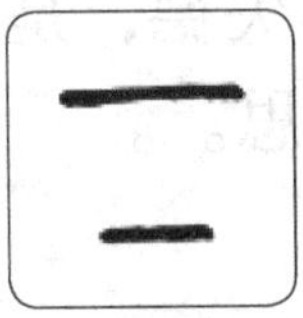

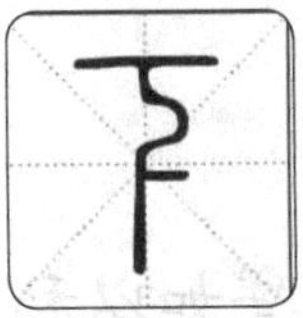

【說文解字】**下，底也**。指事。

【說文解字注】底也。底當作氐。廣部曰。**底者、山尻（jū居）**。一曰下也。許氏解字多用轉注。轉注者、互訓也。底云下也。故下云底也。此之謂轉注。全書皆當以此求之。抑此底字當作氐。廣部一曰下也四字。疑後人所綴。何者。許書無低字。日部昏下曰從氐省。氐者，下也。正與此下者氐也為轉注。**上，高也。下，氐也。高氐亦正相反相對**。今本氐篆解云至也。亦當本作下也。如是正之。乃見許氏發揮轉注之指。有好學深思者。當能心知其意也。**從反二為二。有物在一之下也。此古文下本如此**。如丙字從古文下是也。後人改二為丅。謂之古文。則不得不改丅為。謂之小篆文矣。

〔古文〕丅二【廣韻】胡雅切【集韻】【韻會】【正韻】亥雅切，遐上聲。在下之下，對上之稱。【易·乾·文言】本乎地者親下。

【玉篇】**後也**。又**賤也**。

【儀禮·士相見禮】始見于君，執摯至下。【鄭註】下謂君所。【賈疏】不言所而言下者。凡臣視袷已下，故言下也。

【正韻】**降也**，自上而下也。【易·屯卦】以貴下賤。【詩序】君能下下。

【爾雅·釋詁】下，**落也**。【邢疏】下者，自上而落也。草曰零，木曰落。

又去也。【周禮·夏官·司士】歲登，下其損益之數。

【说文解字并康熙字典2-9】无

详见【说文解字1-6】无。

综上，经文“下德不失德，是以无德”可以理解为：下德贤达，心存仁义施惠之心，执德有为，所以被记为“无德”。

2.3.1　憨山大师注解

2.3.1.1　下德者，谓中古以下，不知有道，但知有德。故德出于有心，自不能忘。且有责报之心，物难感而易忘。故云下德不失德，是以无德。失，忘也。以，恃也。

下德之人，说的是中古以下的贤达，对遵道而行不了解，对积功累德很知晓。所以德出自有心，心不忘德，并且还有求取报答之心。外界万物难以被感化而且受恩过后就忘怀。所以说“下德不失德，是以无德”。“失”，“忘”的意思。“以”，“凭仗”的意思。。

2.3.2　宋龙源版本注解

2.3.2.1　下德者。不能圆满具足。不能自然无为。譬如以私仁小慧。行有为之事。以人之见闻为心。不以不见不闻为心也。以人之名誉立意。不以无名无誉立意。此便是不失德。

下德之人，因为道德不能圆满具足，所以做不到自然无为。比方说以小恩小惠接人待物，都是属于“有为”行事，其内心处处在乎别人的见闻和评价，放不下外界的见闻。内心的念头在乎人之名誉，做不到不执着名誉。这就是“不失德”。

2.3.2.2　却不知不失其德。其德必不溥（pǔ）。其德必不大。于人必有益有损。有得有失。益之得之者。称我为有德之人。失之损之者。又怒我为无德之人。故曰下德不失德。是以无德。

却不明白内心放不下“德”，自己的德必定就不能普及不能宏大，对别人便必会有益有损、有得有失。受我德益的，称我为有德之人，反之则怒我为无德之人。所以说“下德不失德，是以无德”。

2.3.2.3 切思德者。心之理也。此理从大道流出。从性中发现。是为自然之天理。人人本具。各各完全。果能充而用之。于天地万物。无处不是我之德也。

深切思考发现，德是心之“理”。此“德理”是从大道中流出的，是从心性中发现的，所以是自我本然之天理，人人本来具有，个个完美全备。果然能够充分应用，则于天地万物间，无处不是自己道德的体现。

2.3.2.4 但因世人。私欲太甚。天理灭绝。以致天德锢蔽。其德不有矣。

但因为世间人私欲太重，每个人原有的“德”的天理已经被自我灭绝了，导致自我天德禁锢蔽塞，德就不存了。

2.3.2.5 若上德自然无为。不惠而自惠。不仁而自仁。

如果能像上德之人，做任何事自然无为，不存恩惠之心，恩惠自然产生，不存仁爱之心，仁爱自然产生。

2.3.2.6 春风时雨。及于万物。而万物尚且不知。更何得失之患乎。学道者。能明此德。可以为上德之人矣。

比方说，当春风吹拂大地、及时雨润泽万物时，万物预先不知道就普遍受益了，哪里会有什么患得患失？学道之人，如果能够明达此“德”之理，就可以做上德之人了。

2.4　上德无为，而无以为；下德为之，而有以为

老子【道德经·处厚章第三十八】经文：上德无为，而无以为；下德为之，而有以为。

【说文解字并康熙字典2-10】为

【說文解字】**為，母猴也**。其為禽好爪。爪，母猴象也。下腹為母猴形。王育曰："爪，象形也。"

【說文解字注】母猴也。左傳魯昭公子公為亦稱公叔務人。檀弓作公叔禺（yú）人。由部曰。禺，母猴屬也。然則名為字禺，所謂名字相應也。假借為作為之字。**凡有所變化曰為。其為禽好爪**。内部曰。禽者，走獸揔名。好爪故其字從爪也。此下各本有爪母猴象也五字。衍文。下腹為母猴形。腹當作復。上既從爪矣。其下又全象母猴頭目身足之形也。王育曰。爪象形也。此博異說。爪衍文。王說全字象母猴形也。

【爾雅·釋言】**作，造，為也**。【書·益稷】予欲宣力四方汝為。【洪范】有猷有為有守。

治也。【晉語】疾不可為也。【注】為，治也。

使也。【魯語】其為後世昭前之令聞也。【注】為，猶使也。

【廣韻】**助也**。【增韻】**所以也，緣也，被也，護也，與也**。【書·鹹有一德】臣為上為德，為下為民。【釋文】為上為下之為，於偽反。徐云：四爲字皆于僞反。【多士】惟我下民秉為。【詩·大雅】福祿來為。【箋】為，猶助也。

【拓展学习2-4】《高上月宫太阴元君孝道仙王灵宝净明黄素书卷之七》节选

夫道，无思无为也。无思也，而未尝不思。思之者，正性也。无为也，而未尝不为。为之者，正理也。如必曰无思也，是犬豕而已。必曰无为也，是木石

而已。认犬豕木石以为道，曰："我无思也，我无为也。"非也。今有人于此，块然遗形，处于巨室，火自上起，亦必走也；水自下溢，亦必走也。如其不走，则是正念是非正念。如能正念，必曰："水火将至，害我身命，固当走也。"如谓道以无思无为，而兼又于存想呼召为矛盾，自非也，则心有所感，神有所凝，气有所交，诚有所达。何谓感？感声而应。何谓凝？凝一而静。何谓交？静故能交。何谓达？交故能达。凡默朝上奏通章法，用此，则魂魄不荡，奏对不失也。如于此时，令童子在侧，击磬或步虚，随声飞身，及其还也，亦寻声归，最上法也。此诀法多不同，而于诀法之外，不可不知也。

综上，经文"上德无为，而无以为；下德为之，而有以为"可以理解为：上德圣人崇尚无为，没有执持之心因循自然，所以说"无以为"；下德贤达崇尚有为，执持有德之心，所以是"有以为"。

2.4.1 憨山大师注解

2.4.1.1 然上德所以有德者，以德出无为。功成事遂，而无恃为之心，故云无以为。

上德之人之所以被称之为"有德"，凭仗无为之心，即使道德成就，也无半点恃有之心，所以说"无以为"。

2.4.1.2 下德所以无德者，以德出有心。而又矜功恃为，故云有以为。

下德之人之所以被称为"无德"，凭仗有为之心，而且还处处恃持矜夸，所以是"有以为"。

2.4.1.3 由是观之，道无真伪，而德则有真有伪矣。此世数淳薄之辨也。

据此观察，道没有真伪之别，德却有真有伪。这就是世间道德是否淳厚的辨析。

2.4.2 宋龙源版本注解

2.4.2.1 此四句。乃是言上德下德。致养不同之义。

这四句说的是，上德与下德之人，涵养心性的不同境界。

2.4.2.2 上德之君。得自然无为之道。浑厚完全。不有缺欠。亦非上德之君。有心而无为也。德之本体。本来一事不有。本来一物不见。本来无人无我。更何有所为乎。

上德之君，内心领悟自然无为之道，敦厚朴实，精气神完备，没有缺欠，并不是上德之君故意心存“无为”，而是心性本来空寂本来无事无物无我，哪里会有所为呢?

2.4.2.3 故心如太虚。空空洞洞。湛湛清清。内不起有为之识。外不见有为之尘。物我同然。内外如一。故曰上德无为。而无以为。

所以，心性如太虚一样，空虚无边、清澈通透。内心不起丝毫有为意念，外不被有为烦恼搅扰，万事万物与我同体，突破了内外的界限仿佛浑然如一。所以说“上德无为，而无以为”。

2.4.2.4 下德之君。但因心上未到圆明地位。故在有为法中。着其跟脚。事事物物。必要周全。惟恐失其有德之名。惟恐害其有德之事。此所以有为之为。必至有无相生。难易相成。长短相形。高下相倾。无不有以为矣。故曰下德为之。而有以为。只因不能入自然之妙。未曾到无为浑化之地。是故有以为也。

下德之君，因为心上功夫还没有达到圆明地位，所以在有为的世间法中下功夫，被事相所转。每事每物，必要追求周全完美，惟恐失去“有德”之名，惟恐伤害“有德”之事。

这就是为什么对立的双方“有无”“难易”“长短”“高下”等，会此消彼长、摁下葫芦起来瓢，无不是心存“有为”导致的，所以说“下德为之，而有以为”。只因为内心不能入自然之妙，境界未到无为浑化的程度，所以是“有以为”。

2.5 上仁为之，而无以为；上义为之，而有以为

老子【道德经 · 处厚章第三十八】经文：上仁为之，而无以为；上义为之，而有以为。

【说文解字并康熙字典2-11】仁

详见【说文解字0-1】仁。

【说文解字并康熙字典2-12】义

详见【说文解字0-2】义。

【拓展学习2-5】深沉厚重是第一等资质

1. 中国明代思想家吕新吾在其著作《呻吟语》一书中提出：
深沉厚重是第一等资质；
磊落豪情是第二等资质；
聪明才辩是第三等资质。
2. 西乡隆盛说过：“德高者升职位，功多者厚俸禄。”
就是说有功绩的人给予金钱奖励就行了，领导职位一定得由人格高尚的人来担任。

【拓展学习2-6】《大学》：德者本也，财者末也

《诗》云：“殷之未丧师，克配上帝。仪鉴于殷，峻命不易。”道得众则得国，失众则失国。

是故君子先慎乎德。有德此有人，有人此有土，有土此有财，有财此有用。德者本也，财者末也。

外本内末，争民施夺。是故财聚则民散，财散则民聚。

是故言悖而出者，亦悖而入；货悖而入者，亦悖而出。

《康诰》曰：“惟命不于常。”道善则得之，不善则失之矣。

【学习与思考2-3】同仁堂与“有德此有人”

同仁堂是康熙时候的一家企业，已经三百多年了。十几年前，SARS很严重，北京政府下令，SARS的药只能卖九块，结果本钱十一块，每卖一包亏两块，救人要紧，同仁堂总共卖了三百万服药，亏了六百万。人欠你，天会还你。同仁堂那一年不但利润没有跌，反而上涨了37%。

“有德此有人”此言不虚，同仁堂赢得了广大民众对它的信任，赢得了人心，所以事业获得长久发展。《大学》曰：“货悖而入者，亦悖而出。”假如不以仁德经营，“出来混总是要还的”，赚到的钱早晚会还回去。

综上，经文“上仁为之，而无以为；上义为之，而有以为”可以理解为：上仁君子，仁恩广大普为施惠，一旦功成事立，即心无挂碍，所以“无以为”。上义君子，礼容得宜，举止有度，以符合道义正义规律为遵循，所以是“有以为”。

2.5.1 憨山大师注解

2.5.1.1 德又下衰，上德不称，而下德为尊，于是始有仁义之名。

世间人的道德之心继续下降，就不会把上德圣人作为崇拜称赞的学习榜样，反而对下德贤达特别尊重，于是开始有仁义之名称。

2.5.1.2 然仁义皆出于下德，故皆不免有心为之。但上仁虽为，而无恃为之心，故云无以为。上义则恃之矣，故云有以为。

然而仁义都是从下德境界的“有为”之心生发出来的，所以都免不了为人处世有心为之。但上仁境界虽然有心而为，按照目标践行时，因为心中没有恃为之心，所以说是“无以为”。上义境界，在践行目标时，因为心中有恃为之心，所以说是“有以为”。

2.5.1.3 且仁义上者为真，三王是已。下则为假，五霸是已。故不足言。此又下衰，仁义之下，则礼为上矣。

仁义境界以上仁上义为真，三王（夏禹、商汤、周文王）是学习的榜样。下仁下义为假，五霸（详见【学习与思考2-4】）都是义举。故不足言。此又下衰，仁义之下，则礼为上矣。

【学习与思考2-4】五霸（五伯）

（一）五伯名录

霸，政之名，谐音“伯”，音转为霸，又称州伯、方伯，即诸侯之长，其职为会诸侯、朝天子。

1.《白虎通义》：“五霸者，何谓也？昆吾氏、大彭氏、豕韦氏、齐桓公、晋文公也。”《四书章句集注》注云：“丁氏曰：‘夏昆吾，商大彭、豕韦，周齐桓、晋文，谓之五霸。’”

2. 春秋五霸，主要有以下观点：

齐桓公、晋文公、秦穆公、楚庄王、宋襄公（《史记索隐》）

齐桓公、晋文公、秦穆公、楚庄王、郑庄公（《辞通》）

齐桓公、晋文公、秦穆公、楚庄王、越王勾践（《四子讲德论》）

齐桓公、晋文公、秦穆公、楚庄王、吴王阖闾（《白虎通·号篇》）

齐桓公、晋文公、秦穆公、宋襄公、吴王夫差（《汉书注·诸侯王表》）

齐桓公、晋文公、楚庄王、吴王阖闾、越王勾践（《荀子·王霸》）

齐桓公、晋文公、晋襄公、晋景公、晋悼公（《鲒崎亭集外编》）

（二）历史主要评价

1.《管子·形势解》：“古者三王五伯皆人主之利天下者也，故身贵显而子孙被其泽。桀、纣、幽、厉皆人主之害天下者也，故身困伤而子孙蒙其祸。故曰：‘疑今者察之古，不知来者视之往。’”

2. 苏秦：“昔者神农伐补遂，黄帝伐涿鹿而禽蚩尤，尧伐驩兜，舜伐三苗，禹伐共工，汤伐有夏，文王伐崇，武王伐纣，齐桓任战而伯天下。由此观之，恶有不战者乎？古者使车毂击驰，言语相结，天下为一，约从连横，兵革不藏。文士并饬，诸侯乱惑，万端俱起，不可胜理。科条既备，民多伪态，书策稠浊，百姓不足。上下相愁，民无所聊，明言章理，兵甲愈起。辩言伟服，战攻不息，繁称文辞，天下不治。舌弊耳聋，不见成功，行义约信，天下不亲。于是乃废文任武，厚养死士，缀甲厉兵，效胜于战场。夫徒处而致利，安坐而广地，虽古五帝三王五伯，明主贤君，常欲坐而致之，其势不能。故以战续之，宽则两军相攻，迫则杖戟相橦，然后可建大功。”

3.《桓谭新论》说：“夫上古称三皇五帝，而次有三王五伯，此皆天下君之冠首也。故言三皇以道治，而五帝由德化，三王由仁义，五伯以权智。其说之曰：无制令刑罚，谓之皇；有制令而无刑罚，谓之帝；赏善诛恶，诸侯朝事，谓之王；兴兵约盟，以信义矫世，谓之伯也。王者，往也，言其惠泽优游，天下归往也。五帝以上久远，经传无事，唯王霸二盛之美，以定古今之理焉。夫王道之治，先除人害，而足其衣食，然后教以礼仪，而威以刑诛，使知好恶去就，是故大化四凑，天下安乐，此王者之术。霸功之大者，尊君卑臣，权统由一，政不二门，赏罚必信，法令着明，百官修理，威令必行，此霸者之术。王道纯粹，其德如彼；霸道驳杂，其功如此；俱有天下，而君万民，垂统子孙，其实一也。汤、武则久居诸侯方伯之位，德惠加于百姓。夫王道之主，其德能载，包含以统乾元也。儒者或曰：图王不成，其弊亦可以霸。此言未是也。传曰：孔氏门人，五尺童子，不言五霸事者，恶其违仁义而尚权诈也。”

2.5.2 宋龙源版本注解

2.5.2.1 太古之风渐开。人心之朴不纯。故继德必以仁。

太古道德之风逐渐变移开发，人心的质朴本性不能纯然体现，所以人的内心境界继“德”之后下降为“仁”。

2.5.2.2 上仁之君观万物为一体。观天地为一身。君臣父子。浑然是恻隐流行。家国天下。同然是恩惠徧及。其仁如天。其爱如地。所以与民相安于无事之中。与民相忘于无为之道。随宜处顺。因物付物。故曰上仁为之。而无以为。盖是此义。

在“仁”的境界，上仁之君，仍然能体悟天人合一，能视万物为一体、视天地为一身，视君臣如同父子，待人接物纯是恻隐之心，自然流行、浑然忘我，于家国天下实行自己的角色职责时，没有大小多少的执着分别，精诚而为普施恩惠。其仁心如天，宽广忍让；其爱心如地，厚德载物。所以与属下臣民相处融洽，相安无事，处处为民而心不执持，按照自己的本分，顺应应该的规律遵道而行，因应事物的变化而变化。所以说“上仁为之，而无以为”，就是此义。

2.5.2.3 虽然德降而为仁。只是略觉用力。不如天德无为。自然之妙耳。

虽然内心境界由“德”降为“仁”，但只是略觉费力，比不上普照如天的道德无为境界，展现自然妙性。

2.5.2.4 仁爱有不能及。又不得不以义成之。

于“仁爱”的境界有不能企及的话，又不得不以“义”的境界来成就。

2.5.2.5 只因慈惠日久。是非亦随之以生。是非既生。不得不有分别之义。

只因慈爱恩惠时日久长，是非得失之心随之而生，此是非之心既已产生，不得不有能分别真假虚伪的“义”出现。

2.5.2.6　上义之君。原是以仁为体。以义为用。处事自然有刚断之妙。

上义之君，原本是以“仁”为行事准则，以“义”来践行运用，为人处事自然就有刚毅果决之妙。

2.5.2.7　因世道纷纭。人情多诈。或君臣父子之间。夫妇朋友之际。非太过。则不及。不能适于中道。所以真妄须权衡。得失需较量。

因世道纷争，人情多伪诈。无论是君臣之间、父子之间，还是夫妇之间、朋友之间，不是太过就是不及，多不能适于中道。所以遇事需要在真妄之间权衡，在得失之间较量。

2.5.2.8　有为之事。终无止息。有为之法。不可穷尽。故曰上义为之。而有以为。

有为之事，因是有心而为，虚妄之心不可穷尽，所以有为之事不可停息、有为之理法也不可穷尽。所以说“上义为之，而有以为”。

2.5.2.9　细想圣人以上义。裁正天下者。正是挽回民心之生意。救人道之失也。

细细推究，圣人以“上义”来裁正天下之心，正是为了挽回民众失道人心，使之生出道心。

2.6 上礼为之，而莫之应，则攘臂而仍之

老子【道德经·处厚章第三十八】经文：上礼为之，而莫之应，则攘臂而仍之。

【说文解字并康熙字典2-13】礼（禮）

【說文解字】**履也。所以事神致福也**。从示从豊，豊亦聲。𥘺，古文禮。靈啓切〖注〗礼、𥛜，古文。

【說文解字注】履也。見禮記祭義，周易序卦傳。履，**足所依也。引伸之凡所依皆曰履**。此假借之法。**履，履也。禮，履也。履同而義不同。所事神致福也。从示**。从豐。**禮有五經。莫重於祭**。故禮字从示。**豐者行禮之器**。豐亦聲。靈啓切。十五部。

【韻會】**孟子言禮之實節文斯二者**，蓋因人心之仁義而為之品秩，使各得其敘之謂禮。

“礼”字玄机：

（1）“礼”的本义为“履也。所以事神致福也”。徐铉曰：“五礼莫重于祭，故从示。豊者，其器也。”意思是说，吉礼（祭礼）、凶礼、军礼、宾礼、嘉礼，这五礼以祭礼为最重要。

（2）“事神致福”的“神”指的是天地圣贤，“事神”就是祭天祭地祭祖先，就是效法天地、学做天地，效法圣贤、学做圣贤。孔子说“三人行必有我师”，就是这种谦虚学习别人优点、努力更新自我提升自我的境界，当自己用慎终追远、慎终如始的虚心向学态度不断提升之时，就是“致福”之日。

（3）“履”就是践行。“礼者，理也。”就是依据“理”、依据道义正义规律、依据仁义道德等等，践行于言谈举止、行住坐卧之

中，进而实现“知行合一”。

（4）“孟子言礼之实节文斯二者”，孟子说“礼”有“节”“文”两重内涵。“节”就是节制、节止，守规矩，自我约束自我匡正。“文”就是礼的文理、义理、次第、秩序。《礼·礼器》曰：“先王之立礼也，有本有文。忠信，礼之本也。义理，礼之文也。”《史记·礼书》曰：“贵本之谓文，亲用之谓理。两者合而成文，以归太一，是谓太隆。”“盖因人心之仁义而为之品秩，使各得其叙之谓礼。”因人心“五常”仁、义、礼、智、信的档次品质高低不同，而各按自己的身份地位发挥不同的角色作用。

（5）“礼”在易经中是“履卦”，详见下面【拓展学习2-7】礼与履卦。

【拓展学习2-7】礼与履卦

《易经》：物畜然后有礼，故受之以《履》。履者，礼也。

仓廪实则知礼节，衣食足则知荣辱。

以礼待人。

礼多人不怪。

【说文解字并康熙字典2-14】攘

详见【说文解字并康熙字典0-5】攘

【说文解字并康熙字典2-15】扔

【說文解字】扔，因也。從手乃聲。如乘切。

【說文解字注】捆（yīn因，就）也。捆各本作因。今正。扔與仍音義同。老子曰。為之而莫之應。則攘臂而扔之。

【博雅】**引也，就也**。或作撝挍。

【廣韻】【正韻】而證切【集韻】【韻會】如證切，𠀤音認。強牽引也

摧也。【後漢·馬融·廣成頌】竄伏扔輪。【注】言為輪所摧也。

【说文解字并康熙字典2-16】仍

【說文解字】仍，因也。

【說文解字注】因也。釋詁曰。**攘仍因也**。大雅常武傳曰。**仍，就也。就與因義一也。周禮故書仍為乃**。

【周禮·春官·司幾筵】吉事變幾，凶事仍幾。【注】變幾，變更其質，謂有飾也。**仍，因也，因其質，謂無飾也**。【論語】仍舊貫，如之何。

综上，依据《说文解字》，攘（rǎng），本义为“推”。清代段玉裁《说文解字注》解释：“攘，推也。推手使前也。”《曲礼注》认为，攘为古“让”字。让，“相责让”的意思。《汉书·礼乐志》有“盛揖攘之容”的记载。《艺文志》有《尧之克攘》的记载。《司马迁传》有“小子何敢攘”的记载。以上用的都是“攘”字。所以说“攘”是推让、退让的意思。所以，“攘臂”就是将手臂外推行作揖礼，以表达敬意。“攘臂而仍之”的“仍”，有的版本为“扔”。《说文解字》：“扔，因也。从手乃声。如乘切。”清代段玉裁《说文解字注》认为“扔与仍音义同”，都是“因”的含义。“仍”的《说文解字》认为“释诂曰‘攘仍因也。’大雅常武传曰‘仍，就也。’”所以，“攘臂而仍之”的内涵应该是：虽然民众对践行仁义的礼节规矩不遵循不应用，但自己仍然会用推臂揖礼亲自引领。

所以，经文“上礼为之，而莫之应，则攘臂而仍之”可以理解为：上礼之士努力践行仁义，制定制度、规范秩序、庄严威仪，对别人的不应用不遵循，就用推臂揖礼来引领。

2.6.1 憨山大师注解

2.6.1.1 礼则但以虚名相尚，不复知有仁义，故上礼为之，有莫之应者。如孔子作春秋，虽正名分，而卒莫能正，此莫之应也。

道德境界下降到礼的阶段，人们互相之间崇尚虚名，内心不再知晓仁义，所以说即使上礼之人威仪三千、礼节有度，也有内在不感应外在也不呼应回礼的。比方说孔子著作《春秋》，虽然名分得以修正，而最终内心没有得以修正，所以无以为回应。

2.6.1.2 不唯不应，且将臂攘而仍之。此五霸之余，战国之习也。且彼既不知仁义，则必相因而报复之矣。仍，相因之意。又复也。此所以为忠信之薄，而乱之首也。

非但没有回应，还将臂膀推攘而出，但内心仍然按照自己的认知我行我素。这种境界是五霸之后战国期间人们的习气。

既然他们内心不能明白仁义的真正内涵，就一定会相互因袭而图谋报复。仍，是“相互因袭”的意思，还有“复返”的意思。这就是为什么说礼为“忠信之薄，而乱之首”的原因。

2.6.2 宋龙源版本注解

2.6.2.1 义之断制。有不可徒行。不得不继以礼之节文。

“义”境界的果断判断，有践“仁”之心，执行时不可没有依凭的标准，接下来不得不制定礼节制度，使行之有度。

2.6.2.2 圣君因人心之不正。世道之多偏。以典章格其非心。以文物化其志意。

圣贤君王因应人心不正、世道多偏，以典章制度来匡正民众内心，以文物历史和礼乐制度来化育民众意志。

《左传·桓公二年》曰："夫德，俭而有度，登降有数，文物以纪之，声明以发之，以临百官。"文物有两层含义；一是具有历史艺术价值的历代遗留；二是指礼乐制度。

2.6.2.3 **纳民于轨物之中。皆是上礼之为。**

收纳民心于规矩准则之中，"以典章格其非心，以文物化其志意，纳民于轨物之中"这些做法都是"上礼"境界的作为。

轨物是指规范、准则等，泛指"没有规矩不成方圆"中的规矩。古代仁人志士都非常重视以轨物规矩来养正民心，例如：《左传·隐公五年》："君将纳民轨物者也。"晋杜预注曰："言器用众物不入法度，则为不轨不物。"《魏书·羊深传》："将以纳民轨物，莫始于经礼。"宋叶梦得《石林燕语》卷七："今风示四夷，示以轨物，当正前日适然之失，尽循旧制。"南朝梁陆倕《新刻漏铭》："宁可以轨物字民，作范垂训者乎？"《新唐书·李景伯传》："使授非其人，则权重衅生，非彊干弱枝，经邦轨物之谊。"明王廷相《栗应宏道甫字说》："又能于穷通得丧、生死祸福之际，安于义命而不乱，则人道尽而足以轨物矣。"，等等。

2.6.2.4 **奈天下之民。如聋如瞽。似愚似痴。见如不见。闻如不闻。违其教令。悖其规条。而莫之应何也。**

奈何天下民众大多数像聋子一样听而不闻，像瞎子一样视而不见，像傻子一样愚昧痴狂，见到了如同没有见到，听到了如同没有听到，违逆教义和法令，背乱规则和条例，可见其"而莫之应"到了何种程度。

2.6.2.5 **然圣君救世之心不已。爱民之心不厌。又不得已。则攘臂而仍之。攘者取也。臂者手之腕也。仍者引之也。譬如执其手掣拽而引之。便是攘臂而仍之之貌。总是形容强民之意。故曰攘臂而仍之。**

然而圣明君王的救世之心永不停歇、爱民之心永不厌足，不得已，就伸臂推让亲自示范引领。“攘”是“取”的意思，“臂”是“手腕”，“仍”是“引领”，譬如执手掣拽的样子，总之，是希望民众从言谈举止上下功夫，自强不息的意思，所以说“攘臂而仍之”。

2.6.2.6　皆因道德仁义。日远日废。民心锢蔽。天理不明。所以莫之应也。既已莫之应。更又攘臂而仍之。可见圣人救世之心极矣。

民众对礼节典规章制度的漠视不回应，都是因为道德仁义越来越被疏远废弃的缘故。民众内心自我禁锢，自我蔽塞，对天地自然规律和理数规矩愚昧无知，所以漠视不回应。既然社会已经出现漠视礼节制度不回应，圣人便一方面揖让拱手行礼致敬，另一方面依然坚守礼节制度，可见圣人救世之心多么极尽挚诚。

2.7　故失道而后德，失德而后仁，失仁而后义，失义而后礼

老子【道德经·处厚章第三十八】经文：故失道而后德，失德而后仁，失仁而后义，失义而后礼。

【说文解字并康熙字典2-17】失

【说文解字】**失，纵也。**从手乙声。

【说文解字注】纵也。**纵者，缓也。一曰舍也。在手而逸去为失。**兔部曰。**逸，失也。**古多叚为逸去之逸。亦叚为淫泆之泆。从手。乙声。以甲乙之乙为声。

一曰错也，过也，遗也。【书·泰誓】时哉弗可失。

【集韵】【韵会】【正韵】**与逸同。**【庄子·应帝王】自失而走。【荀子·哀公篇】其马将失。【六书本义】**与佚轶通。**

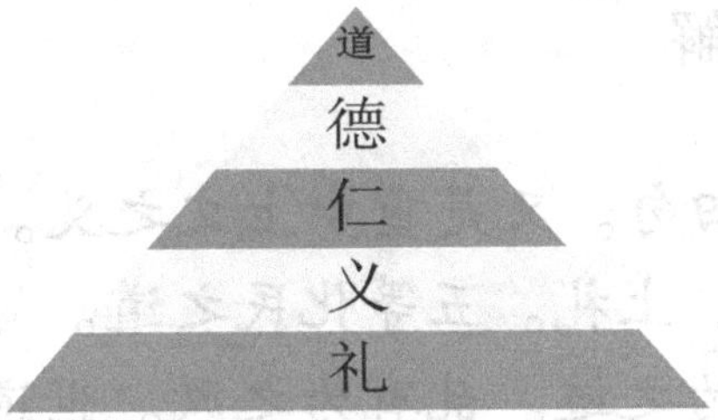

图2-2 道德回归

综上，经文“故失道而后德，失德而后仁，失仁而后义，失义而后礼”可以理解为：所以，内心境界失“道”之后降为“德”，失“德”之后降为“仁”，失“仁”之后降为“义”，失“义”之后降为“礼”。

2.7.1 憨山大师注解

2.7.1.1 此五霸之余，战国之习也。

于礼节制度漠视不回应，这是五霸战国之余习。

2.7.1.2 且彼既不知仁义，则必相因而报复之矣。此所以为忠信之薄，而乱之首也。故其德下衰，至此已极，圣人亦无可为天下之具矣。故失道而后德。失德而后仁。失仁而后义。失义而后礼。故礼乃忠信之薄，为乱之首也。

他们既然不能通晓仁义，就一定会互相之间因循报复，这就是为什么说礼为“忠信之薄，而乱之首”。

所以，人的内心境界，由道德仁义一路下滑，衰落到此礼的境界已经到极点了，圣人也没有万全之策。所以说内心境界失“道”之后降为“德”，失“德”之后降为“仁”，失“仁”之后降为“义”，失“义”之后降为“礼”。因此，经文认为礼乃忠信之薄，为乱之首。

2.7.2 宋龙源版本注解

2.7.2.1 此四句。又是重申上文之义。上文所谓。上德。下德。上仁。上义。上礼。五等化民之道。皆因下民反无为之道行有为之事。效有为之迹。乱有为之风。世道因此而改变。人心因此而迁移。

这四句经文，又是重申上文之义，上文所谓“上德、下德、上仁、上义、上礼”五种层次转化民心的方法，都是因为内心境界低的人，不行“无为之道”而行“有为之事”，效法有为功迹、混淆有为风尚的缘故。世道因此而改变，人心因此而迁移。

2.7.2.2 所以道失。而德又失。德失而仁又失。仁失而义又失。义失而礼又失。

所以说，内心境界失“道”之后降为“德”，失“德”之后降为“仁”，失“仁”之后降为“义”，失“义”之后降为“礼”，失“礼”之后如果仍然不知节制与悔改，境界就会继续下降。

2.7.2.3 世道人心。渐渐失至于此。皆因非至治之化。是故有此变迁不已之害也。文中言失道而后德。失德而后仁。失仁而后义。失义而后礼。即是此义。

世道人心的境界层次，由失“道”渐次至于失“礼”，都是因为没有秉承至圣自治的内化方法，所以才有此变迁不已之害。经文中言“失道而后德，失德而后仁，失仁而后义，失义而后礼”，即是此义。

2.8 夫礼者，忠信之薄，而乱之首也

老子【道德经·处厚章第三十八】经文：夫礼者，忠信之薄，而乱之首也。

【说文解字并康熙字典2-18】忠

【說文解字】**忠，敬也**。從心中聲。

【說文解字注】敬也。**敬者，肅也。未有盡心而不敬者**。此與慎訓謹同義。**盡心曰忠**。各本無此四字。今依孝經疏補。孝經疏，唐元行沖所為。唐本有此。

【玉篇】**直也**。【增韻】**內盡其心，而不欺也**。

【周禮·大司徒】**一曰六德，知，仁，聖，義，忠，和**。【疏】**中心曰忠。中下從心，謂言出於心，皆有忠實也**。

【六書精蘊】**竭誠也**。【書·伊訓】**為下克忠**。【傳】**事上竭誠也**。

不貳也。【詩·邶風·北風箋】詩人事君無二志，勤身以事君，忠也。

【廣韻】**無私也**。【左傳·成九年】無私，忠也。【後漢·任延傳】延曰：私臣不忠，忠臣不私。

厚也。【周語】忠非親禮。【注】厚也。【謚法】**危身奉上，險不辭難曰忠**。

“忠”字玄机：

（1）“忠”字，《周礼注疏》曰：“中心曰忠，中下从心，谓言出于心，皆有忠实也。”所以有以下引申内涵：“【玉篇】直也。【增韵】：内尽其心，而不欺也。【六书精蕴】：竭诚也。【书·伊训】：为下克忠。【传】：事上竭诚也。【诗·邶风·北风笺】：诗人事君无二志，勤身以事君，忠也。”【广韵】：无私也。【左传·成九年】：无私，忠也。等等。

（2）《忠经·天地神明章》曰：“昔在至理，上下一德，以徵天休，忠之道也。天之所覆，地之所載，人之所履，莫大乎忠。忠者、中也，至公無私。天無私，四時行。地無私，萬物生。人無私，大亨貞。忠也者，一其心之謂矣。為國之本，何莫由忠！忠能固君臣、安社稷、感天地、動神明，而況於人乎？夫忠興於身，著於家，成於國，其行一焉。是故一於其身，忠之始也。一於其家，忠之中也。一於其國，忠之終也。身一則百祿至。家一則六親和。國一則萬人理。《书》云：‘惟精惟一，允執厥中。’”可见，践行“忠”，就是在体悟大道“无”。

（3）“忠”的本义为“敬”。《说文解字》曰：“敬，肃也。”《康熙字典》注解“敬”字如下：“【释名】敬，警也。恒自肃警也。【玉篇】恭也，慎也。【易·坤卦】君子敬以直内，义以方外。【礼·曲礼】毋不敬。【注】礼主于敬。【左传·僖三十三年】敬，德之聚也。【论语】修己以敬。【书·洪范】敬用五事。”

【拓展学习并康熙字典2-8】《尚书·洪范》《尚书·正义》节选：敬用五事

《尚书·洪范》节选：

天乃锡禹『洪范』九畴，彝伦攸叙。初一曰五行，次二曰敬用五事，次三曰农用八政，次四曰协用五纪，次五曰建用皇极，次六曰乂用三德，次七曰明用稽疑，次八曰念用庶征，次九曰向用五福，威用六极。

二、五事：一曰貌，二曰言，三曰视，四曰听，五曰思。貌曰恭，言曰从，视曰明，听曰聪，思曰睿。恭作肃，从作乂，明作哲，聪作谋，睿作圣。

《尚书·正义》节选：

此章所演亦为三重，第一言其所名，第二言其所用，第三言其所致。

“貌”是容仪，举身之大名也，“言”是口之所出，“视”是目之所见，“听”是耳之所闻，“思”是心之所虑，一人之上有此五事也。貌必须恭，言必可从，视必当明，听必当聪，思必当通于微密也。此一重即是敬用之事。

貌能恭，则心肃敬也。言可从，则政必治也。视能明，则所见照晢也。听能聪，则所谋必当也。思通微，则事无不通，乃成圣也。此一重言其所致之事。

《五行传》曰：“貌属木，言属金，视属火，听属水，思属土。”

“貌”者言其动有容仪也，“言”道其语有辞章也，“视”者言其观正不观邪也，“听”者受人言察是非也，“思”者心虑所行使行得中也。五者皆有是非也，所为者为正不为邪也。《论语》云：“非礼勿视，非礼勿听，非礼勿言，非礼勿动。”《诗》云：“思无邪。”

貌戒惰容，故“恭”为俨恪。《曲礼》曰：“俨若思。”“俨”是严正之貌也。“恪”，敬也，貌当严正而庄敬也。言非理则人违之，故言是则可从也。视必明于善恶，故必清彻而审察也。听当别彼是非，必微妙而审谛也。王肃云：“睿，通也。思虑苦其不深，故必深思使通於微也。”《说命》云：“接下思恭，视远惟明，听德惟聪。”

恭在貌而敬在心，人有心慢而貌恭，必当缘恭以致敬，故貌恭作心敬也。下从上则国治，故人主言必从，其国可以治也。视能清审，则照了物情，故视明致照晢也。听聪则知其是非，从其是为谋必当，故听聪致善谋也。郑玄《周礼注》云："圣通而先识也。"是言识事在于众物之先，无所不通，以是名之为圣。圣是智之上，通之大也。

君貌恭则臣礼肃，君言从则臣职治，君视明则臣照晢，君听聪则臣进谋，君思睿则臣贤智。

【拓展学习并康熙字典2-9】《说苑·敬慎》节选

存亡祸福，其要在身，圣人重诫，敬慎所忽。中庸曰："莫见乎隐，莫显乎微；故君子能慎其独也。"谚曰："诫无垢，思无辱。"夫不诚不思而以存身全国者亦难矣。《诗》曰："战战兢兢，如临深渊，如履薄冰。"此之谓也。

昔成王封周公，周公辞不受，乃封周公子伯禽于鲁，将辞去，周公戒之曰："去矣！子其无以鲁国骄士矣。我，文王之子也，武王之弟也，今王之叔父也；又相天子，吾于天下亦不轻矣。然尝一沐三握发，一食而三吐哺，犹恐失天下之士。吾闻之曰：'德行广大而守以恭者荣，土地博裕而守以俭者安，禄位尊盛而守以卑者贵，人众兵强而守以畏者胜，聪明睿智而守以愚者益，博闻多记而守以浅者广；此六守者，皆谦德也。'夫贵为天子，富有四海，不谦者先天下亡其身，桀纣是也，可不慎乎！故《易》曰：'有一道，大足以守天下，中足以守国家，小足以守其身，谦之谓也。''夫天道毁满而益谦，地道变满而流谦，鬼神害满而福谦，人道恶满而好谦。'是以衣成则缺衽，宫成则缺隅，屋成则加错；示不成者，天道然也。《易》曰：'谦亨，君子有终吉。'《诗》曰：'汤降不迟，圣敬日跻。'其戒之哉！子其无以鲁国骄士矣。"

老子曰："得其所利，必虑其所害；乐其所成，必顾其所败。人为善者，天报以福；人为不善者，天报以祸也。故曰：祸兮福所倚；福兮祸所伏；戒之，慎之！君子不务，何以备之？夫上知天，则不失时；下知地，则不失财。日夜慎之，则无灾害。"

孔子曰："存亡祸福，皆在己而已，天灾地妖，亦不能杀也。"昔者殷王帝辛之时，爵生乌于城之隅，工人占之曰："凡小以生巨，国家必祉，王名必倍。”帝辛喜爵之德，不治国家，亢暴无极，外寇乃至，遂亡殷国，此逆天之时，诡福反为祸至。殷王武丁之时，先王道缺，刑法弛，桑谷俱生于朝，七月而大拱，工人占之曰：“桑谷者，野物也；野物生于朝，意朝亡乎！”武丁恐骇，侧身修行，思先王之政，兴灭国，继绝世，举逸民，明养老之道；三年之后，远方之君，重译而朝者六国，此迎天时得祸反为福也。故妖孽者，天所以警天子诸侯也；恶梦者，所以警士大夫也。故妖孽不胜善政，恶梦不胜善行也；至治之极，祸反为福。故《太甲》曰：“天作孽，犹可违；自作孽，不可逭（huàn逃）。”

夫福生于隐约，而祸生于得意，齐顷公是也。齐顷公、桓公之子孙也，地广民众，兵强国富，又得霸者之余尊，骄蹇怠傲，未尝肯出会同诸侯，乃兴师伐鲁，反败卫师于新筑，轻小嫚大之行甚。俄而晋鲁往聘，以使者戏，二国怒，归求党与助，得卫及曹，四国相辅期战于鞍，大败齐师，获齐顷公，斩逢丑父，于是懼然大恐，赖逢丑父之欺，奔逃得归。吊死问疾，七年不饮酒，不食肉，外金石丝竹之声，远妇女之色，出会与盟，卑下诸侯，国家内得行义，声问震乎诸侯，所亡之地弗求而自为来，尊宠不武而得之，可谓能诎免变化以致之，故福生于隐约，而祸生于得意，此得失之效也。

【说文解字并康熙字典2-19】信

参见【说文解字并康熙字典0-11】信

【说文解字并康熙字典2-20】薄

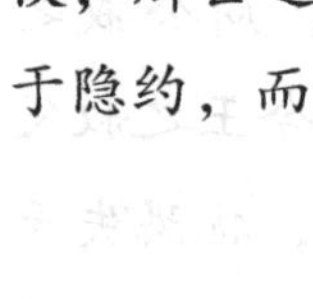

【説文解字】**薄，林薄也。一曰蠶（蚕）（cán）薄。**

【説文解字注】林薄也。吳都賦。傾藪薄。劉注曰。薄，不入之叢也。**按林木相迫不可入曰薄。引伸凡相迫皆曰薄。**如外薄四海，日月薄蝕皆是。傍各補各二切同也。**相迫則無閑可入。凡物之單薄不厚者亦無閑可入。故引伸為厚薄之薄。**曹憲云。必當作礴。非也。一曰蠶薄。月令。季春，具曲植籧筐。注。時所以養蠶器也。曲，薄也。植，槌也。方言云。宋魏陳楚江淮之閑謂之苗。或謂之曲。自關而西謂之薄。周勃傳。勃以織薄曲為生。

【楚辭注】**林草不交錯曰薄**。【注】**草叢生曰薄**。

簾也。【禮·曲禮】帷薄之外不趨。【史記·周勃世家】勃以織薄曲為生。【索隱曰】織蠶薄也。厚薄。

【詩·周南】薄澣我衣。**少也**。【易·說卦傳】雷風相薄。**廹也**。【荀子·天論篇】寒暑未薄而疾。**侵也**。

聊也。【詩·周南】薄言采之。**輕也**。【前漢·董仲舒傳】湣世俗之靡薄。**嫌也**。【前漢·張安世傳】薄朕忘故。

【说文解字并康熙字典2-21】亂（乱）

【說文解字】**亂，不治也**。從乙，乙，治之也；從𤔔。

【說文解字注】不治也。從乙𤔔。**乙，治之也**。各本作治也。從乙。乙治之也。從𤔔。文理不可通。今更正。亂本訓不治。不治則欲其治。故其字從乙。乙以治之。謂詘者之也。轉注之法。乃訓亂為治。如武王曰予有亂十人是也。𤓰部𤔔，不治也。幺子相亂。𤓰治之也。文法正同。亦為後人改竄不可讀。

【集韻】【韻會】【正韻】盧玩切，𡭏鑾去聲。**紊也**

【爾雅·釋訓】夢夢，訰訰，亂也。【書·周官】**制治於未亂**。

【爾雅·釋水】**水正絕流曰亂**。【注】**橫流而濟之也**。【書·禹貢】亂於河。

【詩·大雅】涉渭為亂。

综上，经文“夫礼者，忠信之薄，而乱之首也”可以理解为：当自我放纵、自我怠惰，言行不能时时践行仁义遵礼而行时，忠敬和诚信的品德就会越来越薄弱，紊乱无序就会越来越成为首要表现形式。

2.8.1 宋龙源版本注解

2.8.1.1 此三句。又是指道德仁义。渐次失至于礼。世道不得不乱之义。切思道之不能行。行之于德。德之不能行。行之于仁。仁之不能行。行之于义。义之不能行。行之于礼。倘若礼再不行。未有不行之于乱也。

这三句经文，说的是内心境界由道德仁义渐次递减降至“礼”，世道人心不得不由治到乱的含义。深切感悟，如果不能遵道而行，就遵德而行；如果不能遵德而行，就遵仁而行；如果不能遵仁而行，就遵义而行；如果不能遵义而行，就遵礼而行。倘若不能遵礼而行，行为举止哪有不乱的。

2.8.1.2　是故自古圣人。礼之所设。原为约人之性情。反人之邪妄。

所以自古圣人设立礼节规章，原为约束人的性情，为对治人的邪妄。

2.8.1.3　但礼之所用。不可太过。不可不及。必多品制。必多作为。本然之忠信必薄。忠信既薄。相因而刑罚者必有。相因而兵甲者必至。故曰礼者。忠信之薄。而乱之首。

但使用礼法规章，既不能太过也不能不及，必定会对应制定较多的条目等级和规定，必定会针对许多不同的所作所为和言谈举止。礼境界时人心本质希望由乱转治，所以此境界人心的忠信程度一定薄弱，比不上道德仁义境界之人心。忠信既然薄弱，必有因不守礼法规章而受刑罚处置的，推而广之，由失理失序而导致兵甲战争。所以说“礼者，忠信之薄，而乱之首”。

2.9　前识者，道之华，而愚之始也

老子【道德经 · 处厚章第三十八】经文：前识者，道之华，而愚之始也。

【说文解字并康熙字典2-22】前（歬）

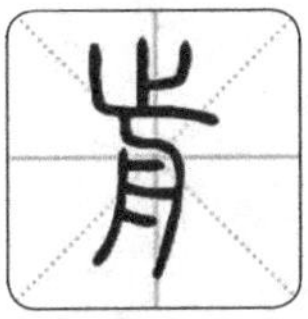

【說文解字】前，**不行而進謂之歬。从止在舟上。**昨先切〖注〗歬加刀為前，前加刀為剪。

【說文解字注】不行而進謂之歬。从止在舟上。昨先切。十二部。按後人以齊斷之前爲歬後字。又以羽生之**翦**爲前齊字。

【增韻】**前，後之對。**

進也。【廣韻】先也。【禮·檀弓】我未之前聞也。【注】**猶故也。**

【儀禮·特牲】祝前主人降。【注】前，**猶導也。**【正韻】**淺黑色。**

“前”字玄机：

“前”的本义为“不行而进”，古体字是“歬”，上为“止”下为“舟”，非常形象，仿佛我们乘船一样，我们不必费力行走，随着船行，就可以抵达目的地。如果把“舟”比作规律和大道，那么遵循规律和顺应大道，就好比是乘船，可以享受“不行而进”的利益；如果把“舟”比作时代，那么顺应时代、与时俱进，也可以“不行而进”。类似词语“先进”“先行者”“开路先锋”“创新者”。但先行者容易助长骄慢和刚愎自用，从而走向自己的反面，所以如何转骄慢为谦让、转昙花一现为长治久安，非常重要。

【说文解字并康熙字典2-23】翦

【說文解字】翦（jiǎn），**羽生也。**一曰矢羽。从羽前聲。即淺切〖注〗矢（shǐ），矢。

【說文解字注】**羽生也。羽初生如前齊也。前，古之翦字。**今之歬字。一曰矢羽。矢舊作矢。釋器。金鏃（zú箭頭）**翦羽謂之鍭**（hóu）。**骨鏃不翦羽謂之志。翦者，前也。前者，斷齊也。**鍭矢，前其羽短之使前重。志矢，不前羽較長。喪禮則鍭矢骨鏃。異于金鏃。志矢無鏃短衛。異於骨鏃不前羽。按鍭矢前羽，謂羽為翦。因之志矢之羽，亦謂之翦。故云一曰矢羽。从羽。歬聲。卽淺切。十二部。

【爾雅·釋言】**翦，齊**（禾麥吐穗上平也；整；正）也。【注】南方人呼翦刀為劑也。

【玉篇】**勒也，齊斷也。**【廣韻】殺也。【詩·召南】勿翦勿敗。

【傳】翦，**去也**。【周禮·秋官·剪氏注】翦，**斷滅**之言也。【左傳·宣十二年】其翦以賜諸侯。【注】翦，**削也**。

【说文解字并康熙字典2-24】识

【說文解字】識，**常也**。一曰知也。從言戠聲。

【說文解字注】常也。**常當為意**。**字之誤也**。草書常意相似。六朝以草寫書。迨草變眞。訛誤往往如此。**意者，志也**。**志者，心所之也**。意與志，志與識古皆通用。**心之所存謂之意**。所謂知識者此也。大學。誠其意。卽實其識也。一曰知也。矢部曰。知，識𧥮也。從司從言）也。按凡知識，記識，標識，今人分入去二聲。古無入去分別。三者實一義也。【長箋】訓常無意義。【玉篇】**識，認也**。【增韻】**能別識也**。**見識也**。【詩·大雅】不識不知，順帝之則。【老子·道德經】前識者，道之華而愚之始。【揚子·法言】**多聞見而識乎正道者，至識也**。多聞見而識乎邪道者，迷識也。

“识”字玄机：

“识”的本义为“意”。心之所存谓之意。意者，志也。志者，心所之也。《扬子·法言》曰：“多闻见而识乎正道者，至识也。多闻见而识乎邪道者，迷识也。”所以如何使自己的意念和志向符合正道，需要智慧。

【说文解字并康熙字典2-25】词

【說文解字】詞，**意內而言外也**。從司從言。

【說文解字注】意內而言外也。**有是意於內，因有是言於外謂之𧥮**。此語為全書之凡例。全書有言意者。**意卽意內**。**𧥮卽言外**。言意而𧥮見。言𧥮而意見。**意者，文字之義也**。**言者，文字之聲也**。**𧥮者，文字形聲之合也**。凡許之說字義皆意內也。凡許之說形，說聲皆言外也。**有義而後有聲**。**有聲而後有形**。**造字之本也**。**形在而聲在焉**。**形聲在而義在焉**。六藝之學也。𧥮與辛部之辭，其義迥別。

辭者，說也。從𤔔辛。𤔔辛猶理辜。謂文辭足以排難解紛也。然則**辭謂篇章也。詈者，意内而言外**。從司言。此謂摹繪物狀及發聲助語之文字也。**積文字而為篇章。積詈而為辭**。孟子曰。不以文害辭。不以詈害辭也。孔子曰。言以足志。詈之謂也。文以足言。辭之謂也。**詈從司言。司者，主也。意主于内而言發於外**。故從司言。陸機賦曰。辭呈材以效伎。意司契而為匠。此字上司下言者，内外之意也。

【说文解字并康熙字典2-26】华（華）

【說文解字】华，華，**榮也**。從𠂹從𠌶。凡華之屬皆從華。

【說文解字注】榮也。見釋艸。艸部曰。葩，華也。𠌶部曰。**䨴**，華榮也。按釋艸曰。蕍芛葟華榮。渾言之也。又曰。**木謂之華。艸謂之榮。榮而實者謂之秀。榮而不實者謂之英**。析言之也。引伸為曲禮削瓜為國君華之之字。**又為光華，華夏字。俗作花**。其字起於北朝。

【書·舜典】重華協於帝。【傳】**華謂文德**。

【禮·檀弓】華而睆。【疏】**凡繪畫，五色必有光華，故曰華畫也**。【廣韻】草盛也。粉也。【曹植·洛神賦】鉛華弗御。

與**花**同。【爾雅·釋草】華，荂也。

“华”字玄机：

“华”的本义为“荣”。《尔雅》云：“禾谓之华，草谓之荣，不荣而实者谓之秀，荣而不实者谓之英。”所以，华就是山顶，就是最佳成果，就是翘楚，就是工匠，就是顶尖，就是理想实现。但是，就像草木即使开出最灿烂的花，花期也不会太长；攀登抵达再高的高山，也要准备下山；获得再了不起的成果，也只是代表过去。所以，不拘泥于已经所得的，及时把志向放眼于更合理的目标，去伪存真，去粗取精，去革新与创新，才会恒常久远。例如，计算机从初创到现在的迭代更新等，说明发展才是硬道理，不能滞留于已有的成绩。

【说文解字并康熙字典2-27】愚

【說文解字】愚，戇也。從心從禺。禺，猴屬，獸之愚者。

【說文解字注】戇也。愚者，智之反也。從心禺。會意。

【荀子·修身篇】非是是非之謂愚。

【唐韻】【集韻】【韻會】【正韻】戇也，闇也，蒙也，昧也，蠢也，鈍也，愸也，滯也，固也，蔽也，冥也。一曰愚之言寓也，無所為，若寄寓然。

“愚”字玄机：

（1）“愚”的本义为“戇（zhuàng）”。《荀子·大略》认为是“愚蠢迂直”的意思。《荀子·儒效》认为是“悍戇好斗狂惑戇陋之人”的意思。

（2）“愚”的反义词是“智”。《荀子·修身篇》认为“非是是非之謂愚”，也就是把“非”判断为“是”、把“是”判断为“非”，是非颠倒叫作“愚”。同理，颠倒“该”与“不该”、颠倒“对”与“不对”、颠倒“正”与“邪”、颠倒“符合规律”与“违背规律”等等，也叫“愚”。换言之，符合大道叫作“智”，背离大道叫作“愚”。

（3）“愚”的同义词、近义词主要有暗、蒙、昧、蠢、钝、愸、滞、固、蔽、冥等。所以，固执已见、顽固不化、滞留过往等等，都会阻碍自己前进。

【说文解字并康熙字典2-28】始

详见【说文解字并康熙字典1-9】始

综上，经文“前识者，道之华，而愚之始也”可以理解为：前识，好比是大道之花，如果一意拘泥，就会忽视道树本身的浇灌生长。又好比是华丽词章，如果脱离实际，早晚会欲盖弥彰。同样，如果执迷于自己的前识认知聪明早慧，不能与时俱进因应变化，却任由“意”“必”“固”“我”的滋长来扰乱内心的澹泊无为，那么自己不辨是非的愚昧无知就开启了。

2.9.1 憨山大师注解

2.9.1.1 所以愈流愈下者，乃用智之过也。前识，犹言蚤（zǎo）智，谓明见利害于未然者。

之所以道德越来越滑坡，乃是用智太过。“前识”，好比是“早智”，即现在说的“先知”，称为能提前预见利害于未然的人。

【说文解字并康熙字典2-29】蚤（蝨）

【说文解字】蚤，**啮人跳虫**。从蚰叉声。叉，古爪字。蚤，或从（从）虫。

【说文解字注】蝨，啮人跳虫也。啮，噬也，跳跃也。**虱但啮人，则加之善跃。故着之，恶之甚也**。从蚰叉声。子皓切。古音在三部。叉，手足甲也。蝨或从虫。经传多段为早字。

【古汉语】跳蚤。李石《续博物志》：“**土干则生蚤，地湿则生蚊**。”

通“爪”。指甲。《荀子·大略》：“**争利如蚤甲，而丧其掌**。”

通“早”。早晨。《孟子·离娄下》：“蚤起，施从良人之所之。”

通“早”。早些。《鸿门宴》：“旦日不可不蚤自来谢项王。”

2.9.1.2 然蚤智在孔子，则为周身之防，所谓明哲保身之意。其次则如范蠡乐毅之俦（chóu），以为避名全节之计。又其次则为仪秦纵横游说之流矣。

然而“蚤智”在圣人孔子那里，是为了预防全身心之偏离道，就是所谓“明哲保身”之意。其次用在杰出将才诸如春秋范蠡、战国乐毅等人身上，是为了避除虚名、全备节操。再次就是用在战国纵横家张仪、苏秦等人身上，是为了游说以便达成外交政策。

2.9.1.3　然在圣人，则谓之权。在乐范，则谓之好高而务名。名者实之宾，故谓道之华。在仪秦用之，则为愚之始也。此所谓才智，君子用之则成名，小人用之则杀身，岂非愚之始耶。故太上以道德为尊，而仁义次之。故大丈夫处厚而不处薄。务实而不务华。故去彼取此。”

然而，先知先觉，在圣人那里应用，叫作善巧方便或者权宜之计。在乐毅、范蠡那里应用，叫作好高好强务求名誉。名为实之所敬，所以称为“道之华”。在张仪、苏秦那里应用，就会导致内心私心纷纭偏离正道。混淆是非为“愚”，所以说为“愚之始”。这就是为什么说“才智”被君子用就成名、被小人用就杀身，难道不是混淆是非的“愚之始”吗？所以说，太上老君以道德为至尊，仁义次之。所以说大丈夫宁可选择以忠厚之心待人接物，而不选择刻薄；宁可选择务实本分而不选择致力虚名，所以说尽力舍弃薄与虚、选择厚与实。

2.9.2　宋龙源版本注解

2.9.2.1　识者。知识见识也。能知人之所未知。能见人之所未见。是谓前识。

识，就是知识和见识。能预知人之所未知，能预见人之所未见，叫作“前识”。现在一般叫作“先知”。

2.9.2.2　知愈广而务外者愈多。见愈多而逐物者愈远。是皆道之发泄。非道之本也。

一般情况下积累的知识越多、越广博，致力于对外应用的就越多。见识越多，追逐身外之物的就越多。这些外用或者追逐，都是道的对外发散，而不是道的本体。

2.9.2.3　道之本体。贵乎敛华就实。守朴还淳。况大智若愚。

道的本体，贵在敛收浮华回归实理，贵在信守朴实回归淳厚，更何况大智若愚的不争不露境界呢。

2.9.2.4　今逞于识。则炫露精神。妄用机智。日事于有为。离道日远。岂非大愚乎。故曰前识者。道之华。而愚之始。

当今崇尚夸耀知识、夸耀见识，就会炫露精神、妄用机智，日日从事有为事业，内心无法体悟无为，离道越来越远，岂不是最大的愚昧吗？所以说“前识者，道之华，而愚之始”。

2.10　是以大丈夫处其厚，不居其薄，处其实，不居其华，故去彼取此

老子【道德经·处厚章第三十八】经文：是以大丈夫处其厚，不居其薄，处其实，不居其华，故去彼取此。

【说文解字并康熙字典2-30】实（實）

【說文解字】实，實，**富也**。從宀從貫。貫，貨貝也。神質切。【說文解字注】富也。引伸之為艸木之實。從宀貫。會意。神質切。十二部。**貫為貨物。以貨物充於屋下是為實**。貫，貨貝也。【廣韻】**誠也，滿也**。

【增韻】**充也，虛之對也**。【易·本義】乾一而實，坤二而虛。【孟子】**充實之謂美，充實而有光輝之謂大**。【宋程頤曰】**心有主則實，實則外患不能入**。

“实”字玄机：

（1）“实”字本义为“富”。从“贯”，贯为货贝，所以“以货物充于屋下是为实”。

（2）实，即诚实。《广韵》曰：“实，诚也，满也。”《宋程

颐》曰："心有主则实，实则外患不能入。"即内心诚实有主见，则外患不能侵害。

（3）实，内心充实。《孟子》曰："充实之谓美，充实而有光辉之谓大。"

【拓展学习2-10】大丈夫（大人、君子、淑女）

1.《孟子·滕文公下》曰：居天下之广居，立天下之正位，行天下之大道。得志，与民由之；不得志，独行其道。富贵不能淫，贫贱不能移，威武不能屈，此之谓大丈夫。

意译：扩展自己的心胸，以天地为家使心安住，以符合正道为确立原则，使天下万事万物各得其所，遵循天下正道而行使万事万物各得其理。如果得志，就与民众共同遵道而行；如果不得志，就独自遵道而行。再富贵也不迷惑不前，再贫贱也不见异思迁，再威武也不屈服退却，这称之为大丈夫！

2.《文子·道原篇》：大丈夫恬然无思，淡然无虑，以天为盖，以地为车，以四时为马，以阴阳为御，行乎无路，游乎无怠，出乎无门。

意译：大丈夫泰然处世，淡泊名利，无忧无虑，没有杂念，以苍天做车盖，以大地做车身，以春夏秋冬为驷马，以阴阳五行为御夫，行于八荒开辟道路，徜徉天地毫不懈怠，出入大道无为之门。

3.《道德经》：大丈夫处其厚不居其薄。处其实不居其华。故去彼取此。

意译：大丈夫，处世厚道不刻薄，为人诚实不虚华，随时舍弃薄与虚，选择厚与实。

4.《礼记·礼运》：大人世及以为礼，城郭沟池以为固。

意译：大人（大丈夫、君子、圣贤）世袭并世代传承的是礼节规章，就像城郭，除了要有内城墙、外城墙，还必须有护城河，以确保坚固不破。

综上，经文"是以大丈夫处其厚，不居其薄，处其实，不居其华，故去彼取此"可以理解为：所以大丈夫，处身于敦厚，而不处身于浅薄；处身于诚实，而不处身于虚华。所以，大丈夫会去彼华薄、取此厚实。

2.10.1 宋龙源版本注解

2.10.1.1 此三句。乃是归结上文之义。大丈夫足见道而不见欲。循理而不徇私。顶天立地。以道自任。而不辞者也。

这几句经文，是总结上文之义。“大丈夫”是十足地只有正道没有私欲之人，他遵循规律不徇私心，顶天立地，一派浩然正气，时时处处以遵道而行为己任，绝不推辞。

2.10.1.2 视听言动。无处不是。性中之显著。家国天下。无处不是道德之流行。

大丈夫的言谈举止，没有一处不对的地方，都是道德本性的显露。大丈夫修身齐家治国平天下，没有一处不是道德的盛行。

2.10.1.3 故处厚不处薄。居实不居华。正欲使天下。还淳返朴。以复太古之风耳。故曰是以大丈夫。处其厚。不处其薄。居其实。不居其华。彼者。薄也。华也。以者。用也。此者。厚也。实也。大丈夫。因世衰道微。不得不去彼之薄华。而用此之厚实。可知大丈夫。默持造化。冥赞玄黄。故曰故去彼取此。

所以说，大丈夫选择处厚不处薄、居实不居华，正是为了使普天下民心都得以回归淳朴，以恢复太古遗风。所以说“是以大丈夫，处其厚不处其薄，居其实不居其华”。

“彼”说的是“薄”和“华”。“以”，是“用”的意思。“此”说的是“厚”和“实”。大丈夫，因为世道衰微人心不古，不得不选择去“彼”薄华，而用“此”厚实。可见大丈夫，默持天地正道，默契天地正理，所以说“故去彼取此”。

【学习与思考2-5】罗斯福转化心境，不被得失所转

美国总统罗斯福常怀感恩之心。据说有一次罗斯福家里失盗，被偷去了许

多东西，一位朋友闻讯后，忙写信安慰他。罗斯福在回信中写道："亲爱的朋友，谢谢你来信安慰我，我现在很好，感谢上帝：因为第一，贼偷去的是我的东西，而没有伤害我的生命；第二，贼只偷去我部分东西，而不是全部；第三，最值得庆幸的是，做贼的是他，而不是我。"

胡雪岩说："精明的人盯着钱，高明的人盯着人。"所以大丈夫处处学为人，"君子喻于义"，以是否符合道义、正义、规律为评判标准，而不是追逐物欲，被外物假象和情绪牵制。

2.11 思考与练习

一、思考并回答

1. 请问"上"的内涵是什么?
2. 请问"不"的内涵是什么？有何启发?
3. 请问"是"的内涵是什么?
4. 请问"以"的内涵是什么?
5. 请问"有"的内涵是什么?
6. 如何理解"上德不德，是以有德"?
7. 请问"下"的内涵是什么?
8. 请问"失"的内涵是什么？有何启发?
9. 请问"无"的内涵是什么？有何启发?
10. 如何理解"下德不失德，是以无德"?
11. 请问"为"的内涵是什么？有何启发?
12. 如何理解"上德无为而无以为，下德为之而有以为"?
13. 请问"仁"的内涵是什么？有何启发?
14. 请问如何理解"上仁为之而无以为"?
15. 请问"义"的内涵是什么？有何启发?
16. 请问如何理解"上义为之而有以为"?

17. 请问“礼”的内涵是什么？有何启发？
18. 请问履卦的内涵是什么？与礼的关系？
19. 请问“攘”“仍”“扔”的内涵是什么？有何启发？
20. 如何理解“上礼为之而莫之应，则攘臂而扔之”？
21. 如何理解“故失道而后德，失德而后仁，失仁而后义，失义而后礼”？
22. 请问“忠”“信”的内涵是什么？有何感悟？
23. 请问“厚”“薄”的内涵是什么？有何感悟？
24. 请问“乱”的内涵是什么？
25. 如何理解“夫礼者，忠信之薄，而乱之首也”？
26. 请问“前”“翦”的内涵是什么？有何感悟？
27. 请问“早”“蚤”的内涵是什么？有何感悟？
28. 请问“识”“词”的内涵是什么？有何感悟？
29. 请问“华”的内涵是什么？有何感悟？
30. 请问“愚”的内涵是什么？有何感悟？
31. 请问“始”的内涵是什么？有何感悟？
32. 如何理解“前识者，道之华，而愚之始也”？
33. 如何理解“大丈夫”“大人”“君子”“淑女”？
34. 请问“实”的内涵是什么？有何感悟？
35. 如何理解“是以大丈夫处其厚，不居其薄，处其实，不居其华，故去彼取此”？

二、每日早晚静坐背诵经典，各半小时。

三、继续依据自己制定的“日三省吾身表”每日记录、写日记。

III　争做上士篇

开宗明义：

本篇主要阐释老子《道德经·闻道章第四十一》，试图通过学习，熟知上士、中士、下士的践道分类，以争做上士来自励自勉，自强不息，勇猛精进，并养成善待他人、施恩他人、成就他人的良好习惯。

在弘扬二十大精神开展自我革新主题教育的今天，如何引领和带动大家自觉自强不息，是每一位探索践行自强不息学子的内心期盼。本篇通过逐字逐句的解析，提出了立志君子圣贤、努力知行合一、尽力自我超越的具体方法。

本篇章节主要有：

3.16　大器晚成
3.17　大音希声
3.18　大象无形
3.19　道隐无名
3.20　夫唯道，善贷且成

3.1　闻道章第四十一

老子【道德经·闻道章第四十一】全文：上士闻道。勤而行之。中士闻道。若存若亡。下士闻道。大笑之。不笑。不足以为道。故建言有之。明道若昧。进道若退。夷道若类。上德若谷。大白若辱。广德若不足。建德若偷。质真若渝。大方无隅。大器晚成。大音希声。大象无形。道隐无名。夫唯道。善贷且成。

【说文解字并康熙字典3-1】闻（聞）

【說文解字】闻，聞，**知聞也**。從耳門聲。從耳門聲。䎽，古文從昏。

【說文解字注】**知聲也。往曰聽。來曰聞**。

【禮·少儀】聞始見君子者。【疏】謂作記之人，不敢自專制其儀，而傳聞舊說，故云。

【禮·玉藻】凡於尊者，有獻而弗敢以聞。【山海經】杳山有獸焉，其狀如彘（zhì），黄身白頭白尾，名曰聞獜（lín），見則天下大風（教化）。

【韻會】**聲所至也**。【詩·小雅】聲聞於天。**又通作問**。

【廣韻】**名達**。【書·微子之命】爾惟踐修厥猷，舊有令聞。【詩·大雅】令聞令望。【朱注】**令聞，善譽也**。

“闻”字玄机：

（1）“闻”的本意为“知闻”，意思是知识和智慧来自耳闻。

（2）“闻”字从“耳”从“门”，意思是用耳“听”打开自我智慧的大门。词语“耳聪目明”告诉我们，人的聪慧来自“耳”，如《论语·季氏》：“友直，友谅，友多闻，益矣。”以下为战国之前

"闻"字的演变，足见"耳"之重要。

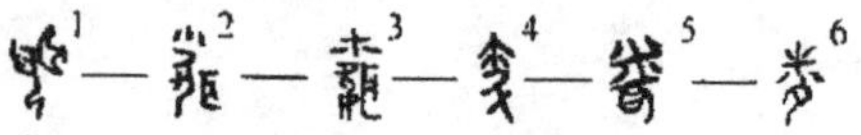

商　西周　春秋　战国　战国　《汗简》古文

（2）"耳"的功德在于"听"，《楞严经》认为："耳能周听，随彼声之动处，虽则有近有远，耳若静听则十方无遗。故知耳根圆满一千二百功德。"《说命》云："接下思恭，视远惟明，听德惟聪。""听"为察是非的意思。《尚书·洪范》曰："听聪则知其是非，从其是为谋必当，故听聪致善谋也。""君听聪则臣进谋。"最著名的例子有：魏征《谏太宗十思疏》："臣闻求木之长者，必固其根本。"《增广贤文》："听君一席话，胜读十年书。"《敦煌变文集·地狱变文》："恨汝生迷智，不曾闻好人。"

【说文解字并康熙字典3-2】士

【說文解字】士，**事也**。數始於一，終於十。**從一從十**。孔子曰："**推十合一為士**。"

【說文解字注】仕，事也。鄭注表記申之曰。仕之言事也。士事疊韻。**引申之，凡能事其事者偁士**。

【白虎通·爵】**通古今，辯然不，謂之士**。

【廣韻】**四民（士農工商）士為首**。

【禮·王制】命鄉論秀士，升之司徒，曰選士。司徒論選士之秀者，升之學，曰俊士。升于司徒者，不征於鄉，升于學者，不征于司徒，曰造士。大樂正論造士之秀者，升之司馬，曰進士。**又官總名**。

【禮·王制】**天子之元士，諸侯之上士，中士，下士**。

【孔安國曰】**士，理官也，欲得其曲直之理也**。【前漢·鄒陽傳】武力鼎士。【注】能舉鼎者。

【前漢·李尋傳】拔擢（zhuó）天士。【注】**能知天道者**

"士"字玄机：

（1）"士"的本意为"事"。从一从十，孔子曰："推十合一为士。"引申之，"凡能事其事者偁士"，也就是说凡是具有能力化繁为简处理事、解决事的，可以被尊为“士”。所以古代多为官名，如进士等。【孔安国曰】士，理官也，欲得其曲直之理也。【白虎通·爵】通古今，辩然不，谓之士。【礼·王制】天子之元士，诸侯之上士、中士、下士。

（2）老子《道德经·闻道章第四十一》，按照慧根深浅和秉性智愚不同，把“士”分为上士、中士、下士三类，如图3-1所示。

根有浅深之不一。性有智愚之不同。

上士：“上士闻道。勤而行之。”闻道而潜思力行。一了百当者。是为根深智慧之上士也。

中士：“中士闻道。若存若亡。”闻道而心不果决。志不坚固者。此为中根。未悟之人也。

下士：“下士闻道。大笑之。”信道不笃。自暴自弃者。是为浅根。下士之人也。

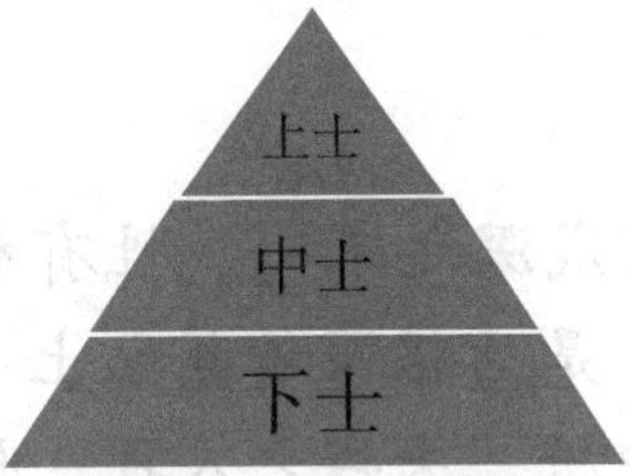

图3-1　士的分类

3.1.1　憨山大师注解

此言道出常情，而非下愚小智之所能知，必欲上根利智可能入也。

此章说的是大道超出普通人的情理，不是下愚小智不辨是非之人所能知晓的，一定要上根利智领悟力高的人才可能契入。

3.1.2 宋龙源版本注解

3.1.2.1 恭闻。道之不可不闻。犹性之不可不有也。

恭敬地聆听圣人教导：之所以说“道不可不闻”，就像是万事万物不可不有其本性一样。

3.1.2.2 性之不有。眼不能视。耳不能听。鼻不能齅。口不能言。若道之不闻。身不能修。德不能立。家不能齐。国不能治也。是故道也者。不可不闻也。

如果没有了自己的本性，那么眼不能发挥视觉的作用，耳不能发挥听觉的作用，鼻不能发挥嗅觉的作用，口不能发挥言说的作用。如果不闻道，自己的言谈举止不能得以修正，自己的品德不能得以树立，自己的家不能得以齐顺，自己的国不能得以治理。所以说道不可不闻。

3.1.2.3 但根有浅深之不一。性有智愚之不同。闻道而潜思力行。一了百当者。是为根深智慧之上士也。闻道而心不果决。志不坚固者。此为中根。未悟之人也。信道不笃。自暴自弃者。是为浅根。下士之人也。

但因为秉性根器深浅不一，所以人的本性有智愚的差别。听闻正道而能深思并竭力实践，大小事均能通晓事理并妥当解决的，就是具有深根智慧的上士。

听闻正道而行道不果决、意志不坚定的，是具有中根智慧的中士，此种人内心还没有觉悟。

听闻正道但对道不笃信，言行违背仁义，自甘堕落、不求上进，这就是浅根智慧的下士。

3.1.2.4 不但此也。闻道又有二义。有声尘之闻。有非声非尘之闻。

不但有上中下之分，闻道境界还可以分为两层含义：第一，声尘之闻；第二，非声非尘之闻。

3.1.2.5 声尘之闻。外有耳根之用。内具识性之尘。能闻有声。不能闻于无声者。是以谓声尘之闻也。

第一，声尘之闻。此种听闻境界是：外有耳根听闻的作用，内具耳识识性对声尘的辨识，但却只能够听闻有声，不能听闻无声，所以称为“声尘之闻”。

3.1.2.6 非声非尘之闻。外不入于耳尘。内不起于识妄。反闻于自性之中。反听于心声之内。不用耳根。能闻于无声之声。不入耳尘。能闻于无闻之闻。无闻之闻。我能闻。而人不能闻者。是以谓之妙闻也。此等妙闻。方可谓之闻道矣。

第二，非声非尘之闻。此种听闻境界是：耳闻之时，听不到外部的声音，内心不因耳识而起杂念妄想，能够反闻自己的本性、反听自己的心声。不借助耳根来听，却能听到内心无声之声；不识别声尘，却能闻辨内心无闻之闻。无闻之闻，就是只有我能够听闻，而别人不能听闻。因此称为“妙闻”。类似这样的“妙闻”，才可以称之为“闻道”。

3.1.2.7 今者闻道之人。果能如此而闻之。可与大象同入于无形。可与大道同隐于无名也。大道无妄之实理。未有不善贷于我者。未有不且成于我者也。闻经之上士。不可不知此义。此章经旨。欲人信道之义。大道之深妙。惟信可入。不有信心。难闻真道矣。

当今闻道之人，如果真能如此闻道，就可以与大道共同具有其大无外、其小无内的属性，“同入于无形，同隐于无名”了。

大道实理没有虚妄，没有不从善待万物、施惠万物、成就万物，从而反过来自我成就的。听闻经典的深根上士，不可以不知晓此义。此章经文的中心思想，是希望人们笃信大道的内涵和深妙。大道惟信可入，没有信心，难闻真道。

3.2　上士闻道，勤而行之

老子【道德经·闻道章第四十一】经文：上士闻道，勤而行之。

【说文解字并康熙字典3-3】勤

【說文解字】勤，勞也。從力堇聲。巨巾切〖注〗瘽，古文。

【說文解字注】勞也。慰其勤亦曰勤。從力。堇聲。巨巾切。按巾當作斤。十三部。

【爾雅疏】勤者，勞力也。【書·武成】王季其勤王家。【詩·豳風】恩斯勤斯。【注】勤，篤厚也。【左傳·僖三年】楚人伐鄭，鄭伯欲成，孔叔不可。曰：齊方勤我，棄德不祥。【注】勤我，言齊恤鄭難也。【前漢·司馬相如傳】重賜文君侍者，通殷勤。【揚子·法言】民有三勤（政善而吏惡；吏善而政惡；政吏駢惡）。【注】勤，苦也。

【说文解字并康熙字典3-4】行

【说文解字】行，人之步趋也。从彳从亍。凡行之属皆从行。

【说文解字注】人之步趋也。步，行也。趋，走也。二者一徐一疾。皆谓之行。统言之也。尔雅。室中谓之时。堂上谓之行。堂下谓之步。门外谓之趋。中庭谓之走。大路谓之奔。析言之也。引伸为巡行，行列，行事，德行。从彳亍。彳，小步也。亍，步止也。户庚切。古音在十部。凡行之属皆从行。

【韵会】从彳，左步。从亍，右步也。左右步俱举，而后为行者也。

【尔雅·释宫】**堂上谓之行，堂下谓之步。**【释名】行，伉也，伉足而前也。【广韵】**适也，往也，去也。**【增韵】**路也。**【礼·月令】孟冬，其祀行。【注】行，在庙门外之西，为軷壤，高二寸，广五寸，轮四尺，设主軷上。【晋语】下有直言，臣之行也。**行，道也。**

五行。【书·洪范】我闻在昔，鲧陻洪水，汩陳其五行。【韵会】**五行，运于天地闲，未尝停息，故名。**

"行"字玄机：

（1）"行"字本义为"人之步趋"。按照速度快慢，"步"慢"趋"快。按照不同场所行路的姿势和急缓，【尔雅】有以下区分：室中谓之时。堂上谓之行。堂下谓之步。门外谓之趋。中庭谓之走。大路谓之奔。

（2）行为左右结构，有二义：《说文解字注》："彳，小步也。亍，步止也。"《韵会》："从彳，左步。从亍，右步也。左右步俱举，而后为行者也。"

（3）引申为行动、巡行、行列、行事、德行。如知行合一。

（4）特指金、木、水、火、土"五行"。如《韵会》："五行，运于天地闲，未尝停息，故名。"

综上，经文"上士闻道，勤而行之"可以理解为：上士闻道，就会竭力勤奋，践行不怠。

3.2.1 憨山大师注解

3.2.1.1 谓上根之人，志与道合，一有所闻，便身体而力行之。

所谓上根之人，把大道当成自己的志向，一有所闻，便身体力行。

3.2.1.2 如颜子闻者未尝不知，知之未尝不行。故曰上士闻道，勤而行之。

例如孔子的学生颜回，一听闻大道，没有不知晓的，只要一知晓，就没有不践行的。所以说“上士闻道，勤而行之”。

【拓展学习3-1】颜子（颜回）

（一）颜回简介

颜子（前521—前481年）春秋末鲁国人。名回，字子渊，亦颜渊，孔子最得意弟子。《雍也》说“一箪（dān）食，一瓢饮，在陋巷，人不堪其忧，回也不改其乐”。

为人谦逊好学，“不迁怒，不贰过”。他异常尊敬老师，对孔子无事不从、无言不悦。以德行著称，孔子称赞他“贤哉回也”，“回也，其心三月不违仁”（《雍也》）。

自汉代起，颜回被列为“七十二贤之首”，有时祭孔时独以颜回配享。

（二）清·钱大昕《十驾斋养新录》记载

“颜氏之子，有不善，未尝不知。知之，未尝复行，故能不贰过，而入圣域。仲由喜闻过，令名无穷焉。圣贤之学，教人改过迁善而已矣。后之君子，高语性天，而耻言改过，有过且不自知，与圣贤克己之功远矣。”

意译：颜回，一旦言谈举止犯错，一定想方设法明察犯错的根源。明察之后，绝不允许自己第二遍犯错，所以能确保做到“不贰过”，由此契入圣人境界。子路喜欢听人家指出他的过错，美名永传后世。学做圣贤，在于教人改正过错、趋向善良罢了。后来学做君子的，高谈自己的禀性如何超凡脱俗，而羞于谈论自己如何改正过错；有了过错而不能自我认识，与圣贤严以律己约束自我的功德相比，实在是差得太远了。

（三）《易经·系词下》记载

“颜氏之子，其殆庶几乎！有不善未尝不知，知之未尝复行也。

意译：颜回这个人，能够克己察微，将要入圣贤境界吧！能够做到有过错就明察，一明察就绝不第二次犯错啊。

【康熙字典】殆，将也，几也。《易·系辞》颜氏之子，其殆庶几乎。

【国语辞典】三国及晋时称贤人为“庶几”。《三国志·卷五二·吴书·张昭传》：“凡在庶几之流，无不造门。”

3.2.2　宋龙源版本注解

闻道之人。大略有三等分别。上士识见超羣。志量广大。一闻此道。必然勤而行之。不敢怠惰也。譬如登山必要绝顶。涉水必要穷渊。从此闻处。闻至于不闻之地。从此行处。行至于无所行处。此为上士勤行之妙义耳。

闻道之人，大略可以划分为上士、中士、下士三等。上士之人见识超群、志量广大，所以一听闻大道，必然勤奋践行不敢怠惰。譬如登山，上士之人一定要攀登到绝顶，涉水也一定要通达到深渊。从此耳闻处用功，一定要使闻功达到“不闻”之地。从此一路践行，一直行到无所行处，这就是上士勤行之妙。

3.3　中士闻道，若存若亡

老子【道德经·闻道章第四十一】经文：中士闻道，若存若亡。

【说文解字并康熙字典3-5】中

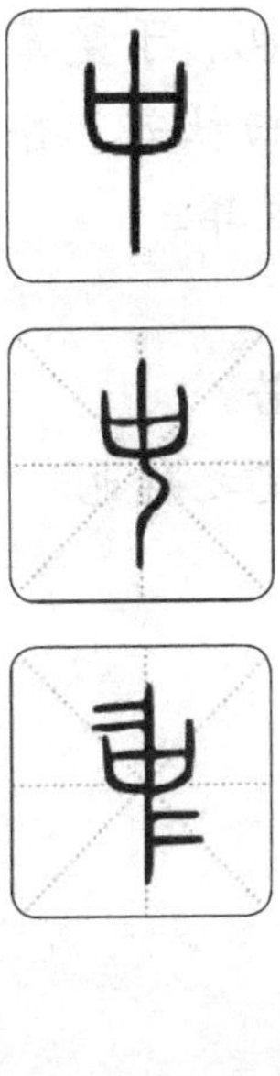

【說文解字】中，内也。從口。丨，上下通。𠁩，古文中。𠁧，籀文中。陟弓切。

【說文解字注】内也。俗本和也。非是。當作内也。宋麻沙本作肉也。一本作而也。正皆内之譌。入部曰。内者，入也。入者，内也。然則中者，別於外之辭也。別於偏之辭也。亦合宜之辭也。作内，則此字平聲去聲之義無不賅矣。許以和為唱和字。龢為諧龢字。龢和皆非中之訓也。周禮中失卽得失。從口丨。下上通也。按中字會意之恉，必當從口。音圍。衛宏說。𠕁字從冂中。則中之不從口明矣。俗皆從口。失之。云下上通者，謂中直或引而上或引而下皆入其内也。陟弓切。九部。

【書・大禹謨】**允執厥中**。【周禮・地官・大司徒】**以五禮防民偽，而教之中**。

【左傳・成十三年】劉子曰：**民受天地之中以生**。

【左傳・文元年】舉正於中，民則不惑。【注】舉**中氣**也。

【前漢・律曆志】春為陽中，萬物以生。秋為陰中，萬物以成。

中央，四方之中也。【書・召誥】王來紹上帝，自服於土中。【注】**洛為天地之中**。

又正也。【禮・儒行】**儒有衣冠中**。【周禮・秋官・司刺】以此三法者求民情，斷民中，施上服下服之罪。【注】斷民罪，使輕重得中也。

又**心**也。【史記・韓安國傳】深中寬厚。

又**內**也。【易・坤卦】黃裳元吉，文在中也。

又【老子・道德經】**多言數窮，不如守中**。

又**成**也。【禮・禮器】因名山升中於天。【註】中，猶成也。**燔柴祭天**，告以諸侯之成功也。

又**滿**也。【前漢・百官表】制中二千石。【註】謂滿二千石也。【索隱】漢制，九卿已上，秩（俸禄）一歲，滿二千石。

又【禮・深衣註】衣有表者，謂之**中衣**。與衷通。

又**合**也。【左傳・定元年】季孫曰：子家子亟言於我，未嘗不中吾志也。

【说文解字并康熙字典3-6】若

【說文解字】若，**擇菜**也。從艸右。右，手也。一曰杜若，香艸。而灼切〖注〗𦱥、𦳝、𦶓，古文。

【說文解字注】擇菜也。晉語。秦穆公曰。夫晉國之亂。吾誰使先若夫二公子而立之。以為朝夕之急。此謂使誰先擇二公子而立之。若正訓擇。**擇菜引伸之義也**。從艸右。右手也。此會毛傳曰。若，**順**也。于雙聲叚借也。**又假借為如也，然也，乃也，汝也**。又兼及之詞。五部。一曰杜若，香艸。此別一義。此六字依韻會。恐是鉉用鍇語增。今人又用鉉本改鍇本耳。

【玉篇】杜若，香草。【楚辭・九歌】采芳洲兮杜若。

順也。【書・堯典】欽若昊天。【傳】**敬順**也。【詩・小雅】曾孫是若。

語辭。【儀禮・士相見禮】君若降送之，則不敢顧。【疏】若者，不定之辭也。

【说文解字并康熙字典3-7】存

【說文解字】存，**恤問也**。從子才聲。徂尊切。
【說文解字注】恤問也。**恤，憂也。收也**。爾雅曰。在，存也。在，存，省，士，察也。今人於在存字皆不得其本義。從子，在省。大徐本作才聲。今小徐本作在聲。依韻會所引正。楚金注曰。在亦存也。會意。徂尊切。十三部。
【爾雅·釋詁】存，**在也，察也**。【疏】書舜典，在璿璣玉衡，以齊七政。存卽在也。
【易·繫辭】成性存存。【孟子】**操則存，舍則亡**。【禮·祭義】致愛則存。
【注】孝子致極愛親之心，則若親之存也。
又**省**也。【周禮·天官】大喪存奠彝。【注】欲見其所奠彝朝夕存省之意也。
【楚辭·遠遊】壹氣孔神兮，於中夜存。虛以待之兮，無為之先。又葉匠鄰切，音秦。
【扬雄·解嘲】得士者富，失士者贫。矫翼厉翮，恣意所存。

综上，经文“中士闻道，若存若亡”可以理解为：中士闻道，力行怠惰有拣择之心，遇有财色荣誉或贪情之欲就会终止践行。

3.3.1 憨山大师注解

若夫中人之资，则且信且疑，或日月至焉。故曰若存若亡。

如果是中等之资的下士闻道，就会将信将疑，就像出日月一样，一会儿晴天一会儿阴天，一会儿满月一会儿月牙，所以说“若存若亡”。

3.3.2 宋龙源版本注解

其次，中根之人。虽有勉慕之心。而若存若亡。只是存而不久之义。譬如闻一善言。此心便喜。见一利欲。此心又乱。只

因天理人欲。杂于方寸之间。见理不真。所以中士闻道。若存若亡。

其次，中根之人虽然有勤勉仰慕之心，而自己有时遵道而行有时不践行，只是心存大道之理却不能持之以恒。譬如，听一句好话就心生欢喜，见一点利益就心被搅乱。只因为天理人欲，全在自己心中混杂，对理道没有见识到最真处，所以“中士闻道，若存若亡”。

3.4　下士闻道，大笑之

老子【道德经·闻道章第四十一】经文：下士闻道，大笑之。

【说文解字并康熙字典3-8】笑

【说文解字】笑，此字本闕。私妙切〖注〗臣鉉等案：孫愐《唐韻》引《說文》云：“喜也。从竹从犬。”而不述其義。今俗皆从犬。又案：李陽冰刊定《說文》从竹从夭義云：竹得風，其體夭屈如人之笑。未知其審。

【說文解字注】**喜也**。从竹。从犬。徐鼎臣說孫愐唐韵引說文云。笑、喜也。从竹、从犬。而不述其義。攷孫愐唐韵序云。仍篆𥻨石經勒存正體。幸不譏煩。葢唐韵每字皆勒說文篆體。此字之从竹犬。孫親見其然。是以唐人無不从犬作者。干祿字書云。咲通、笑正。五經文字力尊說文者也。亦作笑喜也。从竹下犬。玉篇竹部亦作笑。廣韵因唐韵之舊亦作笑。此本無可疑者。自唐玄度九經字樣始先笑後笑。引楊承慶字統異說云从竹从夭。竹爲樂器。**君子樂然後笑**。字統每與說文乖異。見玄應書。葢楊氏求从犬之故不得。是用改夭形聲。唐氏從之。李陽冰遂云竹得風。其體夭屈如人之笑。自後徐楚金缺此篆。鼎臣竟改說文笑作笑。而集韵、類篇乃有笑無笑。宋以後經籍無笑字矣。今以顧野王、孫愐、顏元孫、張參爲據。復其正始。或問曰。从犬可得其說乎。曰**从竹之義且不敢妄言**。況从犬乎。聞疑載疑可也。假云必不宜从犬。則哭又何以从犬乎。哭之獄省聲乃亦强作解事者爲之也。詳哭下。私妙切。二部。○又按宋初說文本無笑。鉉增之。十九文之一也。孫愐但从竹从犬。其本在竹部、抑在犬部。鉉不能知。姑綴於竹末。今依之。恐有未協。準哭从犬求之。笑或本在犬部。而从竹部之字之省聲。未可知也。

【廣韻】欣也，喜也。【增韻】喜而解顔啓齒也。又嗤也，哂也。【易·萃卦】一握爲笑。

【詩·邶風】顧我則笑。【毛傳】侮之也。

【禮·曲禮】父母有疾，笑不至矧。【註】齒本曰矧，大笑則見。

【論語】夫子莞爾而笑。【註】小笑貌。

“笑”字玄机：

（1）“笑”字本义为“喜”。《增韻》曰：“喜而解顔啓齒也。”指启齿而笑。“大笑”是指露出齿龈的笑。

（2）《论语》曰：“时然后言，人不厌其言；乐然后笑，人不厌其笑；义然后取，人不厌其取。”意思是说，该说时才说，就不会被厌烦；心情愉悦然后再露齿而笑，就不会被厌烦；合于义理才收取，就不会被厌烦。

（3）《礼记》曰：“笑不至矧，怒不自詈。”意思是说，笑不露出齿龈，怒不从骂开始。

（4）下士之人，因贪狠多欲，鄙陋大道崇尚的柔弱和质朴，所以会露齿大笑。

综上，经文“下士闻道，大笑之”可以理解为：下士闻道，露齿大笑，不以为然。

3.4.1 憨山大师注解

至若下根之士，即有所闻，了不相蒙，而且以为怪。故大笑之矣。

至于讲到下根之士，他们即使听闻大道，一点也不受启蒙，还以大道为怪诞，所以大笑不止。

3.4.2　宋龙源版本注解

又次是下根之人。陷入俗网。贪乐世味。闻道贵无为。贵自然。与彼之造作有为。大不相同。安得不大笑之。此为下士也。

又次是下根之人，他们完全陷入尘世的罗网，内心贪图享乐和世间美味，闻听道以“无为”“自然”为贵，与自己的造作有为大不相同，怎么会不大笑呢？这是下士的境界。

3.5　不笑，不足以为道

老子【道德经·闻道章第四十一】经文：不笑，不足以为道。此句经文可以理解为：下士不露齿大笑，就不足以名之为道了。

3.5.1　憨山大师注解

3.5.1.1　以道出常情，非愚所测。此辈不笑，不足以为道。

因为大道超出普通人的情理，不是是非不分的愚昧之人能够测度的。这些人如果不笑，就够不上说这是大道了。

3.5.1.2　以其道与常情，每相反而已矣。何以知之。

因为大道与普通人的情理每每都是相反的。他们如何得知此理。

3.5.2 宋龙源版本注解

道为至高至贵。原非下士所可闻也。若不笑。是为下士所闻矣。安足为道乎。故文中言不笑。不足以为道。

“道”是至高至贵的，原本不是下士之人所能够耳闻觉悟的，如果他们不笑，就成为下士能够听闻理解的了，那怎么能够算是大道呢？所以经文中说“不笑，不足以为道”。

3.6 故建言有之

老子【道德经·闻道章第四十一】经文：故建言有之。

【说文解字并康熙字典3-9】建

【說文解字】建，**立朝律也**。【書·洪範】建用皇極（皇極：帝王統治天下的準則，即所謂大中至正之道）。

【說文解字注】立朝律也。**今謂凡豎立為建**。許云。立朝律也。此必古義。今未考出。從聿。律省也。從廴。廷省也。

【玉篇】**豎立也**。【韻會】**置也**。【易·比卦】先王以建萬國，親諸侯。

【廣韻】**木名**。在弱水，直上百仞，無枝。

星名。【禮·月令】仲春之月，旦建星中。【注】建星在鬥上。【史記·天官書】建星者，旗也。【注】建六星在鬥北，臨黃道，天之都關也。又州名。

【集韻】**覆也**。【史記·高帝紀】猶居高屋之上，建瓴水也。【注】居高屋而翻瓴水，言向下之勢易也。

與鍵通。【禮·樂記】倒載干戈，包之以虎皮，名之曰建櫜。【注】建，讀為鍵。

“建”字玄机：

（1）本义为“立朝律”。类似现在的确立宪法、制定国家法律法规等。所以可以推断，“建言”就是指国家宪法、国家法律、国家规章制度等。例如《尚书·洪范》中的“建用皇极”，意思是说建立国家符合大中至正之道的国家最高法律法规和准则。“建言者”就是代表国家建立国家法律法规制度的人，一般是国家最具有通古通今学问和威望的贤达等。

（2）本经文引用国家最高法律法规和准则，是为了增强说服力。

（3）《河上公章句》曰：“善以道立身立国者，不可得引而拔也。”

【说文解字并康熙字典3-10】言

【說文解字】言，直言曰言，論難（患，卻除兇惡）曰語。

【周禮·大司樂注】發端曰言，答述曰語。

【釋名】言，宣也。宣彼此之意也。【書·湯誓】朕不食言。【傳】言已出而反吞之也。

【論語】寢不言。【注】自言曰言。

【史記·商君傳】貌言華也，至言實也，苦言藥也，甘言疾也。【唐書·徐伯彥傳】言者，德之柄也，行之主也，身之文也。又辭章也。

【書·洪範】五事，一曰貌，二曰言。【疏】言者，道其語有辭章也。【禮·曲禮】士載言【注】言，謂會同要盟之辭。

一句為一言。【左傳·定四年】趙簡子曰：夫子語我九言。【論語】一言以蔽之。

一字為一言。【戰國策】臣請三言而已矣，曰海大魚。【屈原·離騷】初旣與余成言兮，後悔遁而有他。

號令也。【周語】有不祀則修言。【爾雅·釋詁】言，我也。【廣雅】從也。【釋名】委也。

“言”字玄机：

（1）“言”本义为“直言”。《释名》曰：“言，宣也。宣彼此之意也。”就是我们俗称的“说话”。一般组词为“言语”或“语言”，但“言”与“语”略有不同，《周礼》认为“发端曰言，答述曰语”，《说文》认为“直言曰言，论难曰语”。

（2）在《尚书》中，言被列为“五事”之一，认为：“‘貌’是容仪，举身之大名也，‘言’是口之所出，‘视’是目之所见，‘听’是耳之所闻，‘思’是心之所虑，一人之上有此五事也。貌必须恭，言必可从，视必当明，听必当聪，思必当通于微密也。此一重即是敬用之事。貌能恭，则心肃敬也。言可从，则政必治也。视能明，则所见照晳也。听能聪，则所谋必当也。思通微，则事无不通，乃成圣也。此一重言其所致之事。”

（3）古圣先贤给我们留下许多关于“言”的忠告，如《史记》“貌言华也，至言实也，苦言药也，甘言疾也”，《唐书》“言者，德之柄也，行之主也，身之文也。又辞章也”，等等。

综上,经文“故建言有之”可以理解为:所以设立说服人心的准则。

3.6.1 憨山大师注解

故古之建言者有云，明道若昧。此下十二句，皆古之立言者之辞，老子引之以明相反之意。

所以古代建立国家法律制度的古圣先贤教导我们说：“明道若昧。进道若退。夷道若类。上德若谷。大白若辱。广德若不足。建德若偷。质真若渝。大方无隅。大器晚成。大音希声。大象无形。”共十二句，皆是古代立言建制之人的名言，老子引用过来，以明相反之意。

3.6.2 宋龙源版本注解

建者。立也。建言有之者。因下士不足闻。不足有。惟上士足闻足有。如下文明进等句也。

“建”是“立”的意思。“建言有之”的意思，因下士不足以闻道、不足以有道，只有上士有能力十足闻道十足有道，就像如下经文中所说的“明道若昧进道若退……”等句子。

3.7 明道若昧

老子【道德经·闻道章第四十一】经文：明道若昧。

【说文解字并康熙字典3-11】明（朙）

【說文解字】**明，照也**。日月照耀。字形由“月、囧”會義。明通，朙正。

【說文解字注】（朙）照也。火部曰。照、明也。小徐作昭。日部曰。昭、明也。大雅皇矣傳曰。**照臨四方曰明**。凡明之至則曰明明。**明明猶昭昭也**。大雅大明、常武傳皆云。明明、察也。詩言明明者五。堯典言朙朙者一。禮記大學篇曰。大學之道。在明明德。鄭云。**明明德、謂顯明其至德也**。有駜。在公明明。鄭箋云。在於公之所但明明德也。引禮記大學之道在明明德。**夫由微而著。由著而極。光被四表。是謂明明德於天下**。自孔穎達不得其讀而經義隱矣。從月囧。從月者、月以日之光為光也。從囧、取窗牖麗廔闓明之意也。凡朙之屬皆從朙。（明）古文從日。云古文作明。則朙非古文也。葢籒作朙。而小篆隸從之。干祿字書曰。明通、朙正。顏魯公書無不作朙者。開成石經作明。從張参說也。漢石經作明。

【易·繫辭】**日月相推，而明生焉**。【又】縣象著明，莫大乎日月。【疏】日月中時，徧照天下，無幽不燭，故云明。

【史記·曆書】**日月成，故明也**。又【易·乾卦】大明終始。【疏】**大明，曉乎萬物終始**。

【易·乾卦】天下文明。【疏】**有文章而光明**。【疏】照臨四方謂之明。

【洪範】**視曰明**。【傳】**必清審**。【疏】**謂監察是非也**。

【箋】**明，猶備也**。【傳】明明，察也。【爾雅·釋詁疏】明明，言甚明也。

【禮·檀弓】其曰明器，神明之也。【疏】**明，猶尊也**。

【禮·樂記】**作者之謂聖，述者之謂明**。【疏】**明者，辨說是非也**。

【韓非子】**知微之謂明**。【廣韻】**昭也，通也**。

“明”字玄机：

（1）“明”本义为“照”。《大雅》曰：“照临四方曰明。”《易经》曰“日月相推，而明生焉”“县象著明，莫大乎日月”，认为“日月中时，偏照天下，无幽不烛，故云明”。《史记》曰“日月成，故明也”。

（2）引申含义为“通”“正”“察”“备”“尊”“神明”“文明”。如“天下文明”“大明终始”“作者之谓圣，述者之谓明”“礼记大学之道在明明德”等等。

（3）词语“耳聪目明”的“明”，说的是眼睛“视”的功能。《尚书》曰“视曰明”，认为眼睛视明有“监察是非”的功德，“视能明，则所见照晢也”。《楞严经》更是认为：“是故眼鼻身本根，惟有八百功德。耳舌意三根，则具有一千二百也。一眼根八百功德，谓众生一身方位，具前后左右四方，若以一千二百功德定其数量，则四方各具三百之数，共成一千二百。今眼根惟八百者，以眼但能见前方三百，左右各二百五十，共成八百之数也。所谓三分言功，一分无德，故知眼根惟八百功德。”

【说文解字并康熙字典3-12】昧

【說文解字】**昧爽，旦明也。一曰闇也。**

【說文解字注】昧爽，逗。昧字舊奪。今補。且朙也。各本且作旦。今正。且明者，**將明未全明也。**內則。成人皆雞初鳴適父母舅姑之所。未冠笄者。昧爽而朝。後成人也。昧與曶古多通用。而許分別之。直以昧連爽為暠。**昧者，未明也。爽者，明也。合為將旦之偁。**一曰闇也。闇者，閉門也。閉門則光不明。明闇字用此不用暗。暗者，日無光也。義異。司馬相如傳。阻深闇昧。得耀乎光明。

【博雅】**冥也。**【易·屯卦】天造草昧。【疏】昧謂冥昧。【書·堯典】宅西曰昧穀。【傳】昧，冥也。日入于穀而天下冥，故曰昧穀

【書·太甲】先王昧爽丕顯。【疏】**昧是晦冥，爽是未明，謂夜向晨也。**

【左傳·文二十六年】楚王是故昧於一來。【注】昧，猶貪冒。

【屈原·離騷】路幽昧以險隘。【注】幽昧，不明也。

“昧”字玄机：

（1）“昧”的本义为“昧爽”“旦明”。“昧爽”是拂晓、黎明的意思，如《尚书·牧誓》“时甲子昧爽，王朝至于商郊牧野”，再如《孔子家语·五仪》“昧爽夙兴，正其衣冠”。“旦明”或“昧旦”是天将明未明之时、破晓的意思，如《诗经·郑风·女曰鸡鸣》“女曰鸡鸣，士曰昧旦”，再如《文选·左思·吴都赋》“唱櫂转毂，昧旦永日”。

（2）“昧”字从“日”从“未”。“日”指朝日。“未”指树木上部的柔枝嫩叶。“日”与“未”联合起来表示“日上树梢”。所以，“昧”本义是指太阳刚升起时的光亮不足、天未大明的意思。

（3）如果把“明”比喻为智慧普照天下，那么“昧”就是像晨曦的太阳一样柔和地润泽大地，也就是使自己的智慧以众生能够接受的层次和方式，善巧方便地利益众生。

综上，“明道若昧”的内涵可以理解为：明道之人像晨曦的太阳一样，使自己的智慧温润地启发众生。

3.7.1 憨山大师注解

3.7.1.1 谓小人用智，恃知以为能。圣人光而不耀，以有智而不用。故明道若昧。

人格卑下的小人喜欢用通过知识积累而得的“智”来为人处世，执持知识为自己的能力。圣人的智慧虽然可以像太阳一样光芒四射，但圣人并不用来人前自夸和炫耀，所以圣人虽然有智慧但谦虚不露，所以说“明道若昧”。

3.7.2 宋龙源版本注解

3.7.2.1 明道之人。机智全无。念头清静。惟求性分所得。

了解大道的人，把自己的机智聪明全部归零，想方设法确保自己的每一个念头都清静无染，唯一希望在本性天性上有所收获。

3.7.2.2 不以聪明外露。应之于人。是非忘辩。处之于世。宠辱无惊。庸庸愚愚。若有不明之貌。故曰明道若昧。

不以炫耀聪明待人，不东家长西家短辨人是非；为人处世时，将得失置之度外，得宠或受辱皆不动心，看起来平庸而愚昧，很不通事理的样子，所以说“明道若昧”。

3.8 进道若退

老子【道德经·闻道章第四十一】经文：进道若退。

【说文解字并康熙字典3-13】进

【說文解字】**進，登也。**從辵閵省聲。卽刃切〖注〗𨗨、邇，古文進。

【玉篇】**升也。**

【廣韻】**前也。**【禮·曲禮】**遭先生于道，趨而進。**

【表記】**君子三揖而進。**【注】**人之相見，三揖三讓，以升賓階。**

【書·盤庚】乃登進厥民。【疏】延之使前而告之也。

【正韻】**薦也。**【禮·儒行】**推賢而進達之。**【列子·湯問篇】穆王薦之，張注薦當作進。

【正韻】**效也。**【禮·樂記】禮減而進，以進為文。【注】自勉強也。【易】**君子進德修業，欲及時也。**

進士。【禮·王制】大樂正論造士之秀者，以告于王，而升諸司馬，曰進士。【注】進士，可進而受爵祿也。

又特進。【列子·黃帝篇】竭聰明，進智力。

“进”字玄机：

“进”的本义为“登”。引申为“升”“前”“荐”“效”。如《易经》“君子进德修业，欲及时也”，《礼》“遭先生于道，趋而进”“推贤而进达之”“礼灭而进，以进为文”“君子三揖而进”，《尚书》“乃登进厥民”，等等。

【康熙字典3-13】退

【說文】退，卻也。

〔古文〕【集韻】【韻會】【正韻】吐內切，推去聲。

【玉篇】卻也。【禮·表記】君子三揖而進，一辭而退，以遠亂也。【左傳·僖二十五年】退一舍而原降。

【玉篇】去也。【老子·道德經】功成名遂身退，天之道也。

遜讓也。【禮·曲禮】君子恭敬撙節退讓以明禮。【後漢·鐘皓傳】好學慕古，有退讓風。

又進退人才，猶言用舍也。【禮·檀弓】君子進人以禮，退人以禮。

返也。【屈原·離騷】退將複修吾初服。【前漢·董仲舒傳】臨淵羨魚，不如退而結網。臨政願治，不如退而更化。

如柔貌。【禮·檀弓】其中退然如不勝衣。

【正字通】吐困切。與褪同。【王建詩】粉光深紫膩，肉色退紅嬌。【注】淺紅也。

“退”字玄机：

（1）“退”的本义为“却”。引申为“去”“返”。如《礼记》“君子三揖而进，一辞而退，以远乱也”“君子进人以礼，退人以礼”，《前汉·董仲舒传》“临渊羡鱼，不如退而结网。临政愿治，不如退而更化”，等等。

（2）退让、逊让的意思。如《礼记》“君子恭敬尊节退让以明礼”等。

综上，“进道若退”可以理解为：境界不断攀升趋近大道之人，言谈举止更加谦逊有礼。

3.8.1　憨山大师注解

小人矜夸竞躁。圣人以谦自守，以卑自牧。故进道若退。

小人骄傲自夸、轻率急躁，圣人以谦让自坚操守、以卑退自修涵养，所以说“进道若退”。

3.8.2　宋龙源版本注解

3.8.2.1　进道之人。不作有为有相之事。不生劳心劳力之能。

精进大道的修行人，不故意兴起和从事有为有相的事业或事情，不故意促生劳心劳力的才能和本领。

3.8.2.2　默然自修。而其所以修者。人不能见。暗然自养。而其所以养者。人不能知。

沉默不语静心自修，而其所修之大道境界，别人无法见识体会；悄然间精气神得以暗自滋养，这种滋养别人也无法理解无法知道。

3.8.2.3　事事不敢先于人。念念若不足于己。故曰。进道若退。

为人处世，事事不敢比别人领先；起心动念，念念不敢满足于自己现状。所以说“进道若退”。

3.9　夷道若类

老子【道德经·闻道章第四十一】经文：夷道若类。

【说文解字并康熙字典3-14】夷

【說文解字】夷，**平也**。從大從弓。東方之人也。

【說文解字注】**東方之人也**。從大。從弓。各本作平也，從大從弓，**東方之人也**。淺人所改耳。今正。韻會正如是。羊部曰。南方蠻閩從蟲。北方狄從犬。東方貉從豸。西方羌從羊。西南僰（bó犍爲蠻夷）人，焦僥從人。蓋在坤地頗有順理之性。**惟東夷從大。大，人也。夷俗仁。仁者壽。有君子不死之國。按天大，地大，人亦大。大象人形。而夷篆從大。則與夏不殊。夏者，中國之人也。從弓者，肅愼氏貢楛矢石砮之類也**。以脂切。十五部。出車，節南山，桑柔，召旻傳皆曰。**夷，平也。此與君子如夷，有夷之行，降福孔夷傳夷易也同意**。夷卽易之叚借也。易亦訓平。故叚夷為易也。節南山一詩中平易分釋者，各依其義所近也。風雨傳曰夷悅也者，平之意也。**皇矣傳曰夷常也者，謂夷卽彝之叚借也。凡注家云夷傷也者，謂夷卽痍之假借也。周禮注夷之言屍也者，謂夷卽屍之叚借也**。屍，陳也。其他訓釋皆可以類求之。

（古文）𡰥【唐韻】【廣韻】以脂切【集韻】【韻會】【正韻】延知切，𠀤音姨。**平也，易也**。

【詩·周頌】彼徂矣，岐有夷之行。**又大也**。【詩·周頌】降福孔夷。

又安也，悅也。【詩·鄭風】既見君子，云胡不夷。**又等也，儕也**。【禮·曲禮】在醜夷不爭。

又誅滅也。【前漢·刑法志】戰國時，秦用商鞅連相坐之法，造參夷之誅。

又傷也。【易·序卦】故受之以明夷。

"夷"字玄机：

（1）"夷"的本义为"平"。引申含义为"易""等"。如

《诗经》“降福孔夷”、《礼记》“在丑夷不争”等。

（2）“夷”，“东方之人也”。就是“东夷”，与“西戎”“南蛮”“北狄”“中国”共同组成五方之民。详见【拓展学习3-2】。

（3）“夷”，从“大”。据《说文》记载：“唯东夷从大。大，人也。夷俗仁，仁者寿，有君子不死之国。”《山海经》也说：“有君子之国，有不死民。”《后汉书·东夷传》曰：“仁而好生，天性柔顺，易以道御。有君子不死之国焉。”《论语·公冶长》：“道不行，乘桴浮于海。从我者其由与？”《论语·子罕》：“子欲居九夷。或曰：‘陋，如之何’子曰：‘君子居之，何陋之有？’”

（4）“夷”，从“弓”。说的是东夷人善弓矢。《说文解字》中的“從弓者，肃慎氏贡楛矢石砮之类也”，在《国语·鲁语下》记录有详细的典故，详见【拓展学习3-3】。

【拓展学习3-2】中国戎夷，五方之民

《尔雅·释地》：东至于泰远，西至于邠国，南至于濮铅，北至于祝栗，谓之四极。觚竹，北户，西王母，日下，谓之四荒。九夷，八狄，七戎，六蛮，谓之四海。岠齐州以南，戴日为丹穴，北戴斗极为空桐，东至日所出为大平，西至日所入为大蒙，大平之人仁，丹穴之人智，大蒙之人信，空桐之人武。

《礼记·王制》：中国戎夷，五方之民，皆有其性也，不可推移。东方曰夷，被发文身，有不火食者矣。南方曰蛮，雕题交趾，有不火食者矣。西方曰戎，被发衣皮，有不粒食者矣。北方曰狄，衣羽毛穴居，有不粒食者矣。中国、夷、蛮、戎、狄，皆有安居、和味、宜服、利用、备器，五方之民，言语不通，嗜欲不同。达其志，通其欲：东方曰寄，南方曰象，西方曰狄鞮，北方曰译。

【拓展学习3-3】肃慎氏之贡矢

《国语·鲁语下》：仲尼在陈，有隼极于陈侯之庭而死，楛矢贯之，石砮其长尺有咫。陈惠公使人以隼如仲尼之馆闻之。仲尼曰："隼之来也远矣！此肃慎氏之矢也。昔武王克商，通道于九夷、百蛮，使各以其方贿来贡，使无忘职业。于是肃慎氏贡楛矢、石砮，其长尺有咫。先王欲昭其令德之致远也，以示后人，使永监焉，故铭其栝曰'肃慎氏之贡矢'，以分大姬，配虞胡公而封诸陈。古者，分同姓以珍玉，展亲也；分异姓以远方之职贡，使无忘服也。故分陈以肃慎氏之贡。君若使有司求诸故府，其可得也。"使求，得之金椟，如之。

【说文解字并康熙字典3-15】类

【說文解字】類，**種類相似，唯犬為甚**。從犬頪聲。

【說文解字注】種類相佀。唯犬為甚。說從犬之意也。類本謂犬相佀sì。**引伸叚借為凡相佀之偁**。釋詁，毛傳皆曰。**類，善也**。釋類為善，猶釋不肖為不善也。左傳。刑之頗類。叚類為纇。

【爾雅·釋詁】**善也**。【詩·大雅】克明克類。【箋】類，善也。勤施無私曰類。【又】孝子不匱，永錫爾類。【傳】類，善也。

【玉篇】**種類也**。【易·乾卦】則各從其類也。又【繫辭】方以類聚。

比也。【禮·學記】**知類通達**。【注】**知事義之比也**。【緇衣】子曰：**下之事上也，身不正，言不信，則義不壹，行無類也**。【注】類謂比式。【疏】**言行之無恒，不可比類也**。

肖似也。【禮·曲禮】諸侯旣莅見天子曰類見。【注】代父受國。類，猶象也。執皮帛，象諸侯之禮見也。【鄭注】類禮依郊祀而為之者。

"类"字玄机：

（1）"类"字本义为"种类相似"，引申为"种类""善""勤施无私"。《左传》曰："心能制义曰度，德正应和曰莫，照临四方曰明，勤施无私曰类，教诲不倦曰长，赏庆刑威曰君，慈和编服曰顺，择善而从之曰比，经纬天地曰文。九德不愆，作事无悔，故袭天禄，子孙赖之。"

（2）"类"又有"比"的含义，引申为"亲近""比类""比方”“择善而从”。《礼记》曰：“知类通达”“言行之无恒，不可比类也”“子曰：下之事上也，身不正，言不信，则义不一，行无类也”。《礼记正义》曰：“以同类之事相比方，则学乃易成。”《韩诗外传》认为：“高比，所以广德也。下比，所以挟行也。比于善，自进之阶。比于恶，自退之原。”《礼记·儒行》：“儒有合志同方，营道同术，竝（bìng）立则乐，相下不厌，久别则闻流言不信；义同而进，不同而退；其交有如此者。”

综上，经文“夷道若类”可以理解为：内心平和行道之人，时刻学做君子践行仁义，择善而从、勤施无私。

3.9.1 憨山大师注解

3.9.1.1 世人崖岸自高。圣人心与道合，同尘混俗，和而不同。故夷道若类。

世人自比崖岸，兀傲孤高，不知谦卑。圣人之心与道合同，混同尘俗，不露锋芒，不求特异，与世无争，虽然内心平和与众和睦，但不盲目苟同。所以说夷道若类。

3.9.2 宋龙源版本注解

3.9.2.1 平坦而行。谓之夷。类者。同类也。夷道之人。口不出异人之言。身不行异人之事。平平然。不分贵贱贤愚。夷夷然。不辨上下高低。动静休息。与人共由此道。进退交接。与人等观无异。此便是夷道若类。

平坦而行，叫作夷。类，同类。夷道之人，口不出异言，身不行异事，内心平和，没有贵贱贤愚的分别。平常心处事神态镇定，没有上下高低的分别。行为举止起居作息，与大家共同遵守规则。见面告退迎来送往，与大家同等看待，一视同仁。这就是“夷道若类”。

3.10　上德若谷

老子【道德经·闻道章第四十一】经文：上德若谷。

【说文解字并康熙字典3-16】谷

【說文解字】穀，**泉出通川為穀**。從水半見，出於口。
【韻會】**兩山閑流水之道也**。
【爾雅·釋水】**水注溪曰穀**。【疏】謂山谷中水注入澗溪也。【易·井卦】井穀射鮒（fù鯽魚蝦蟆）。【注】溪谷出水，從上注下。【公羊傳·僖三年】桓公曰：無障穀。【注】**水注川（河流）曰溪，注溪曰穀**。【禮·祭法】山林、川穀、丘陵，民所取財用也。【老子·道德經】**江海所以能為百谷王者，以其善下之**。
谷水。【管子·度地篇】山之溝一有水一無水者，命曰谷水。又暘穀，日所出處。昧穀。日所入處。【書·堯典】分命羲仲宅嵎夷，曰暘穀。分命和仲宅西，曰昧穀。
【集韻】**窮也**。【詩·大雅】進退維谷。【疏】穀謂山谷，墜穀，是窮困之義。
【廣韻】**養也**。【老子·道德經】穀神不死。
【爾雅·釋天】**東風謂之穀風**。【詩·邶風】習習穀風。【詩詁】風出穀中也。【疏】谷之言穀。穀，生也。生長之風也。

“谷”字玄机：

“谷”的本义为“泉出通川”“两山闲流水之道”。老子《道德经》有“江海所以能为百谷王者，以其善下之”的赞誉。启发我们要学习江海空谷，器量宽洪，能容纳万物。

注：“上”与“德”的说文解字详见【说文解字并康熙字典2-2】和【说文解字并康熙字典2-3】。

综上，经文“上德若谷”可以理解为：高德圣人器量宽洪，能容万物。

3.10.1 憨山大师注解

世人局量扁浅，一毫不容。圣人心包天地，德无不容，如海纳百川。故上德若谷。

世人的胸襟器度扁浅，一毫的容忍之心都盛不下。圣人心地宽广能包天包地，品德深厚没有容不下的，就像海纳百川一样。所以说“上德若谷”。

3.10.2 宋龙源版本注解

上德之人。心如太虚。量如天地。心德广大。如空谷一般。无所不容。无所不纳。此便是上德若谷之义。

上德之人，心胸像宇宙般博大，心量像天地一样宽广。内心德性广大，如同空谷一般，没有容纳不了的，这就是“上德若谷”的含义。

3.11 大白若辱

老子【道德经·闻道章第四十一】经文：大白若辱。

【说文解字并康熙字典3-17】白

【說文解字】白，**西方色也**。陰用事，物色白。從入合二。二，陰數。凡白之屬皆從白。皁，古文白。〖注〗皁，《字彙補》古文白。（白zì）**此亦自字也**。省自者，詞言之氣，從鼻出，與口相助也。凡白之屬皆從白。

【說文解字注】西方色也。陰用事。物色白。從入合二。**出者陽也，入者陰也，故從入**。二，陰數。說從二之指。古音在五部。凡白之屬皆從白。

【爾雅·釋天】**秋為白藏**。【疏】秋之氣和，則色白而收藏也。【周禮·冬官考工記】書繪之事，西方謂之白。

【增韻】**素也**。**潔也**。【易·賁卦】白賁無咎。【注】其質素，不勞文飾也。【說卦】巽為白。【疏】**風吹去塵，故潔白也**。

明也。【前漢·穀永傳】反除白罪。【注】罪之明白者，皆反而除之。【禮·曾子問】當室之白。【注】謂西北隅得戶明者也。【荀子·正名篇】說不行，則白道而冥窮。【注】**白道，謂明道也**。

白屋，以茅覆屋也。【前漢·蕭望之傳】恐非周公相成王致白屋之意。

白衣，給官府趨走者。【前漢·兩龔傳】聞之白衣，戒君勿言也。

白徒，猶白身。【管子·乘馬篇】白徒三十人奉車兩。

“白”字玄机：

（1）“白”字的本义为“西方色”“阴用事”“物色白”。其中，“西方色”与五行属“金”和四季的“秋”呼应，与五常的“礼”呼应，而“礼之用，和为贵”，也就是“礼”讲究恭敬谦和，与《尔雅·释天》疏中的“秋之气和”呼应，启发我们要秉承谦和、礼敬待人。

（2）“白”字本义的“阴用事”，是指与阴阳属性中的“阴”呼应。启发人们处事不争，善居人后。

（3）“白”字本义的“物色白”，是指五行“金”的色泽表现，与《易经》中的“巽卦”呼应，启发我们要处事柔顺。

（4）“白”的引申含义为“素”“洁”“明”等。启发人们要纯洁无私、明达事理。

【说文解字并康熙字典3-18】辱

【说文解字】辱，**耻也。从寸在辰下。失耕时，于封畺上戮之也。**辰者，农之时也。故房星为辰，田候也。

【说文解字注】耻也。心部曰。耻，辱也。此之谓转注。**仪礼注曰。以白造缁曰辱。**从寸在辰下。会意。**寸者，法度也。**而蜀切。三部。**失耕时。故从辰。**于封畺上戮之也。故从寸。**辰者，农之时也。**（有人错过农耕时机，人们就在封土上羞辱他。“辰”代表农历三月，是农耕时令。）故房星为辰。说从辰之意。田候也。

【广韵】耻也。【礼·曲礼】孝子不登危，惧辱亲也。

污也。【左传·襄三十年】使吾子辱在涂泥久矣。

屈也。【礼·曲礼】君言至，则主人出拜君言之辱。【注】屈辱尊命之临也。

“辱”字玄机：

（1）“辱”的本义为“耻”，引申为“污”“屈”。如《礼记》曰：“孝子不登危，惧辱亲也。”

（2）“辱”，从寸在辰下，是会意字。“寸”，分寸、法度。“辰”为农时，代表农历三月，是农耕时令。“失耕时，于封畺上戮之也”意思是，如果错过农耕时机，人们就在封土上羞辱他。

（3）仪礼注曰：“以白造缁曰辱。”此句内涵深刻。《庄子·天下》有云：“老聃曰：‘知其雄，守其雌，为天下溪；知其白，守其辱，为天下谷。’人皆取先，己独取后，曰：‘受天下之垢。’人皆取实，己独取虚，无藏也故有余，岿然而有余。”详解参考如下：

【拓展学习3-4】《庄子集释》卷十下“知其白，守其辱”等

庄子原文01：老聃曰：“知其雄，守其雌，为天下溪；知其白，守其辱，为天下谷。”

庄子集释01：【注】物各自守其分，则静默而已，无雄白也。夫雄白者，非尚胜自显者耶？尚胜自显，岂非逐知过分以殆其生耶？故古人不随无崖之知，守其分内而已，故其性全。其性全，然后能及天下；能及天下，然后归之如溪谷也。【疏】夫英雄俊杰，进躁所以夭年；雌柔谦下，退静所以长久。是以去彼显

白之荣华，取此韬光之屈辱，斯乃学道之枢机，故为宇内之溪谷也。而溪谷俱是川壑，但溪小而谷大，故重言耳。

庄子原文02：人皆取先，己独取后，

庄子集释02：【注】不与万物争锋，然后天下乐推而不厌，故后其身。

【疏】俗人皆尚胜趋先，大圣独谦卑处后，故道经云，后其身而身先（故）也。

庄子原文03：曰受天下之垢

庄子集释03：【注】雌辱后下之类，皆物之所谓垢。【疏】退身居后，推物在先，斯受垢辱之者。

庄子原文04：人皆取实，

庄子集释04：【注】唯知有之以为利，未知无之以为用。【疏】贪资货也。

庄子原文05：己独取虚，

庄子集释05：【注】守冲泊以待群实。【疏】守冲寂也。

庄子原文06：无藏也故有余，

庄子集释06：【注】付万物使各自守，故不患其少。【疏】藏，积也。知足守分，散而不积，故有余。

庄子原文07：岿然而有余。

庄子集释07：【注】独立自足之谓。【疏】岿然，独立之谓也。言清廉洁己，在物至稀，独有圣人无心而已。

庄子原文08：其行身也，徐而不费，

庄子集释08：【注】因民所利而行之，随四时而成之，常与道理俱，故无疾无费也。【疏】费，损也。夫达道之人，无近恩惠，食苟简之田，立不贷之圃，从容闲雅，终不损己为（于）物耳，以此为行而养其身也。

庄子原文09：无为也而笑巧；

庄子集释09：【注】巧者有为，以伤神器之自成，故无为者，因其自生，任其自成，万物各得自为。蜘蛛犹能结网，则人人自有所能矣，无贵于工倕也。【疏】率性而动，淳朴无为，嗤彼俗人，机心巧伪也。

庄子原文10：人皆求福，己独曲全，

庄子集释10：【注】委顺至理则常全，故无所求福，福已足。

庄子原文11：曰苟免于咎。

庄子集释11：【注】随物，故物不得咎也。【疏】咎，祸也。俗人愚迷，所为封执，但知求福，不能虑祸。唯大圣虚怀，委曲随物，保全生道，且免灾殃。

庄子原文12：以深为根，

庄子集释12：【注】（理）〔埋〕根于大（音泰）初之极，不可谓之浅也。

庄子原文13：以约为纪【一三】，

庄子集释13：【注】去甚泰也。【疏】以深玄为德之本根，以俭约为行之纲纪。

庄子原文14：曰坚则毁矣【一四】，

庄子集释14：【注】夫至顺则虽金石无坚也，迕逆则虽水气无软也。至顺则全，迕逆则毁，斯正理也。

庄子原文15：锐则挫矣【一五】。

庄子集释15：【注】进躁无崖为锐。【疏】毁损坚刚之行，挫止贪锐之心，故道经云挫其锐。

庄子原文16：常宽容于物，

庄子集释16：【注】各守其分，则自容有余。

庄子原文17：不削于人，可谓（二）至极。

庄子集释17：【注】全其性也。【疏】退己谦和，故宽容于物；知足守分，故不侵削于人也。

综上，经文“大白若辱”可以理解为：大白之人效法圣贤屈己容忍，对内纯洁无私、涵养柔顺与谦和，对外则屈己居后甘做人梯，能效法画布缟素，任由画者挥洒自如、尽情渲染；能效法天地无言，任由云行雨施、品物流形、万物生长。

3.11.1 憨山大师注解

3.11.1.1 小人内藏瑕疵，而外矫饰以为洁。圣人纯素贞白，一尘不染，而能纳污含垢，示同庸人。故大白若辱。

小人内心含藏缺点毛病等污垢，对外却以矫饰外貌为洁净。圣人内心纯洁，守正清白，公正廉洁，眼耳鼻舌身意六根清净，不受尘俗干扰。就像白色画布容易被上色一样，圣人纯素的内心也必须因应不同环境随圆就方护持内心，使心既能一尘不染又能纳污含垢包容他人，行为上谦退不争示同庸人。白色被上色就叫“辱”，所以圣人容忍所有外界的缺陷和不足的过程，就是忍辱的修持，所以说“大白若辱”。

忍辱，就是忍让。“忍”字如刀刺心。《周武王·书铭》曰：“忍之须臾，乃全汝躯。”《诗经·小雅》曰：“君子秉心，维其忍之。”所以，自古以来忍让就是大智大勇的表现，它不计较一时的高低，眼前的得失，而是胸怀全局，着眼未来。忍让，是一种美德，它以宽广的胸怀，无私的心灵去容纳人，团结人，感化人。忍让，是一种修养，它面对荣辱毁誉，不惊不喜，心静如水。

3.11.2　宋龙源版本注解

3.11.2.1　大白之人。皞皞自处。皎然似明月当空。无一点云遮。

大白之人，以使内心洁白明亮来自我安住，高洁似明月当空，无一点乌云遮盖。

3.11.2.2　然与人不择于贵贱。接物不较于是非。处卑而不强为高。居下而能安于下。故曰。大白若辱。

然而当与外人打交道接人待物时，却宽容大度从不拣择贵贱、不计较是非。当自己地位低下时，也能安心就下不强为高，虽然居于下位却能安于下位，所以说“大白若辱”。

3.12 广德若不足

老子【道德经·闻道章第四十一】经文：广德若不足。

【说文解字并康熙字典3-19】广（廣）

【说文解字】**廣，殿之大屋也**。从广黄聲。古晃切。

【說文解字注】殿之大屋也。土部曰。堂，殿也。倉頡篇曰。**殿，大堂也**。廣雅曰。堂堭，合殿也。**殿謂堂無四壁**。漢書胡建傳注無四壁曰堂皇是也。覆乎上者曰屋。**無四壁而上有大覆葢。其所通者宏遠矣。是曰廣。引伸之爲凡大之偁**。詩六月，雝傳皆曰。廣，大也。从广。黄聲。古晃切。十部。

【玉篇】**廣，大也**。【廣韻】**廣，闊也**。【易·繫辭】**廣大配天地**。【疏】**大以配天，廣以配地**。

【玉篇】古曠切，光去聲。【周禮·地官·大司徒】周知九州之地域廣輪之數。【疏】馬融云：**東西爲廣，南北爲輪**。【釋文】廣，古曠反。

“广（廣）”字玄机：

“广”字本义为“殿之大屋”。“殿”为“无四壁”之大堂，“无四壁而上有大覆盖，其所通者宏远矣”，所以有“大以配天，广以配地”之说，《易经》曰：“广大配天地。”

【说文解字并康熙字典3-20】不

详见【说文解字并康熙字典2-4】不

【说文解字并康熙字典3-21】足

【說文解字】人之足也。在下。从止口。凡足之屬皆从足。即玉切。

〖注〗徐鍇曰："口象股脛之形。"

【說文解字注】（足）**人之足也。在體下**。从口止。依玉篇訂。口猶人也。舉口以包足已上者也。齒、上止下口。次之以足、上口下止。次之以疋、似足者也。次之以品、从三口。今各本从口。非也。卽玉切。三部。凡足之屬皆从足。。

【釋名】**足，續也，言續脛也**。【易·說卦】震爲足。【疏】足能動用，故爲足也。【禮·玉藻】足容重。【註】舉欲遲也。

又【廣韻】**滿也，止也**。【書·仲虺之誥】矧予之德，言足聽聞。【詩·小雅】旣霑旣足。【禮·學記】學然後知不足。【老子·道德經】知足不辱。

综上，经文"广德若不足"可以理解为：宏远自己的道德，追求至善之道的境界提升不退转、不停止。

3.12.1　憨山大师注解

小人一德不忘，必恃自多而责报于人。圣人德被群生，而不以为功。故广德若不足。

小人念念不忘哪怕一德之善施，一定会自恃多善而希望回报。圣人厚德载物，德被群生，而不记此为功，所以说"广德若不足"。

3.12.2　宋龙源版本注解

广德之人。心如天地。量如沧海。宁学圣人之未至。不敢以一艺而成名。宁以德之不足为己病。不以德之有余为己功。功虽日进。而不自以为进。善虽已成。而不自以为成。故曰广德若不足。

广德之人，心宽如天地，量大如沧海。宁可沿着学习圣人的目标不断前行，也不敢以追求一艺成名而阻碍学道步伐。宁可把德之不足作为自己的心头之病，也不把德之有余作为自己的功德。成绩虽然天天在进步，但不以为是进步；善良的品德虽然已经成就，但不以为是成就。所以说“广德若不足”。

3.13 建德若欲（偷）

老子【道德经·闻道章第四十一】经文：建德若欲（偷）。

此句经文争议较多，目前查到最有影响力的版本有：

1. 通行版本：建德若偷。

2. 中央编译出版社2006年10月出版熊春锦勘校《帛书老子德道经》：建德若输。

3. 华中师范大学出版社《李聃道德经更正》《李聃道德经意解·曲谱》：建德若欲。

下面根据《说文解字》和《康熙字典》等逐字剖析学习：

第一，常规版本：建德若偷。

憨山大师和宋龙源子注解的《道德经》，都选用的常规版“建德若偷”，根据《说文解字注》，“偷”是“愉”的俗字和后起字，二字同义在“薄”；“媮”和“偷”二字同义在“巧黠”“盗取”。“偷”“愉”“媮”三字的共同点是“苟且”。所以要深入溯源“偷”的内涵，需要对“偷”“愉”“媮”进行逐字剖析。

【说文解字并康熙字典3-22】愉

【说文解字】**薄也**。从心俞聲。《論語》曰：“**私覿，愉愉如也**。”【说文解字注】（愉）薄也。薄本訓林薄、蠶薄，而叚爲淺泊字。泊水部作洦。**凡言厚薄皆泊之叚借字**。此**薄也當作薄樂也**，轉寫奪樂字。**謂淺薄之樂也。引申之，凡薄皆云愉**。唐風：他人是愉。傳曰：**愉，樂也。禮記曰：有和氣者，必有愉色。此愉之本義也**。毛不言薄者，重樂不重薄也。鹿鳴：視民不恌。傳曰：恌，愉也。許書人部作佻，愉也。周禮：**以俗教安，則民不愉**。鄭注：**愉謂朝不謀夕**。此引申之義也。**淺人分别之，别製偷字，从人，訓爲偷薄，訓爲苟且**，訓爲偷盜，絕非古字，許書所無。然自山有樞鄭箋云愉讀曰偷。偷，取也。則不可謂其字不古矣。从心俞聲。羊朱切。古音在四部。論語曰：私覿（dí私地见面）愉愉如也。鄉黨篇文。覿者，儥（yù）之俗字。愉愉，聘禮作俞俞。論語鄭注云：**愉愉，容色和也。正薄樂之義。**

【康熙字典3-23】偷

【說文】**苟且也**。

【左傳·昭十三年】子產曰：晉政多門，貳偷之不暇。

【禮·表記】**安肆（sì放纵）曰偷**。

【爾雅·釋言】**佻**（tiǎo輕浮；不莊重）也。【廣韻】**盜也**。

【管子·形勢解】**偷得利，而後有害，偷得樂，而後有憂者，聖人不為也**。

又**薄也**。【左传·襄三十一年】赵孟之语偷。

又叶容朱切，**音余**。【张衡·西京赋】**敬愼威仪，示民不偷。我有嘉宾，其乐愉愉。声教布濩（hù散布），盈溢天区**。

【国语辞典】**偷，窃取；抽出、挪出**。

【说文解字并国语辞典3-24】媮

【說文解字】**巧黠也**。從女俞聲。

【說文解字注】（媮）巧黠也。按**偷盜字當作此媮**。从女。俞聲。

【國語辭典】媮（tōu），巧黠（qiǎo xiá狡黠，滑頭）。《左傳文十八年》：“齊君之語媮”，**苟且**。《文選·曹植·雜詩七首之六》：“烈士多悲心，小人媮自閑。”輕視、輕忽。《左傳·襄公三十年》：“晉未可媮也。”

媮（yú）安享。《楚辭·屈原·卜居》：“甯正言不諱以危身乎，將從俗富貴以媮生乎。”

综上，“偷”是“愉”的俗字和后起字，“愉，乐也”。《礼记》曰：“有和气者，必有愉色。此愉之本义也。”说明建立道德应该保有愉快和气之心。“偷”是“愉”二字同义在“薄”，而按照“凡言厚薄皆泊之假借字”理解，“建德若偷”重在“淡泊”。又“偷”“愉”“媮”三字的共同点是“苟且”，“苟且”意为“只顾眼前，得过且过”，可以理解为“只顾当下建德，过后就忘怀”。

所以，经文“建德若偷”可以理解为：建立自己的道德，应该心情和气愉悦地进行，淡泊不贪，过后就忘。

第二，中央编译出版社2006年10月出版熊春锦勘校《帛书老子德道经》：建德若输。

车轮有轮转不息、无始无终、碾压错误的含义，有运输、输出、付出、施舍的含义，还有窍穴枢纽的含义，所以也非常值得借鉴。

【说文解字并康熙字典3-25】输

【說文解字】輸，**委輸也**。從車俞聲。清代段玉裁【說文解字注】委輸也。委者，委隨也。委輸者，委隨輸寫也。以車遷賄曰委輸。亦單言曰輸。引申之，凡傾寫皆曰輸。**輸於彼，則彼贏而此不足。故勝負曰贏輸。不足則如墮壞然**。故春秋鄭人來輸平。公羊，谷梁皆曰。**輸者，墮也。左傳作渝。渝，變也**。從車。俞聲。

【廣韻】**盡也**。【左傳·襄九年】魏絳請施捨，輸積聚以貸。

隳也。【詩·小雅】載輸爾載。【春秋·隱五年】鄭人來輸平。【注】輸平，隳成也。

【廣韻】**送也**。【增韻】凡以物送人，則讀平聲。指所送之物，則讀去聲。

【韻會】漢有三輔委輸官。

經穴也。【史記·扁鵲傳】五藏之輸。【注】十二經皆以輸為原，蓋經穴也。

第三，华中师范大学出版社《李聃道德经更正》《李聃道德经意解·曲谱》：建德若欲。

《礼记·礼运》曰：“饮食男女，人之大欲存焉。”黄侃《论语义疏》曰："欲而当于理，则为天理。欲而不当于理，则为人欲。欲仁义者为廉，欲财色者为贪。"所以，如果能把欲望掌控在合理的范围，就可以游刃人生，把人生过成享受。人建立自己的道德，如果能够掌控饮食之欲，既能一日三餐接续不断，又能不使过度，就像精气神自然得以赔补一样，自己的道德也就越来越丰荣了。以饮食为例，一日三餐，朴实无华。如果按时吃、吃饱就止，这叫作"欲"当"理"，这时的饮食之欲叫作"天理"，也叫"合理"。反之，不按时吃饭、暴饮暴食，这时的饮食之欲叫作"贪欲"，也叫"不合理"。另外，一日三餐，人人离不开，本分又应该，而且吃完就忘怀不牵挂，既不需要广而告之，更不需要大张旗鼓。暗示我们如果把积善成德当成三餐饮食一样以平常心对待，如此自然而为（如有人发现孩子落水，二话不说就施救，救完就走，就像吃完饭就忘怀一样。再如，郭晶晶在疫情期间低调捐助武汉7000万，捐完就忘，不再提起等等），岂不就是民间说的"积阴德"。所以作者浅见，非常赞同"建德若欲"，深受启发。

【说文解字并康熙字典3-26】欲

【說文解字】欲，貪欲也。從欠谷聲。餘蜀切。

【說文解字注】**貪欲也**。欲者衍字。貝部貪下云：欲也。二篆為轉注。今貪下作欲物也。亦是淺人增字。凡此書經後人妄竄，葢不可數計。獨其義例精密，迄今將二千年，猶可推尋，以複其舊。是以冣（jù）目云後有**達者，理而董之也**。**感於物而動，性之欲也**。**欲而當於理，則為天理**。**欲而不當於理，則為人欲**。**欲求適可斯已矣，非欲之外有理也**。古有欲字，無慾字，後人分別之，制慾字，殊乖古義。論語申棖之欲，克伐怨欲之欲，一從心，一不從心，可征改古者之未能畫一矣。**欲從欠者，取慕液之意**。**從谷者，取虛受之意**。**易曰：君子以徵忿窒欲**。陸德明曰：欲，孟作谷。晁說之曰：谷，古文欲字。晁氏所據釋文不誤。今本改為孟作浴，非也。

【徐曰】**欲者，貪欲。欲之言續也。貪而不已，**于文欠谷為欲。欠者開口也。谷，欲聲。

【禮·曲禮】**欲不可從**。【疏】**心所貪愛為欲**。

【禮運】**何謂人情。喜怒哀懼愛惡欲七者，弗學而能。**

【增韻】**愛也**。【孟子】**可欲之為善**。【禮·曲禮】問疾不能遺，不問其所欲。

期願之辭。【論語】我欲仁。【大學】欲明明德於天下。

物欲。【禮·樂記】**人生而靜，天之性也。感於物而動，性之欲也**。【老子·道德經】不見可欲，使心不亂。

“欲”字玄机：

（1）欲的本义为“贪欲”。“欲，爱也。”“欲之言续也，贪而不已。”“心所贪爱为欲。”“何谓人情，喜、怒、哀、惧、爱、恶、欲七者，弗学而能。”“人生而静，天之性也。感于物而动，性之欲也。”以上都是“欲”的含义和特征。

（2）智者善于化“欲”为“理”，顺“理”而为。“达者，理而董之也。”通达之人，都是用理智规则来督正驾驭欲望。“感于物而动，性之欲也。”有感于万事万物而升起喜怒哀惧爱恶欲等感情波动，这是自然天性使然。“欲而当于理，则为天理。欲而不当于理，则为人欲。”当欲望合于道义正义规律时，就是天理。当欲望不合于道义、正义、规律时，就是贪欲。“欲求适可斯已矣，非欲之外有理也。”欲望要能适可而止，不是欲望之外另有别理。综上，“欲”并不可怕，只要使其合理又适度，就可以驾驭并督正之。

（3）《礼记·曲礼》曰：“欲不可从。”贪欲不可纵容。《周易·损》曰：“君子以惩忿窒欲。”君子都能够自觉惩戒自己的愤怒，自觉抑止自己的贪欲。这种惩戒抑止的方法并不难，只要使欲望当理并能适可而止就行。比如吃饭，合理当理的做法是一日三餐按时吃饭、吃饱就停止；如果不按时吃饭或者暴饮暴食，就会损伤身心健康。吃饭定时并吃饱就停，叫作化“欲”为“理”、顺“理”而为；反之，吃饭不定时并暴饮暴食，就叫作“贪欲”。君子只不过时时选择前者罢了。吃饭定时，叫作遵守规则；吃饱就停，叫作节制。以此坚持不懈，就形成自己遵道而行的特色习惯，这些遵道而行的特色习惯都属于优秀品质。所以，转化自己为君子，可以从每一个当下入手！

（4）“欲求适可斯已矣，非欲之外有理也。”是说欲望要能适可而止，不是欲望之外另有别理。《老子西升经》曰：“人皆以声色滋味为上乐，不知声色滋味，祸之太朴，故圣人不欲以归无欲也。”又曰：“欲者凶害之根，无者天地之原。莫知其根，莫知其原。圣人者去欲而入无，以辅其身也。”可见驾驭并督正“欲”，关键在于去“贪”归“无”，使其合理又适度。

（5）一日三餐规律进行，本身就隐含心情和气愉快、淡泊无贪、过后就忘的含义，所以“建德若欲”包含“建德若偷”的内涵启发。

【拓展学习3-5】黄侃《论语义疏》：欲仁义者为廉，欲财色者为贪

《论语尧曰第二十》节选：子张问孔子曰：“何如斯可以从政矣？”子曰：“尊五美，屏四恶，斯可以从政矣。”子张曰：“何谓五美？”子曰：“**君子惠而不费，劳而不怨，欲而不贪，泰而不骄，威而不猛**。”子张曰：“何谓惠而不费？”子曰：“**因民之所利而利之，斯不亦惠而不费乎？择可劳而劳之，又谁怨？欲仁而得仁，又焉贪？君子无众寡，无大小，无敢慢，斯不亦泰而不骄乎？君子正其衣冠，尊其瞻视，俨然人望而畏之，斯不亦威而不猛乎？**”子张曰：“何谓四恶？”子曰：“**不教而杀谓之虐；不戒视成谓之暴；慢令致期谓之贼；犹之与人也，出纳之吝谓之有司。**”

黄侃《论语义疏》：云欲仁云云者，欲有多涂，有欲财色之欲，有欲仁义之欲，欲仁义者为廉，欲财色者为贪，言人君当欲于仁义，使仁义事显，不为欲财色之贪，故云欲仁而得仁，又焉贪也。江熙曰：我欲仁则仁至非贪也，云君子无众寡者，言不以我富财之众，而陵彼之寡少也。

云无小大者，又不得以我贵势之大，加彼之小也。云无敢慢者，我虽众大，而愈敬寡小，故无所敢慢也。（黄侃《论语义疏》节选，详见附录）

【拓展学习3-6】《礼记·乐记》节选

人生而静，天之性也；感于物而动，性之欲也。物至知知，然后好恶形焉。好恶无节于内，知诱于外，不能反躬，天理灭矣。

夫物之感人无穷，而人之好恶无节，则是物至而人化物也。人化物也者，灭天理而穷人欲者也。于是有悖逆诈伪之心，有淫泆作乱之事。是故强者胁弱，众者暴寡，知者诈愚，勇者苦怯，疾病不养，老幼孤独不得其所，此大乱之道也。

是故先王之制礼乐，人为之节；衰麻哭泣，所以节丧纪也；钟鼓干戚，所以和安乐也；昏姻冠笄，所以别男女也；射乡食飨，所以正交接也。礼节民心，乐和民声，政以行之，刑以防之，礼乐刑政，四达而不悖，则王道备矣。

乐者为同，礼者为异。同则相亲，异则相敬，乐胜则流，礼胜则离。合情饰貌者礼乐之事也。礼义立，则贵贱等矣；乐文同，则上下和矣；好恶著，则贤不肖别矣。刑禁暴，爵举贤，则政均矣。仁以爱之，义以正之，如此，则民治行矣。

综上，经文“建德若欲”可以理解为：建立自己的道德，就像对待一日三餐饮食之欲一样，心情和气愉悦、合理无贪、淡泊平常、过后忘怀。

3.13.1 憨山大师注解

3.13.1.1 小人一善之长，必炫弄自售，欲求知于人。

小人即使有一善之长，也必定炫耀自夸卖弄，欲求被人知晓。

3.13.1.2 圣人潜行密用，凡有所施于人者，惟恐人之知己也。如泰伯三让，民无德而称。故建德若偷。

圣人即使厚德载物，也必定秘密积累善行，凡有施恩于人，惟恐人知。例如泰伯三让，其德至高百姓不知如何称颂。所以说“建德若偷”。

【拓展学习3-7】三让天下、至德无名——泰伯

一让王位：泰伯奔吴

周太王古公亶（dǎn）父（周文王的祖父）生有三个儿子，长子泰伯、次子仲雍、三子季历。季历娶太任，生下一个儿子，取名叫昌。昌从小就聪明异常，相貌奇伟，颇有王者风范，因此，深得古公宠爱。古公有意要将周家的天下传给姬昌。但是按照当时氏族的传统，王位只能由嫡长子继承。姬昌的父亲季历排行老三，自然没有资格承嗣王位，这势必导致姬昌不能继承周家的天下。古公亶父既不愿违背氏族的规矩，又为自己不能按心意传位给孙子姬昌而终日忧闷，郁郁寡欢。太伯和仲雍知道了父亲的心事后，为了顺从古公的意愿，在父亲生病的时候假托下山采药而从岐山出走，来到西面的吴山，即陕西西部吴山。这就是历史上有名的太伯、仲雍奔吴的开始。吴山又称吴岳，在古代十分有名，被誉为“四镇”之一，这里离岐山周原大约100多公里，一直是古老的狩猎民族吴（虞）族的居住地。

二让王位：泰伯奔梅里

泰伯、仲雍入吴山不返，这样，季历就被改立为太子。不久，古公亶父因病去世。为了照顾氏族的传统，他临终时留下遗嘱，要季历将王位归还给泰伯。泰伯、仲雍得知父亲病故的消息后立即从吴山赶回来奔丧，极尽孝道。这时，季历依照父亲的遗命，定要把王位让给泰伯，泰伯坚辞不受。后来，泰伯见几次避让都不行，只好带着弟弟仲雍和西吴的族人远走高飞，举族南迁。他们从陕西西部的吴山出发，一路跋山涉水，披荆斩棘，向东辗转迁徙，最后到达长江入海处的江苏无锡梅里。泰伯奔梅里后，季历顺理成章地继承了王位，也成就了大周王室的千秋霸业，世人对泰伯高风亮节的行为赞不绝口。

三让王位：至德高风

泰伯、仲雍来到梅里后，和当地人融为一体，并和当地居民一起开发了江南，使得原本人烟稀少、土地肥沃的梅里地区逐渐成为人丁兴旺、经济发达的富庶之地。泰伯、仲雍也因之被当地人推举为部族首领。后来，泰伯在东吴之地重建国家，国号“句吴”（gōuwú）。“句吴”国逐渐发展壮大，终于在东南沿海站稳了脚跟，春秋、战国时期成为强大的吴国。句吴国建立后，泰伯却一直不肯称王，只让人们称“伯”，并且没有留下后代，为的就是把王位让给弟弟仲雍。大约在公元前1193年，季历被殷朝第29代商王太丁杀害，季历的儿子“昌”要泰

伯回中原继位，泰伯再次让位于“昌”（即后来的周文王）。这就是让百姓肃然起敬的第三让。

泰伯德行感人，荆蛮义之，归附者千余家，被奉为当地君主，自号“句吴”，古时，民以国为姓，吴之为姓始也。泰伯立国后，正值殷末世衰，中原诸侯王屡相用兵，恐祸及荆蛮，故筑泰伯城。泰伯城“周三里二百步（约1500余米），外廓三十余里（约15000余米）”在梅里西北隅，名曰“故吴城”。自二十一世夫差亡国后，此城才被废弃，后被称为“故吴墟。”

泰伯治国有方，将中原的先进文化和生产技术传授给吴民，教之识字、耕织，大力发展农业生产，兴修水利，开凿运河（泰伯渎），并逐渐兴起了制陶和冶铸工业，黎庶殷富，国泰民安。泰伯卒于武乙四年，在位49年，上寿91岁。泰伯生前因自虑有子传后，会使季历之子孙不能自安，乃一生不娶，所以无子，故泰伯为吴姓开氏始祖。泰伯卒后葬梅里东之皇山（又称鸿山，今无锡鸿声境内）。

泰伯之崇高美德，感应后人。东汉桓帝永兴二年（公元154年）命吴郡太守麋豹监修泰伯墓，并在泰伯故城中（即宅为祠）建造泰伯庙。晋明帝追封泰伯为“三让王”，宋哲宗追封泰伯为“至德侯”，后又被宋徽宗追封为王，被明太祖敕封为“吴泰伯之神”，等等。泰伯庙、泰伯墓建立至今1800余年祭祀不断。每年农历正月初九为泰伯祭日，“泰伯庙会”习俗沿袭至今。农历三月初三，为泰伯千古之日（后祭祀改在清明节），来自四面八方的百姓，都要到泰伯墓前设酒祭祀，怀念、祭奠这位三让天下、开发江南的吴国始祖。

由于泰伯三让天下，在促进黄河流域与长江流域文化交流，开发江南建立了不朽的功勋，为世代吴地百姓所爱戴与崇敬。孔子在《论语·泰伯》赞曰：“泰伯，其可谓至德也已矣，三以天下让，民无得而称焉。”司马迁在《史记》中把他列为《帝王世家》之首。唐代诗人皮日休写了七绝诗云：“一庙争祀两让君，几千年后转清氛；当时尽解称高义，谁敢教他莽卓闻。”明初，建文帝被其叔父永乐赶出南京，来到泰伯墓地时感慨万分，写了《题泰伯墓东壁》诗八句：“远隐停骑泰伯乡，仰瞻墓宇法先王；避荆不为君臣义，采药能全父子纲。八百周基无足贵，千秋俎豆有余香；深惭今日争天下，遗笑句吴至德邦。”

3.13.2 宋龙源版本注解

3.13.2.1 建德之人。事必求其至。功必造其成。以圣贤之任为己任。以天地之心为己心。

建德之人，为人处世必定追求尽心尽力，功绩必定追求成就。以学做圣贤为己任，以效法天地为己心。

3.13.2.2 建之之功。可谓勇矣。然其心恒若不足。偷者。薄也。德已厚。而不自以为厚。功已深。而不自以为深。兢兢业业。谦以自牧。故曰建德若偷。

虽然建德之功，可被称颂为勇，但恒心谦虚不知足。偷，是“薄”的意思。建德已厚而不自以为厚，建功已深而不自以为深。兢兢业业，谦卑处下，所以说“建德若偷”。

3.14 质真若渝

老子【道德经·闻道章第四十一】经文：质真若渝。

【说文解字并康熙字典3-27】质（質）

【说文解字】质，**以物相贅**。从貝从所。

【説文解字注】㠯物相贅。質贅雙聲。以物相贅，如春秋交質子是也。**引伸其義爲樸也，地也**。如有質有文是。小雅毛傳云朐質也，周禮射則充椹質，左傳策名委質，皆是。又緜詩，抑詩傳曰。**質，成也。禮謂平明爲質明**。从貝。从所。

【易·繫辭】原始要終，以爲質也。【註】**質，體也**。

【詩·小雅】民之質矣。【傳】**質，成也**。【朱傳】**實也**。

【大雅】虞芮質厥成。【傳】質，成也。成，平也。【疏】三字義同，故以質爲成，以成爲平。【朱傳】**質，正。成，平也**。

【詩·小雅】發彼有的。【傳】**的，質也**。【疏】十尺曰侯，四尺曰鵠，二尺曰正，四寸曰質。鵠及正、質，皆在侯中也。

【周禮·地官·質人】大市曰質，小市曰劑。【註】質劑者，爲之券藏之也。

【儀禮·士冠禮】質明行事。【註】**質，正也**。【禮·月令】黑黄蒼赤，莫不質良。【註】所染者當得眞采正善也。

【聘義】君子於其所尊，弗敢質。【註】質謂正自相當。

【禮·曲禮】質君之前。【註】質猶對也

【廣雅】**質，地也**。【禮·禮器】禮釋回增美質。【註】**質，猶性也**。

【前漢·張釋之傳】具以質言。【註】**質，誠也**。

【廣雅】**問也，定也**。【小爾雅】**質，信也**。

【玉篇】**主也，樸也**。【禮·樂記】**中正無邪，禮之質也**。【註】**質，猶本也**。禮爲之文飾也。

"质"字玄机：

（1）"质"的本义为"以物相赘"，引申义为"朴""地"，组词如质朴、质地等。如《礼记》曰："中正无邪，礼之质也。"

（2）"质"还有"的""本""性""正""明"等内涵，组词如本质、性质等。

（3）在经文"质真若渝"中，"质"的含义偏于质朴的本性或本质。

【说文解字并康熙字典3-28】真（眞）

【說文解字】真，**僊（xiān）人變形而登天也**。从匕从目从乚。八，所乘載也。

【說文解字注】（眞）**僊人變形而登天也。此眞之本義也。經典但言誠實，無言眞實者**。諸子百家乃有眞字耳，然其字古矣。古文作𠑷，非倉頡**以前已有眞人乎。引伸爲眞誠**。凡稹鎮瞋謓瞋塡寘闐嗔滇鬒瑱愼字皆以眞爲聲，多取**充實之意**。其顚槙字以頂爲義者，亦充實上升之意也。愼字今訓謹，古則訓誠。小雅愼爾優游、予愼無罪傳皆云：**誠也**，又**愼爾言**也、大雅考愼其相箋皆云：**誠也。愼訓誠者，其字从眞。人必誠而後敬，不誠未有能敬者也**。

敬者愼之弟二義，誠者愼之弟一義，學者沿其流而不溯其原矣。故若詩傳、箋所說諸愼字，謂卽眞之假借字可也。从匕目乚。變形故从匕目。獨言目者，道書云**養生之道，耳目爲先。耳目爲尋眞之梯級**。韋昭云。**偓佺**（wòquán）方眼。乚，匿也，讀若隱。仙人能隱形也。八，謂篆體之下也。所㠯乘載之。八者，丌之省，下基也。**抱朴子**曰：**乘蹻可以周流天下。蹻道有三，一曰龍蹻，二曰氣蹻，三曰鹿盧蹻**（lù lú jué）。蹻，去喬切。眞从四字會意。側鄰切。

【正韻】**神也，淳也**。【司馬子**坐忘**樞翼篇】**鍊形爲氣，名曰眞人**。

又【玉篇】**不虛假也**。【韻會】**實也**。僞之反也。

"真"字玄机：

（1）"真"的本义为"仙人变形而登天"。据《黄帝内经》记载，"真人"为圣贤境界中最高，关于圣贤的种类与境界请详见本书"0.3.1.1《黄帝内经》中的记载"。《司马子坐忘枢翼篇》曰："炼形为气，名曰眞人。""真"字字形采用"匕、目、乚、八"四字，为会意字。"变形"故从"匕目"，《道书》云："养生之道，耳目为先。耳目为寻真之梯级。"《正统道藏》本《列仙传》曰："偓佺饵松，体逸眸方。足蹑鸾凤，走超腾骧。遗赠尧门，贻此神方。尽性可辞，中智宜将。"。"乚"，匿也，仙人能隐形，故从"乚"。"八"，丌之省，下基也，以为乘载。《抱朴子》曰："若能乘蹻者，可以周流天下，不拘山河。"就像从青岛出发到北京，可以步行、骑行或乘汽车、火车和飞机，乘坐飞机可以更加快捷抵达目的地。同样，要证悟本真、明心见性，从"质真"的"朴""正""诚""淳"等内涵入手匡正自我、提升自我内心境界，一定也会像乘坐飞机一样，快捷实现自我内心境界由量变到质变的飞跃。

（2）"真"字的引申含义为"真诚""诚实""真实"。"真"的假借字为"慎"，《说文解字注》曰："慎，谨也。未有不诚而能谨者。故其字从真。""人必诚而后敬，不诚未有能敬者也。敬者慎之第二义，诚者慎之第一义。"《中庸》曰："唯天下至诚为能尽其性。能尽其性，则能尽人之性。能尽人之性，则能尽物之性。能尽物之性，则可以赞天地之化育。可以赞天地之化育，则可以与天地参矣。"所以，要提升自己的内心境界并导归质真，必须从"至诚"入手。

【说文解字并康熙字典3-29】渝

【说文解字】變汙也。从水俞聲。一曰渝水，在遼西臨俞，東出塞。
【说文解字注】（渝）變污也。釋言曰。渝、變也。鄭風傳、虞翻注易、杜注左傳皆同。許謂瀞而變污。从水。俞聲。羊朱切。四部。一曰渝水在遼西臨渝。東出塞。遼西郡臨渝、二志同。臨渝故城無考。前志臨渝下曰。渝水、首受白狼。東入塞外。又有侯水。北入渝。同郡交黎縣下曰。渝水、首受塞外。南入海。按水經注遼水篇詳白狼水、渝水、侯水。今渝水未詳。一統志於永平府曰。古今水道變遷。所當闕疑。
【尔雅·释言】渝，变也。【诗·郑风】舍命不渝。
州名。【广韵】本巴国，汉为巴郡之江州县，梁于巴郡置楚州，隋改为渝州。【广舆记】今为重庆府。
【韵补】叶夷周切，音由。【诗·郑风】羔裘如濡，洵直且侯。彼其之子，舍命不渝。

“渝”字玄机：

（1）“渝”的本义为“变污”，从水，俞声。又有“渝水”的内涵。东汉经学家、文字学家许慎在其《说文》中认为，“渝”是“净而变污”。

（2）以“渝水”为例，“渝水”的本质为水，其质地为H_2O，其本性为就下、不争、利万物。《道德经》曰：“上善若水。水善利万物而不争，处众人之所恶，故几于道。居善地；心善渊；与善仁；言善信；政善治；事善能；动善时。夫唯不争，故无尤。”《孟子》曰：“水信无分于东西，无分于上下乎？人性之善也，犹水之就下也。”渝水虽然要历经整个河水的蜿蜒曲折和漫长行程，要经受不断被泥沙污染、被山石阻滞、被险滩截留的考验和历练，但其H_2O质地不会改，就下、不争、利万物的本性也不会改。另外，渝水“东入塞外，南入海”，大海就是河流的目标、归宿和家园。《说文解字》曰：“人，天地之性最贵者也。《左传》：‘正德利用厚生’。《礼运》曰：‘人者，其天地之德，阴阳之交，鬼神之会，五行之秀气也。又曰：人者，天地之心也，五行之端也，食味别声被色而生者也。’”所以人的内心本质为至诚至善，我们不断提升内心境界，就是要回归我们的本性道德本真大海。

综上，经文“质真若渝”可以理解为：保有质朴本质，回归至诚本真，就像渝水汇入大海一样回归道德本真大海，虽然期间要历经外在被染污的磨砺，但只要葆有内心本性本真质朴、不断去除内心的烦恼尘垢，立定回归道德大海的目标不改变，总有一天会实现内心境界由量变到质变的升华。

3.14.1　憨山大师注解

> 小人随时上下，见利而趋，望势而变。圣人之心，贞介如玉，而不可夺。而能与世浮沉，变化无穷，无可不可。故质贞如渝。渝，变也。

小人心不定性随时变化，望势见利而趋变上下。圣人之心，坚如玉石，不可动摇，所以能在内心原则不变的前提下，追随世俗，与时俱进，因应变化，所以说“质贞如渝”。渝，是“变”的意思。

3.14.2　宋龙源版本注解

> 3.14.2.1　真诚之人。形貌朴实。心上敦厚。生来原是如此。

真诚之人，形象外貌朴实无华，内心宽宏厚道，生来就如此。

> 3.14.2.2　不以善显于人。亦似不能善。不以洁鸣于己。亦似不能洁。若渝者。如可污可染。实是涅而不缁。故曰质真若渝。

不以美善炫耀于人，又似乎不能美善。不以洁净标榜自己，又似乎不能洁净。若渝，仿佛是可以被污染的，实际是出污泥而不染，即使用黑色染料也染不黑，所以说“质真若渝”。

3.15 大方无隅

老子【道德经·闻道章第四十一】经文：大方无隅。

【说文解字并康熙字典3-30】大

【说文解字】**大，天大，地大，人亦大。**故大象人形。古文亣（他達切）也。凡大之屬皆从大。徒蓋切。

【説文解字注】**天大。地大。人亦大焉。**依韵會訂。**象人形。老子曰。道大。天大。地大。人亦大。人法地。地法天。天法道。**按天之文从一大。則先造大字也。人儿之文但象臂脛。大文則首手足皆具。而可以参天地。是爲大。徒蓋切。十五部。古文亣也大下云古文亣。亣下云籒文大。此以古文籒文互釋。明衹一字而體稍異。後來小篆偏旁或从古，或从籒。故不得不殊爲二部。亦猶从卩，从儿必分系二部也。然則小篆作何字。曰。小篆作古文也。凡大之屬皆从大。

【易·乾卦】大哉乾元。

【莊子·天地篇】不同同之謂大。

【則陽篇】**天地者，形之大。陰陽者，氣之大。**

初也。【禮·文王世子】天子視學，大昕鼓徵。【註】日初明，擊鼓徵召學士，使早至也。

徧也。【禮·郊特牲】大報天而主日。

長也。【爾雅·釋器】珪大尺二寸謂之玠。【疏】大，長也。

四大，地、水、火、風也，見【梵書·圓覺經】。

"大"字玄机：

（1）"大"的本义为"大人"，即大丈夫、圣贤、君子、淑女。老子《道德经》曰："道大，天大，地大，人亦大。人法地，地法天，天法道，道法自然。"大人，就是自觉效法天地、学习天地之人。启发我们要先立定志向学做大人、大丈夫、圣贤、君子、淑女，不断打磨，去掉自己内心的"小人"、烦恼、尘垢。

（2）大的引申含义为"初""偏""长"等。

【说文解字并康熙字典3-31】方

【说文解字】**併船也**。象兩舟省、總頭形。凡方之屬皆从方。汸，方或从水。府良切

【说文解字注】（方）併船也。**周南**。**不可方思**。**邶風**。**方之舟之**。釋言及毛傳皆曰。方、泭（fú古同桴，筏子）也。今爾雅改方爲舫。非其義矣。併船者、並兩船爲一。釋水曰。大夫方舟。**謂併兩船也**。泭者、編木以爲渡。與併船異事。何以毛公釋方、不曰併船而曰泭也。曰併船、編木其用略同。故俱得名方。方舟爲大夫之禮。詩所言不必大夫。則釋以泭可矣。若許說字。則見下从舟省而上有竝頭之象。故知**併船爲本義**。**編木爲引伸之義**。**又引伸之爲比方**。子貢方人是也。秦風。西天之防。毛曰。防、比也。謂防卽方之假借也。**又引伸之爲方圓、爲方正、爲方向**。**又假借爲旁**。上部曰。旁、溥也。凡今文尚書作旁者、古文尚書作方。**爲大也**。生民。實方實苞。毛曰。**方、極畝也**。**極畝、大之意也**。又假借爲甫。召南。維鳩方之。毛曰。方之、方有之也。方有之猶甫有之也。象兩舟省總頭形。兩當作网。**下象兩舟併爲一**。**上象兩船頭總於一處也**。府良切。十部。通俗文。連舟曰舫。與許說字不同。葢方正字俗用舫。凡方之屬皆从方。

【淮南子·天文訓】**天道曰圓，地道曰方。方者主幽，圓者主明。**

【易·觀卦】**君子以省方觀民設教**。【疏】**省視萬方**。【詩·大雅】**監觀四方**。

【周禮·天官·塚宰】**辨方正位**。【注】別四方。【釋文】視日景，以別東西南北四方，使有分別也。

【禮·內則】**教之數與方名**。【注】方名，如東西也。

【易·未濟】君子以愼辨物居方。【疏】**各居其方，皆得安其所**。

【詩·大雅】萬邦之方，下民之王。【箋】**方，猶向也**。【疏】諸言方者，皆謂居在他所，人向望之，故云：方，猶向也。

道也。【易·恒卦】君子以立不易方。【注】**方，猶道也**。【禮·樂記】樂行而民鄉方。【注】方，猶道也。

【易·複卦】後不省方。【注】**方，猶事**。【疏】不省視其方事也。

術也，法也。【易·繫辭】方以類聚。【疏】方謂法術性行。【左傳·昭二十九年】官修其方。【注】方，法術。

放也。【書·堯典】方命圮族。【釋文】方，放也。

有之也。【詩·召南】維鵲有巢，維鳩方之。【傳】方，有之也。

今也。【詩·秦風】方何為期。【箋】方今以何時為還期。

“方”字玄机：

（1）“方”的本义为并船：“下象两舟併为一。上象两船头总于一处也。”所以引申义为“比”并肩匹合、齐头并进的意思。《说文》曰：“比，密也。本义谓相亲密也。校也，例也，类也，频也，择善而从之也，皆其所引伸。”《韩诗外传》曰：“高比，所以广德也。下比，所以挟（要挟、怀恨）行也。比于善，自进之阶。比于恶，自退之原。”俗话说“近朱者赤，近墨者黑”，我们应当主动亲善效法内心境界比自己高的人，开阔自己的心胸、提升自己的内心境界。

（2）“方”还有“大”“道”“法”“术”等的意思，引申为方圆、方正、方向等。《淮南子》曰：“天道曰圆，地道曰方。方者主幽，圆者主明。”《易·履卦》曰：“幽人贞吉。【疏】幽隐之人，守道贞吉。”《礼·儒行》曰：“幽居而不淫（贪、邪、放）。【疏】君子虽复隐处，常自修整不倾邪也。”《易·恒卦》曰：“君子以立不易方。”所以学做君子之人，效法大地厚德载物，不因外界变化而改变自己的内心节操，独处时也绝不自我放纵，而是能经常自我匡正不倾邪。

【说文解字并康熙字典3-32】隅

【说文解字】隅，**陬**（zōu角落；山脚）也。从𨸏禺聲。

【说文解字注】（隅）陬也。隅與陬爲轉注。廣雅曰。**陬、角也**。小雅箋曰。丘隅、丘角也。上言阪此不言阪者、不主謂阪之隅也。考工記宮隅、**城隅**、謂角浮思也。大雅。**惟德之隅**。傳曰。**隅、廉也**。**今人謂邊爲廉**。**角爲隅**。古不別其字。亦作嵎、作渪。从𨸏。禺聲。噳俱切。古音在四部。偶平聲。

【玉篇】**角也**。【书·益稷】帝光天之下，至于海隅苍生。【诗·邶风】俟我于城隅。

【礼·曲礼】抠（kōu 雕刻花纹）衣趋隅。【注】**趋隅，升席也**

【檀弓】童子隅坐而执烛。【注】**隅坐，不与成人并**。【论语】举一隅，不以三隅反。

【玉篇】廉也。【诗 · 大雅】抑抑威仪，维德之隅。【礼 · 儒行】砥厉廉隅。

综上，经文“大方无隅”可以理解为：主动亲近、比肩学习大人、大丈夫、圣贤、君子、淑女，无限开阔自己的心胸使其没有边角，广袤无垠、辽阔无疆，这样就可以不断进阶自己的内心境界。

3.15.1　憨山大师注解

世人圭角自立，一定而不化。圣人心如太虚，无适不可。故大方无隅。隅，犹定向也。

世人以个性自立，像圭的锋芒楞角分明，自以为是、固执己见、顽固不化。圣人心如太虚量如天地，没有自己不能适应的任何环境。所以说“大方无隅”。隅，好比是固定的方向。

3.15.2　宋龙源圭角版本注解

大方之人。无边际。无内外。无东西南北之分。无四维上下之别。其道无极。其方无方。包裹太虚。涵容天地。故曰。大方无隅。此句。是取喻圣人。无拘无执。心量阔大。不立些小圭角之义。是以谓之大方也。

大方之人，心胸宽广无边无际无内无外，没有内外亲疏的分别，也没有东西南北、四维上下的喜恶区分。其道德像圣人像宇宙一样宽广无垠，心胸之大包裹太虚、涵容天地。所以说“大方无隅”。此句经文，是取圣人做比喻，心胸阔大，不拘泥于小事、不要个性脾气，所以称之为“大方”。

3.16 大器晚成

老子【道德经·闻道章第四十一】经文：大器晚成。

【说文解字并康熙字典3-33】器

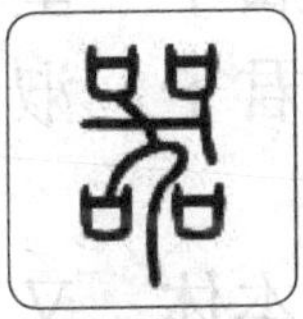

【说文解字】**器，皿也**。象器之口，犬所以守之。

【说文解字注】皿也。皿部曰。**皿，飯食之用器也**。然則皿專謂食器。**器乃凡器統偁**。器下云皿也者，散文則不別也。木部曰。**有所盛曰器。無所盛曰械**。陸德明本如是。象器之口。謂㗊也。與上文从㗊字不同。犬所目守之。會意。去冀切。冀當作既。十五部。

【广韵】**器皿**。【易·系辞】**形乃谓之器**。【注】**成形曰器**。【书·舜典】如五器。【注】**器谓圭璧**

【礼·王制】瘖聋、跛躃、断者、侏儒、百工，各以其器食之。【注】**器，能也**。【论语】及其使人也，器之。【疏】**度人才器而官之**。

【论语】管仲之器小哉。【注】言其度量小也。

【曹植·黄帝三鼎赞】**鼎质文精，古之神器。黄帝是铸，以像太乙**。

“器”字玄机：

（1）“器”的本义为“皿”。最早为“饭食之用器”，后引申为“凡器统称”。器与械的区别是“有所盛曰器，无所盛曰械”，所以重在“有所盛”，也就是“器量”。引申到人上，就是心胸气度、气量、度量、能量了。例如《论语》“管仲之器小哉”，意思就是管仲度量小。所以我们要打造自己为大器，就必须扩容自己的胸襟气度。

（2）“器”从“㗊”从“犬”。“㗊（jí）”意为“众口”。“犬”意为“狗之有縣蹏者”，就是随时悬蹄呈攻击状的狗。犬与狗虽然口头都被称为“狗”，但还是有区别的，“有縣蹏謂之犬，叩气吠謂之狗”，也就是会悬蹄咬人的是犬，会叫的是狗。农村有俗语说“会咬人的狗不会叫，会叫的狗不咬人”。可见，要打造自己成为器宇轩昂大肚能容之人，先要从能够容得下反对意见、容得下众口铄金、容得下众口一词，甚至容得下众人积毁销骨积非成是开始。

（3）“器”源自“饭食之用器”，古代可以烹饪供给更多人吃饭的器皿最著名的莫过于“鼎”，《说文解字》曰：“鼎，三足两耳，和五味之宝器也。昔禹收九牧之金，铸鼎荆山之下，入山林川泽，螭魅蝄蜽，莫能逢之，以协承天休。”《曹植·黄帝三鼎赞》曰：“鼎质文精，古之神器。黄帝是铸，以像太乙。”以上所言有以下含义：

第一，禹、黄帝都是我们中华民族的祖先，内心境界属于“圣人”，所以成就自己为虚怀若谷的大人、大丈夫、圣贤、君子、淑女，才是人生要自我打造的最大的器。

第二，“太乙”又称太一、泰一，指宇宙万物的本源、本体，又称“道”，古代也指天地未分前的混沌之气。而“鼎，三足两耳，和五味之宝器也”，启发我们，大器之人除了要有能力供养众人物质食粮之外，还要有能力传承大道这一精神食粮。而且传承精神食粮更能锻造自己为大器。《史记·孝武本纪》曰：“黄帝采首山铜，铸鼎于荆山下。鼎既成，有龙垂胡髯下迎黄帝。黄帝上骑，群臣后宫从上龙七十余人，龙乃上去。”

第三，大器之人既要容忍众口铄金，同时还要想方设法烹制物质和精神食粮转化众心为众志成城，战战兢兢如履薄冰地制衡“水能载舟亦能覆舟”的水舟关系，最好的办法是把众人视为自己亲生父母，所以大舜之孝行能够成就他为圣贤大器。

第四，《河上公章句》认为：“大器之人若九鼎，瑚琏不可卒成也。”

【说文解字并康熙字典3-34】晚

【说文解字】**晚，莫也**。从日免聲。無遠切〖注〗晩，同。

【說文解字注】莫（【玉篇】與莫同）也。**莫者，日且冥也**。从日在茻中。見茻部。**引伸爲凡後之偁**。从日。免聲。無遠切。十四部。

【博雅】後也。【史記·李斯傳】君何見之晚。【前漢·天文志】

伏見蚤晚。

“晚”字玄机：

“晚”的本义为“莫”。要深入了解“晚”的内涵，需要进一步剖析“莫”的含义，见下：

【说文解字并康熙字典3-35】莫

【说文解字】**莫，日且冥也。从日在茻中**。莫故切。又，慕各切。

〖注〗𦱤、茻、𦴯，古文。

【說文解字注】日且冥也。**且冥者，將冥也**。木部曰。**杳者，冥也**。夕部曰。**夕，莫也**。**引伸之義爲有無之無**。从日在茻中。會意。茻亦聲。此於雙聲求之。莫故切。又慕各切。五部。

【莊子·逍遙遊】廣莫之野。【註】莫，**大也**。

定也。【詩·大雅】監觀四方，求民之莫。

【韻會】**無也**，勿也，不可也。【易·繫辭】莫之與，則傷之者至矣。

謀也。【詩·小雅】秩秩大猷，聖人莫之。

【博雅】**强也**。【論語】文莫吾猶人也。【揚子·方言】侔莫，强也，凡勞而相勉謂之侔莫。【淮南子·謬稱訓】猶未之莫與。【註】莫，勉之也。

【博雅】莫莫，茂也。【詩·周南】維葉莫莫。【註】莫莫，茂密之貌。

又與瘼通。【詩·小雅】莫此下民。

又與**幕**通。【史記·李廣傳】莫府省約文書籍事。

又【**說文**】**莫故切**。**同暮**。【易·夬卦】莫夜有戎。

又**菜也**。【詩·魏風】彼汾沮洳，言采其莫。【註】音暮。

又通**膜**。【禮·內則】去其皽。【註】皽謂皮肉之上魄莫也。

又【韻會】莫白切，音陌。**靜也**。【詩·小雅】君婦莫莫。【註】言**清靜而敬至**也。【左傳·昭二十八年】**德正應和曰莫**。

又【唐韻古音】平聲，音謨。《漢書》註引《詩》聖人莫之作謨（**謀也，大禹謀九功，皋陶謀九德；無也**）。【直音】作莫。

“莫”字玄机：

（1）“莫”的本义为“日且冥也”，而冥的《说文解字》为“幽也。十六日而月始亏幽也”。其《说文解字注》曰：“冥，窈也。正謂宮室之寛長深窈處。穴部曰：窈，深遠也。”启发我们成就圣贤大器属于心地功夫，必须潜学秘行平常心坚持不懈，就像积善成德贵在“积阴德”一样，切记高调行善广而告之。另外，“晚，后也”、“莫”同“暮”、“冥，夜也”，所以，“晚成”公认为“迟成”之意。

（2）“莫”的引申含义为“无”“大”“定”“谋”“强”“静”等。如《汉书》注引《诗》：“圣人莫之作谟。谟，谋也。”《尚书正义·卷四·大禹谟第三》：“大禹谋九功，皋陶谋九德。”可见，证悟“无”就能成就大器，内心归于“静”“定”就能成就大器。

综上，经文“大器晚成”可以理解为：要锻造自己内心境界成为大人、大丈夫、圣贤、君子、淑女之大器，使自己既能虚怀若谷又能化育众生，需要潜学秘行平常心坚持不懈，当私心杂念不起内心境界与“无”相应时，当烦恼尘垢去除内心复归静定清净时，就是自我内圣大器成就之日。

3.16.1 憨山大师注解

世人小智自用，以图速效。圣人深畜厚养，藏器于身，待时而动。迫不得已而后应，乘运而出，必为天下之利具。故大器晚成。

世人都是喜欢利用自己的聪明才智来为人处事的，以图迅速取得成效。圣人深蓄品格厚养德性，怀藏才智勇武于身，以待可用之时施展。逼得没有办法不得不发挥作用，然后才随机应变，与时俱进趁势而出，必定成为天下英豪、人间翘楚、国家栋梁，所以说“大器晚成”。

3.16.2 宋龙源版本注解

能盛物者。谓之器。晚成。言非容易成就者也。大器之人。养深积厚。操存日久。造到精金百炼。止于至善之地位。方可成

经天纬地之才也。岂其容易而成此大器乎。故曰大器晚成。

能盛东西的，叫作器。晚成，说的是不容易成就。大器之人，涵养道德根基深厚，保守节操天长日久。只有功德造化达到炉火纯青，境界到达至善高度，方可成为经天纬地之人才，这怎能是容易成就的大器呢？所以说“大器晚成”。

3.17 大音希声

老子【道德经·闻道章第四十一】经文：大音希声。

【说文解字并康熙字典3-36】音

【说文解字】音，聲也。生於心，有節於外，謂之音。宫商角徵羽，聲；絲竹金石匏土革木，音也。从言含一。凡音之屬皆从音。

【說文解字注】**聲生於心有節於外謂之音**。十一字一句。各本聲下衍也字。**樂記曰。聲成文謂之音。宮商角徵羽，聲也**。宋本無也。**絲竹金石匏土革木，音也。从言含一。有節之意也**。於今切。七部。凡音之屬皆从音。

【書·舜典】八音克諧。【禮·樂記】**變成方謂之音**。【疏】**方謂文章，聲既變轉和合，次序成就文章謂之音。音則今之歌曲也。**

【周禮·春官·大師】以六律爲之音。【疏】以大師吹律爲聲，又使其人作聲而合之，聽人聲與律呂之聲合，謂之爲音。【詩序】情發於聲，聲成文，謂之音。【疏】此言聲成文謂之音，則聲與音別。**樂記註：雜比曰音，單出曰聲。記又曰：審聲以知音，審音以知樂，則聲音樂三者不同，以聲變乃成音，音和乃成樂**，故別爲三名。對文則別，散則可以通。季札見歌《秦》曰：此之謂夏聲。公羊傳曰：十一而稅頌聲作，聲卽音也。下云治世之音，音卽樂也。是聲與音樂各得相通也。

【易·中孚】**翰音登于天**。注：翰，高飞也。【说文】翰，天鸡赤羽也。

【说文解字并康熙字典3-37】声

【说文解字】声，音也。从耳殸（qìng）聲。殸，籒文磬。書盈切

【說文解字注】音也。音下曰。聲也。二篆爲轉注。此渾言之也。析言之，則曰生於心有節於外謂之音。宮商角徵羽，聲也。絲竹金石匏土革木，音也。**樂記曰。知聲而不知音者，禽獸是也。**从耳。殸聲。書盈切。十一部。殸，籒文磬。見石部。

【書·舜典】**詩言志，歌永言，聲依永，律和聲**。【傳】聲謂五聲，宮商角徵羽也。【禮·月令】仲夏之月，止聲色。【注】聲謂樂也。

又凡響曰聲。【張載·正蒙】**聲者，形氣相軋而成**。兩氣者，穀響雷聲之類。兩形者，桴鼓叩擊之類。形軋氣，羽扇敲矢之類。氣軋形，人聲笙簧之類。皆物感之良能，人習而不察耳。

又聲教。【書·禹貢】東漸於海，西被於流沙，朔南曁聲教，訖于四海。【左傳·文六年】樹之風聲。【注】因土地風俗，為立聲教之法。又聲譽。【孟子】**故聲聞過情，君子恥之**。【注】**聲聞，名譽也**。

又宣也。【孟子】金聲而玉振之也。【注】聲，宣也。

又【謚法】不生其國曰聲。【注】生於外家。【春秋·經傳集解】繼室以聲子，生隱公。【注】聲，謚也。

【说文解字并康熙字典3-38】希（睎）

【说文解字】**望也**。从目，稀省聲。海岱之閒謂眄（眄miàn，《说文》目偏合也。按，目一闭一开审谛而视也。）曰睎。香衣切。

【說文解字注】望也。西都賦曰：睎秦嶺。古多假希爲睎，如公孫弘傳希世用事，晉虞溥傳希顏之徒是也。从目希聲。說文無希篆，而希聲字多有，然則希篆奪也。香衣切。十五部。海岱之閒謂眄曰睎。方言：睎，眄也。東齊青徐之閒曰睎。。

〔古文〕桼【廣韻】香衣切【集韻】【韻會】香依切，音睎。【集韻】**寡也**。【爾雅·釋詁】**罕也**。【疏】**少之稱也**。【書·堯典】鳥獸希革。【傳】夏時鳥獸毛羽，希少改易。【論語】希不失矣。

【廣韻】**望也**。【後漢·黨錮傳】海內希世之流，遂共相標榜。【註】希，望。

【廣韻】**止也，散也，施也**。

【史記·三皇紀】女媧氏有神聖德，代宓犧立，號曰女希氏。

【正韻】與黹同。【周禮·春官·司服】祭社稷五祀，則希冕。【疏】鄭讀希爲黹。

综上，“音”与“声”的区别是：

（1）声生于心有节于外谓之音。《乐记》曰：“声成文谓之音。”

（2）宫商角徵羽，声也。丝竹金石匏土革木，音也。《礼·乐记》曰：“变成方谓之音。【疏】方谓文章，声既变转和合，次序成就文章谓之音。音则今之歌曲也。”

（3）亲比曰音，单出曰声。《诗序》曰：“情发于声，声成文，谓之音。”

（4）《乐记》曰：“審声以知音，審音以知乐，则声音乐三者不同，以声变乃成音，音和乃成乐。”

（5）《乐记》曰：“知声而不知音者，禽兽是也。”

（6）《书·舜典》曰：“诗言志，歌永言，声依永，律和声。”

（7）《河上公章句》认为：“大音犹雷霆，待时而动。”

“大”字仍然参照《说文解字》，“大”的释词“天大，地大，人亦大”。“天”之声音不可闻、“地”之声音不可闻，比天地更大的“道”，其声音更是无所听闻，难怪吕祖说“坐听无弦曲，明通造化机”。处处效法天地成就大道的大人、大丈夫、圣贤、君子、淑女，声音都是待时而发，重视“身教”胜于“言传”。

所以，经文“大音希声”可以理解为：大人大丈夫圣贤君子淑女，其声音待时而发，重视“身教”胜于“言传”。

3.17.1 憨山大师注解

所以然者，譬夫大音之希声，大象之无形，殊非常情之所易见易闻。宜乎下士闻而大笑之也。以其世之所尚者，名也。

之所以说“大器晚成”，譬如经中所言“大音希声，大象无形”，都不是普通人情理能够易见易闻的，常情所见应该都是下士闻道大笑之的那种，因为世间人所崇尚的都是名利。

3.17.2 宋龙源版本注解

3.17.2.1　口不能言。谓之大音。耳不能闻。谓之希声。

口不能言说音乐的美妙的，叫作“大音”。耳不能听闻音乐的声音的，叫作“希声”。

3.17.2.2　大音者。无音之音也。希声者。无声之声也。

大音，是无音之音。希声，是无声之声。

3.17.2.3　譬如黄钟。得一阳之元气。圣人则之。为众音之主。此一阳之元气。何尝有声乎。虽然无声。十二律之声。皆从一阳之元气而生矣。此正是大音希声之妙处。

譬如黄钟，其乐律与冬至相应，时在十一月，得一阳之元气，圣人尊其规律，使其乐律为十二律中的第一律，众音以黄钟调为主音基音。黄钟得此一阳之元气，何尝有个实体的声响能够表达？虽然无声，十二乐律之声，却都从这黄钟一阳之元气而生，此正是“大音希声”的妙处。

3.17.2.4　又如圣人。治国治民。妙在心声之微。大顺大化。妙在不言之教。

又如圣人，治国治民之道，妙在字字微言；大顺大化之法，妙在言传身教。

3.17.2.5　以此观之。无音之中。有大音者具焉。无声之中。有希声者存焉。故曰大音希声。吕祖云。坐听无弦曲。明通造化机。即是此义。

以此可以看出，无音之中有大音在，无声之中有希声存。所以说“大音希声”。吕祖教导我们的“坐听无弦曲，明通造化机”说的就是这个意思。

3.18 大象无形

老子【道德经·闻道章第四十一】经文：大象无形。

【说文解字并康熙字典3-39】象

【说文解字】長鼻牙，南越大獸，三季一乳，象耳牙四足之形。凡象之屬皆从象。徐兩切。

【說文解字注】**南越大獸。獸之㝡大者**。而出南越。長鼻牙。有長鼻長牙。以上七字依韵會所據小徐本。三年一乳。左傳定四年正義作三年一乳字。按**古書多假象爲像**。人部曰。像者，似也。似者，像也。像从人象聲。許書一曰指事。二曰象形。當作像形。全書凡言象某形者，其字皆當作像。而今本皆从省作象。則學者不能通矣。周易毄辭曰。**象也者，像也**。此謂古周易象字卽像字之假借。**韓非曰。人希見生象。而案其圖以想其生。故諸人之所以意想者皆謂之象**。似古有象無像。然像字未製以前。想像之義已起。故**周易用象爲想像之義**。如用易爲簡易變易之義。皆於聲得義。非於字形得義也。韓非說同俚語。而非本無其字，依聲托事之恉。象耳牙四足尾之形。象當作像。耳牙疑當作鼻耳。尾字各本無。今補。徐兩切。十部。凡象之屬皆从象。

【王安石·字說】**象牙感雷而文生，天象感氣而文生，故天象亦用此字**。

【易·繫辭】**在天成象**。【疏】**謂懸象日月星辰也**。【禮·樂記·注】**象，光耀也**。

【易·繫辭】**象也者，像此者也**。【疏】**言象此物之形狀也**。【左傳·桓六年】申繻曰：名有五，以類命為象。【注】若孔子首象尼丘。

【周禮·春官·大蔔】以邦事作龜之八命，二曰象。【注】謂災變云物如眾赤鳥之屬，有所象似。

【前漢 · 王莽傳】白煒象平。【注】**象，形也**。萬物無不成形於西方。**法也**。【書 · 舜典】象以典刑。【傳】法用常刑，用不越法。【儀禮 · 士冠禮】**繼世以立諸侯，象賢也**。【注】象，法也。又象魏，門闕也。一曰書名。

"象"字玄机：

（1）"象"的本义为"南越大兽，兽之最大者"。引申含义为"像""形象""光耀"。《易 · 系辞》曰："在天成象。【疏】谓悬象日月星辰也。"《老子西升经》曰："虚无生自然，自然生道，道生一，一生万物。"所以，比日月星辰更大的是"一"，比"一"更大的是"道"，比"道"更大的是"自然"，比"自然"更大的是"虚无"。日月星辰的形象我们尚且无法描绘，何况"一"？何况"道"？何况"自然"？何况"虚无"？更不必说效法道、效法天地自然的大人、大丈夫、圣贤、君子、淑女，其内圣之心广袤无垠心包宇宙，如何能够描绘？

（2）《河上公章句》曰："大法象之人，质朴无形容。"

综上，经文"大象无形"可以理解为：道大天大地大，大象无形无法描绘，同样，效法道、效法天地的大人、大丈夫、圣贤、君子、淑女，其内圣之心广袤无垠心包宇宙，也无法测知无法描绘。

3.18.1　宋龙源版本注解

3.18.1.1　大象者。无象之象也。无形者。目不能见。谓之无形。大象。即是大道微妙之理。可以心神领会。不可以形迹睹见。是以谓之大象无形。

大象，没有形象的形象。无形，眼睛看不见。所谓"无形""大象"，就是微妙的大道之理，只可意会，不可目睹，因此称之为"大象无形"。

3.18.1.2 大象之人。与此一样。心即是道。道即是心。敛之在身。非有非无。用之天下。无穷无尽。是以古之圣人。治国修身之处。人不能知其端倪者。正是大象无形之妙耳。

大象之人，与此一样。心是道，道是心，收敛于一身，似有似无，一旦运用天下，无穷无尽。所以，古代圣贤，用以修身治国，而人不能测知其眉目，正是大象无形之妙处。

3.19 道隐无名

老子【道德经·闻道章第四十一】经文：道隐无名。

【说文解字并康熙字典3-40】隐

【说文解字】隱，蔽也。从𨸏㥯聲。於謹切〖注〗𤔌、乚，古文。

【說文解字注】蔽也。艸部曰。蔽茀，小皃也。小則不可見。故隱之訓曰蔽。若孟子隱几字則當爲𤔌。𠬪部曰。𤔌，有所據也。从𨸏。㥯聲。於謹切。十三部。

〔古文〕𤔌（𤔌所依據也）、乚，【唐韻】【正韻】於謹切【集韻】【韻會】倚謹切，音㶏。【爾雅·釋詁】隱，微也。【注】微謂逃藏也。【易·乾卦】龍德而隱者也。

又【禮·禮運】大道既隱。【注】隱猶去也。

【玉篇】匿也。【論語】言及之而不言，謂之隱。

又【廣韻】私也。【論語】吾無隱乎爾。【疏】孔子教人無所隱惜。

又【玉篇】不見也。【易·繫辭】巽稱而隱。【注】稱揚命令，而百姓不知其由。【史記·韓安國傳】壺遂之深中隱厚。

又【禮·曲禮】不以隱疾。【注】隱疾，衣中之疾也。

又【史記·滑稽傳】齊威王之時喜隱。【前漢·藝文志】隱書十八篇。【注】《劉向·別錄》云：隱書者，疑其言以相問，對者以慮思之，可以無不喻。

又【禮·玉藻】隱辟而後屨（jù履也。用麻、葛等制成的单底鞋。丝作之曰履，麻作之曰扉fèi，粗者谓之屦）。【注】隱辟，俛（同“俯”）逡巡而退著屨也。

又【爾雅·釋言】隱，占也。【注】隱度。【疏】占者，視兆以知吉凶，必先隱度。【禮·少儀】軍旅思險，隱情以虞。【注】隱，意也，思也。【後漢·安帝紀】隱親悉心，勿取浮華。【注】皆隱審盡心，勿取浮華不實者。

又【揚子·方言】隱，定也。又【玉篇】安也。

又痛也。【詩·邶風】如有隱憂。【傳】痛也。【禮·檀弓】拜稽顙，哀戚之至隱也。稽顙，隱之甚也。【孟子】王若隱其無罪而就死地。【又】皆有怵惕惻隱之心。【前漢·韓安國傳】此仁人之所隱也。

又【左傳·昭二十五年】隱民皆取食焉。【注】隱約窮困。

又【定三年】君以弄馬之故，隱君身。【注】隱，憂約也。【荀子·儒效篇】隱隱兮其恐人之不當也。【注】隱隱，憂戚貌。

又【司馬相如·上林賦】湛湛隱隱。【注】隱隱，盛貌

“隐”字玄机：

（1）“隐”的本义为“蔽”。“蔽茀（bì fú），小儿也。小则不可见。故隐之训曰蔽。”这里的“蔽茀”假借隐微不可见的小草，意为“隐避”。“蔽茀”意同“蔽芾（bì fú）”，《诗经·召南·甘棠》：“蔽芾甘棠，勿翦勿伐。”朱熹解读为幼小盛貌的样子。“道”隐于万物，道玄微不可见，但道同样具有勃勃生机。

（2）“隐”的古文为“㥯”为“乚”。“㥯”意为“所依据也”，“乚”意为“匿也，象迟曲隐蔽形，象逃亡者自藏之状也”。“道”虽隐于万物，但万物以“道”为所依据，休养生息离不开“道”。

（3）“隐”引申含义为“定”“安”等，古代多组词为“安隐”代替现在的“安稳”。

（4）《河上公章句》曰：“道潜隐，使人无能指名也。”

综上，经文“道隐无名”可以理解为：大道玄微，潜隐于万物之中，使人无能指名。

3.19.1 憨山大师注解

然道隐于无名，又岂常情所易知耶。所以圣人之广大难测者，以其有大道也。

然而道以无名而隐蔽，又岂是普通人情理所能易知？所以，之所以圣人广大难测，是因为他心存大道。

3.19.2 宋龙源版本注解

此句乃是总上十三句之妙义。大道无声无臭。无迹无形。其至玄至微。至神至虚。隐于天地。天地不知。隐于万物。万物不知。求其状。其状不有。指其名。其名不得。故曰道隐无名。上文虽未言大道之妙。所以为妙者。实在其中也。

此句经文，是综述上面十三句经文的妙义。大道的特点，无声、无臭、无迹、无形（听不到、嗅不到、看不到、摸不到），玄微至极，神虚至极。隐蔽于天地，天地不能察知。隐蔽于万物，万物不能觉知。探求其形状，形状找不到。指出名字，名字不可得。所以说“道隐无名”。上面经文中，虽然没有说出大道之妙，但大道奥妙实实在在在其中。

3.20 夫唯道，善贷且成

老子【道德经·闻道章第四十一】经文：夫唯道，善贷且成。

【说文解字并康熙字典3-41】唯

【说文解字】諾也。从口隹聲。以水切。

【说文解字注】（唯）諾也。此渾言之。玉藻曰。父命呼。唯而不諾。析言之也。从口。隹聲。以水切。十五部。

【玉篇】唯，獨也。【集韻】專辭。【易·乾卦】其唯聖人乎。

【韻會】六經惟維唯三字皆通。作語辭。

【集韻】視隹切，音垂。與誰同。何也。

【說文】諾也。【禮·曲禮】必慎唯諾。【釋文】唯，于癸反。徐，于比反。沈，以水反。【又】父召無諾，先生召無諾，唯而起。

又【內則】能言，男唯，女俞。【戰國策】范睢曰唯唯。

又【詩·齊風】其魚唯唯。【傳】唯唯，出入不制也。【箋】唯唯，行相隨順之貌。【釋文】唯，維癸反。沈，養水反。【韓詩】作遺遺，言不能制也。

【康熙字典3-42】善

（古文）譱善𧧐譱【廣韻】常演切【集韻】【韻會】【正韻】上演切，𠀤音墠。

【說文】吉也。【玉篇】大也。

【廣韻】良也，佳也。【書·湯誥】天道福善禍淫。

【詩·墉風】女子善懷。【箋】善，猶多也。

【禮·文王世子】嘗饌善，則世子亦能食。【注】善謂多於前。

【禮·曲禮·入國不馳注】馳善躪人也。【疏】善猶好也，車馳則好行剌人也。【禮·王制注】善士謂命士也。

【禮·學記】相觀而善之謂摩。【疏】善猶解也。

【禮·少儀】問道藝，曰：子習於某乎，子善於某乎。【疏】道難故稱習。藝易故稱善。

與單通。【前漢·匈奴傳】單于曰善於。

【正字通】與人交讙曰友善。【史記·刺客傳】田光曰：所善荊卿可使也。

與膳通。【莊子·至樂篇】具太牢以為善。【集韻】或作墠。

【拓展学习3-8】“善”字小秘密

善，上下两羊头、中间一长丰、下面一张口。

羊头：表示羊角、刀枪、武功、武力、柔顺，象征首领、权力和地位，五行属金。首领行使权力一定要如羊之温顺才符合宇宙规律，暴政者必暴毙。上下两个羊头，指羊头所代表的规律首尾相连、周而复始、循环往复、无穷无尽。

丰：三横一竖，一竖贯三横。在“善”字中，三横指天、地、人，即宇宙；一竖指一种贯穿天、地、人的，使天、地、人等万事万物都遵循的同一的、根本的规律。

口：一指说、念、讲，也可以理解成评价、舆论、媒体；二指圆、圆周运动、周而复始、永不停息。

“善”字左右对称，代表着公平公正；不管是行使权力者，或是媒体导向，在评价、舆论、报道的时候都应该公平、公正。

所以，“善”字的根本义为：苍穹以其为首，天、地、人共同遵守，万事万物常念不息，威武又温柔的宇宙的根本规律。

【说文解字并康熙字典3-43】贷

【說文解字】**貸，施也。**從貝代聲。

【說文解字注】**施也。謂我施人曰貸也。**

【廣雅】**予也。**

【玉篇】假也，借盈也，**以物與人更還其主也。**

【周禮·地官·泉府】**凡民之貸者，與其有司，辨而授之。**

【左傳·文十四年】盡其家貸於公，有司以繼。

【唐韻正】乞貸之貸爲入聲，出貸與人之貸爲去聲。

【说文解字并康熙字典3-44】成

【说文解字】**成，就也。**從戊丁聲。

【廣韻】**畢也。凡功卒業就謂之成。**

終也。凡樂一終為一成。【書·益稷】簫韶九成。【儀禮·燕禮】

笙入三成。【注】三成謂三終也。

善也。【禮·檀弓】竹不成用。【注】成，猶善也。

【周禮·天官·大宰】八灋（法，制度）五曰官成。注**官成，謂官府之成事品式（標準，法式）也**。

【秋官·士師】掌士之八成。【注】**八成者，行事有八篇，若今時決事比也**。

【釋文】凡言成者，皆舊有成事品式（模式、規律）。

必也。【吳語】勝未可成。【注】猶必也。

又併也。【儀禮·既夕】俎二以成。【註】成，猶併也。

又【禮·王制】司會以歲之成質于天子。【註】**計要也**。【周禮·天官·司會】以參互攷日成，以月要攷月成，以歲會攷歲成。

又【司馬法】**通十爲成**。【周禮·冬官考工記】方十里爲成。【左傳·哀元年】有田一成。

又**重也**。【爾雅·釋地】丘一成爲敦丘。【註】成，猶重也。周禮曰：爲壇三成。【疏】言丘上更有一丘，相重累者。

又【釋名】**成，盛也**。又【謚法】**安民立政曰成**。

综上，经文“夫唯道，善贷且成”可以理解为：只有大道才总是善待万物、施惠万物、成就万物。

此句经文启发我们：应该唯道是诺、遵道而行，时刻践行大道“善”“贷”“成”三大法宝，努力沿着符合道义、正义、规律的原则去正确善待万物、施惠万物、成就万物。

3.20.1 憨山大师注解

3.20.1.1 夫惟道也，万物皆往资焉而不匮，曲成万物而不遗。故曰善贷且成。

只有道德，万物都通往流注却不匮乏，委曲成全万物却不遗失。所以说“善贷且成”。

3.20.1.2 圣人如此，所以世人皆以大似不肖。而轻笑之。然不笑，不足以为道也。

圣人就是这样遵道而行的榜样。所以世人都认为这与无才能和不贤极为相似，所以轻蔑讥笑，然而如果世人不讥笑，就够不上称为至高的大道了。

3.20.2 宋龙源版本注解

3.20.2.1 此二句。乃是总结上文之义。恐后世不知大道之体用。

这两句经文，是属于总结上文的，担心后世学者不晓得大道的本体和作用。

3.20.2.2 无所不善贷。无所不且成。上文自明道若昧。至道隐无名。若不从大道而进修。则无处进修。若不从大道而存养。则无所存养。所以大道。造物之圆机。无所不善贷。无所不且成也。故云夫唯道。善贷且成。

没有什么不能善待和施惠的，没有什么不能成全成就的。上文自“明道若昧”至“道隐无名”，如果不从大道进修，则无处可以进修。如果不从大道存养，则无所存养。所以大道，是造物之圆机，没有什么不能善待和施惠的，没有什么不能成全成就的。所以说“夫唯道，善贷且成”。

3.20.2.3 此章经旨。教人当以笃信。为入道之门。万圣千真。皆从笃信而入。下士闻道。笑之者。正是不信之义。安知勤而行之者。乃可成道。而为圣为贤乎。

此章经文的中心思想，是教导我们应当以笃信作为契入大道的门径。所有圣贤，都是从笃信入门的。“下士闻道大笑之”，正是因为不笃信。他们哪里知道那些“勤而行之”的上士，就可以成道，就可以成就自己为圣贤呢?

3.21 思考与练习

一、思考并回答

1. 请问"闻"的内涵是什么？有何感悟？
2. 请问"士"的内涵是什么？有何启发？
3. 如何理解"上士"？
4. 请问"勤""行"的内涵是什么？
5. 如何理解"上士闻道，勤而行之"？
6. 请问"中"的内涵是什么？有何感悟？如何理解"中士"？
7. 请问"若""存"的内涵是什么？
8. 如何理解"中士闻道，若存若亡"？
9. 请问"笑"的内涵是什么？有何启发？
10. 请问如何理解"下士闻道，大笑之"？
11. 请问如何理解"不笑不足以为道"？
12. 请问"建""言"的内涵是什么？有何启发？
13. 请问"明""昧"的内涵是什么？有何启发？
14. 请问如何理解"明道若昧"？
15. 请问"进""退"的内涵是什么？又和启发？
16. 请问如何理解"进道若退"？
17. 请问"夷""类"的内涵是什么？有何启发？
18. 如何理解"夷道若类"？
19. 请问"谷"的内涵是什么？有何感悟？
20. 如何理解"上德若谷"？
21. 请问"白""辱"的内涵是什么？有何感悟？
22. 请问如何理解"大白若辱"？
23. 请问"广"的内涵是什么？如何理解"广德若不足"？
24. 请问"偷""输""欲"的内涵是什么？有何感悟？
25. 如何理解"建德若欲""建德若偷""建德若输"？
26. 请问"真"的内涵是什么？有何感悟？

27. 请问“渝”的内涵是什么？有何感悟？
28. 如何理解“质真若渝”？
29. 请问“方”“隅”的内涵是什么？有何感悟？
30. 如何理解“大方无隅”？
31. 请问“器”的内涵是什么？有何感悟？
32. 如何理解“大器晚成”？
33. 请问“音”“声”“希”的内涵是什么？有何感悟？
34. 如何理解“大音希声”？
35. 请问“象”的内涵是什么？有何感悟？
36. 如何理解“大象无形”？
37. 请问“隐”的内涵是什么？有何感悟？
38. 如何理解“道隐无名”？
39. 请问“唯”“善”的内涵是什么？有何感悟？
40. 请问“贷”的内涵是什么？有何感悟？
41. 请问“成”的内涵是什么？有何感悟？
42. 如何理解“夫唯道，善贷且成”？

二、每日早晚静坐背诵经典，各半小时。

三、继续依据自己制定的“日三省吾身表”每日记录、写日记。

Ⅳ　自胜者强篇

开宗明义：

本篇主要阐释《老子道德经•尽己章第三十三》，试图通过学习，彻悟本真富贵、激发自身潜能，努力倒空自我，时时自我革新，珍惜当下，见贤思齐。

经文“胜人者有力，自胜者强”的思想，与二十大精神关于自我革新自我革命的思想高度契合，本篇通过逐字逐句的经文解析，试图深层激发学子自我革新潜能，自觉降服自我、超越自我。

本篇章节主要有：

4.1　尽己章第三十三

老子【道德经·尽己章第三十三】全文：知人者智。自知者明。胜人者有力。自胜者强。知足者富。强行者有志。不失其所者久。死而不亡者寿。

【说文解字并康熙字典4-1】尽（盡）

【说文解字】**盡，器中空也**。从皿𦘔声。慈刃切

【说文解字注】器中空也。釋詁。**觳悉卒泯忽滅罄空畢罊殲拔殄盡也。曲禮曰。虛坐盡後。實坐盡前**。皀忍切。**俗作儘**。亦空義之引伸。从皿。𦘔聲。慈忍切。十二部

【小爾雅】**止也**。【玉篇】終也。【廣韻】**竭也**。【集韻】**悉也**。【易·繫辭】書不盡言，言不盡意。【左傳·哀元年】去惡莫如盡。【谷梁傳·定十年】孔子曆階而上，不盡一等。【禮·曲禮】君子不盡人之歡。【中庸】天地之道，可一言而盡也。【史記·禮書】**明者，禮之盡也**。【荀子·正名篇】欲雖不可盡，可以近盡也。【注】適可而止也。

【類篇】**極也**。【正韻】**盡之也**。【書·康誥】往盡乃心。

【韻會】**皆也**。【左傳·昭二年】韓宣子曰：周禮盡在魯矣。

【類篇】**任也**。【增韻】**縱令也**。【左傳·文十四年】公子商人，盡其家貸於公。【禮·曲禮】虛坐盡後，食坐盡前。俗作儘。

【世說新語】可以累心處都盡。【註】**盡，猶空也**。

“尽”字玄机：

（1）“尽”字本义为“器中空”。意思是要学会倒空自己。《道德经》“道隐无名”已经启发我们，“道”隐于万事万物，万事万物无不以“道”为依据，但道以“无”为名为大，也就

是要善于化“有”为“无”，时刻倒空自己的私心、贪欲，按照公心和道义、正义、规律去遵道而行。“尽”的引申含义为“止”“竭”“悉”“皆”“极”“任”等。

（2）《礼记·正义》曰：“凡治人之道，莫急于礼。礼有五经，莫重于祭。夫祭者，非物自外至者也，自中出生于心也；心怵而奉之以礼。”又曰：“身致其诚信，诚信之谓尽，尽之谓敬，敬尽然后可以事神明，此祭之道也。”可见“尽己”需从“诚信”入手。

【说文解字并康熙字典4-2】己

【說文解字】**己，中宮也。象萬物辟藏詘形也**。己承戊，象人腹。凡己之屬皆從己。㔷，古文己。居擬切己說文解字重文㔷小篆

【說文解字注】中宮也。**戊己皆中宮。故中央土。其日戊己**。注曰。**己之言起也**。律曆志曰。**理紀於己**。釋名曰己，皆有定形可紀識也。**引申之義為人己。言己以別於人者。己在中。人在外。可紀識也**。論語。**克己複禮為仁。克己言自勝也。象萬物辟藏詘（qū）形也。辟藏者，盤辟收斂。字像其詰（jiē）詘之形也**。此與巳止字絕不同。宋以前分別。自明以來書籍閑大亂。如論語莫己知也。斯已而已矣，唐石經不訛。宋儒乃不能了。居擬切。一部。己承戊。象人腹。冢大一經。凡己之屬皆從己。

【廣韻】**身也**。【書·大禹謨】舍己從人。【禮·坊記】君子貴人而賤己，先人而後己。

【韻會】**私也**。【論語】克己復禮。

【釋名】**紀也**。【詩·小雅】式夷式己。【箋】為政當用平正之人，用能紀理其事也。

“己”字玄机：

（1）“己”字本义为“中宫”。甲、乙、丙、丁、戊、己、庚、辛、壬、癸被称为“十天干”，简称“天干”，戊己皆为中央土。天之中心与人之中心相对应，均称为中宫。古人认为，天之中心为太乙所住，人之中宫为元神所居。

（2）“己，理纪于已。释名曰己，皆有定形可纪识也。引申之

义为人己。言己以别于人者。己在中，人在外。可纪识也。”这句话的关键是理解“纪”的内涵，《说文解字注》曰：“纪，别丝也，一丝必有其首，别之是为纪。众丝皆得其首，是为统。统与纪义互相足也。礼器曰：众之纪也。纪散而众乱。注曰：纪者，丝缕之数有纪也。此纪之本义也。引申之为凡经理之称。”可见，没有规矩不成方圆，人的的确确应该对自己有一定之规，学做君子、大人、大丈夫就是学做有章法之人。《论语》曰“克己复礼为仁”，其中的“克己”意为“自胜”，自我战胜、自我超越、严以律己的意思。

（3）己，“象万物辟藏诎形也”。“辟藏”，“盘辟收敛”之意。“诎”就是“诘诎（jiē qū）”，是指“己”的字形像屈曲屈折的样子。启发我们，对自己应该收敛锋芒，谦虚为上。

所以，“尽己”可以理解为：空掉自我和私心，至诚至敬，谦虚自律。

4.1.1 憨山大师注解

4.1.1.1 此因上言侯王当守道无为，故此教以守之之要也。

整个这一段儿是承接上一段儿经文“道常无名。朴虽小，天下不敢臣。侯王若能守，万物将自宾。天地相合以降甘露，民莫之令而自均。始制有名，名亦既有，夫亦将知止。知止，所以不殆。譬道之在天下，犹川谷之于江海也”而言的。

上段提到侯王应该守道“无为”，所以这一段就教导我们守道无为的要点或者核心。侯王，地位一人之下万人之上。核心点是无为而治，“守道无为”。守道，就是尊道而行，就是以公心来治理，不要加上自己的私心，也就是要“大公无私”。《礼记·礼运》云：“大道之行也，天下为公。选贤与能，讲信修睦。故人不独亲其亲，不独子其子，使老有所终，壮有所用，幼有所长，矜、寡、孤、独、废疾者皆有所养，男有分，女有归。货恶其弃于地也，不必藏于己；力恶其不出于身也，不必为己。是故谋闭而不兴，盗窃乱贼而不作，故外户而不闭。是谓大同。”无为而治，空掉自我的私心，是为政一方和提升自我修为的关键。

4.1.1.2　知人者，谓能察贤愚，辨是非，司黜陟，明赏罚，指瑕摘疵，皆谓之智。

“知”是“智”的古体字，俗话说“大知而察”，是说有大智慧的人都有敏锐的洞察力。《中庸·第六章》曰：“舜其大知也与！舜好问而好察迩言。隐恶而扬善。”舜真是一位具有大智慧的人啊！他喜欢向人问问题，又善于分析别人浅显言语里的含义。言谈举止善于隐藏别人的缺点、称赞人家的优点。

憨山大师认为，真正有智慧的人，能够从细微处省察出一个人的秉性是贤还是愚，能辨析清楚哪是是哪是非，哪是对哪是错，哪是符合规律哪是违背规律，哪是应该哪是不应该，明察哪些官员该升迁哪些该罢黜，明晓哪些该奖励哪些该惩罚，能够指出缺点和不足以便改正，等等，这都属于智慧的智。

4.1.1.3　但明于责人者，必昧于责己。然虽明于知人为智，不若自知者明也。

但是明察别人的缺点、错误、不足，从而指责责备别人的人，一定对自己的缺点、错误、不足看不清辨不明。这是大多数人的通病，都是看别人的缺点一个顶十个，指责别人都非常准确清晰，而对自己的言谈举止却没有慧眼识别。看不清自己的是非曲直，如何匡正自我？所以，与其“明于知人为智”，不如“自知者明”，只有洞察自己的缺点和不足，才是真贤明！

4.1.1.4　老子谓孔子曰：“聪明深察而近于死者，好议者也。

老子曾经教导孔子说，聪明深察别人的缺点、不足、坏处的人，总是置自己于危险的死地，原因是什么呢？就是好议论别人的不是、缺点和错误。

4.1.1.5 博辩宏大而危其身者，好发人之恶也。去子之恭骄与智能，则近之矣。谓是故也。

那些有雄辩之才的人却往往置自己于危难境地，因为他好揭发别人的短处、揭露别人的邪恶。所以说，想方设法除去自己的傲慢，想方设法隐藏自己的智慧和本领，才是真正接近“守道无为”的大智大慧，这一段讲的就是这个道理。

【拓展学习4-1】学习大舜，隐恶扬善！

《中庸·第六章》曰：“舜其大知也与！舜好问而好察迩言。隐恶而扬善。”舜真是一位具有大智慧的人啊！他喜欢向人问问题，又善于分析别人浅显言语里的含义。言谈举止中善于隐藏别人的缺点、称赞人家的优点。所以，我们都应当向大舜学习，从细微处发现别人的优点、长处、好处，及时点赞与学习！

1. 宽以待人，隐恶扬善

好批评学生的老师，换来的往往不是学生和家长的由衷感谢，而是家长向教育局提出开除老师的要求，这样的例子比比皆是。好指责孩子缺点的家长，换来的往往不是孩子改正缺点为优点了，而是借青春期故意逆反叛逆。好揭短的，换来的往往并不是立即改邪归正了，而是遭遇怒火中烧变本加厉。好找茬的，换来的往往并不是茬子被修剪整齐了，而是荆棘丛生，剪不断理还乱……

美国大选，两党任由自私自利、颠倒黑白言行膨胀，互相指责，互相揭短，结果揭出了离心离德，揭出了互不信任，揭出了水深火热，揭出了误国误民。

所以，学生是表扬优点表扬出来的，孩子是夸赞优点夸赞出来的，下属是鼓励优点鼓励出来的，员工是点赞优点点赞出来的，朋友是学习优点学习出来的……这个本领也叫“宽以待人”，三国演义中刘备虽优柔寡断，但却宽以待人、柔能克刚、英雄莫敌，至今传为美谈。

越是地位高的人，越是深谙隐恶扬善之妙。发现优点，鼓励优点，就是肯定，就是赞同，就是同心同德，就是努力方向！舜能够做到明察秋毫于内、隐恶扬善于外，所以被世世代代称颂为“舜其大知也与”。

2. 严以律己，上行下效

老子《道德经》曰："合抱之木，生于毫末；九层之台，起于累土；千里之行，始于足下。"始于足下，就是从我做起，从自己做起，扎扎实实改正缺点为优点！之所以学生不佩服、孩子爱逆反、部下慢作为，原因万万千，自己最能力所能及掌控的是改变自己，严以律己，树立榜样，必能掀开上行下效的新篇章。

【学习与思考4-1】曾国藩如何以拙诚胜巧伪？

曾国藩有一句名言"唯天下之至诚，能胜天下之至伪；唯天下之至拙，能胜天下之至巧"。张宏杰著述的《曾国藩的领导力》，用翔实的史料和理性分析给我们呈现了另一个曾国藩。

曾国藩在处理湘军集团内部关系时，以"拙诚"为原则，尚拙，尚诚。他说："驭将之道，最贵推诚，不贵权术。"他一直秉承"精诚所至，金石为开"。对事，以救国卫道的诚心，并以这种精神去组建和凝聚湘军，而非仅以兵饷丰厚为饵。对人，不用权术，对同事和下属推心置腹。"凡正话、实话多说几句，久之人自能亮其心，即直话不妨多说，但不可以讦为直，尤不可背后攻人之短"。这一点其实非常难得。人与人之间的猜忌和不信任大多来自沟通不畅，这种不畅有主观、客观各种原因，但主要源于各人之间的私心。要减少和避免这种情况，身为长官首先要开诚布公，以诚相待，才有可能上行下效，营造良好的风气。从另外一个角度来看，他专门提到"长官之于属僚，须扬善公庭，规过私室"。中国是面子社会，但顾及面子不等于总是面上说好话，和稀泥。所谓待人真诚，应该是要在合适的时候和场合说真话，直言规劝，最忌讳的是当面说好话，背地说坏话。

曾国藩对待部下的第二个特点是"己欲立而立人，己欲达而达人"，即自己欲成就事业，先要帮助别人成就事业；自己欲显达，先要帮助别人显达。这其实彰显的是一种"仁爱"的精神。天下事众，仅以区区一人之力何以担负？更重要的在于发现人才，培养人才，奖掖人才。在选择人才上，曾国藩强调要"有良心""有血性""朴实勇毅"，在带兵中更强调犹如带自家子弟般对待部下。据统计，到曾国藩去世时，受其举荐，三品以上大员50多名，其中总督4 人，督抚、堂官26人，道、府、州、县官员难以数计。甚至有人称道"天下一半官员皆其门生”，包括著名的中兴名臣胡林翼、左宗棠、沈葆桢等。但同时也提到培养人的同时也要用法纪约束才行，“古人用兵，先明功罪赏罚”。一方面，“国家名器，不可滥予”，赏要名副其实，才能起到激励人心的作用。另一方面，“立法不难，行法为难，凡立一法，总须实实行之，且常常行之”。

曾国藩对待他人第三个特点在于“恕”。“敬以持躬，恕以待人。敬则小心翼翼，事无巨细，皆不敢忽。恕则凡事留余地以处人，功不独居，过不推诿”。就如他与“孤傲”和“争功”以称的左宗棠恩怨一生中，并不因私废公，在左剿捻及西征过程中，在关键的筹饷上面大力支持，又将最得意的部下刘松山交给左宗棠使用，助其成就功业。左宗棠自惭于心，在曾国藩去世后千里迢迢派人送来挽联，谁也没有想到他会在挽联上署“晚生左宗棠”。再如对于因失城逃遁、自换门庭而多次受过自己弹劾的李元度，曾国藩在天京大捷之后，仍念着给他保举和改过自新的机会。李元度在曾国藩去世后也毫不抱怨曾对自己的打击，在挽诗《哭太傅曾文正师》中写道“雨霆与雨露，一例是春风”，“程门今已矣，立雪再生来”，意思是说来生还要做曾国藩的学生。

其实，无论是立人达人，还是宽恕，根本上还在于一个“诚”字。要达“至诚”，离不开“养心”，从自身修为下苦功夫，持之以恒才行。在这当中，做到“不忮不求”最为根本，不去嫉妒，不去贪求。这其实涉及一个价值观的问题，但世间能有几人在名利功业面前做到不忮不求，淡泊处之？但文正公却能以中等之资，一生以此标准来要求自己，成就不世功业，难怪后世多有仁人志士对其超凡入圣的精神和境界大加推崇。这才是我们应该学习的精华，而不是成功学之类书籍吹嘘的所谓“权术谋略”等皮毛。

4.1.2 宋龙源版本注解

4.1.2.1 恭闻天地之化育。尽其道而已。圣王之明德。尽其心而已。

我恭敬地听闻有这样的教导：天地宇宙化育万事万物，只不过是引导万事万物各安其道遵道而行罢了；圣王以明德普照天下，只不过是引导天下黎民以“诚”“明”二字各安本分罢了。

4.1.2.2　尽道者阴阳也。天地非阴阳。则不能尽道。尽心者。诚明也。圣王非诚明。则不能尽心。

道，就是规律，遵道而行就是按照规律进行运转，说天地“尽道者阴阳也”，《易经》说“天地非阴阳则不能尽其道”，如果天地不遵循自己的阴阳运转规律，就没法实现自身的良性运转，比方说太阳和月亮，太阳白天上班，月亮晚上上班，太阳属阳白天普照大地，月亮属阴晚上送来光明，各尽本分，各司其职，各安其道，就叫作各尽其道。

老子《道德经》说：“人法地，地法天，天法道，道法自然。”如何学习天地宇宙的规律用于遵循最佳的社会规律呢？“尽心者，诚明也”，“尽心”就是想方设法做到“诚”“明”二字。再伟大的圣人、圣明的君王、最高领导人、内心境界最高的人等等，离开“诚”“明”二字，都谈不上“尽心”。

【说文解字并康熙字典4-3】诚

【說文解字】誠，信也。從言成聲。氏征切。

【說文解字注】信也。從言。成聲。氏征切。十一部。

【廣雅】敬也。【增韻】純也，無僞也，眞實也。

【易·乾卦】閑邪存其誠。【疏】言防閑邪惡，當自存其誠實也。

【禮·樂記】著誠去僞，禮之經也。

【中庸】誠者，天之道也。誠之者，人之道也。【注】誠者，眞實無妄之謂。

【说文解字并康熙字典4-4】明

参见【说文解字并康熙字典3-11】明（朙）

4.1.2.3　是故天地视万物为一体。圣王观百姓为一心。视万物为一体者。于穆不已。大同无异。未有圣凡小大之别也。观百

姓为一心者。纯一不杂。天德无私。不以见闻耳目为用也。

所以，天地宇宙看待万事万物，平等无二，万物一体。圣明的君王看待天下百姓，平等无二，万众一心。“视万物为一体”，就是天命悠远不停息，遵道而行的使命大同无异。不因为圣凡境界有差异，也不因为地位大小有分别。“观百姓为一心”，就是内心纯正无染。天地宇宙普惠天下，大公无私，不会仅仅依据自己眼睛对外部的观察和倾听作为普惠万物的施用标准。

【拓展学习4-2】大同思想的核心在于“天下为公”

（一）大同思想的实质是“道承三王”

孔子的一生是求“道”的一生，实现“大同”是他的理想追求。孔子心中的“有道”之世，是他十分尊崇的“三王”时期。“三王”概指夏、商、周“三代之明王”，具体说来，就是禹、商汤、文武成王周公，就是《礼运》所说的“三代之英”。

荀子说“儒者法先王”（《荀子·儒效》），“先王”指尧、舜、禹、汤、文王及武王，尧、舜是传说中的古代帝王，禹、汤、文王和武王分别是夏、商、周三代的开国之君。

儒家称颂尧舜、宗法文武始自孔子，《中庸》说“仲尼祖述尧舜，宪章文武”，尧舜文武是孔子心目中的圣王明君。据《论语·泰伯》，子曰：“大哉尧之为君也！巍巍乎！唯天为大，唯尧则之。”“巍巍乎！舜、禹之有天下也，而不与焉！”尧的伟大在于能够像天养育万物那样治理天下，舜、禹贵为天子，富有四海，能为百姓忧劳却不为自己。古代圣王治理天下达到了很高的境界，如舜能够选贤任能以至无为而治。”子曰：“无为而治者，其舜也与？夫何为哉，恭己正南面而已矣。”“无为而治”就是“德治”，子曰：“为政以德，譬如北辰，居其所而众星共之。”孔子对古圣先王的礼乐文明制度倍加赞赏。如赞尧“巍巍乎！其有成功也。焕乎！其有文章！”南宋大儒朱熹注曰：“成功，事业也。焕，光明之貌。文章，礼乐法度也。”

孔子对周代礼乐制度推崇备至。子曰：“周监于二代，郁郁乎文哉！吾从周。”孔子以能继文王、武王、周公之业为职志，追求“博施于民而能济众”的圣人理想境界。“祖述尧舜，宪章文武”是孔子儒家思想的突出特征。

（二）“大同”思想的核心是“天下为公”。

孔子说：“大道之行，天下为公。”“公”就是正直、公正、大公无私。

儒家认为，“人之所以为人”，应当遵守社会的规范，自觉遵守社会的公德，这是一个人的素养所在。孔子曰：“人而不仁，如礼何？人而不仁，如乐何？”（《论语·里仁》）

孔子曰：“君臣也，父子也，夫妇也，昆弟也，朋友也，五者，天下之达道。”又说：“父慈、子孝，兄良、弟悌，夫义、妇听，长惠、幼顺，君仁、臣忠，十者谓之人义。”社会关系以“五达道”为主并延伸开来，处理好这些关系离不开“人义”的十个方面。所谓“天下为公”，就是社会的大同与和顺，就是处理好这些关系。

孔子所说“君君、臣臣，父父、子子”见于《论语·颜渊》篇，该篇及随后的《子路》篇都围绕克己、修身以“正名”而逐步展开。正名，要求每个人都能“修己”“克己”“省身”，作为一个社会人，就要成为合格的“人”，具有一定的素养与内涵。

孔子说：“克己复礼为仁。一日克己复礼，天下归仁焉。”他强调“为仁由己”，希望人们遵守礼法，“非礼勿视，非礼勿听，非礼勿言，非礼勿动”，只有这样，为人之“义”才能解决。

（三）实现“天下为公”的关键是“正名”与“帅正”

《论语·颜渊》季康子问政，孔子曰：“政者，正也。子帅以正，孰敢不正？”又说：“其身正，不令而行；其身不正，虽令不从。”还说：“君子之德风，小人之德草，草上之风，必偃。”君子行为端正，则其德如风，君为善则民善。

为政之要在于“正名”，《论语·八佾》定公问：“君使臣，臣事君，如之何？”孔子对曰：“君使臣以礼，臣事君以忠。”。子路问为政以何为先，孔子答：“必也正名乎！”《论语·子路》：“名不正则言不顺，言不顺则事不成，事不成则礼乐不兴，礼乐不兴则刑罚不中，刑罚不中，则民无所措手足。”可见，正名是为政的前提和基础，只有正其名，知其分，才能说话顺当合理，风清气正，取得较好的社会管理效果。对于为政者来说，要正名，必正己，这恰恰是对于“君”的正名的要求。

按照“正名”的要求，人“在其位”必“谋其政”，应该勇于担当，按自己的角色定位尽力做好自己。孔子说：“唯器与名，不可以假人，君之所司也。”（《左传》成公二年）自己的职责，自己的分内事，不可推卸责任，不能借与他人。孔子曰：“名以出信，信以守器，器以藏礼，礼以行义，义以生利，利以平民，政之大节也。”（《左传》成公二年）所谓“名”，关涉极大，当事人应该心无旁骛，不能玩忽职守。既有其名，必负其责，这样才能人存政举，遵循礼义，取得成效。春秋末期晋大夫史墨也说：“是以为君，慎器与名，不可以假人。”（《史记·鲁周公世家》）

孔子说“不在其位，不谋其政”（《论语·宪问》），曾子说“君子思不出其位”（《论语·宪问》），从礼的功能上讲，就是为了“定分止争”，合理的做法就是“安分守己”。做大事者要尽职尽责，心无旁骛，不可左顾右盼，患得患失；还要遵守礼法制度，不逾越职权，胡乱作为。历史上违权乱政的人都是超越本分、邪念丛生的人。

传统的“礼”，从本质上讲，就是孔子所说的“礼也者，理也”（《礼记·仲尼燕居》）；“礼也者，理之不可易者也”（《礼记·乐记》）；“礼也者，合于天时，设于地财，顺于鬼神，合于人心，理万物者也”（《礼记·礼器》）。

孔子“大同”理想，孔子说：“选贤与能”“讲信修睦”，“货恶其弃于地，不必藏于己；力恶其不出于身，不必为人。”“人不独亲其亲，不独子其子，老有所终，壮有所用，矜寡孤疾，皆有所养。”

儒家重视孝悌，认为孝悌是“为人之本”，孔子把“爱与敬”看成“政之本”（《孔子家语·大婚解》）。《孝经·广要道章第十二》子曰：“教民亲爱，莫善于孝。教民礼顺，莫善于悌。移风易俗，莫善于乐。安上治民，莫善于礼。礼者，敬而已矣。故敬其父，则子悦；敬其兄，则弟悦；敬其君，则臣悦；敬一人，而千万人悦。所敬者寡，而悦者众，此之谓要道也。”孔子说：“立爱自亲始。”“立敬自长始。”（《孔子家语·哀公问政》）孔子说：“仁者，人也。亲亲为大。”（《礼记·中庸》）一个人具有仁德，最基本的表现就是“亲亲”，就是孝敬父母亲。有“亲亲”这个前提，才能“不独亲其亲，不独子其子”，才能“老吾老以及人之老，幼吾幼以及人之幼”（《孟子·梁惠王上》），进而“泛爱众”（《论语·学而》）。

4.1.2.4　见闻耳目之用。非天德之良知。非诚明之实理。

汉董仲舒《春秋繁露 · 人副天数》认为："天德施，地德化，人德义。"所以天地宇宙的公德，就是像太阳一样平等普照，没有分别。如果仅仅依据自己眼见为实、耳听为证来施惠于民，因为无法顾及眼睛看不到耳朵听不到的，便无法平等施惠，所以这不是"天德良知"的真实体现，更不是"诚""明"的真实内涵与理义。

4.1.2.5　所见者有形。其无形者。不可见也。所闻者有声。其无声者。不能闻也。

因为如果我们仅仅依据眼睛能够看到的外部形象来辨析来分别，那么眼睛看不到的就无法顾及。如果我们仅仅依据耳朵能够听到的外部声音作为判断标准的话，那么耳朵听不到的也无法顾及。

4.1.2.6　此等见闻之用。见闻于外。未尝见闻于内。不可谓之自知自胜之人也。

此等，我们只看到听到外部可见可听的部分，从来没有静下心来倾听内心世界看不到听不到的部分，这种境界不能定义为"自我通达自我战胜的人"。

4.1.2.7　如此而见之闻之者。未有不失其所者也。未有死而不亡者也。所以欲尽于人者。先当自尽于己。自尽于己。则天下国家。无往而不尽矣。

所以，如上所述只注重依凭眼睛、耳朵追逐外象外闻，而忽略内视内闻，没有不丧失自己本位的，更谈不上死而不亡的精神境界了。所以如果想尽心于别人（在自己的职位，尽自己的本分，把自己的角色做到最棒），一定要首先尽心于自己（倾听自己的心声，按照起居规律调适自己的身心于最佳，使自己静定于能够内视内闻的境界）。只有这样，推而广之，自己修齐治平服务国家天下的志向，才能无往而不尽心。

【学习与思考4-2】慎终追远的圣贤家庭教育

摘自《群书治要十讲》

中国古人的道德教育始自家庭，家庭教育是教育的开始。而家庭教育贯穿了一个人一生的过程，始从胎教，一直到“慎终追远”。早在周文王的母亲太任怀文王的时候，她就很重视胎教，做到了“目不视恶色，耳不听淫声，口不出傲言”，就是不好看的景色不去看，淫词歌舞不去听，口里说的话很温柔，连傲慢的言语都没有，更何况是粗鲁、骂人的话！正因为文王的母亲是一位圣人，所以她教出的孩子也是一位圣人。

孩子出生之后，虽然眼睛张开了还不会说话，但是不意味着他没有在学习，父母的一言一行、一举一动都是他效仿的榜样。中国古人很明白这一点，所以太子出生之后就给他以良好的教导了。《汉书》中就记载着这样一段怎样教育太子的论述。里面说，古代的圣王作为太子，刚一出生就要用礼来教育他。让成年男子背着他，有专门负责礼的官员穿好正服、戴好礼帽带着太子拜天，行祭天之礼。过宫门的时候，要把太子从背上放下来。过宗庙（祭祀祖先的地方）的时候，就要恭敬地快步小跑，表示对祖先的恭敬。这都是教孝子之道。所以太子从孩童开始，教育就已经在实行了。书上举了一个周成王的例子。周成王尚在襁褓中的时候，就让召公做太保，周公做太傅，姜太公做太师来教导他，就是请了全国最有学问、最有德行的人担任太子的老师。什么叫“太保”呢？就是保护太子的身体，让他言行都中规中矩。“傅”就是传授他德育，培养起他高尚的道德品质。“师”导之教训，给他一些教育训诲的引导。这是太保、太傅、太师的职责。

此外，还要置“三少”，就是少师、少傅、少保。这些人是和太子日常起居生活在一起的人，他们负责把太傅、太师、太保教导太子的事情表演在生活中，让太子看到。所以太子从有生之日开始，“三公”“三少”就教导他孝敬父母、有仁爱之心、明礼义，用这些来引导太子。那些邪曲不正的人都让他远离，不让他见到恶人，不让他见到恶的行为。还要选来天下端士，“孝悌博文有道术者”，就是有道德学问的人，在家能够孝敬父母、尊敬兄长，见识广博而且有道之人，来辅佐太子，让他们这些人和太子一起生活，一起出入。所以，太子一出生见的就是正事，听的就是正言，行的就是正道，前后左右所事奉的人也都是正人，因此他“习与正人居之，不能无正”，他习惯了和这些正人一起生活起居，他的行为就不能够不端正，就像一个人生长在楚国，就不能不懂得楚国的方言一样。

古人说：“少成若天性，习惯如自然。”这一段论述就是告诉我们，中国的古人是怎样对待儿女教育的。虽然一般的家庭不像教导太子那样的讲究，但也是非常地重视对儿女的教育，父母的一言一行、一举一动都是非常地谨慎小心。我们现在做父母的人都不懂得这一点了。比如说，孩子抱在父母的怀里，父母就骂人、说谎，这些都被儿女看到了、听到了，结果这个孩子就学会了骂人、说谎，这都是“身教胜于言教”的结果。我们说家庭教育贯穿了人的一生。到父母老了、过世的时候，要谨慎地办理丧事，追奠亡故的先人。古代人讲春秋祭祀祖宗。每一家都有祠堂，祠堂里供奉的是祖先的牌位。到祭祀祖先的时候，就要把全家的人召集在祠堂之中，宣讲祖先的德行，说我们家出了哪一位有德行的人，他对国家、人民有哪些贡献，他有什么德行我们可以效仿学习。我们想一想，我们的列祖列宗都是这样有道德、有学问的人，我们对自己的言行举止就会非常地小心、非常地负责，生怕自己的言行让自己祖先的德行受辱。

所以，中国古人说“慎终追远，民德归厚”，民风就自然地归于淳厚了。

【拓展学习4-3】养生智慧：古代名人养生9个秘密“数字诀”

一“德”。

明代养生家吕坤说：“仁可长寿，德可延年，养德尤养生之第一要也。”

二“安”。

宋代文学家苏东坡认为，养生在于“安”“和”二字。“安”即静心，“和”即顺心，“安则物之感我者轻，和则我之应物者顺”。

三“戒”。

孔子曰：“君子有三戒。少之时，血气未定，戒之在色；及其壮也，血气方刚，戒之在斗；及其老也，血气既衰，戒之在得。”

四“法”。

明代医学家万密斋指出：“养生之法有四：一曰寡欲，二曰慎动，三曰守时，四曰却疾。”

五“知”。

宋代周守忠说：“知喜怒之损性，故豁情以宽心；知思虑之销神，故损情而内守：知语烦之侵气。故闭口而忘言；知哀乐之损寿，故抑之而不有；知情欲之穷命，故忍之而不为。”

六“节”。

明代医学家江绮石说：“节嗜欲以养精，节烦恼以养神，节愤怒以养肝，节辛勤以养力，节思虑以养心，节悲哀以养肺。”

七“食”。

清代养生家石成金指出：“食宜早些，不可迟晚；食宜缓些，不可粗速；食宜八分，不可过饱；食宜淡些，不可厚味；食宜温暖，不可寒凉；食宜软烂，不可坚硬；食毕再饮茶两三口，漱口齿，令极净。”

八“乐”。

石成金的“八乐”是：静坐之乐，读书之乐，赏花之乐，玩月之乐，观画之乐，听乐之乐，狂歌之乐，高卧之乐。

九“思”。

孔子曰：“君子有九思：视思明，听思聪，色思温，貌思恭，言思忠，事思敬，疑思问，忿思难，见得思义。”

4.1.2.7 倘若不然。溺于耳目心思之用。狥名未有不丧实。身心与家国天下。岂能无为而自治乎。

倘若不能同时兼顾内视内听，沉溺于放任自己，耳目心思被心外之物牵着鼻子走，一味舍身求名，没有不丧失真实自我的（本心）。如此，自己的身心都控制不住，自己不能做自己的真实主人，如何兼济家国天下？家国天下不能兼济，如何能收获无为而治的大同境界呢？

注：“狥”，通“殉”。《鹖冠子·世兵》：“列士狥名，贪夫狥财。”陆佃解：“以身逐物曰狥。”唐元稹《表夏》诗之十：“哀哉狥名士，没命求所难。”明李贽《复李士龙书》：“欲名而又狥利，与好利而兼狥名，均为不智。”

4.1.2.8 此章经旨。太上以尽己之功。教于天下也。自古圣贤。明之于内。不明于外。虽不明于外。其外无不明矣。

所以此章的主旨，老子教导我们要以尽心自我、完善自我来积功累德，用以身垂范、言传身教来教化天下。也就是说先想方设法把自己做到最棒，就是“做最优秀的自己”，尽自己的本分，尽自己的本心，把自己的优点充分发掘出来，进而身体力行影响别人、感化别人，实现不言而教的教化作用。

自古以来，像老子、孔子这样的古圣先贤留给我们的经验教训是，他们更重视内心境界的明达（内明），相对不太追求身外名利的追求。虽然弱化外部名利的追求，但对外部自然规律的洞察力没有不通彻的。

老子《道德经》曰：“为学者日益，为道者日损，损之又损，以至于无为，无为而无不为，取天下常以无事，及其有事不足以取天下。”是说，要遵道而行，就必须学会逐渐降低对外部环境的利益追寻，一直降低到不因眼、耳、鼻、舌、身、意的欲望，而生起喜、怒、哀、乐、悲、恐、惊的情绪私心波动，直到一丝私心夹杂都没有，就窥见“无为”的喜悦了。又说：“不出户，以知天下，不窥牖，以见天道。”这个启发我们的就是“明之于内”的功夫，心虽不外驰，但一样可以内外通彻。家喻户晓的诸葛亮，当时环境没有互联网，没有高科技，没有飞机，没有核武器，他初识刘备才27岁，凭借内明内圣之功，一样能献计《隆中对》展示雄图大略。启发我们应该“行有不得，反求诸己”，立志学做圣贤！

【拓展学习4-4】《三国志·蜀书·诸葛亮传》

亮躬耕陇亩，好为《梁父吟》。身高八尺，每自比于管仲、乐毅，时人莫许之也。惟博陵崔州平、颍川徐庶元直与亮友善，谓为信然。

时先主屯新野。徐庶见先主，先主器之，谓先主曰：“诸葛孔明者，卧龙也，将军岂愿见之乎？”先主曰：“君与俱来。”庶曰：“此人可就见，不可屈致也。将军宜枉驾顾之。”由是先主遂诣亮，凡三往，乃见。

因屏人曰：“汉室倾颓，奸臣窃命，主上蒙尘。孤不度德量力，欲信大义于天下，而智术短浅，遂用猖獗，至于今日。然志犹未已，君谓计将安出？”

亮答曰："自董卓已来，豪杰并起，跨州连郡者不可胜数。曹操比于袁绍，则名微而众寡，然操遂能克绍，以弱为强者，非惟天时，抑亦人谋也。今操已拥百万之众，挟天子而令诸侯，此诚不可与争锋。孙权据有江东，已历三世，国险而民附，贤能为之用，此可以为援而不可图也。荆州北据汉、沔，利尽南海，东连吴会，西通巴、蜀，此用武之国，而其主不能守，此殆天所以资将军，将军岂有意乎？益州险塞，沃野千里，天府之土，高祖因之以成帝业。刘璋暗弱，张鲁在北，民殷国富而不知存恤，智能之士思得明君。将军既帝室之胄，信义著于四海，总揽英雄，思贤如渴，若跨有荆、益，保其岩阻，西和诸戎，南抚夷越，外结好孙权，内修政理；天下有变，则命一上将将荆州之军以向宛、洛，将军身率益州之众出于秦川，百姓孰敢不箪食壶浆以迎将军者乎？诚如是，则霸业可成，汉室可兴矣。"

先主曰："善！"于是与亮情好日密。

关羽、张飞等不悦，先主解之曰："孤之有孔明，犹鱼之有水也。愿诸君勿复言。"羽、飞乃止。

【拓展学习4-5】诫子书

《诸葛亮家训·诫子书》：

【原文】夫君子之行，静以修身，俭以养德。非澹泊无以明志，非宁静无以致远。夫学须静也，才须学也，非学无以广才，非志无以成学。慆慢则不能励精，险躁则不能冶性。年与时驰，意与日去，遂成枯落，多不接世，悲守穷庐，将复何及！

【译文】君子的行为操守，以内心宁静来匡正自我的言谈举止，以节制情绪掌控心念来涵养自己的品德。做不到淡泊名利就没有办法明达内心志向。做不到宁静内心就没有办法探知其大无外其小无内的内心至高境界。学习必须静心专一，而才干来自学习。不学就无法增长才能，没有志向，就无法成就学问。放纵懒散就无法振奋精神励精图治，急躁冒险就没有办法陶冶性情。如果任由年华飞驰、志向磨灭，无法兼济社会，最后消极守舍，后悔哪来得及呢？

《东方朔·诫子书》

【原文】明者处事，莫尚于中，优哉游哉，与道相从。首阳为拙，柳惠为工。饱食安步，在仕代农。依隐玩世，诡时不逢。是故才尽者身危，好名者得华；有群者累生，孤贵者失和；遗余者不匮，自尽者无多。圣人之道，一龙一蛇，形见神藏，与物变化，随时之宜，无有常家。

【译文】内明之人处事，没有不崇尚中道的，心地从容，遵道而行。君子伯夷叔齐首阳山采薇隐居的故事，启发我们的是，在大是大非面前以抽秉原则处事；君子柳下惠坐怀不乱的故事，启发我们的是，遇事应该在秉持内心操守原则的基础上随机应变、灵活变通。三餐饱食安详踱步，以做官治事代替隐退耕作。身在朝廷而恬淡谦退，过隐者般悠然的生活，虽不迎合时势，却也不会遭到祸害。道理何在呢？才华锋芒毕露的，往往身处危境；爱好名声的，往往虚得华彩。得到众望的，忙碌一生；自命清高的，人和者寡；凡事留有余地的，不会匮乏；凡事尽心尽力的，太少了。圣人的遵道而行，总是效法阴阳合和，虽然行住坐卧形同凡人，但大智若愚绝不锋芒毕露，因应万物、与时俱进、随机应变，而不是拘泥外物、顽固不化。

4.1.2.9　盖以万物皆备于我。所以先尽己。而后尽人。尽诸人。又尽诸物。三者既尽。圣人之性尽矣。万物之道备矣。

总之，人人都是小宇宙，万事万物无不是自己内心的映现，人人都是整个天地宇宙的缩影，自己好了，一切也就好了。所以应该“先尽己而后尽人”，先把自己一撇一捺做好，尽心于自己的本分、自己的职责，言谈举止各尽其道，吃喝拉撒睡各循规律，父母、子女、夫妇、兄弟、姊妹各尽本分。只有自己做好了，然后推而广之，才能对工作尽职对国家尽忠，对万事万物透析规律发挥特长。

对别人不是治理的关系，是影响的关系。孔子说“德不孤必有邻”，自己做好了，别人自然而然就会亦步亦趋汇聚而来。比方说曾国藩，是毛泽东和蒋介石都佩服的，他深谙此道。他先励精图治把自己做好，自己榜样的力量树立起来了，家书给家人，家里人佩服他，照着去做，家风就带好了；把家书给自己的部下看，部下佩服他，下决心向他看齐，事业风气也带好了。以上说的是对自己对他人，按照自己的职责，按照自己的角色规律去尽心。

如何对万事万物遵道而行去尽心呢？仍然是遵循万事万物的规律，比方说开车按照车的规律，用电脑按照电脑的规律，睡觉吃饭按照睡觉吃饭的规律。这就是“尽诸物”。

“三者既尽”，如果能尽己尽人尽物，就是对自己对别人对事物都能遵循规律去尽心。“圣人之性尽矣”，即圣人的秉性规律就把握了。“万物之道备矣”，即天地万物的规律齐备于内心，就一通百通明道了。俗话说“条条大路通罗马”，从任何自己的角色入手，任何万事万物的规律入手，都能最后达到明道的目的，转凡成圣。

以上是总论，下面咱们一句一句来领悟。

4.2 知人者智

老子【道德经·尽己章第三十三】经文：知人者智。

【说文解字并康熙字典4-5】知

【说文解字】**詞也**。从口从矢。陟离切。

【說文解字注】詈也。白部曰。**𥏼，識詈也**。从白，从亏，从知。按此詈也之上亦當有識字。**知𥏼義同。故𥏼作知**。从口矢。識敏，故出於口者疾如矢也。陟离切。十六部。

【徐曰】**知理之速，如矢之疾也**。【玉篇】**識也，覺也**。【增韻】**喻也**。【易·繫辭】百姓日用而不知。【書·皋陶謨】**知人則哲，能官人**。

漢有見知法。【史記·酷吏傳】趙禹與張湯論定諸律令，作見知法。【注】吏見知不舉劾為故縱。

相交曰知。【左傳·昭四年】公孫明知叔孫于齊。【注】相親知也。

【爾雅·釋詁】**匹也**。【詩·檜風】樂子之無知。【注】匹也。

【廣韻】**欲也**。【禮·樂記】好惡無節於內，知誘於外。【論語】父母之年，不可不知也。**知，猶記憶也**。

猶主也。【易·繫辭】乾知大始。【左傳·襄二十六年】公孫揮曰：子産其將知政矣。

"知"字玄机：

（1）"知"字本义为"词（詈）"。词（詈）从司言。司者，主也。意主于内而言发于外。"词"的说文解字详见【说文解字并康熙字典2-25】。

（2）𥏼，为古文"智"字，经典中多通用"智"为"知"。智（𥏼）的说文解字详见【说文解字并康熙字典4-7】。

（3）"知"引申含义为"识""觉""主"等。

【说文解字并康熙字典4-6】人

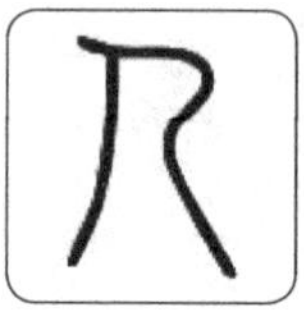

【说文解字】**天地之性最貴者也**。此籀文。象臂脛之形。凡人之屬皆从人。如鄰切〖注〗𠆢，《集韻》人古作𠆢。

【說文解字注】**天地之性㝡貴者也**。㝡本作最。性古文以爲生字。左傳。**正德利用厚生**。國語作厚性是也。許偁古語不改其字。禮運曰。**人者，其天地之德。陰陽之交。鬼神之之會。五行之秀氣也**。又曰。**人者，天地之心也。五行之端也。食味別聲被色而生者也**。按禽獸艸木皆天地所生。而不得爲天地之心。惟人爲天地之心。故天地之生此爲極貴。**天地之心謂之人**。能與天地合德。果實之心亦謂之人。能復生艸木而成果實。皆至微而具全體也。果人之字，自宋元以前本艸方書詩歌紀載無不作人字。自明成化重刊本艸乃盡改爲仁字。於理不通。學者所當知也。〇**仁者，人之德也**。不可謂人曰仁。其可謂果人曰果仁哉。金泰和閒所刊本艸皆作人。藏袁廷檮所。此籀文。此對儿爲古文奇字人言之。如大之有古文籀文之別也。字多从籀文者。故先籀而後古文。**象臂脛之形。人以從生。貴於橫生**。故象其上臂下脛。如鄰切。十二部。凡人之屬皆从人。

"人"字玄机：

（1）"人"字本义为"天地之性最贵者也"。《礼·礼运》云："人者，天地之德，阴阳之交，鬼神之会，五行之秀气也。""人者，天地之心也。五行之端也。食味别声被色而生者也。"终于理解了为什么习主席说"每一个人都了不起"，我们还有什么理由不珍惜、不爱惜甚至于糟蹋放纵轻言放弃呢？

（2）"仁者，人之德也。"《释名》曰："人，仁也，仁生物也。”《孟子》曰“仁也者，人也。谓能行仁恩者人也。”《易·乾卦》曰：“君子体仁，足以长人。”《礼·礼运》：“仁者，义之本也，顺之体也。得之者尊。”“仁”的说文解字详见【说文解字并康熙字典0-1】。

【说文解字并康熙字典4-7】智（𥏼）

【说文解字】**𥏼，識詞也**。从白从亏从知。**𥏼，古文𥏼**。知義切。

【說文解字注】識䛐也。此與矢部知音義皆同。故二字多通用。从白亏知。鍇曰。亏亦气也。按从知會意。知亦聲。知義切。十六部。

【徐曰】**知者必有言，故文白知爲。白者，詞之氣也。亏亦氣也，知不窮，氣亦不窮也。**

【唐韻】**𥏼，古文智字**。【釋名】**智，知也**。無所不知也。【孟子】是非之心，智之端也。【荀子·正名篇】知而有所合謂之智。〇按**經典或通用知**。

“智”字玄机：

（1）“智”本义为“识词”，“无所不知”之意。从字“𥏼”的结构来看，“知不穷，气亦不穷也”，可以推断气足精气神全的人更有智慧。从现在简化字“智”的结构来看，日知为智，即扩容自己的知识含量，可以促进自己更有智慧。

（2）“智”与“愚”的区别是是非判断力。《孟子》曰：“是非之心，智之端也。”《荀子》曰：“知而有所合谓之智。”

综上，经文“知人者智”可以理解为：觉悟了“人乃天地之性最贵”，并能辨别是非对错，就是“智”。

4.2.1　憨山大师注解

庄子云，所谓见见者，非谓见彼也，自见而已矣。所谓闻闻者，非谓闻彼也，自闻而已矣。能自见自闻，是所谓自知者明也。

庄子教导我们说：所谓“见见”，并不是说见到了别人，而是见到了自我本性罢了；所谓“闻闻”，并不是说听到了别人，而是听到了自我心声罢了。能自见本性、自闻心声，这个境界就是所谓的“自知者明”。

4.2.2 宋龙源版本注解

4.2.2.1 知之于外。谓之智。知之于内。谓之明。

能够非常明晰地了解自己之外万事万物的是非、对错、该与不该，这个能力叫“智”。能对自己内心的每一个念头清晰判断其是非、对错、该与不该，这个境界叫作“明”。

4.2.2.2 智之一字。正是明于外。不能明于内之病也。

“智”这个字，正是人的境界只能“明于外”不能“明于内”的通病。现在大多数人，如家长，总是害怕孩子输在起跑线上，其实他就是想通过这个智慧的“智”字来增加孩子的这种“智”的能力，想不到却忽略了培养孩子“明”的能力，太可惜了！“智”，上下结构，上面一个“知识”的“知”，下面一个“每日”的“日”，每天积累知识，就是“智”。每天增加知识，就是老子《道德经》“为学者日益”的意思，每天增益自己的知识含量，提高自己的判断力。但是很多人，增加知识含量，往往用来评判别人，而对自己并不明晰。比方说一边批评别人迟到，一边自己也迟到，对别人的言行举止特别会上纲上线去归类和判断，但对自己却很糊涂。

4.2.2.3 人之不能明道。以其不自明故也。是故知人之人。机智外用。不过察人情之黑白长短。别人事之是非好歹。自己本性未明。止可谓之智。不可谓之明也。故曰知人者智。

人之所以不能“明道”不能开悟，就是不能内视自我心念、内听自我心声的缘故。比方说我们从道理上非常清楚早睡早起符合睡眠规律，看到别人早睡早起就羡慕，但是轮到自己，往往是检讨了n年，怎么也做不到，临到睡觉就会有一万个理由不早睡，然后到时候再后悔。当自己的心里升起一万个理由时，不能及时用正思正念匡正，导致对自己的放纵和背道而行。以此类推，人们总是放纵自己在“迷失”的愚昧状态，不愿意反躬自问转迷成“悟”。

所以“知人之人”，只不过是把自己后天积累而习得的聪明才智用在自身之外，总结起来无非是察人情之黑白长短、别人事之是非好歹。比方说律师，对案子当事人的黑白曲直是非常短等等看得非常清晰，也能非常清晰地辨别清楚哪对哪不对，哪好哪歹，但是因为对自己的本性没有通达，也就是对自己内在的善恶、是非、短长、好歹、应该不应该等把控不住，所以结果再成功也只能称之为“智”，“不可谓之明”，不能说他的境界达到了“明”。这就是“知人者智”的含义。

4.3 自知者明

老子【道德经·尽己章第三十三】经文：自知者明。

【说文解字并康熙字典4-8】自

【说文解字】**自，鼻也。象鼻形。**凡自之屬皆从自。𦣹，古文自。疾二切。

【說文解字注】鼻也。象鼻形。此以鼻訓自。而又曰象鼻形。王部曰。自讀若鼻。今俗以作始生子爲鼻子是。然則**許謂自與鼻義同音同**。而用自爲鼻者絕少也。凡从自之字，如尸部眉，臥息也。言部詯，膽气滿聲在人上也。亦皆於鼻息會意。**今義從也，己也，自然也皆引伸之義。**疾二切。十五部。凡自之屬皆从自。

【玉篇】**由也。**【易·需卦】自我致寇，敬愼不敗也。【疏】**自，由也。**

【集韻】**從也。**【詩·召南】退食自公，委蛇委蛇。【傳】**自，從也。**

【玉篇】**率也。**【廣韻】**用也。**【書·皋陶謨】天秩有禮，自我五禮，有庸哉。

【詩·周頌】自彼成康，奄有四方，斤斤其明。【傳】自彼成康，用彼成安之道也。

自然，無勉強也。【世說新語】絲不如竹，竹不如肉，漸近自然。

【集韻】己也。【正韻】**躬親也。**【易·乾卦】天行健，君子以自強不息。

"自"字玄机：

（1）"自"字本义为"鼻"，引申为自家。《康熙字典》认为："人之胚胎，鼻先受形，故谓始祖为鼻祖。""鼻"的《说文解字注》认为："鼻，所以引气自畀（相付与之，约在阁上也）也。口下曰所以言食也，舌下曰所以言别味也。白虎通引元命苞曰：鼻者肺之使。按鼻一呼一吸相乘除，而引气于无穷。"《黄帝内经·素问》曰："天食人以五气，地食人以五味。五气入鼻，藏于心肺，上使五色修明，音声能彰；五味入口，藏于肠胃，味有所藏，以养五气，气和而生，津液相成，神乃自生。"所以，人如果能够觉悟自身的气息变化和功德，应该算是明白豁达之人。

（2）《河上公章句》曰："能自知贤肖是为反听无声内视无形，故为明。"

"知"字说文解字详见【说文解字并康熙字典4-5】。

"明"字说文解字详见【说文解字并康熙字典3-11】。

综上，经文"自知者明"可以理解为：

（1）如果能够觉悟自身之所以"五气入鼻，藏于心肺，上使五色修明，音声能彰"等的气息规律和功德，就是明达之人。

（2）能自知内心境界是非再效法贤圣，进而反听内心之无声、内视内心之无形，就是内明之人。

4.3.1 宋龙源版本注解

4.3.1.1 大凡修行之人。外有一分机智。内必有一分不纯。外有十分机智。内必有十分鉴丧。所以精神不可衔露。机智不可外用。

大凡善于匡正自我言谈举止的修行人，对外显露出一分机智聪明，对内必有一分不纯产生。对外如果露出十分的机智聪明，对内一定丧失十分的鉴察。所以自己的精气神不可轻易对外显露，自己的机智聪明不可对外耗用。

有个词叫作“大智若愚”，就是自己虽然观察很清楚，但是把外部的缺陷通通放在心里不表达出来，不要把自己有限的生命用在察人情黑白长短、别人事是非好歹上，别人的事别人自会处置，东家长西家短，不如静下心来好好反省自己的是非长短，把自己的缺点改掉变成优点，这才叫真机智，神清志静才能修养身心。

4.3.1.2 当抱朴还淳。少私寡欲。行之日久。本性自明。心德自悟。真知真智。自然现前。

应该秉持朴实和淳厚，尽可能地减损自己因为财、色、名、食、睡而引发的各种私欲，也就是把自己的私心降到最低，把自己不合理的欲望尽可能地去除，每天如此反省自我，日积月累之后，自己的本性自然通达、自己的心德自然开悟、自己的真知真智自然现前。也就是明心见性的开悟境界出现了！

4.3.1.3 岂但知人而已。天地古今。何所不知乎。

一旦自己能够明心见性，自己的真知真智一旦现前，天地古今何所不知？通古通今的智慧自然涌现。据《六祖坛经》记载，六祖慧能大师听《金刚经》而开悟，一旦他一开悟，虽然之前他不认识字儿，但是开悟后智慧滔滔不绝，跨越时空没有他不知道的，就是俗称的“穿越”智慧，被人们尊为六祖，公认的圣人伟人。

4.3.1.4　修行人。果能虚静守笃。内外照彻。古今自无隔碍。

能懂得不断匡正自己言谈举止的人，叫修行人，如果真的能把自己的内心静下来，去除杂念，朴实笃定遵道而行。也就是说，如果我们能够时刻用这种心去不断修正自己的言谈举止，降低和减少自己的私心杂念，让自己的内心随时处于静的状态的话，内心挚诚笃定遵道而行，日积月累，总有一天会量变到质变明心见性。

那么一旦通达，一旦明心见性开悟了，自己的智慧就会像太阳一样内外照彻放射光芒。这个时候自己的智慧就能做到像年轻人描述的“穿越”，一通百通，没有时间空间的隔碍，既能通达时间，也能通达空间。

4.3.1.5　不见之中。自能照见。不知之中。自有妙知。

智慧一旦通达天地古今，“不见之中，自能照见”，自己眼睛看不到的也能看到了，自己耳朵听不到的也能听到了，甚至自己内在的视听也能通达。“不知之中，自有妙知”自己不理解的也一定会理解，不了解的也会了解，自见本性，自闻心声，奥妙的智慧便不求而自得。

4.3.1.6　真静泰定之中。如明月当空。毫发不能漏其鉴也。非本性自知之明。岂能如是乎。

“真静泰定之中。如明月当空。”当自己处于这样的一种泰然静定境界的时候，如明月当空照射大地，即使是毫发这么细小也漏不掉，也一样能照见。说明自己的智慧非常了不起，岂是鉴察力可以描述的。如果不是自己的本性智慧在起作用，岂能有如此了不起的境界啊！

4.4 胜人者有力　自胜者强

老子【道德经·尽己章第三十三】经文：胜人者有力，自胜者强。

【说文解字并康熙字典4-9】胜

【说文解字】**犬膏臭也**。从肉生聲。一曰不孰也。桑經切。（勝shèng）**任也**。从力朕聲。識蒸切〖注〗勝、𠔁、𢀶，古文。

【說文解字注】犬膏臭也。**庖人，内則。秋行犢麛膳膏腥**。杜子春云。**膏腥，豕膏也**。後鄭云。**膏腥，雞膏也**。許云犬膏。葢本賈侍中。从肉。生聲。桑經切。十一部。一曰**不孰也**。上文云**生肉醬**。字當作胜。論語。君賜腥。必孰而薦之。字當作胜。**今經典膏胜**，胜肉字**通用腥爲之**而胜廢矣。而腥之本義廢矣。

【说文】**胜，任也**。【尔雅】**胜，克也**。【诗·商颂·烈祖】武王靡不胜。

【易·遯】**莫之胜说**。虞注：能也。

【管子·入国】子有幼弱不胜养为累者。注：**堪也**。

“胜”字玄机：

（1）“胜”字本义为“犬膏臭”。其中，“犬”意为“狗之有悬蹄者”，即随时悬蹄进攻的大狗。“膏”意为“肥”，即多肉。“臭”意为“禽走臭而知其迹者犬也”，即犬能够在禽兽动物行走之后，凭借逐气而寻其踪迹。“犬膏臭”即肥硕鼻觉灵敏，能够逐气寻踪。

（2）“胜”字本义“犬膏臭”中的“膏”，也叫“膏腥”，还有动物脂肪的含义，如豕膏、鸡膏等，为古代调味八珍之一。《周礼·天官·庖人》：“凡用禽献……秋行犊麛，膳膏腥。”郑玄注曰：“杜子春云：‘膏腥，豕膏也。’”《礼记·内则》：“秋宜犊麛，膳膏腥。”郑玄注：“鸡膏腥。”孔颖达疏：“膏腥，鸡膏也。”另外，“臊”字的说文解字为“（臊）豕膏臭也。庖人、内则曰。夏行腒鱐膳膏臊。杜子春云。膏臊、犬膏。大郑云。膏臊、豕膏。后郑从杜说。许同大郑。”可见，“胜”靠的是食用腥臊肉食使身体有力量。

（3）《河上公章句》曰：“能胜人者，不过以威力也。”

【说文解字并康熙字典4-10】力

【说文解字】**筋也**。象人筋之形。治功曰力，能圉大災。凡力之屬皆从力。林直切〖注〗攰，古文。

【說文解字注】筋也。**筋下曰。肉之力也**。二篆爲轉注。**筋者其體。力者其用也**。非有二物。**引申之，凡精神所勝任皆曰力**。象人筋之形。象其條理也。**人之理曰力。故木之理曰朸。地之理曰阞。水之理曰泐**。林直切。一部。**治功曰力**。周禮司勳文。能禦大災。國語，祭法文。**引以釋治功曰力也**。凡力之屬皆从力。

【徐曰】**象人筋竦，其身作力，勁健之形**。

【增韻】**筋，力氣所任也**。【禮·聘義】日幾中而後禮成，非強有力者不能行也。【曲禮】老者不以筋力爲禮。

【韻會】**凡精神所及處，皆曰力**。【孟子】聖人旣竭目力焉，旣竭耳力焉。

【韻會】**物所勝亦曰力**。【家語】善禦馬者均馬力

勤也。【書·盤庚】若農服田力穡，乃亦有秋。【前漢·司馬遷傳】**力誦聖德**。

【禮·坊記】食時不力珍。【注】**力，猶務也**。

【後漢·銚期傳】身被三創，而戰方力。【註】**力，苦戰也**。

“力”字玄机：

（1）“力”字本义为“筋，象人筋之形”。【徐曰】：“象人筋竦，其身作力，劲健之形。”【增韵】：“筋，力气所任也。”“象人筋之形。象其条理也。人之理曰力。”所以“胜人者有力”的“力”第一层含义应该是身体强壮的爆发力，如奥运会举重冠军、游泳冠军、跑步冠军、跨栏冠军等等。

（2）“物所胜亦曰力”。如奥运会击剑冠军、铅球冠军、体操冠

军、排球冠军、足球冠军、羽毛球冠军、乒乓球冠军等等。

（3）“治功曰力，能圉大灾。”“引申之，凡精神所胜任皆曰力”。如疫情期间依靠智慧方法和科学分析化解危难等。

【说文解字并康熙字典4-11】彊（强）

【说文解字】**彊，弓有力也。**从弓畺聲。巨良切。

【说文解字注】（彊）弓有力也。**引申爲凡有力之稱。**又叚爲勥迫之勥。从弓。畺聲。巨良切。十部。

【玉篇】**堅也。**【书·皋陶謨】彊而義。【傳】彊無所屈撓也。

【广韵】**健也。**【易·乾卦】**君子以自彊不息。**

【集韵】**胜也。**【尔雅·释诂】当也。【注】彊者，好与相当。【史记·商君传】**自胜之谓彊。**

【增韵】**壮盛也。**【书·洪范】**身其康彊。**

力有余也。【诗·周颂】侯彊侯以。【注】**彊，彊力也。**【笺】**彊力有余者。**

势盛也。【左传·昭五年】羊舌四族皆彊家也。【孟子】天下固畏齐之彊也。

【尔雅·释言】**暴也。**【注】彊梁凌暴。【书·洪范】彊弗友刚克。【传】**彊御不顺，以刚能治之。**【诗·大雅】曾是彊御。【传】彊梁御善也。【疏】**彊梁者，任威使气之貌。**

禺彊，**彊良，神名。**【山海经】北方禺彊。【注】水神也。【又】北极天柜有神，名曰彊良。

【类篇】**勉也。**【孟子】彊为善而已矣。【前汉·董仲舒传】彊勉学问则闻见，博而知益明。彊勉行道，则德日起，而大有功。

“彊（强）”字玄机：

（1）“彊（强）”字本义为“弓有力也。引申为凡有力之称”。如《诗经·周颂》“侯彊侯以”，这里的“彊”就是“彊力”“彊力有余者”之意。引申含义为“健”“坚”“胜”“勉”等。

（2）“彊”，“从弓畺声”。其中“弓”的康熙字典为“【说文】弓，以近穷远。象形。【释名】弓，穹也。张之穹穹然也。【周礼·冬官考工记】弓人为弓，取六材，必以其时。六材既聚，巧者和之。干也者以为远也，“畺”的说文解字为“界也。七月：万寿无疆。传曰：疆，竟也。田部曰：界，竟也。然则畺界义同。竟境正俗字。信南山：我疆我理。传曰。疆，画经界也。理，分地理也。绵曰：乃疆乃理。江汉曰：于疆于理。其义皆同。经界出于人为，地理必因地防，二者必相因而至，不知地防则水不行。”所以真正的“强”是指能分清地理经界的边界，也就是能够时刻泾渭分明不糊涂。

“角也者以为疾也，筋也者以为深也，胶也者以为和也，丝也者以为固也，漆也者以为受霜露也。”所以真正的“强”是指能以近穷远、四两拨千斤。

（3）《史记·商君传》曰：“自胜之谓彊。”所以“自胜者强”，就是通过提升内心的静定境界，了悟明辨“五气入鼻，藏于心肺，上使五色修明，音声能彰”等五脏六腑七经八脉的边界特色和运转规律，不断去除各种内心烦恼心尘，从而达到精气神完备的内圣健康状态。

（4）《河上公章句》曰：“人能自胜己情欲，则天下无有能与己争者，故为强。”

综上，经文“胜人者有力，自胜者强”可以有以下几种理解：

（1）通过食用各种腥臊肉食使身体健硕有力量来超越别人，不如不断去除心尘烦恼自我超越更加强而有力。

（2）借助警犬、手机等特殊外物获得能力超越别人，不如自己提升静定功夫了悟“五气入鼻”等身体精气神的内在变化规律，从而掌控自我去除烦恼更强而有力。

（3）能够战胜别人虽然叫作有力量，但能够战胜自己才是强而有力量。

（4）能战胜别人，用的是威力。能战胜自我情欲，天下才真正没有能与自己抗争的，叫作强而有力。

4.4.1 憨山大师注解

4.4.1.1 世之力足以胜人者。

世间社会上有这样的人，他自己的力量特别强大，足以战胜别人，比方说在奥运会夺取冠军的人、举重运动员。

4.4.1.2 虽云有力。但强梁者必遇其敌，不若自胜者强。

虽然他力气那么大，特别有力量，但随着时空的变化，总会遇到更强的对手把自己战胜。天外有天，人外有人，即使游泳能拿八块金牌，早晚还会被别人超越，风水轮流转。不如反躬自省，回过头来检查自己的言行得失，改缺点为优点、改不应该为应该、改邪归正，自我战胜。

4.4.1.3 然欲之伐性，殆非敌国可比也。力能克而自胜之，可谓真强。

“财、色、名、食、睡”这五种欲望，砍伐人们道德本性的力量之大，绝不亚于敌国一国的征讨力量。古代有“英雄难过美人关”，说明即使是再厉害的英雄，在自己战胜自己不合理欲望这方面也很难把持，也就是说，即使战胜别人再厉害，最后还是死在自己的私欲上，不叫真强。再比方说电脑，非常好的工具，里面就有非常高明的大师，有境界极高的贵人，充斥各种学问，可以学到很多知识，而且费用极低，但是如果耗费同样的时间用来玩游戏，又无法节制和自控的话，即使过关级别再高，也不能叫真强。所以，如果人们能够降服自我而自我战胜，也就是能把自己的内力发挥出来，用来战胜自己的私心杂念和不合理欲望，才“可谓真强”。

4.4.1.4 如传所云，和而不流，中立而不倚者，所谓自强不息者也。

如《中庸》所说“和而不流，中立而不倚”，君子能和同一切人和环境，与时俱进，适者生存，但决不随波逐流，而是保有自己的人格节操和浩然正气，无论顺境逆境都不失原则。这种人被称为具有自强不息品质的人。举例：

既然生活在这个世界，不得不适应这个世界，跟大家吃一样的饭，住一样的房子，在一个单位工作，但是一定要保有自己的判断力和主见，绝不随波逐流，别人抽烟咱不抽，别人喝酒咱不喝，别人玩游戏咱不玩，自己总是能管住自己，按照自己的运行规律去做，而不是逆着规律，这才叫和而不流。

怎样做到中立而不倚呢？就是做任何事不走极端，既不偏于左，也不偏于右，不偏不倚正好合适。比方说睡觉，既不特别的早睡早起，也不特别的晚睡晚起，一切按规律去做。再比方说种菜，既不早于节气，也不晚于节气，而是到了节气再做。人也是，不同年龄阶段做不同年龄阶段该做的，在小孩儿时期就好好学习，到了年龄，该结婚的时期就结婚，该给人做父母的时期就好好给人做父母，而不是违逆。角色规律也是，当母亲就好好当母亲，当儿子就好好当儿子，当领导就好好当领导，各安其道。

如此，无论顺境、逆境都遵循规律不失原则，无论顺境、逆境也不停息遵道而行，这个品质就是自强不息。

4.4.2 宋龙源版本注解

4.4.2.1 胜之之义。在内则为力。在外则为强。世间能有胜人之力者。譬如霸王有万夫不当之勇。子胥有举鼎千觔之力。此皆是血气之力。胜之于人也。故曰胜人者有力。

“胜之（战胜别人）”的内涵，对内而言，叫“力”；对外而言叫“强”。比如游泳冠军菲尔普斯，对内的顽强拼搏叫“力”，对外力挫群英叫“强”。世间古往今来能有这种战胜别人力量的，最家喻户晓的，譬如霸王项羽有万夫不当之勇，伍子胥有举鼎千觔之力，等等。这些例子都是凭借自己血气之力战胜别人的，这就是“胜人者有力”的内涵。

【学习与思考4-3】战胜别人是否为最有力量？

1.西楚霸王项羽认为自己力能举鼎，有万夫不当之勇，不听文臣武将的劝谏，结果四面楚歌，垓下大败，乌江自刎。

2. 临潼会上伍子胥，举鼎千斤救主难。其后鞭尸楚平王，吴门曾把头来献。

4.4.2.2 若以圣人比之。不足为有力矣。惟圣人先能自胜。

如果他们跟圣贤来比较的话，就不不足以被称为有力量了。因为圣人能率先做到自我战胜。

圣人能率先改正自己的缺点为优点、改正自己的短处为长处、改正自己的不对为对、改正自己的不应该为应该、改正自己的私欲为公心，这个能力就是转凡成圣的能力，也叫“放下屠刀，立地成佛”，“放下”就是改正，“屠刀”比喻缺点，“成佛”比喻优点。

4.4.2.3 以天地为一身。以万物为一体。生死一源。道德一心。

圣人“以天地为一身”，把天地当成自己，时时刻刻效法天地，跟天学习自强不息，跟地学习厚德载物。《易经》曰：“天行健，君子以自强不息；地势坤，君子以厚德载物。”清华大学校训便是出于此处。

圣人“以万物为一体”，把万事万物看成跟自己一体不二，自古就有“同体大悲”的说法，意思是自己虚怀若谷，视万事万物的痛苦为自己的痛苦，从而立鸿鹄之志誓愿解救。

圣人体悟“生死一源”的道理，与天地宇宙同源同体，所以彻悟精神与天地一样长存。比方说孔子、老子，虽然他的肉身回归天地，但是他的精神一直长存，一直到现在活在我们心中，像阳光一样温暖心田。而霸王项羽虽然血气有万夫不当之勇，但是他的精神却没有办法长存，没有办法像太阳一样永远普照。

圣人能做到与天地万物同心同德。这句话激励了古往今来无数仁人志士，最著名的要数北宋范仲淹的《用天下心为心赋》，全文如下：

【拓展学习4-6】范仲淹《用天下心为心赋》

至明在上，无远弗宾。得天下为心之要，示圣王克己之仁。

政必顺民，荡荡洽大同之化；礼皆从俗，熙熙无不获之人。

当其治国牧民，代天作主。敷至治于四海，遂群生于九土。

以为肆予一人之意，则国必颠危；伸尔万邦之怀，则人将鼓舞。

于是审民之好恶，察政之否臧。有疾苦必为之去，有灾害必为之防。

苟诚意从乎亿姓，则风化行乎八荒。如天听卑兮惟大，若水善下兮孰当？

彼惧烦苛，我则崇简易之道；彼患穷夭，我则修富寿之方。

夫如是则爱将众同，乐与人共。德泽浃（jiā润湿）于民庶，仁声播于雅颂。通天下之志，靡靡而风从；尽万物之情，欣欣而日用。

岂不以虚己之谓道，适道之谓权？

下有所欲，吾何可专？一应万而诚至，寡治众而功宣。

尧舜则舍己从人，同底于道；桀纣则以人从欲，自绝于天。

必也重乎安危，明夫用舍。弗凝滞于物我，可并包于夷夏。

赜（zé探究）老氏之旨，无欲者观妙道于域中；稽（考核）夫子之文，虚受者感人和于天下。

若然则其化也广，其旨也深。不以己欲为欲，而以众心为心。

达彼群情，侔（móu，齐）天地之化育；洞夫民隐，配日月之照临。

方今穆穆虚怀，巍巍恭己。视以四目，而明乎中外；听以四聪，而达乎远迩。噫！何以致圣功之然哉？从民心而已矣。

宋代大儒张载的“四为句”也广为流传：“为天地立心，为生民立命，为往圣继绝学，为万世开太平。”其中最有气魄而又最难理解的便是“为天地立心”，从古到今，许多哲人踊跃探索这句话的意涵，留下了极为丰富的论述。

当代被梁漱溟誉为“千年国粹，一代儒宗”的马一浮，对张载的“四为句”有精辟的解说。他结合孟子“恻隐之心，仁之端也；羞恶之心，义之端也；辞让之心，礼之端也；是非之心，智之端也”的“四端说”，认为“仁民爱物”即是“为天地立心”，说：“天地以生物为心，人心以恻隐为本。孟子言四端，首举恻隐，若无恻隐，便是麻木不仁，漫无感觉，以下羞恶、辞让、是非，俱无从发出来。故

‘天地之大德曰生’，人心之全德曰仁。学者之事，莫要于识仁求仁，好仁恶不仁，能如此，乃是‘为天地立心’。”

4.4.2.4 超年劫于瞬息。视古今如刹那。不坏不灭。岂但有力而已。其自胜之力。共有十力之用。一信力。二舍力。三戒力。四进力。五念力。六定力。七慧力。八智力。九道力。十德力。

圣人与天地一体一心，已经超越了时空的对立，所以他能够突破时空的拘碍，与时空同体，瞬息之间可以超越万年时空，观古今如同刹那。所以圣人精神长存，跟天地宇宙一样，“不坏不灭”即不会败坏也不会衰灭，属于永恒，“岂但有力而已”即岂是“有力”二字可以描述的?

圣人“自胜之力”大约有十种，表现为十个方面的运用：第一叫信力，第二叫舍力，第三叫戒力，第四叫进力，第五叫念力，第六叫定力，第七叫慧力，第八叫智力，第九叫道力，第十叫德力。

详细经文与意译请参见绪论《0.3.2圣贤十力》。

4.4.2.5 以上十力。皆是修真之径路。入道之梯航。能具十力。是谓自胜者强也。

以上列举的圣贤“十力”，都是通往修真大道的捷径，是契入正道的阶梯和舵航。能具备这十力，才可以称为真正的“自胜者强”。

4.5 知足者富

老子【道德经·尽己章第三十三】经文：知足者富。

【说文解字并康熙字典4-12】足

【说文解字】**人之足也**。在下。从止口。凡足之屬皆从足。即玉切。

〖注〗**徐鍇曰：“口象股脛之形。”**（古文）疋疋。

【說文解字注】人之足也。在體下。从口止。依玉篇訂。**口猶人也。舉口以包足已上者也。齒，上止下口。次之以足，上口下止。次之以疋，似足者也。次之以品，从三口。**今各本从口。非也。卽玉切。三部。凡足之屬皆从足。

【釋名】**足，續也，言續脛也**。【易·說卦】震為足。【疏】足能動用，故為足也。

【禮·玉藻】**足容重**。【注】**舉欲遲也**。

【廣韻】**滿也，止也**。【書·仲虺之誥】矧（shěn）予之德，言足聽聞。

【禮·學記】學然後知不足。【老子·道德經】**知足不辱。**

不可曰不我足。【吳語】天若棄吳，必許吾成而不吾足也。

【論語】巧言令色足恭。【疏】**足，成也**。謂巧言令德以成其恭，取媚於人也。

【朱傳】**過也**。【揚子·法言】足言足容，德之藻矣。

【類篇】**益也**。【前漢·五行志】不待臣音，複調而足。

【易林】欲飛無翼，鼎重折足。失其福利，包羞為賊。

“足”字玄机：

（1）“足”字本义为“人之足”。从口止。“口犹人也。举口以包足已上者也”，意思是说用“足”字的“口”代表整个“人”。“足”为人的“下基”，“止”代表“趾”。“止”的启发含义非常深，“齿，上止下口”，牙齿的“止”启发我们要守口德，只说该说的。“次之以足，上口下止”，双足的“止”启发我们行路时要适可而止，停下来看看有没有偏离正道，以便及时修正。“次之以疋，似足者也”“弟子职曰。问疋何止。谓问尊长之卧。足当在何方也。内则曰。将衽。长者奉席。请何止。”《诗·大疋》的“止”启发我们要时刻以礼节制自我。“次之以品，从三口”启发我们在众人面前要学会时刻涵养品格持守节操。

（2）足的其他引申含义主要有“满”“成”“益”等。

【说文解字并康熙字典4-13】富

【说文解字】**富，備也。**一曰厚也。从宀畐聲。方副切。**畐，古福字。俗作富。**

【說文解字注】備也。**富與福音義皆同。**釋名曰。**福，富也。**一曰厚也。从宀。畐聲。方副切。古音在一部。

【廣韻】**豐於財也。**【書·洪範】**五福，二曰富。**【周禮·天官·冢宰】**二曰祿以馭其富。**【史記·貨殖傳】**本富為上，末富次之，奸富最下。**

【易·繫辭】**富有之謂大業。**【禮·儒行】**不祈多積，多文以為富。**【莊子·天地篇】**有萬不同之謂富。**

【正字通】**年富，謂年幼後來齒曆方久也。**【禮·祭義】**殷人貴富而尚齒。**【注】**臣能世祿曰富。**

凡充裕皆曰富。【晉書·夏侯湛傳】**文章宏富。**【王接傳】左氏辭義贍富。【宋書·謝弘微傳】**才辭辨富。**【唐書·呂温傳】**藻翰精富。**【文心雕龍】**經籍深富，辭理遐亘。**

"富"字玄机：

（1）"富"字本义为"备""厚"，与"福"义同。为《尚书》五福之一：一曰寿，二曰富，三曰康宁，四曰攸好德，五曰考终命。

（2）引申含义为"丰财""富有""充裕"等。

（3）"天有三宝，日月星；地有三宝，水火风；人有三宝，神气精"，精气神全备才是真富。

（4）《河上公章句》曰："人能知足之为足，则长保福禄故为富也。"

综上，经文"知足者富"可以理解为：

（1）觉悟适可而止，并能精气神全备，才叫"富"。

（2）觉悟"足"的内涵，行路时适时停下来，看看有没有偏离正道，以便及时修正，这个叫作富。

4.5.1 憨山大师注解

4.5.1.1 凡贪得无厌者，必心不足。苟不知足，虽尊为天子，必务厚敛以殃民。虽贵为侯王，必务强兵而富国。

凡是内心贪得无厌的人，一定会内心贪婪不知道知足。如果内心贪婪不知道知足，虽然地位贵为天子，也一定会通过厚敛财物征收重税的方式祸害百姓。虽然地位贵为侯王，也一定会通过强兵扩充精锐武器的方式图谋富国霸业。

4.5.1.2 即纵适其欲，亦将忧而不足，故虽富不富。苟自知足，则鹪鹩偃鼠，藜藿不糁，抑将乐而有余，此知足者富也。

即使愿望得以实现了，仍然担忧更高的愿望实现不了，心不知足，所以虽然他已经财富盈满，但心田贫乏不富。如果自已内心能够知足，效法鹪鹩巢居深林，一条树枝就足够了，效法偃鼠河中饮水，饱了就知足了，藜藿虽然是低贱的野菜，但圣人孔子穷困于陈蔡之间七日不火食时，没有一滴米的野菜汤也足以渡过苦难，孔子心能知足，穷困时也一样能乐而有余，这就是内心知足会带来心田富裕的道理。

【学习与思考4-4】鹪鹩偃鼠，藜藿不糁

1. 鹪鹩（jiāo liáo）

鸟名。形小，体长约三寸。羽毛赤褐色，略有黑褐色斑点。尾羽短，略向上翘。以昆虫为主要食物。常取茅苇毛毳为巢，大如鸡卵，系以麻发，于一侧开孔出入，甚精巧，故俗称“巧妇鸟”。又名黄脰鸟、桃雀、桑飞等。

《鹪鹩赋》序曰：“鹪鹩，小鸟也，生于蒿莱之间，长于藩篱之下，翔集寻常之内，而生生之理足矣。”

《庄子·逍遥游》曰：“鹪鹩巢于深林，不过一枝。”

2. 鼹鼠（yǎn shǔ）

田鼠。偃，“鼹”的古字。郭庆藩《集释》：“偃，或作鼹，俗作鼹。”《说文·鼠部》：“鼢，地中行鼠，伯劳所化也。一曰偃鼠。”段玉裁说文注：“偃之言隐也。”

“偃鼠饮河”，出自《庄子·逍遥游》：“偃鼠饮河，不过满腹。”比喻所需极有限。

3. 藜藿（lí huò）

泛指低贱的草药或粗劣的饭菜。

藜，多年生草本植物，叶细长，花紫，可入药；一年生草本植物，茎直立，嫩叶可吃。茎可以做拐杖（亦称“灰条菜”）。

藿，〔藿香〕多年生草本植物，叶子心脏形，花蓝紫色，瘦果倒卵形。茎叶香气很浓，可入药；藿食，豆类植物的叶子，指粗劣的食物。

①《韩非子·五蠹》：“粝粢之食，藜藿之羹。”

②《文选·曹植》：“予甘藜藿，未暇此食也。”刘良注：“藜藿，贱菜，布衣之所食。”

③晋葛洪《抱朴子·明本》：“故藜藿弥原，而芝英不世；枳棘被野，而寻木间秀。”

4.不糁（bù shēn）

① 谓无米以和羹。② 谓粒米不进。

《庄子·让王》：“孔子穷于陈蔡之间，七日不火食，藜羹不糁。”成玄英疏：“藜菜之羹，不加米糁。”

4.5.2 宋龙源版本注解

4.5.2.1 知之于外。谓之智。知之于内。谓之明。智之一字。正是明于外。不能明于内之病也。人之不能明道。以其不自明故也。

了解外物叫智，了解自我叫明。

“智”这个字，正是只了解外物、不了解自我的通病。人之所以不能明道，就是因为自己不了解自己的缘故。

4.5.2.2 是故知人之人。机智外用。不过察人情之黑白长短。别人事之是非好歹。自己本性未明。止可谓之智。不可谓之明也。故曰知人者智。

所以，知人之人，自己的机智耗用在外，不过是察人情之黑白长短、别人事之是非好歹。但因为自己本性不明达，境界只能称之为“智”，绝对够不上被称为“明”。所以说“知人者智”。

4.5.2.3 随境自适。心不妄贪。谓之知足。

内心伴随外部环境的变化而自我调适，无论顺境逆境，都能守住自我，内心不起非分妄想和贪念，叫作知足。

4.5.2.4 人能以淡泊自守。以寡欲自安。身虽贫而志不贫。境虽困而道不困。休休焉。坦坦焉。既无不足。则长富矣。故曰知足者富。

人如果能以淡泊名利的心态清静自守，以减少私欲的心境朴素自安，居身虽贫但心志不贫，处境虽困但正道不困，礼节简朴却内心美善，坦荡安定，既然内心没有不知足的欲望驱使，处处知足，自己心田就可以确保长久富足了，所以说“知足者富”。

4.5.2.5 奈何世人。只要求足于己。亏公悖道。百计贪图。富而不义。灾害必生。岂如知足之富乎。

可怜世人根本不了解什么叫真正的知足者富，只知道追求满足自己内心的各种欲望和贪求，不惜亏损公平悖逆正道，千方百计贪图名利，虽然财富丰满但取之不义，天灾人祸必会产生，哪里比得上内心知足这种富呢？《增广贤文》曰：“君子爱财，取之有道。”君子的富是从遵从道义上取得的，俗话说“天道循环，周而复始”，也就是老百姓说的“出来混是要还的”，如果亏了就要还回去，亏公当然要还于公，纵观所有“老虎”“苍蝇”，不过是替公家暂时保存财富罢了，最后都是以自己东窗事发的灾害方式归还，所以灾害是自我背信弃义的必然结果。

4.5.2.6 修道之人。能全其精。能全其气。能全其神。三者能全。则道德隆备。

修道之人，能完备自己的精、完备自己的气、完备自己的神，精、气、神三者都能完备，自己就会道德隆备。修道之人，修就是匡正自我，就是能匡正自我循着道去做的人、遵道而行的人、按照规律去做的人。一个人越是能随时匡正自我，务求言行符合道义、正义、规律，内心越是安宁，内心安宁，自己的精气神因为不随七情六欲外泄，所以自自然然得以回归自我本元，凝神聚气日积月累，精气神便得以完备。俗话说“天有三宝，日、月、星；地有三宝，水、火、风；人有三宝，神、气、精”。心安必定理得，理，就是道，所以精气神全备就是道德隆备。隆备，就是丰大富足。纵观古往今来所有圣贤，都是精气神富足、身心状态特别鼓舞人心的人，比方说毛泽东，从六十三岁到七十三岁，曾十八次畅游长江，还写下许多诗词名篇。

4.5.2.7 道德隆备。天地间真富真贵。未有过于此者也。虽金玉满堂。何足为富乎。

道德隆备，才是天地间真富真贵，没有能比这更富更贵的了。即使是金玉满堂，又怎能说是真富真贵呢?

只有遵循规律不断修正自己的言谈举止、不断涵养正思正念，时时处处宁心静气，自己的精气神才能归元，自己的道德蓄积丰厚，道德隆备，天地间真富真贵，实在是太赞叹了！

4.6 强行者有志　不失其所者久

老子【道德经·尽己章第三十三】经文：强行者有志，不失其所者久。

【说文解字并康熙字典4-14】志

【說文】**从心之聲。志者，心之所之也。**

【說文解字注】**意也**。从心㞢。㞢亦聲。按此篆小徐本無，大徐以意下曰志也補此爲十九文之一。原作从心之聲，今又增二字，依大徐次於此。志所以不錄者，周禮保章氏注云：**志，古文識**。蓋古文有志無識，小篆乃有識字。保章注曰：志，古文識。**識，記也**。哀公問注曰：志讀爲識。**識，知也**。今之識字，志韵與職韵分二解，而古不分二音，則二解義亦相通。古文作志，則志者，記也，知也。惠定宇曰：**論語賢者識其大者**，蔡邕石經作志。多見而識之，白虎通作志。左傳曰：**以志吾過**。又曰且曰志之。又曰歲聘以志業。又曰吾志其目也。尚書曰若射之有志。士喪禮志矢注云志猶擬也。今人分志向一字，識記一字，知識一字，古衹有一字一音。又旗幟亦卽用識字，則亦可用志字。詩序曰：**詩者，志之所之也。在心爲志，發言爲詩**。志之所之不能無言，故識从言。哀公問注云志讀爲識者，漢時志識已殊字也。許心部無志者，蓋以其卽古文識而識下失載也。職吏切。一部。

【論語】志於道。【詩序】**在心為志**。

【廣韻】**意慕也**。【儀禮·大射儀】不以樂志。【注】志者，意所擬度也。

【禮·少儀】問卜筮曰：義歟，志歟。義則可問，志則否。【注】**義，正事也。志，私意也。**

準志也。【書·盤庚】若射之有志。【疏】如射之有所準志，志之所主，欲得中也。

【左傳·昭二十五年】以制六志。【注】**為禮，以制好惡喜怒哀樂六志**。

"志"字玄机：

（1）"志"本义为"意""从心之声""心之所之"。《论语》"贤者识其大者"，意思是说"贤者以学做大人、大丈夫、圣人、君子为志向"。

（2）引申含义为"志识""识记""意慕"等。

【说文解字并康熙字典4-15】所

【说文解字】伐木聲也。从斤户聲。《詩》曰："伐木所所。"疏舉切

【說文解字注】伐木聲也。伐木聲，乃此字本義。用爲處所者，段借爲処字也。若王所，行在所之類是也。用爲分別之詈者，又从処所之義引申之。若予所否者，所不與舅氏同心者之類是也。皆於本義無涉。是眞段借矣。从斤。户聲。疏與切。五部。詩曰。伐木所所。小雅伐木文。首章伐木丁丁傳曰。丁丁，伐木聲。次章伐木許許傳曰。許許，柿皃。此許許作所所者，聲相似。不用柿皃之說，用伐木聲之説者，葢許以毛爲君亦參用三家也。今按丁丁者，斧斤聲。**所所，則鋸聲也**。

處所。【詩·鄭風】獻於公所。【商頌】及爾斯所。

【漢制】車駕所在曰行在所。【蔡邕·獨斷】天子以四海為家，故所在曰行在所。

【關西方言】致力於一事為所。所謂絕利一源也。【書·無逸】**君子所其無逸**。

語辭。【論語】視其所以，觀其所由。【召誥】王敬作所。

"志"字玄机：

（1）"志"字本义为"伐木声也"。假借引申含义为"处所""致力于一事为所"等。

（2）《尚书》"君子所其无逸"，意思是：君子以心不放逸为心所。

（3）《河上公章句》曰："人能强力行善，则为有意于道、道亦有意于人。"

【说文解字并康熙字典4-16】久

【说文解字】以後灸之，象人兩脛後有距也。《周禮》曰："久諸牆以觀其橈。"凡久之屬皆从久。

【說文解字注】**從後灸之也**。也字今補。久灸疊韵。火部曰。**灸，灼也。灼，灸也。灸有迫箸之義**。故以灸訓久。士喪禮。鬲幎，用疏布久之。鄭曰。久讀爲灸。謂以葢塞鬲口也。旣夕。苞筲罋甒皆木桁久之。鄭曰。久讀爲灸。謂以葢案塞其口。此經二久字，本不必改讀。**葢久本義訓從後歫之。引伸之則凡歫塞皆曰久**。鄭以久多訓長久。故易爲灸以釋其義。考工記。灸諸牆以眂其橈之均。鄭曰。炙猶柱也。以柱𠌶牆之閒。許所偁作久，與禮經用字正同。許葢**因經義以推造字之意。因造字之意以推經義。無不合也**。相歫則其候必遲。故又引伸爲遲久。遲久之義行而本義廢矣。象人𠌶脛後有歫也。歫各本作距。今正。**歫，止也**。距，雞距也。舉友切。古音在一部。周禮曰。久諸牆以觀其橈。凡久之屬皆从久。

【易·繫辭】恆久也。【中庸】不息則久。【註】久，常於中也。

【老子·道德經】天乃道，道乃久。

又**待也**。【左傳·昭二十四年】士伯曰：寡君以爲盟主之故，是以久子。

"久"字玄机：

（1）"久"字本义为"从后灸之也"。"引伸之则凡歫（止）塞皆曰久"。

（2）《易经》曰"恒久也"。老子《道德经》曰："天乃道，道乃久。"

（3）《河上公章句》曰："人能自节养不失其所，受天之精气，则可以久。"

综上，经文"强行者有志，不失其所者久"可以理解为：能自强不息、强有力地遵道而行积善成德，叫作有志气；能不迷失遵道而行的志向，节养得宜，就可以确保精气神富足恒久。

4.6.1　憨山大师注解

4.6.1.1　强志，好过于人者，未为有志。惟强行于道德者，为有志也。

强志之人，就是好超过别人的人，这不是真正的有志。只有强行于道德、努力遵道而行、积善成德的人才是真正的有志。

4.6.1.2　所者，如北辰居其所之所。又故有之义，盖言其性也。孟子曰，性者故而已矣。

"所"，就像北斗七星，居在北斗七星应该居的那个位置上，这个叫

“所”。“所”的故有含义，说的就是遵其本性。孟子教导我们说，本性就是原来如此，本来如此。我们人的本性就是我们本有的精气神、秉性和气质，这种秉性发挥出来就是仁义礼智信。

4.6.1.3 世人贪欲劳形，冀立久长之业。殊不知戕生伤性，旋踵而灭亡，谁能久哉。

世上的人，都会因为贪图欲望，而让自己身体劳顿，比方说熬夜、加班、废寝忘食、透支等等。希图能够建立长久的事业。竟没想到，这种贪欲劳形，戕害自己的生命，透支自己的精气神，很快自己就自取灭亡了，连自己都不能确保长久，谁能确保让事业长久？

事业立得再好，有百年的事业就很了不起了，比方说同仁堂，已经300多年的风雨历程，哪有上千年的事业？我们国家上下5000年历史，周朝算是最长的，也不过800多年。美国也顶多二百来年，就已经非常没有秩序了，上哪去找长久？何况一个公司？疫情就是大考，就是照妖镜，轰然倒塌的、公司不计其数。贪欲劳形对人生命的戕伐、对人精气神的损害太大了，不知不觉就会走向自己的反面。哪能再执迷不悟？

4.6.1.4 惟抱道凝神，而复于性真者，德光终古，泽流无穷，此所谓不失其所者久也。

只有遵道而行，按照自己的秉性规律去为人处世，修养自己的精气神，回归本真，让自己的道德之光像天地一样照耀古今，像圣人孔子、老子等一样精神长存、恩泽无尽，这才叫真正的不失其所者久。

也就是说，按照我们精气神本有的秉性，发挥出我们自己应有的秉性和气质，这才是我们真正应该去追求、真正应该去实现的，要不然呢，岂不是白活一世吗？

4.6.2 宋龙源版本注解

4.6.2.1 切思自明。自胜。自足者。皆是强行有志之人也。强行者。乾乾不息。譬如川流不息。不舍昼夜。须臾不肯间断。便是强行有志之人也。故曰强行者有志。

深切思索，自我明达、自我战胜、自我知足的人，都属于“强行有志之人”。强行，就是自强不息的意思，譬如江河川流不息，不管白天晚上，一刻也不间断，像天上的太阳和月亮一样，不因为我们人间有什么变故，总是按照它的运转规律该升起就升起，该落下就落下，即使有乌云遮天，也不妨碍太阳和月亮按照自己的运转规律来值班儿，从来也不迟到也不旷课。自强不息，便是强行有志之人。

4.6.2.2 志者进德之基。入道之门也。志之所趋。无远不达。志之所向。无坚不入。此志一立。山不能限。水不能止。人不能夺。物不能移。故孔子曰三军可夺帅也。匹夫不可夺志也。即是此义。

因此，“强行者有志”，其中的“志”，是提升自己道德的基础，是自己契入道德的门径。要积善成德，完备德业，没有志向是实现不了的。比方说我们从青岛到北京，如果这是一个积累道德的过程的话，志向就是说想不想去，只有想去才能抬腿往外走，如果不想去，这个道虽然摆在那儿，但是人不走没有办法完成由青岛到北京的质变。所以要先有志向。

只有立下志向，遵道而行，无论多远总会抵达。比方说从青岛到北京，只要立志要走，并真正开始出发了，即使北京再远，总有能到达的那一天。有了这个志向，再坚固的土地也会被润泽，再坚硬的内心也会被融化。自己的志向一旦确立，山再高水再宽也阻挡不了我们按照志向前进，即使别人的阻力再厉害，也不能夺去自己要遵道而行的志向，环境再艰难困苦也转移不了自己要匡正自我、转凡成圣的志向。

所以，孔子教导我们说，军队的首领可以被环境改变，但是自己内心的志向是无法被环境改变的。自己的地位再卑微，也要立志匡正自我、立志转凡成圣、立志全备自己的精气神、立志活出自我。说的就是这个道理。

4.6.2.3 居止安住之地。谓之所。人能得其所。如鱼得水。似鸟归巢。动静合宜。身心快乐。此即是止于至善之地也。

人的内心能够安住的地方叫作“所”。人能得其心所，就会如鱼得水一样快活、像小鸟归巢一样欢喜，人如果能居止遵循规律动静合宜，身心也一定健康快乐，这也是“止于至善之地”的含义。

4.6.2.4 至善之地。虎不能措其爪。兕不能投其角。兵不能容其刃。盖以无死地而然也。既无死地。岂不长久乎。又如出家之人。果能断人间之习染。守至道之真常。或栖隐山林。而志慕清虚。或晨昏香火。而殷勤经教。或参学经书道典。而彻底穷源。建立有为功德。而磨砺身心。此皆是止于至善之地。而不失其所也。

至善之地，就是老子《道德经》说的“虎不能措其爪。兕不能投其角。兵不能容其刃”的境界，这是自己的精气神全备，已经修到与天地同在“无死地”的缘故。既然已经无死地，岂不就是长久的含义嘛。又比方说立志“跳出三界外，不在五行中”的出家修行之人，如果真的能断除人间贪嗔痴等坏习惯，坚守真常正道，要么栖隐山林，有志于益慕清虚；要么早晚点灯苦读，殷勤经教传承；要么参学经书道典，志求彻底穷源；要么建立有为功德，磨砺自己身心。这些都是“止于至善之地”，都是“不失其所”。

4.6.2.5 所以功成果满。受人天之福报。渐渐进修。可以同天地而不朽。岂非长久乎。人能行此四义。是谓不失其所者久也。

所以一旦功成果满，就会享受人天敬仰的福报。渐渐进修，锲而不舍，总有一天可以达到与天地同在亘古不朽的境界，难道说这不是长久的含义吗？人能按照这四种不同含义去践行，都可称之为“不失其所者久”。

4.7　死而不亡者寿

老子【道德经·尽己章第三十三】经文：死而不亡者寿。

【说文解字并康熙字典4-17】死

【说文解字】**澌也，人所離也**。从歺从人。凡死之屬皆从死。𣦸，古文死如此。息姊切〖注〗𣦻、㱙，亦古文死。

【說文解字注】澌也。水部曰。澌，水索也。方言。澌，索也。盡也。是澌爲凡盡之偁。**人盡曰死**。死澌異部疊韵。人所離也。**形體與䰟魄相離**。故其字從歺人。从𣦵人。息姊切。十五部。凡死之屬皆从死。

【白虎通】**死之言澌，精氣窮也**。【釋名】**死者，澌也，若冰釋澌然盡也**。【莊子·知北遊】**人之生，氣之聚也。聚則為生，散則為死**。【關尹子·四符篇】**生死者，一氣聚散耳**。【禮·曲禮】庶人曰死。【禮·檀弓】君子曰終，小人曰死。【周禮】少曰死，老曰終。

【山海經】有不死國，在南海大荒中。【郭璞贊】赤泉駐年，神木養命。稟此遐齡，悠悠無竟。【山海經】圓丘山有不死樹。【郭璞贊】萬物暫見，人生如寄。不死之樹，壽蔽天地。【山海經】流沙之東，黑水之閑，有不死山。【劉孟會云】祖州海島產不死草，一株可活一人。

"死"字玄机：

（1）"死"字本义为"澌，人所离也"。《白虎通》曰："死之言澌，精气穷也"。《庄子》曰："人之生，气之聚也。聚则为生，散则为死。"

（2）"人所离也"即"形体与魂魄相离"。人与五脏精神魂魄的关系详见《黄帝内经·灵枢·本神》。

（3）《太上道德经讲义》曰：“自古圣人。不以死为死。而以不明道为死。不以生为生。而以明道为生。”

（4）经文所说的“死”，是使自己的烦恼妄想之心死的意思。

【拓展学习4-7】《黄帝内经·灵枢·本神》

黄帝问于岐伯曰：凡刺之法，先必本于神。血、脉、营、气、精神，此五藏之所藏也。至其淫泆离藏则精失、魂魄飞扬、志意恍乱、智虑去身者，何因而然乎？天之罪与？人之过乎？何谓德、气、生、精、神、魂、魄、心、意、志、思、智、虑？请问其故。

岐伯答曰：天之在我者德也，地之在我者气也。德流气薄而生者也。故生之来谓之精；两精相搏谓之神；随神往来者谓之魂；并精而出入者谓之魄；所以任物者谓之心；心有所忆谓之意；意之所存谓之志；因志而存变谓之思；因思而远慕谓之虑；因虑而处物谓之智。故智者之养生也，必顺四时而适寒暑，和喜怒而安居处，节阴阳而调刚柔。如是，则僻邪不至，长生久视。

是故怵惕思虑者则伤神，神伤则恐惧流淫而不止。因悲哀动中者，竭绝而失生。喜乐者，神惮散而不藏。愁忧者，气闭塞而不行。盛怒者，迷惑而不治。恐惧者，神荡惮而不收。心，怵惕思虑则伤神，神伤则恐惧自失。破䐃脱肉，毛悴色夭死于冬。脾愁忧而不解则伤意，意伤则悗乱，四肢不举，毛悴色夭死于春。肝悲哀动中则伤魂，魂伤则狂忘不精，不精则不正，当人阴缩而挛筋，两胁骨不举，毛悴色夭死于秋。肺喜乐无极则伤魄，魄伤则狂，狂者意不存人，皮革焦，毛悴色夭死于夏。肾盛怒而不止则伤志，志伤则喜忘其前言，腰脊不可以俛仰屈伸，毛悴色夭死于季夏。恐惧而不解则伤精，精伤则骨酸痿厥，精时自下。是故五藏主藏精者也，不可伤，伤则失守而阴虚；阴虚则无气，无气则死矣。

是故用针者，察观病人之态，以知精、神、魂、魄之存亡，得失之意，五者以伤，针不可以治之也。肝藏血，血舍魂，肝气虚则恐，实则怒。脾藏营，营舍意，脾气虚则四肢不用，五藏不安，实则腹胀经溲不利。心藏脉，脉舍神，心气虚则悲，实则笑不休。肺藏气，气舍魄，肺气虚，则鼻塞不利少气，实则喘喝胸盈仰息。肾藏精，精舍志，肾气虚则厥，实则胀。五藏不安。必审五藏之病形，以知其气之虚实，谨而调之也。

【说文解字并康熙字典4-18】終

【说文解字】絿絲也。从糸冬聲。冄，古文終。職戎切〖注〗𣅠、舁、殄、舟、弫、𣅉、夂，古文終。

【說文解字注】絿絲也。按絿字恐誤。疑下文絭字之譌。取其相屬也。廣韵云。**終，極也。窮也。竟也。**其義皆當作冬。**冬者，四時盡也。**故其引申之義如此。**俗分別冬爲四時盡，終爲極也窮也竟也。乃使冬失其引申之義，**終失其本義矣。有穼而後有𢌿，冬而後有終。此造字之先後也。其音義則先有終之古文也。从糸。冬聲。職戎切。九部。穼，古文終。有穼而後有𢌿，冬而後有終。〖注〗𣅠、舁、殄、舟、弫、𣅉、夂，𠀤古文終。

【玉篇】**極也，窮也。**【集韻】**一曰盡也。**【易·繫辭】《易》之為書也，原始要終。【書·仲虺之誥】愼厥終，惟其始。

【禮·檀弓】**君子曰終，小人曰死。**

【左傳·文元年】**先王之正，時也。履端於始，舉正於中，歸余於終。**【疏】歸其餘，分置於終末。言於終末乃置閏也。【左傳·襄九年】十二年矣，是謂一終，一星終也。【爾雅·釋天】月在壬曰終。

【前漢·刑法志】**地方一裡為井，井十為通，通十為成，成方十裡，成十為終。**

【说文解字并康熙字典4-19】亡（亾）

【说文解字】**亡，逃也。从入从乚。**凡亡之屬皆从亡。武方切。

【說文解字注】逃也。逃者、亡也。二篆爲轉注。**亡之本義爲逃。**今人但謂亡爲死。非也。**引申之則謂失爲亡。亦謂死爲亡。孝子不忍死其親。但疑親之出亡耳。故喪篆从哭亡。**亦叚爲有無之無。雙聲相借也。**从入乚。會意。謂入於迟qū曲隱蔽之處也。**武方切。十部。凡亡之屬皆从亡。

【唐韻】【集韻】【韻會】𠀤武方切，音忘。**失也。**【家語】楚人亡弓，楚人得之。【孟子】樂酒無厭謂之亡。【註】謂廢時失事也。

又滅也。【莊子·田子方】楚王與凡君坐。少焉，楚左右曰：凡亡者三。凡君曰：凡之亡也，不足以喪，吾存。又【周禮·春官·大宗伯】以喪禮哀死亡。**又逃也。**【大學】舅犯曰：亡人無以爲寶。

又與忘同。【詩·邶風】心之憂矣，曷維其亡。

又【正韻】**同無。**【詩·邶風】何有何亡，黽勉求之。

【徐曰】乚音隱，隸作亡。【藝苑雌黄】古惟用亾字，秦時始以蕃霖之霖爲有亾之亾，今又變林爲四點（無）。

【说文解字并康熙字典4-20】寿（壽）

【说文解字】**壽，久也。凡年齒皆曰壽。**從老省，𠷎聲。殖酉切。
【說文解字注】久也。**久者，從後灸之也。引伸爲長久。**此用長久之義也。从老省。𠷎声。𠷎見口部。今篆體作𠷎。誤。
［古文］𦒒𦒓𦓀𠷎【書·君奭】天壽平格。【詩·大雅】作召公考，天子萬壽。【左傳·僖三十二年】爾何知，中壽。【注】**上壽百二十歲，中壽百歲，下壽八十。**
【董子繁露】壽者，酬也。壽有短長，由養有得失。【前漢·王吉傳】**心有堯舜之志，則體有松喬之壽。**
以金帛贈人曰壽。【史記·刺客傳】嚴仲子奉。黄金百鎰，為聶政母壽。

"寿"字玄机：

（1）"寿"字本义为"久"。在《尚书》五福（一曰寿，二曰富，三曰康宁，四曰攸好德，五曰考终命）中排第一。上寿百二十岁，中寿百岁，下寿八十。

（2）《前汉·王吉传》曰："心有尧舜之志，则体有松乔之寿。"

（3）《河上公章句》曰："目不妄视，耳不妄听，口不妄言，则无怨恶于天下，故长寿。"

综上，经文"死而不亡者寿"可以理解为：使自己的烦恼妄想之心死，使自己的法性自然真常活，目不妄视，耳不妄听，口不妄言，无怨恶于天下，所以长寿。

4.7.1 憨山大师注解

4.7.1.1　世人嗜味养生，以希寿考，殊不知厚味腐肠，气急速死，谁见其寿哉。惟养性复真，形化而性常存，入于不死不生，此所谓死而不亡者寿也。

世间人都特别爱好用酸、苦、甘、辛、咸五味食品来养生，希望自己能长寿。却不知道，当无辣不欢、嗜酸如命等时，酸、苦、甘、辛、咸这厚重的五味会腐败自己的大小肠，当自己的精气神中的“气”极端疲乏时，就会迅速死亡，谁见五味会增加寿命了？只有涵养自己的精气神秉性，恢复仁义礼智信本真，转凡成圣，才是与天地同在，才是不死不生的境界，这才是真正的“死而不亡者寿。”

4.7.1.2　老子意谓道大无垠，人欲守之，莫知其向往。苟能知斯数者，去彼取此，可以入道矣。

老子教导我们说，道其大无边际，人要守道，不知道该往哪个方向走。如果真能明白，去掉厚重五味，采取涵养自己精气神秉性，恢复自己仁义礼智信本真，就可以入道了。

4.7.1.3　侯王知此，果能自知自胜，知足强行。适足以全性复真，将与天地终穷。不止宾万物，调人民而已。又岂肯以蜗角相争，以至戕生伤性者哉。

侯王明白这个道理，如果真正能做到自知、自胜、知足，并自强不息地强力践行的话，以节制、知足来以全备自己的精气神，复归自己的仁义礼智信本真，那么，其精神必将与天地长存。其宾服万物、调御人民功德无量，又岂肯以蜗角微利起兵争执，以至于戕害性命呢？

4.7.2 宋龙源版本注解

4.7.2.1 人之有生死者。皆因精神衔露。内夺外遗。鉴其性。丧其心。迷无执有。认妄为真。所以有生必有死。

人之所以有生有死，都是因为自己的精气神过分显露所致，表现在内夺、外遗两个方面。鉴照自己的精气神本性，丧失真心，在无和有里边儿打滚儿，不是执迷于无就是执迷于有，认虚假为真实，所以有生必有死。

4.7.2.2 大限到来。四体分张。气散神离。终入鬼路矣。此皆是不能自知自胜之处。

寿命尽时，地、水、火、风四元素分崩离析，自己的气息也没有了，精气神儿也都离开了人的身体，自己本性之精气神也离开自己的臭皮囊，遁入循环，这都是因为我们不能做到自知自胜的缘故。

4.7.2.3 而修道之人。果能晓得杀机颠倒之妙。以杀机自知。以杀机自明。以杀机自胜。则我之身。可与太虚同体。我之寿。可与造物同然。

而真正能够匡正自我遵道而行的修道人，如果真能明白这个变“杀机”为“生机”的奥妙，以此来自我通达、以此来自我彻悟、以此来自我战胜，则我之凡身可转为圣体，与太虚同体。我之凡寿可转为圣寿，与天地相同。

4.7.2.4 杀机颠倒者。譬如心死神活。心活神死。便是杀机颠倒之用也。知此杀机颠倒。逆而修之。则性体虚灵而不昧。真心浩劫以常存。所以谓之寿也。

“杀机颠倒”，就比方说使凡心死圣心就活、使凡心活则圣心死，同样去掉自己的私心转为公心，去掉自己的贪嗔痴欲望心转为智慧，以此类推，便是杀机颠倒变为生机的妙用。

知此颠倒杀机为生机的转化妙用，翻转修正，匡邪为正，改错为对，那么，自我精气神心性虽虚灵但不昧，自己的秉性真心就会像天地一样浩大与天地一样常存，这就是为什么称之为“寿”。

4.7.2.5　观赤文洞古经云。天得其真故长。地得其真故久。人得其真故寿。即是此义。又云入于无间。不死不生。与天地为一。亦是此义。

《太上赤文洞古经》说，天按照日月星的真性规律运转，所以得以长存；大地按照水火风的真性规律运化，所以得以久远；人按照神气精的真性规律动静居止，所以得以长寿。就是这个含义。又说能“入于无间。不死不生。与天地为一”也是这个含义。

4.7.2.6　文中言死者。死其妄心也。不亡者。不亡其法性也。

经文中说的“死”，是使自己的烦恼妄想之心死的意思。经文中说的“不亡”，是使自己的法性不亡的意思。

4.7.2.7　妄心既死。法性自然真常。

妄心既然已死，法性真常自然显露。就像拨云见日一样，自己的烦恼妄想就是乌云，自己的法性自然真常就是太阳，烦恼妄想的乌云被拨开，法性真常的太阳必然显露，万丈光芒必然通彻。

4.7.2.7　是以自古圣人。不以死为死。而以不明道为死。不以生为生。而以明道为生。

所以，自古以来，所有圣人不以肉身死为死，而以不明道、不开悟为死。不以肉身生为生，而以明道、开悟为生。

4.7.2.8　大道既明。身虽死。而真性不死。形虽亡。而真我不亡。所以我之法性。不死不生。不坏不灭。无古无今。得大常住。

大道既然明了，肉身虽死，而精气神真性不死。肉身虽亡，而真我秉性不亡。所以我之真常法性与天地宇宙一样：不死不生、不坏不灭，无古无今，得大常住。

4.7.2.9 虽不计其寿。而寿算无穷矣。若以色身不死为寿。终不离于寿者之相也。既不离于寿者之相。岂能超生死之彼岸乎。岂能证无漏之真常乎。死而不亡者寿。是此义矣。

虽然不统计其寿命长短，其寿无穷无法演算。如果以色身形象不死为寿，终究不能脱离寿的相，既不离寿相，岂能超脱生死彼岸？岂能证得无漏真常？“死而不亡者寿”含义如此。

4.7.2.10 此章以自知自明。自胜自强。示尽己之功。人各尽其己。不失其所者既久。方可谓死而不亡之寿矣。看经者。如此细细研究。文脉自然贯通矣。

此章以“自知”“自明”“自胜”“自强”，来展示如何尽己之功，人人各尽本分，不失其精气神本性，方可称之为“死而不亡之寿”。看经之人，如此细细研究穷理，文理脉络自然就贯通了。

【学习与思考4-6】老子故事传说：要石头还是砖头

传说老子骑青牛过函谷关，在函谷府衙为府尹留下洋洋五千言《道德经》时，一年逾百岁、鹤发童颜的老翁到府衙找他。老子在府衙前遇见老翁。

老翁对老子略略施了个礼说：“听说先生博学多才，老朽愿向您讨教个明白。”

老翁得意地说：“我今年已经一百零六岁了。说实在话，我从年少时直到现在，一直是游手好闲地轻松度日。与我同龄的人都纷纷作古，他们开垦百亩沃田却没有一席之地，修了万里长城而未享辚辚华盖，建了四舍屋宇却落身于荒野郊外的孤坟。而我呢，虽一生不稼不穑，却还吃着五谷；虽没置过片砖只瓦，却仍然居住在避风挡雨的房舍中。先生，是不是我现在可以嘲笑他们忙忙碌碌劳作一生，只是给自己换来一个早逝呢？”

老子听了，微然一笑，吩咐府尹说：“请找一块砖头和一块石头来。”

老子将砖头和石头放在老翁面前说：“如果只能择其一，仙翁您是要砖头还是愿取石头？”

老翁得意地将砖头取来放在自己的面前说："我当然择取砖头。"

老子抚须笑着问老翁："为什么呢？"

老翁指着石头说："这石头没楞没角，取它何用？而砖头却用得着呢。"

老子又招呼围观的众人问："大家要石头还是要砖头？"众人都纷纷说要砖而不取石。

老子又回过头来问老翁："是石头寿命长呢，还是砖头寿命长？"老翁说："当然石头了。"

老子释然而笑说："石头寿命长人们却不择它，砖头寿命短，人们却择它，不过是有用和没用罢了。天地万物莫不如此。寿虽短，于人于天有益，天人皆择之，皆念之，短亦不短；寿虽长，于人于天无用，天人皆摒弃，倏忽忘之，长亦是短啊。"

老翁顿然大惭。

4.8　思考与练习

一、思考并回答

1. 请问"尽"的内涵是什么？
2. 请问"已"的内涵是什么？
3. 如何理解"尽已"？
4. 请问"人"的内涵是什么？有何启发？
5. 请问"知"的内涵是什么？
6. 请问"智"的内涵是什么？
7. 如何理解"知人者智"？
8. 请问"自"的内涵是什么？
9. 请问"明"的内涵是什么？
10. 如何理解"自知者明"？
11. 请问"强""彊"的内涵是什么？有何感悟？

12. 请问“胜”的内涵是什么？有何感悟？
13. 请问“力”的内涵是什么？
14. 如何理解“胜人者有力，自胜者强”？
15. 请问“富”的内涵是什么？有何感悟？
16. 请问“足”的内涵是什么？
17. 如何理解“知足者富”？
18. 请问“志”的内涵是什么？有何感悟？
19. 如何理解“强行者有志”？
20. 请问“所”的内涵是什么？有何感悟？
21. 请问“久”的内涵是什么？有何感悟？
22. 如何理解“不失其所者久”？
23. 请问“死”的内涵是什么？“终”的内涵是什么？“亡”的内涵是什么？有何感悟？
24. 请问“寿”的内涵是什么？有何感悟？
25. 如何理解“死而不亡者寿”？

二、每日早晚静坐背诵经典，各半小时。

三、继续依据自己制定的“日三省吾身表”每日记录、写日记。

V　从善如流篇

开宗明义：

本篇主要阐释老子《道德经·善建章第五十四》，试图通过学习，心怀敬善之心立章立制，遵循二十大精神关于自我净化、自我完善、自我革新、自我提高的理念，以身垂范见贤思齐，以期不断向修齐治平迈进。

本篇章节主要有：

5.1　善建章第五十四

5.2　善建者不拔

5.3　善抱者不脱

5.4　子孙祭祀不辍

5.5　修之于身，其德乃真；修之于家，其德乃馀；修之于乡，其德乃长；修之于国，其德乃丰；修之于天下，其德乃普

5.6　故以身观身，以家观家，以乡观乡，以国观国，以天下观天下

5.7　吾何以知天下之然哉，以此

5.8　思考与练习

5.1 善建章第五十四

老子【道德经·尽己章第三十三】全文：善建者不拔。善抱者不脱。子孙祭祀不辍。修之于身。其德乃真。修之于家，其德乃馀。修之于乡。其德乃长。修之于国。其德乃丰。修之于天下。其德乃普。故以身观身。以家观家。以乡观乡。以国观国。以天下观天下。吾何以知天下之然哉。以此。

【康熙字典5-1】善

（古文）譱善羼譱【廣韻】常演切【集韻】【韻會】【正韻】上演切，𠀤音蟺。

【說文】**吉也**。【玉篇】**大也**。

【廣韻】**良也，佳也**。【書·湯誥】**天道福善禍淫**。

【詩·墉風】女子善懷。【箋】**善，猶多也**。

【禮·文王世子】嘗饌善，則世子亦能食。【注】**善謂多於前**。

【禮·曲禮·入國不馳注】馳善躙人也。【疏】**善猶好也**，車馳則好行刺人也。【禮·王制注】善士謂命士也。

【禮·學記】相觀而善之謂摩。【疏】**善猶解也**。

【禮·少儀】問道藝，曰：子習於某乎，子善於某乎。【疏】**道難故稱習。藝易故稱善。**

與單通。【前漢·匈奴傳】單于曰善於。

【正字通】與人交讙曰友善。【史記·刺客傳】田光曰：所善荊卿可使也。

與膳通。【莊子·至樂篇】具太牢以為善。【集韻】**或作嬗**。

【说文解字并康熙字典5-2】膳

【说文】膳，具食也。【徐曰】言具備此食也。庖人和味，必加善，胡從善。

【說文解字注】具食也。此與食部籑字同義。具者，供置也。欲善其事也。鄭注周禮膳夫曰。膳之言善也。又云。膳羞之膳，牲肉也。从肉。善聲。常衍切。十四部。

【韻會】熟食曰饔，具食曰膳。【周禮】鄭注：膳之言善也。今時美物曰珍膳。

【前漢·宣帝紀】其令大官，損膳省宰。【注】膳，具食也，食之善者也。

又牲肉也。【周禮·天官】膳夫掌王之食飲膳羞。【注】膳，牲肉也。

又【廣韻】食也。【禮·文王世子】食下問所膳。【注】問所食者。

又【韻會】亦作善。【莊子·至樂篇】具太牢以為善。

【说文解字并康熙字典5-3】嬗

【说文解字】嬗，緩也。从女亶声。一曰传也。

【說文解字注】緩也。今人用嬋字亦作此。從女。亶聲。時戰切。十四部。一曰傳也。孟子。孔子曰。唐虞禪。夏後殷周繼。依許說、凡禪位字當作嬗。禪非其義也。禪行而嬗廢矣。嬋者、蟬聯之意。

【集韻】同禪。【史記·秦楚之際月表】五年之間，號令三嬗。【賈誼·服賦】斡流而遷，或推而還。形氣轉續，變化而嬗。又同善。【說文】吉也。

【说文解字并康熙字典5-4】禪（禅）

【说文解字】禅，祭天也。从示單聲。時戰切。

【說文解字注】祭天也。从示。單聲。凡封土爲壇。除地爲墠。古封禪字葢祇作墠。項威曰。除地爲墠。後改墠曰禪。神之矣。服虔曰。封者，增天之高。歸功於天。禪者，廣土地。應劭亦云。封爲增高。禪爲祀地。惟張晏云。天高不可及。於泰山上立封。又禪而祭之。冀近神靈也。元鼎二年紀云。望見泰一。修天文禫。禫卽古禪字。是可證禪亦祭天之名。但禪訓祭天。似當與祡爲伍。不當廁此。時戰切。十四部。

【唐韻】【集韻】【韻會】【正韻】時戰切，音繕。**封禪**。【韻會】**築土曰封，除地曰禪。古者天子巡守，至於四岳，則封泰山而祭天，禪小山而祭山川**。舜典，歲二月東巡守至於岱宗，柴望秩於山川是也。齊桓公欲封泰山，管仲設辭拒之，謂**非有符瑞，不可封禪**。至秦始皇惑于神仙之說，欲禱祠以求長生，遂以封禪為異典。項氏曰：除地為墠，後改曰禪，神之矣。

又代也。禪讓，傳與也。【孟子】**唐虞禪。一作嬗**。【前漢·律曆志】**堯嬗以天下**。【師古往】**嬗，古禪讓字也。又通作擅**。【荀子·正論篇】**堯舜擅遜**。【注】**與禪同。又作儃**。【揚子·法言】允哲堯儃舜之重。【注】**同禪**。

又**漢書禪多作禮。詳禮字注**。

又【廣韻】市連切【集韻】【韻會】時連切，音蟬。**靜也**。浮圖家有禪說。【傳燈錄】禪有五，外道禪，凡夫禪，小乘禪，大乘禪，最上乘禪。【杜甫詩】**虛空不離禪**。

【康熙字典5-5】禮

禮【集韵】时战切，音缮。**祭天也。一曰让也**。【前汉·异姓诸侯王表】**舜禹受禮**。【韵会】**禅，汉书每作禮**，后世遂多通用，惟连言墠坛，则须分别耳。

【说文解字5-6】讓（让）

【说文解字并康熙字典0-6】讓（让）

【说文解字并康熙字典5-7】謙

参见【说文解字并康熙字典0-7】谦

【说文解字并康熙字典5-8】慊

【说文解字并康熙字典0-8】慊

【说文解字并康熙字典5-9】厌（厭）

【说文解字】**笮也**。从厂猒聲。**一曰合也**。於輒切。又，一切。

【说文解字注】（厭）笮也。竹部曰：笮者，**迫也**。此義今人字作壓。乃古今字之殊。土部壓訓：壞也，寘也。無笮義，**凡喪服言尊之所厭皆笮義**。**喪冠謂之厭冠，謂冠出武下也**。周禮：巾車，王后厭翟。注云：次其羽使相迫也。**禮經：推手曰揖，引手曰厭。厭卽尚書大傳，家語之葉拱**。家語注云：**兩手薄其心**。古文禮揖厭分別。今文禮厭皆爲揖。鄭不之從，而禮經有厭譌作揖者。周禮大祝疏竟作引手曰揖，斷不可從。揖爲跪而舉頭下手，與厭爲立而引手箸不相涉也。檀弓，死而不弔者厭。注：行止危險之下，巳上皆笮之義。其音於輒切。从厂猒聲。於輒切，又一琰切。八部，按厭之本義笮也，合也。與壓義尚近，於猒飽也義則遠。而各書皆假厭爲猒足，猒憎字。猒足猒憎失其正字，而厭之本義罕知之矣。一曰合也。周語：克厭天心。韋注：厭，合也。韋注、漢書、敘傳亦同。按蒼頡篇云：**伏合人心曰厭**。字苑云：厭，眠內不祥也。此合義之一耑。寐下云：寐而厭也，是也。俗字作魘，徐鉉用爲新附字。誤矣。山海經，服之使人不厭。郭云：不厭，不厭夢也，此厭字之冣古者也。其音一琰切。

【徐曰】**笮，鎮也。壓也。一曰伏也**。【左傳·昭二十六年】將以厭衆。

又【正韻】**順從貌**。【荀子·儒效篇】**天下厭然猶一也**。

又**合也**。【周禮·春官巾車】王后厭翟。【注】次其羽，使相迫也。

又【增韻】**禳也，當也**。【史記·高祖紀】於是因東游以厭之。

又損也。【左傳·文二年】及晉處父盟以厭之。【註】厭猶損也。

又【儀禮·鄉飲酒禮】賓厭介入門左。【注】**推手曰揖，引手曰厭**。【疏】**引手曰厭者，以手向身引之**。

【集韻】**足也**。【詩·周頌】有厭其傑。【註】厭，受氣足也。

【前漢·王莽傳】克厭上帝之心。【註】厭，**滿也**。

又【韻會】厭，**斁也**。【詩·葛覃】服之無斁。註：厭也。

又通**作魘**。【禮·曾子問】孔子曰：有陰厭，有陽厭。【註】**厭是饜飫之義**。

【说文解字并康熙字典5-10】揖

参见【说文解字并康熙字典0-4】揖

综上，善字从膳食美味的颐养，到感恩天地的祭祀，到效法天地的禅让推让，到日常见面的揖让礼让，无不在启发我们心怀“礼敬”、践行“礼敬”的可贵，从善如流、积善成德必须从“敬”上下功夫，“礼敬”才能践行大道。

【说文解字并康熙字典5-11】建

参见【说文解字并康熙字典3-9】建

“善”“建”二字启发我们：无论立家规、约守则，还是确规章、立国法，怀有礼敬、恭敬之心积善成德、遵道而行，才被称作“善建”。

5.1.1　憨山大师注解

5.1.1.1　此言圣人所以功德无穷，泽及子孙者，皆以真修为本也。

本章教导我们说：圣人之所以功德无穷、泽及子孙，都是因为以道德本真为修行根本的缘故。

5.1.2　宋龙源版本注解

5.1.2.1　恭闻日月之在天。其大明之光。未尝私照也。圣王之在位。其大同之德。未尝私亲也。日月之照无私。所以光通天

地之大。圣王之德无私。所以化行天下之广。

恭敬地聆听圣人的教导：日月在天，其恒大光明之光，从来没有只照耀自己；圣王在位，其“大道之行，天下为公，选贤与能，讲信修睦”的大同品德，从来没有只亲善自家。日月光明普照，因为无私，所以光明能够通达天地之大。圣王的品德因为无私，所以能够化育众生明德万邦畅行天下之广。

5.1.2.2　是故善治天下者。不纵耳目之欲。不适躬体之便。不以贫贱撄（yīng扰乱）其心。不以富贵介其意。不以强弱取胜于邻国。不以异政扰乱于民生。不以谗佞轻忽于四海。不以欺罔失信于天下。

所以，以“善德”治理天下的，不纵容耳目的欲望使之过度、适人之适而不自适自己一体之安便，不以贫穷低贱扰乱自己的内心，不以富贵铠甲阻隔自己的心意，不以强弱与否战胜邻国，不以异常政令扰乱民生，不以谗邪奸佞轻视疏忽四海宾朋，不以欺骗蒙蔽失信天下。

5.1.2.3　所以化溢四表。德被无穷。天下之民怀其德。颂其美。被其泽。乐其业。是故同于身。而万身一身也。同于家。万家一家也。同于乡。而万乡一乡也。同于国。万国一国也。同于天下。天下一天下也。当此之时。身无不修。家无不齐。乡无不和。国无不治。天下无不平矣。倘若不然。大同之德不修。私智之心一立。则四海之内。扰扰不齐。天下之事。紊紊难治矣。今日文中所讲者。正是此义。

所以善德教化能溢满四方之外、覆盖无穷之远。天下百姓心怀其德、口颂其美、身被其泽、乐悦其业。所以，人人都同建善德，就会万身像一身万众一心。家家都同建善德，就会万家像一家同心同德。乡乡都同建善德，就会万乡像一乡睦邻友好。国国都同建善德，就会万国像一国国泰民安。普天下都同建善德，就天下一家了。

这时，人人都没有不修身的，家家都没有不齐家，乡乡都没有不和睦的，国国都没有不大治的，天下世界没有不太平的。倘若不如此，不修大同善德，而立私智私心，则四海之内，就会处处扰乱不齐心。天下之事，就会紊乱无序难以治理。现在经文中所讲的，就是此义。

5.1.2.4　此章经旨。重在善之一字。善者。体无为。用自然之妙也。人能会得此。则无所不善矣。

此章经文中心思想，重在一个“善”字。善，就是体现“无为”，就是发挥“自然”之妙。人如果能够领会得悟，就没有什么不能尊善而行了。

5.2　善建者不拔

老子【道德经·尽己章第三十三】经文：善建者不拔。

【说文解字并康熙字典5-12】拔

【说文解字】拔，擢（zhuó抽也出也）也。从手犮聲。
【說文解字注】**擢也**。从手。犮聲。蒲八切。十五部。
【增韻】**抽也**。【易·乾·文言】確乎其不可拔。
又【泰卦】拔茅茹，以其彙征吉。【後漢·蔡邕傳】連見拔擢，位在上列。【晉書·胡母輔之傳】甄拔人物。又【爾雅·釋詁】殲拔殄，**盡也**。
又【增韻】**攻而擧之也**。【前漢·高帝紀】攻碭，三日拔之。【註】破城邑而取之，若拔樹木幷得其根本。
又【唐韻】【集韻】【韻會】【正韻】丛蒲撥切，音跋。回也。
又【增韻】**疾也**。【禮·少儀】毋拔來。【疏】拔，速疾之意。
又**挺也。特立貌**。【杜甫詩】友于皆挺拔。
又**括也**。矢末也。【詩·秦風】舍拔則獲。【疏】以鏃爲首，故拔爲末。

又除也。【周禮·秋官·赤犮氏註】赤犮猶言捇拔。【疏】拔，除去之也。又與茇通。【前漢·禮樂志】拔蘭堂。【註】拔，舍止也。

承前，经文“善建者不拔”可以理解为：

（1）以善行来建章立制，可以建不拔之功。

（2）善以道立身立国者，不可得引而拔。

5.2.1 憨山大师注解

5.2.1.1　举世功名之士，靡不欲建不拔之功，垂不朽之业。

举世追求功勋名望的有志之士，没有不想建不拔之功、永垂不朽之业的。

5.2.1.2　至皆不能悠久者，以其皆以智力而建之，则有智力过之者，亦可以拔之矣。抱，守也。脱，犹夺也，谓失脱也。以机术而守之，则有机术之尤者，亦可以夺之矣。是皆不善建，不善守者也。

最后都不能长久，是因为都用后天智力建立，如果有智力超过自己的，就可以超拔自己了。抱，是“守持”的意思。脱，是“夺”的意思，就是失脱。用心机技术来守持，那么有心机技术更佳的，就可以夺去了。这都是不善于建、不善于守。

5.2.1.3　至若圣人复性之真，建道德于天下。天下人心感服，确乎而不可拔。故功流万世，泽及无穷，杰然而不可夺。此皆善建善抱，所以福及子孙，故祭祀绵远而不绝也。

伟大的圣人，倡导复归真性，建立道德于天下。天下人人心悦诚服，此道德之功确实无法超拔。所以能够功流万世、泽及无穷，无法被更杰出的超夺。这都是以“善”来建立规章抱持大道的“善建善抱”，所以才能福德庇及子孙，得以安享子孙后代绵远不绝的敬仰祭祀。

5.2.2 宋龙源版本注解

5.2.2.1 善者。犹言最会也。建者。立也。拔者。去也。我立于此。天地不能改。鬼神不能移。阴阳不能易。天下不能违。

善，就像说的“最会”的意思。建，“立”的意思。拔，“去”的意思。我以道德自立于此，不能被天地改变、不能被鬼神转移、不能被阴阳交换、不能被天下违逆。

5.2.2.2 至坚至固。至常至久。终不能拔而去之也。故曰。善建者不拔。

此道德至坚至固至常至久，终不能被任何事物超拔去除。所以说“善建者不拔”。

5.3 善抱者不脱

老子【道德经·尽己章第三十三】经文：善抱者不脱。

【说文解字并康熙字典5-13】抱

【說文解字注】捊或从包。古音孚聲包聲同在三部。後人用抱爲褱褢字。葢古今字之不同如此。（抱捊裒互为异体字）

【正韵】蒲晧切，炶袍上声。

【集韵】【韵会】薄报切【正韵】蒲报切，炶音暴。与裒菢同。

【说文解字并康熙字典5-14】袌

【说文解字】褱（huái怀）也。从衣包聲。薄保切〖注〗臣鉉等曰：**今俗作抱，**非是。**抱與捊同**。

【說文解字注】褱也。論語。子生三年。然後免於父母之懷。馬融釋以懷抱。卽褱袌也。今字抱行而袌廢矣。**抱者，引堅也**。从衣。包聲。此舉形聲包會意。薄保切。古音在三部。

又【唐韻】薄報切，音暴。衣前襟。【揚子·方言】襌衣有袌者謂之祛衣。又朝服垂衣也。又【集韵】披教切，音炮。袌囊，衣缓貌。又薄褒切。同袍。详袍字注。

【说文解字并康熙字典5-15】捊

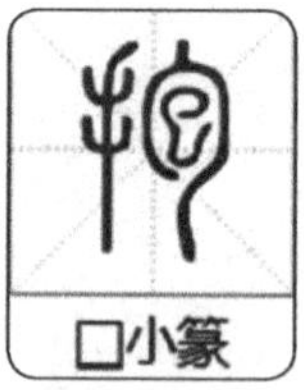

【说文解字】捊（póu），**引取也**。从手孚声。抱，捊或从包。

【说文解字注】**引堅也**。堅各本作取。今正。诗释文作堅。今本讹为取土二字。非也。堅义同聚。**引堅者，引使聚也**。玉篇正作**引聚也**。大雅。捄之陑陑。传曰。捄，虆也。陑陑，众也。笺云。捄，捊也。度，投也。筑墙者捊聚壤土。盛之以虆。而投诸版中。**此引聚之正义**。笺与传互相足。宾筵之仇，郑读为斢。此捄，郑释为捊。皆于其音之相近得其义也。常棣。原隰裒矣。传云。**裒，聚也。此重聚不重引，故不言引但言聚也。裒者，捊之俗**。易。君子以裒多益寡。郑，荀，董，蜀才作捊。云取也。此重引，故但言取也。从手。孚声。步侯切。三部。诗曰。原隰捊矣。六字小徐本有。玉篇引亦有。

【礼·礼运】人情以为田。【注】田，人所捊治也。【疏】谓以手捊聚，卽耕种耘锄也。

“抱（袌，捊）”字玄机：

（1）本义为“引取”“引圣”“引聚”，引申为“怀”“持”“挟”等。

（2）近朱者赤，如果秉持道义、正义、规律，以“善”来引聚众心，就会万众一心、众志成城。

【说文解字并康熙字典5-16】脱（脫）

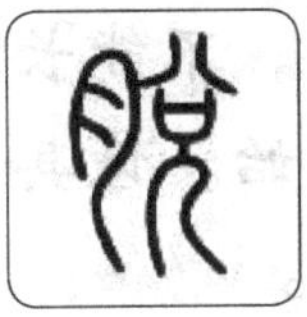

【说文解字】脱，**消肉臞**（qú少肉也，瘠也，耗也）也。从肉兑聲。
【說文解字注】消肉臞也。消肉之臞，臞之甚者也。今俗語謂瘦太甚者曰脫形。言其形象如解蛻也。此義少有用者。今俗用爲分散，遺失之義分散之義當用挩手部挩下曰。解挩也。遺失之義當用奪奞部曰。奪，手持隹失之也。从肉。兊聲。徒活切。十五部。
【玉篇】肉去骨【韻會】一曰壞斷。【增韻】**物自解也**。【博雅】脫，**離也**。
【爾雅·釋器】肉曰脫之。【注】剝其皮也。【疏】治肉，除其筋膜，取好者。
【韻會】免也。【前漢·高五王傳】自以為不得脫長安。【注】脫，免也。
略也。【史記·禮書】**凡禮始乎脫**。【注】**脫，猶疏略也**。
【博雅】脫，**遺也**。【禮·冠義知其能弟長而無遺矣注】遺，猶脫也。
過去也。【莊子·天地篇】老子曰：夫巧知神聖之人，吾自以為脫焉。
除也。【公羊傳·昭十九年】複加一飯，則脫然愈。【注】脫然，疾除貌。

“脱”字玄机：

（1）“脱”字本义为“消肉臞”，即消瘦得皮包骨头的样子，就像山贫瘠无壤一样。引申含义为“离”“遗”“除”等。

（2）要使山不贫瘠，就要想方设法植树造林汇聚土壤。要使人不瘦骨嶙峋，就要想方设法规律生活、规律作息，从而汇聚精气神使肌肉牢固附着在筋骨周围强壮身躯。同样，要不失散人心众叛亲离，就要想方设法见贤思齐、立身行道、积善成德，这样才能收获德高望重、众志成城和万众一心。

（3）《河上公章句》曰：“善以道抱精神者，终不可拔引解脱。”

综上，经文“善抱者不脱”可以理解为：

（1）以善行来引聚众心，立身行道见贤思齐，就会收获凝心聚力众志成城。

（2）善以道来引聚精气神，终会富足不被拔脱。

5.3.1　宋龙源版本注解

5.3.1.1　日夜不忘。身心合一。谓之抱。始得终失。不能长久。谓之脱。此至善之理。不但建之不拔。人能守其终始。谨其进退。保固中心。而一时不忽。任重致远。而片刻不违。

日夜不忘、身心合一，称为“抱”。始得终失、不能长久，称为“脱”。这至善的道德规范，不但建得坚固不拔，而且人人可以遵守始终、谨慎进退、保固中心而一刻不敢忽视，任重致远而片刻不敢违背。

5.3.1.2　自然道同天地之广大。德如日月之昭明。其功可立于天下。其泽可流于万世。虽日久而不能泯没。虽时易而不能变迁。此所以谓之善抱。此所以谓之不脱。故曰善抱者不脱。

自然就能使道德同天地一样广大、如日月一样昭明。其功德可以立于天下，其恩泽可以流于万世，虽日久天长也不能泯灭，虽时易境迁而不能改变。这就是为什么称为“善抱”，这就是为什么称为“不脱”。所以说“善抱者不脱”。

5.4　子孙祭祀不辍

老子【道德经 · 尽己章第三十三】经文：子孙祭祀不辍。

【说文解字并康熙字典5-17】子

【说文解字】子，十一月，陽氣動，萬物滋，人以為偁。象形。凡子之屬皆从子。𢀇，古文子從巛，象髮也。𢀈，籒文子，囟有髮，臂脛在幾上也。卽裡切〖注〗李陽冰曰：子在襁緥中，足併也。

〖注〗䜌、墻，古文。

【说文解字注】十一月昜气動。萬物滋。律書。**子者，滋也。言萬物滋於下也。**律曆志曰。**孳萌於子。人目（yǐ）為偁。**人各本訛入。今正。此與以朋為朋擋，

為皮韋，以烏為烏呼，以來為行來，以西為東西一例。凡言以為者，皆許君發明六書叚借之法。**子本陽气動萬物滋之偁。萬物莫靈於人。故因叚藉以為人之偁。**象形。象物滋生之形。亦象人首與手足之形也。卽裡切。一部。凡子之屬皆从子。

【徐鍇曰】**十一月夜半，陽氣所起。人承陽，故以為稱。**

【廣韻】**息也。**【增韻】**嗣（sì續也）也。**【易·序卦傳】有男女，然後有夫婦。有夫婦，然後有父子。【白虎通】**王者父天母地曰天子。天子之子曰元子。**【儀禮·喪服】**諸侯之子稱公子。**又凡適長子曰塚（zhǒng）子，卽宗子也。其適夫人之次子，或眾妾之子，曰別子，亦曰支子。【禮·曲禮】支子不祭，祭必告于宗子。

男子之通稱。【顏師古曰】**子者，人之嘉稱，故凡成德，謂之君子。**【王肅曰】**子者，有德有爵之通稱。**【禮·王制】公侯伯子男，凡五等。【疏】**子者，奉恩宣德。**

“子”字玄机：

（1）“子”字本义为“十一月阳气动万物滋之称”，因“万物莫灵于人”，故“人以为称”。象形，古文“㜽”，从巛，象发，从子，象襁褓足并。古文“㜾”，象囟有髪，臂胫在几上。

（2）“子”的引申含义为“息”“嗣”。《易》曰：“有男女，然后有夫妇。有夫妇，然后有父子。”

（3）《礼·王制》曰：“公侯伯子男，凡五等。”【疏】曰：子者，奉恩宣德。【颜师古】曰：子者，人之嘉称，故凡成德，谓之君子。【王肃】曰：子者，有德有爵之通称。

（4）《律历志》曰：“孳萌于子，人目（yǐ古文以字）为称。”《说文解字》曰：“目，用也。从反巳。贾侍中说：‘己意巳实也。象形。’”“用”，即“可施行”。“从反巳”，“巳主乎止，目主乎行”，故形相反。“己意巳实”即“我意坚实见诸施行”。《春秋传》曰：“能左右之曰以。”

【说文解字并康熙字典5-18】孙

【说文解字】孫，子之子曰孫。从子从系。系，續也，言順續先祖之後也。思魂切。

【说文解字注】子之子曰孫。爾雅釋親文也。子卑於父。孫更卑焉。故引申之義爲孫順，爲孫遁。字本皆作孫。經傳中作遜者皆非古也。至部臸下解曰。從至。至而復孫。孫，遁也。字作孫不作遜。此許書無遜之證。春秋經。夫人孫于齊。公孫於齊。公羊傳曰。孫猶孫也。內諱奔謂之孫。穀梁傳曰。孫之爲言猶孫也。諱奔也。云猶孫者，謂如孫之退然自處於眇小。詩公孫碩膚箋云。孫讀當如公孫於齊之孫。孫之言孫遁也。周公孫遁。辟此成功之大美。書序。帝堯將孫於位。亦謂遜遁。此等字今皆俗改爲遜。絕非古字古義。惟孫順字唐書作愻。見心部。而俗亦以遜爲之。从系子。系於子也。會意。思寬切。十三部。系，逗。續也。釋孫从系之意。系部曰。繼者，續也。系猶繼也。

【爾雅·釋親】子之子為孫，孫之子為曾孫。【朱子曰】曾，重也，自曾孫以至於無窮，皆得稱之也。凡臨祭祀，內事曰孝孫，外事曰曾孫。

【詩·小雅】神保是饗（xiǎng），孝孫有慶。【書·武成】告於皇天后土，所過名山大川，曰惟有道曾孫周王發。

物再生亦曰孫。【周禮·春官·大司樂】孫竹之管。【注】竹枝根之末生者。

織女曰天孫。【前漢·天文志】織女，天帝孫也。【博物志】岱嶽亦名天孫。

【論語】孫以出之。【禮·學記】入學鼓篋，孫其業也。【注】猶恭順也。

遁也。【春秋·莊元年】三月，夫人孫于齊。

【趙壹窮鳥賦】天乎祚（zuò賜福）賢，歸賢永年。且公且侯，子子孫孫。（願上天賜福賢人君子，獲壽永年、貴至公侯、子孫永續。）

【说文解字并康熙字典5-19】祭

【说文解字】祭，祭祀也。从示，以手持肉。

【说文解字注】祭祀也。統言則祭祀不別也。从示。㠯手持肉。此合三字會意也。【尚書·大傳】祭之言察也。察者，至也，言人事至於神也。

【孝經·士章疏】祭者，際也，人神相接，故曰際也。

【拓展学习5-1】《礼记·祭统祭法祭義》选段

凡治人之道，莫急于礼。礼有五经，莫重于祭。夫祭者，非物自外至者也，自中出生于心也；心怵而奉之以礼。是故，唯贤者能尽祭之义。

贤者之祭也，必受其福。非世所谓福也。福者，备也；备者，百顺之名也。无所不顺者，谓之备。言：内尽于己，而外顺于道也。忠臣以事其君，孝子以事其亲，其本一也。是故，贤者之祭也：致其诚信与其忠敬，奉之以物，道之以礼，安之以乐，参之以时。明薦（jiàn薦）之而已矣。不求其为。此孝子之心也。

祭者，所以追养继孝也。孝者，畜也。顺于道不逆于伦，是之谓畜。

是故，孝子之事亲也，有三道焉：生则养，没则丧，丧毕则祭。养则观其顺也，丧则观其哀也，祭则观其敬而时也。尽此三道者，孝子之行也。

既内自尽，又外求助，昏礼是也。故国君取夫人之辞曰："请君之玉女与寡人共有敝邑，事宗庙社稷。"此求助之本也。夫祭也者，必夫妇亲之，所以备外内之官也；官备则具备。

夫祭之为物大矣，其兴物备矣。顺以备者也，其教之本与？是故，君子之教也，外则教之以尊其君长，内则教之以孝于其亲。是故，明君在上，则诸臣服从；崇事宗庙社稷，则子孙顺孝。尽其道，端其义，而教生焉。

是故君子之事君也，必身行之，所不安于上，则不以使下；所恶于下，则不以事上；非诸人，行诸己，非教之道也。是故君子之教也，必由其本，顺之至也，祭其是与？故曰：祭者，教之本也已。

古之君子论撰其先祖之美，而明著之后世者也。以比其身，以重其国家如此。子孙之守宗庙社稷者，其先祖无美而称之，是诬也；有善而弗知，不明也；知而弗传，不仁也。此三者，君子之所耻也。

夫圣王之制祭祀也：法施于民则祀之，以死勤事则祀之，以劳定国则祀之，能御大菑则祀之，能捍大患则祀之。

天子有善，让德于天；诸侯有善，归诸天子；卿大夫有善，薦于诸侯；士、庶人有善，本诸父母，存诸长老；禄爵庆赏，成诸宗庙；所以示顺也。

君子反古复始，不忘其所由生也，是以致其敬，发其情，竭力从事，以报其亲，不敢弗尽也。

【说文解字并康熙字典5-20】祀

【说文解字】祀（sì），祭無已也。从示巳聲。禩，祀或從異。

【说文解字注】祭無巳也。析言則祭無巳曰祀。從巳而釋為無巳。此如治曰亂，徂（cú）曰存。終則有始之義也。釋詁曰。祀祭也。从示。巳聲。詳裡切。一部。

【書·洪範】八政（一曰食，二曰貨，三曰祀，四曰司空，五曰司徒，六曰司寇，七曰賓，八曰師。詳見附錄），三曰祀。

【禮·祭法】聖王制祭祀，法施於民則祀之，以死勤事則祀之，以勞定國則祀之，能禦大菑則祀之，能捍大患則祀之。

【月令】春祀戸，夏祀灶，秋祀門，冬祀行，中央土，祀中溜。

【祭法】王為羣姓立七祀，諸侯為國立五祀，大夫立三祀，適士二祀，庶士庶人一祀。

年也。【書·伊訓】惟元祀。【傳】取四時祭祀一訖也。【釋名】殷曰祀。祀，巳也。新氣升，故氣巳也。

【孝經·士章疏】祀者，似也。似將見先人也。

【詩·小雅】以為酒食，以享以祀。【詩·大雅】克禋克祀，以弗無子。

【说文解字并康熙字典5-21】辍

【说文解字】輟，車小缺複合者。从車叕聲。陟劣切〖注〗臣鉉等按：网部輟與罬同，此重出。〖注〗䮕，古文。

【说文解字注】車小缺複合者也。此與辵部之連，成反對之義。連者，負車也。聯者，連也。連本訓輦，而為聯合之偁。其相屬也。小缺而複合，則謂之輟。引申為凡作輟之偁。凡言輟者，取小缺之意也。論語。櫌（yōu）不輟。从車。叕聲。形聲中有會意。陟劣切十五部。按网部叚為罬之重文。

【廣韻】已也。【集韻】止也。【增韻】歇也。

综上，经文“子孙祭祀不辍”可以理解为：

（1）以善建立规章、以善汇聚众心，就会子子孙孙追养继孝传承不断。

（2）为人子孙，如果能秉持“善建”“善抱”来修道，使自己的烦恼妄想之心死，使自己的法性自然真常活，长生长寿，就会收获世世后代传承长久，从而祭祀先祖宗庙无有绝时。

5.4.1 宋龙源版本注解

5.4.1.1 至善之道德。既不拔不脱。于天下后世。则道德之广远。百姓尚且不忘。何况子孙乎。子孙之祭祀。自然不辍。

至善的道德，是不能被超拔去除的。道德广远普照，即使天下后世的百姓尚且不忘怀，何况自家子孙呢？子孙的祭祀活动，自然不会停止。

5.4.1.2 古礼之祭祀。皆在仲月旬前。择一吉日。预先斋戒。省牲涤器。至日设蔬果酒馔。诚敬感格。洋洋乎。祖考如在其上。以尽人子之孝。

古代的祭祀礼节，都在每季的第二个月，即农历二、五、八、十一月，在最初的十天之中择一个吉日。预先都沐浴更衣、戒绝嗜欲，使身心洁净，以示虔敬。主祭及助祭者审察祭祀用的牲畜，以示虔诚。洗涤好备用祭祀器物。到祭祀日当天，陈设蔬菜、瓜果、酒和饭菜。心怀诚敬，感念祖先恩德，仿佛祖先就在上面一样，以尽晚辈孝心。

5.4.1.3 祭祀不辍。亦道德之报也。修道之人。必使天下后世。子子孙孙。享之不尽。用之不穷。方见道德隆厚之远也。

每年祭祀不停止，亦是先辈优秀品质应得的报偿。修道之人，一定要使自己遵道而行的至善美德，让天下后世的子子孙孙受益不尽、享用不穷，方显出道德隆厚的源远流长。

【拓展学习5-2】：为何祭孔典礼要用春秋仲月上丁日？

在历史上，从隋文帝开始，祭孔都选在春秋仲月，即农历二、八月上丁日，所以祭孔又称“丁祭”，这一传统直至民国，延续千余年，所以春秋仲月上丁日祭祀先儒，是古代传统礼制。

按照中国传统农历和干支纪年法、阴阳五行学说和周易等，选用仲春、仲秋两月，即农历二月、八月，取其为时之中正；选用丁日，因丙丁二日属火，取其文明之义，又丙日刚而丁日柔，外事用刚，内事用柔，故用丁而不用丙。

5.5　修之于身，其德乃真；修之于家，其德乃馀；修之于乡，其德乃长；修之于国，其德乃丰；修之于天下，其德乃普

老子【道德经·尽己章第三十三】经文：修之于身，其德乃真；修之于家，其德乃馀；修之于乡，其德乃长；修之于国，其德乃丰；修之于天下，其德乃普。

【说文解字并康熙字典5-22】修

【说文解字】修，飾也。从彡攸聲。

【说文解字注】（修）飾也。巾部曰。飾者，**㕞也**。又部曰。㕞者，飾也。二篆為轉注。**飾卽今之拭字。拂拭之則發其光采。故引伸為文飾**。女部曰。**妝者，飾也**。用飾**引伸**之義。此云**修飾**也者，合本義引伸義而兼舉之。**不去其塵垢。不可謂之修。不加以縟rù采。不可謂之修**。修之从彡者、洒㕞之也。藻繪之也。**修者，治也。引伸為凡治之偁。匡衡曰。治性之道。必審己之所有餘。而強其所不足**。从彡。攸聲。息流切。三部。經典多，假肉部之脩。

“修”字玄机：

（1）“修”字本义为“饰”。引申含义为刷、拭、治等。

（2）“不去其尘垢，不可谓之修，不加以缛采，不可谓之修。”《汉书·匡衡传》曰：“治性之道，必审己之所有余，而强其所不足。”所以“修身”就是及时发现并匡正、修正自我，不断去除污垢变为洁净、去除缺点变为优点、去除不良习惯变为好习惯。

【说文解字并康熙字典5-23】身

【说文解字】身，**躳也。象人之身。**从人厂聲。凡身之屬皆从身。

【说文解字注】躳（gōng躬）也。吕部曰。躳，身也。二字為互訓。躳必入吕部者。**躳謂身之傴（yǔ）。主於脊骨也。**从人。申省聲。大徐作象人之身。從人，厂聲。按此語先後失倫。厂古音在十六部。非聲也。今依韻會所據小徐本正。韻會从人之上有象人身三字。亦非也。申，籀作𦥛。故從其省為聲。失人切。十二部。凡身之屬皆从身。

【爾雅·釋詁】我也。【疏】身，**自謂也。**【釋名】身，**伸也。可屈伸也。**

【廣韻】親也。【九經韻覽】**軀也。總括百骸曰身。**

“身”字玄机：

（1）“身”字本义为“躳”。引申含义为“我”“亲”“伸”“躬身”等。

（2）可见“修身”既包括肉身躯体的匡正修正，也包括精神自我观念的匡正修正。

【说文解字并康熙字典5-24】真

详见【说文解字并康熙字典3-25】真（眞）

综上，经文“修之于身，其德乃真”可以理解为：

（1）修正自我，不断转化烦恼心尘为清净、转化自身缺点为优点、转化紊乱习惯为规律，自己的内圣境界就越来越趋于自性本真。

（2）修道于身，使精气神全备而益寿延年，如此之德就是真人。

【说文解字并康熙字典5-25】家

【说文解字】家，居也。从宀，豭省聲。冡，古文家。古牙切
〖注〗𡧚、穷，亦古文家。冡。

【说文解字注】凥（jū蹲）也。凥各本作居。今正。**凥，處也。處，止也。**釋宮。**牖戶之閑謂之扆（yǐ）。其内謂之家。**引伸之天子諸侯曰國。大夫曰家。**凡古曰家人者，猶今曰人家也。**家人字見哀四年左傳夏小正傳及史記，漢書。家凥疊韻。从宀。豭省聲。古牙切。古音在五部。**按此字為一大疑案。**豭省聲讀家。學者但見从豕而已。从豕之字多矣。安見其為豭省耶。何以不云叚聲。而紆回至此耶。**竊謂此篆本義乃豕之凥也。引申叚藉以為人之凥。字義之轉移多如此。**牢，牛之凥也。引伸為所以拘罪之陛牢。庸有異乎。**豢豕之生子最多。故人凥聚處借用其字。久而忘其字之本義。**使引伸之義得冒據之。蓋自古而然。許書之作也。盡正其失。而猶未免此。且曲為之說。是千慮之一失也。家篆當入豕部。

【詩·周南】宜其室家。【注】**家謂一門之内。**

婦謂夫曰家。【孟子】**女子生而願為之有家。一夫受田百畝，曰夫家。**【周禮·地官】上地家七人，中地家六人，下地家五人。【注】**有夫有婦，然後為家。**

大夫之邑曰家，仕于大夫者曰家臣。【左傳·襄二十九年】**大夫皆富，政將在家。**

天家，天子之稱。【蔡邕·獨斷】天子無外，以天下為家。

居其地曰家。【史記·陸賈傳】以好畤田地，善往家焉。

著述家。【前漢·武帝紀】表章六經，罷黜百家。【太史公自序】**成一家之言。**

"家"字玄机：

（1）"家"字本义为"凥（居）"。引申含义为"处""止"。

（2）"牖户之闲谓之扆，其内谓之家""家谓一门之内"，可见"家"的概念大可以到"天家，天子之家""大夫之邑曰家"，小可以到"族居之家""户籍之家"。

（3）"有夫有妇，然后为家"，所以有家必有繁衍，有繁衍必有肩负言传身教之责，所以"修之于家"，就是匡正整个家庭的风气、言谈举止和意识形态。

【说文解字并康熙字典5-26】餘（馀）

【说文解字】餘，**饒也**。从食余聲。以諸切。

【说文解字注】饒也。从食。余聲。以諸切。五部。

【玉篇】殘也。【廣韻】**賸**（shèng物相增加也，同“剩”）**也**。

【周禮·天官·冢宰】以九賦斂財賄。九曰幣餘之賦。【鄭註】**百工之餘**。

【左傳·文元年】歸餘于終。

又【孟子】**餘夫二十五畝**。【註】一夫，上父母，下妻子，以五口八口爲率。如有弟，是餘夫也。

又【周禮·地官·小司徒】**凡国之大事，致民；大故，致馀子**。乃经土地而井牧其田野：九夫为井，四井为邑，四邑为丘，四丘为甸，四甸为县，四县为都，以任地事而令贡赋，凡税敛之事。乃分地域而辨其守，施其职而平其政。【註】餘謂羨也。鄭康成謂：**餘子卿大夫之子，當守於王宮者也**。

【左傳·宣二年】又宦其餘子。【註】**餘子，嫡子之母弟**。

又【集韻】余遮切，音耶。【莊子·讓王篇】**其緒餘以爲國家**。【司馬彪註】緒餘，殘也。緒音奢，餘音耶。

“馀”字玄机：

（1）“馀”字本义为“饒”。引申含义为“残”“剩”等。

（2）《庄子·让王》曰：“道之真，以持身；其绪馀，以为国家；其土苴，以治天下。”意思是说：自己的本真道德主要用来完备精气神和修正自我，余力用以贡献家国，再有余力用以助益天下。

综上，经文“修之于家，其德乃馀”可以理解为：自己遵道而行修正自我，家人就会亦步亦趋上行下效，当大家都不断转化烦恼心尘为清净、转化自身缺点为优点、转化紊乱习惯为规律时，父慈子孝、兄友弟顺、夫信妻贞的家风家尚就自然形成，积善之家必有余庆就会实现。

【说文解字并康熙字典5-27】乡（鄉）、饗（飨）、䢽、卿、嚮（向）

乡，始见于商代甲骨文，其古字形像二人面对着盛满食物的器皿，表示二人相向而食。**乡的本义是相对饮食，泛指聚餐**，是“飨”的初文。罗振玉《增订殷墟书契考释》：“象飨食时宾主相向之状。**古公卿之卿、乡党之乡、飨食之飨，皆为一字，后世析而为三。**”**“方向”之“向”，古代也写作“乡”。一字而四兼，这在汉字中极为少见。**

【康熙字典】鄉

【集韵】通作向。【释名】**鄉，向也，衆所向也。**

【广韵】万二千五百家为鄉。【前汉·食货志】五家爲鄰，五邻为里，四里为族，五族为党，五党为州，五州为鄉，是万二千五百戶也。又上声。

【韵会】【正韵】怸许两切，与响同。【前汉·董仲舒传】如影鄉之应形声。

【字汇补】与饗通。【前汉·文帝纪】専鄉独美其福。【正韵】与嚮同。

【礼·曲礼】则必鄉长者所视。【又】请席何乡。【尔雅·释宫】两阶闲谓之乡。【注】人君南乡当阶闲。又窻牖名。

【礼·明堂位】刮楹达鄉。【疏】每室四戶八窻，窻戶皆相对。

【仪礼·士虞礼】祝从启牖鄉如初。【注】鄉，牖一名也。【疏】北牖名鄉，鄉亦是牖，故云一名也。

【说文解字】**䢽，国离邑**，民所封鄉也。嗇夫别治。封圻之内六鄉，六鄉治之。从䣈皀聲。許良切

【说文解字注】國離邑。**離邑、如言離宮別館**。國與邑名可互偁。**析言之則國大邑小。一國中離析爲若干邑。**

民所封鄉也。封猶域也。鄉者今之向字。漢字多作鄉。今作向。所封謂民域其中。所鄉謂歸往也。釋名曰。**鄉、向也。民所向也**。以同音爲訓也。

嗇夫別治。別彼列切。別治謂分治也。**百官公卿表曰。縣大率十里一亭。亭有長。十亭一鄉。鄉有三老、有秩嗇夫、游徼。三老掌教化**。嗇夫職聽訟、收賦稅。游徼徼循禁盜賊。司馬彪百官志曰。**鄉置有秩三老游徼。鄉小者置嗇夫一人**。風俗通云。嗇者、省也。夫、賦也。言消息百姓。均其役賦。按許不言三老游徼者。舉一以該其二。亦謂鄉小者但置嗇夫。不置三老游徼也。

从䣈。皀聲。許良切。十部。

封圻之內六鄉、六卿治之。按封圻上當有**周禮**二字。上云嗇夫別治、言漢制。此云六鄉六卿治之、謂周禮也。封圻卽邦畿。**周禮。方千里曰國畿。六鄉地在遠郊以內。五家爲比。五比爲閭。四閭爲族。五族爲黨。五黨爲州。五州爲鄉。鄉**

老二鄉則公一人。鄉大夫每鄉卿一人。許先舉漢制。後言周禮者。許書凡言郡縣鄉亭皆漢制。漢表云。凡縣道國邑千五百八十七。鄉六千六百二十二。亭二萬九千六百三十五。許全書所舉某縣某鄉某亭皆在此都數之中。

国离邑。离邑，如言离宫别馆。国与邑名可互偁。析言之则国大邑小，一国中离析为若干邑。民所封鄉也。封犹域也。鄉者今之向字。汉字多作鄉。今作向。所封谓民域其中，所鄉谓归往也。释名曰：鄉，向也。民所向也。以同音为训也。啬夫别治。别彼列切。别治谓分治也。百官公表曰：县大率十里一亭，亭有长。十亭一鄉，鄉有三老，有秩啬夫、游徼。三老掌教化。啬夫职听讼，收赋税。游徼徼循禁盗贼。司馬彪百官志曰：鄉置有秩三老游徼。鄉小者置啬夫一人。风俗通云：啬者，省也。夫，赋也。言消息百姓，均其役赋。按许不言三老游徼者，举一以该其二。亦谓鄉小者但置啬夫，不置三老游徼也。从𨸏皀声。许良切。十部。封圻之内六鄉、六卿治之。按封圻上當有周禮二字。上云啬夫别治，言漢制。此云六鄉六卿治之，謂周禮也。封圻卽邦畿。周禮：方千里曰國畿。六鄉地在遠郊以內。五家為比，五比為閭，四閭為族，五族為黨，五黨為州，五州為鄉，鄉老二鄉則公一人，鄉大夫每鄉一人。許先舉漢制，後言周禮者，許書凡言郡縣鄉亭皆漢制。漢表云：凡縣道國邑千五百八十七，鄉六千六百二十二，亭二萬九千六百三十五。許全書所舉某縣某鄉某亭皆在此都數之中。

【说文解字】卿

【说文解字】卿，章也。【徐曰】章善明理也。六卿：天官塚宰、地官司徒、春官宗伯、夏官司馬、秋官司寇、冬官司空。从卯皀聲。去京切文二。

【说文解字注】章也。此以疊韻為訓，白虎通曰：卿之為言章也，章善明理也。六卿：天官塚宰、地官司徒、春官宗伯、夏官司馬、秋官司寇、冬官司空。周禮之六卿也。周禮曰：治官之屬，太宰卿一人。教官之屬，大司徒卿一人。禮官之屬，大宗伯卿一人。政官之屬，大司馬卿一人。刑官之屬，大司寇卿一人。其一則事官之屬，大司空卿一人也。天子六鄉，鄉老二，鄉則公一人。鄉大夫每鄉卿一人，卽此六卿也。从卯皀聲。皀下曰：又讀若香，卿字正从此讀為聲也。古音在十部，讀如羌。今音去京切。鳥部�字皀聲，則在古音七部。

又向也。言为人所归向也。【礼·王制】大国三卿，小国二卿。【仪礼疏】诸侯兼官，但有三卿：司徒兼冢宰、司马兼春官、司空兼秋官。【玉篇】汉置正卿九：太常、光禄、太仆、卫尉、延尉、鸿胪、宗正、司农、少府。【晋书·百官志】古者，天子诸侯皆名执政大臣曰正卿，自周后始有三公九卿之号。

【康熙字典】嚮（向），（古文）向曏曏【广韵】【集韵】𢓅许亮切，音闟。

【集韻】面也，對也。【書·盤庚】若火之燎于原，不可嚮邇。

【傳】火炎不可嚮近。【易·隨卦】君子以嚮晦入宴息。

【書·洪範】嚮用五福。【傳】言天所以嚮勸人用五福。

【廣韻】爾雅，兩階間謂之嚮。○按今《爾雅·釋宮》作鄉。

【史記·游俠傳】何知仁義，已嚮其利者爲有德。【註】索隱曰：嚮者，享受

又與響同。【易·系辭】其受命也如嚮。【前漢·賈山傳】天下嚮應。

又與饗同。【前漢·宣帝紀】上帝嘉嚮。

【註】師古曰：嚮，讀曰饗。

【说文解字】饗（飨）

【说文解字】饗，鄉人飲酒也。从食从鄉，鄉亦聲。許兩切

【说文解字注】鄉人歙酒也。豳風。朋酒斯饗。曰殺羔羊。傳曰。饗，鄉人飲酒也。其牲，鄉人以狗。大夫加以羔羊。此傳各本譌奪。依正義考定如是。許君所本也。饗字之本義也。孔沖遠曰。鄉人飲酒而謂之饗者。鄉飲酒禮尊事重故以饗言之。此不知亯燕之亯正作亯。亯xiǎng，獻也。左傳作亯為正字。周禮、禮記作饗為同音假借字。猶之左傳作宴為正字。宴，安也。禮經、周禮作燕為同音假借字也。沖遠證之以用樂或上取。其說迂曲矣。至若毛詩云我將我亯。下文云既右饗之。云以亯以祀。下文云神保是饗。云亯以騂犧。下文云是饗是宜。毛詩之例。凡獻於上曰亯。凡食其獻曰饗。左傳用字正同。凡左氏亯燕字皆作亯。惟用人其誰饗之，字作饗。

【玉篇】設盛禮以飯賓也。【詩·小雅】一朝饗之。【箋】大飲賓曰饗。【周禮·秋官·掌客】三饗，三食，三燕。

又【禮·郊特牲】大饗尚腶修而已矣。【注】此大饗饗諸侯也。

又【儀禮·士昏禮】舅姑共饗婦，以一獻之禮。【注】以酒食勞人曰饗。

又【公羊傳·莊四年】夫人姜氏饗齊侯于祝丘。【註】牛酒曰犒，加羹飯曰饗。

又祭名。【禮·禮器】大饗其王事歟。【註】祫祭也。

又【書·顧命】王三祭，上宗曰饗。【註】宗伯曰饗者，傳神命以饗告也。

【詩·周頌】伊嘏文王，既右饗之。【箋】文王既右而饗之，言受而福之。

又與響通。【前漢·禮樂志】五音六律，依韋饗昭。

又通作享。【左傳·成十二年】享以訓恭儉，宴以示慈惠。【註】享，同饗。宴，同燕。

“乡”字玄机：

（1）“乡”兼有“鄉”“飨”“卿”“嚮”等字的含义。罗振

玉《增订殷墟书契考释》曰："古公卿之卿、乡党之乡、飨食之飨，皆为一字，后世析而为三。""方向"的"向（嚮）"，古代也写作"乡"。一字而四兼，这在汉字中极为少见。所以，要正确理解经文，必须还原最初的文字。可见认识并学习繁体字是非常必要和应该的。

（2）遵照《周礼》，"五家为比，五比为闾，四闾为族，五族为党，五党为州，五州为乡"，共"万二千五百家为乡"。而"一夫受田百亩"，所以《周礼》一乡的面积至少是1250000亩。

（3）按照《周礼》"上地家七人，中地家六人，下地家五人"，即上有父母下有子女，一家至少按照供养5口人算。那么一乡12500家，至少有62500人。要管理好这么多人，无非是协调好上下关系和左右关系。如果能够"老吾老以及人之老，幼吾幼以及人之幼"，怎么会得不到拥护呢？

【说文解字并康熙字典5-28】长（長）

【说文解字】長，**久遠也**。从兀从匕。兀者，高遠意也。久則變化。亾聲，[illegible]者，倒亾也。凡長之屬皆從長。夫，古文長。兂，亦古文長。直良切〖注〗臣鉉等曰：**倒亡，不亡也。長久之義也。**
〖**注**〗镸、兂、兵、𠑷、镺，古文長。

【说文解字注】久遠也。久者，不暫也。遠者，不近也。引伸之為滋長，長幼之長。今音知丈切。又為多餘之長，度長之長皆今音直亮切。兄下曰。長也。是滋長，長幼之長也。**从兀。从匕。**會意。匕呼霸切。亾聲。二字各本在變匕之下。今依韻會正。直良切。十部。**兀者，高遠意也**。說从兀之意。儿部曰。**兀者，高而上平也。久則變匕。**匕各本作化。今正。說**从匕之意**。匕下曰。**變也**。[illegible]者，到亾也。到各本作倒。今正。說[illegible]卽亾字。亾而倒，變匕之意。凡長之屬皆從長。

【增韻】**短之對也**。【前漢·田橫傳】尺有所短，寸有所長。
又**久也**。【詩·商頌】濬哲維商，長發其祥。【箋】**長，猶久也**。【老子·道德經】天地所以能長且久者，以其不自生，故能長生。
又**遠也**。【詩·魯頌】順彼長道，屈此羣醜。【箋】**長，遠也**。
又**常也**。【陶潛·歸去來辭】門雖設而長關。【李商隱詩】風雲長為護儲胥。

又**大也**。【世說新語補】願乘長風，破萬里浪。
又**善也**。【晉書·樂廣傳】**論人必先稱其所長**。【唐書·韓琬傳】文藝優長。
又【韻會】【正韻】炷展兩切，音掌。**孟也**。【易·乾卦】**元者，善之長也**。【疏】**元爲施生之宗，故言元者善之長也**。
又**齒高也**。【書·伊訓】**立愛惟親，立敬惟長**。【禮·曲禮】年長以倍，則父事之。十年以長，則兄事之。五年以長，則肩隨之。
又**位高也**。【書·益稷】外薄四海，鹹建五長。【傳】言至海諸侯五國，立賢者一人為方伯，謂之五長，以相統治。【釋文】五長，眾官之長。
又**進也**。【易·泰卦】君子道長，小人道消也。
又**生長也**。【孟子】苟得其養，無物不長。
又**長養之也**。【前漢·董仲舒傳】陽常居大夏，而以生育養長為事。
又【詩·大雅】克明克類，克長克君。【箋】**教誨不倦曰長**。

"长"字玄机：

（1）"长"字的本义为"久远"。引申含义为"滋长""常""大""善""齿高""位高""进""生长""长养"等。

（2）"教诲不倦曰长"，一乡之中，地位再高的人也有烦恼愚痴不能明辨是非之时，所以如何教导人们转愚为智、化迷为悟，自觉遵道而行、积善成德的榜样作用非常重要。

综上，经文"修之于乡，其德乃长"可以理解为：自己全家人遵道而行修正自我，就会感化全乡亦步亦趋上行下效，当家家都父慈子孝、兄友弟顺、夫信妻贞时，尊敬长老、爱养幼小、教诲愚鄙的乡风乡尚就自然形成，淳朴道德就会覆盖全乡。

【说文解字并康熙字典5-29】国

【说文解字】国，**邦也**。从口从或。
【说文解字注】邦也。邑部曰。邦，國也。按邦國互訓。渾言之也。**周禮注曰。大曰邦。小曰國。邦之所居亦曰國**。析言之也。从口。从或。戈部曰。或，邦也。古或國同用。邦封同用。古惑切。一部。

【周禮·夏官·量人】掌建國之法，以分國為九州。【禮·王制】五國以為屬，十國以為連，二十國以為卒，二百一十國以為州。【冬官·考工記】匠人營國，旁三門，國中九經九緯，經塗九軌，左祖右社，面朝後市。

【孟子】大國，地方百里，次國，地方七十裡，小國，地方五十裡。

【周禮·地官·掌節】山國用虎節，土國用人節，澤國用龍節。【注】山國多山者，土國平地也，澤國多水者。

又滅人之國曰勝國。【左傳註】勝國者，絕其社稷，有其土地也。

又九州之外曰外國。亦曰絕國。【後漢】君侯在外國三十餘年【又】遠處絕國

又兩國相距曰敵國。【孟子】敵國不相征也。

又外國來附者曰屬國【李陵·答蘇武書】聞子之歸位，不過典屬國。典，掌也

又城郭國，行國。【宋程大昌備北邊對】漢西域諸國，有城郭國，有行國。城郭國，築城爲守者，行國不立城，以馬上爲國也。

“国”字玄机：

（1）“国”字的本义为“邦”。“邦，国也”，所以“邦”“国”二字互训。

（2）有国必有君臣，君臣关系就是上下关系的延伸，君信臣忠才能仁义自生。

【说文解字并康熙字典5-30】丰（豐）

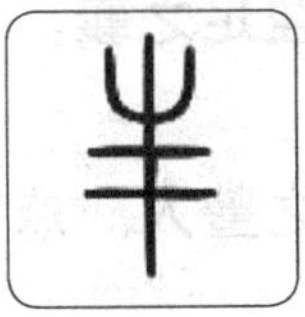

【说文解字】丰，艸盛丰丰也。从生，上下達也。敷容切。

【說文解字注】丰，艸盛丰丰也。引伸爲凡豐盛之偁。鄭風。子之丰兮。毛曰。丰，豐滿也。鄭曰。面皃丰丰然豐滿。方言。好或謂之妦。妦卽丰字也。从丰。上下達也。上盛者根必深。毛氏曰：凡邦夆峰豐等字从此。敷容切，九部。

【说文解字】豐，豆之豐滿者也。从豆，象形。一曰器名，鄉飲酒有豐侯，亦謂之廢禁。凡豐之屬皆从豐。𧯷，古文豐。敷戎切。

【说文解字注】豐，豆之豐滿也。謂豆之大者也。引伸之凡大皆曰豐。方言曰。豐大也。凡物之大皃曰豐。又曰。朦尨豐也。豐其通語也。趙魏之郊燕之北鄙几大人謂之豐。燕記豐人杼首。燕趙之閒言圍大謂之豐。許云豆之豐滿者，以其引伸之義明其本義也。周頌豐年傳曰。豐，大也。然則豐年亦此字引伸之義。而賈氏儀禮疏不得其解。从豆。象形。曲象豆大也。此與豐上象形同

耳。戴侗云。唐本曰从豆，从山，**丰丰**聲。蜀本曰丰聲。山取其高大。按生部云。**丰，艸盛丰丰也。與豐音義皆同。大射儀注曰。豐其爲字从豆曲聲**。近似豆，大而卑矣。似鄭時有豐字。但鄭注轉寫至今亦多譌誤。豐聲之聲或是𦡲字。儀徵阮氏元說**丰丰**字瓦云。豐字當是**丰丰**聲而山象形。豐字當是**丰丰**聲而凵象形。一从艸盛之丰。一从艸蔡之丰也。玉裁按。竝丰，竝丰，說文無字。如𠷎鬻字从𠷎聲，蒜字从祘聲，飆𤇾字从猋聲𤇾聲，𣏟㯻字从林皆非無字者也。則唐本，蜀本未可遽信。敷戎切。九部。**一曰鄉飲酒有豐矦**（古同"侯"）者。此別一義。鄉當作禮。與觚下，觶下之誤同。**禮飲酒有豐矦。謂鄉射，燕，大射，公食大夫之豐也**。鄭言**其形云似豆卑而大**。說者以爲若井鹿盧（古时引以下棺或置井上以汲水的滑车或绞盘）。**言其用於鄉射，云所以承爵也。於大射，云以承尊也。公食大夫之豐亦當是承爵。燕禮之豐亦當是承尊**。皆各就其篇之文釋之。**禮但云豐**。許云豐矦者。葢漢時說禮家之語。漢律曆志王命作策豐刑。竹書紀年。成王十九年黜豐矦。**阮諶曰。豐，國名也**。坐酒亡國。崔駰酒箴曰。**豐矦沈湎。荷罌負缶。自戮於世。圖形戒後。李尤豐矦銘曰。豐矦荒謬。醉亂迷迭。乃象其形。爲禮戒式**。後世傳之。固無正說。三君皆後漢人。諶撰三禮圖者。漢人傳會禮經有豐矦之說。李尤以爲無正說。鄭不之用。許則襲禮家說也。凡豐之屬皆从豐。

【陸佃云】似豆而卑（卑，俗卑字。賤也。執事者。古者尊又而卑𠂇。故從𠂇在甲下。甲象人頭。補移切。〖注〗徐鍇曰："右重而左卑，故在甲下。"）

【海錄碎事】《射禮》：置豐於西階。**古豐國之君以酒亡國，故以爲罰爵，圖其人形於下寓戒也**。

【儀禮·鄉射禮】司射適堂西，命弟子設豐。【註】將飲不勝者，設豐所以承其爵也。【疏】按《燕禮》君尊有豐，**此言承爵豐**，則兩用之。

又【玉篇】**大也**。【廣韻】**多也**。【易·豐卦疏】**豐者，多大之名，盈足之義。財多德大，故謂之豐**。

【揚子·方言】凡物之大貌曰豐。又趙魏之郊，燕之北鄙，**凡大人謂之豐人**。燕記曰：豐人杼首。杼首，長首也。

又【廣韻】**茂也，盛也**。【詩·小雅】在彼豐草。【傳】豐，茂也。

【楚語】夫事君者，不以豐約舉。【註】豐，盛。約，衰也。

又**猶厚也**。【周禮·地官·大司徒】原隰，其民豐肉而庳。

又**歲熟曰豐**。【詩·周頌】豐年多黍多稌（tú稻也）。

又【博雅】**雲師謂之豐隆。一曰雷師也**。【屈原·離騷】吾令豐隆乘雲。

【淮南子·天文訓】季春三月，豐隆乃出。【註】**雷也**。

"丰"字玄机：

（1）"丰"字本义为草之丰盛、豆之丰满。引申为"大""茂"

“厚”等。“丰”字中间上下通达，启示“上盛者根必深”。

（2）“豐”为“行礼之器”。《康熙字典》徐铉曰：“五礼莫重于祭，故从示。豐者，其器也。”详见如下【拓展学习5-3】《礼记·礼器》摘选。

【拓展学习5-3】《礼记·礼器》摘选

礼器是故大备。大备，盛德也。礼释回，增美质；措则正，施则行。其在人也，如竹箭之有筠也；如松柏之有心也。二者居天下之大端矣。故贯四时而不改柯易叶。故君子有礼，则外谐而内无怨，故物无不怀仁，鬼神飨德。

先王之立礼也，有本有文。忠信，礼之本也；义理，礼之文也。无本不立，无文不行。

礼也者，合于天时，设于地财，顺于鬼神，合于人心，理万物者也。礼，时为大，顺次之，体次之，宜次之，称次之。

古之圣人，内之为尊，外之为乐，少之为贵，多之为美。是故先生之制礼也，不可多也，不可寡也，唯其称也。

礼也者，犹体也。体不备，君子谓之不成人。设之不当，犹不备也。礼有大有小，有显有微。大者不可损，小者不可益，显者不可掩，微者不可大也。故《经礼》三百，《曲礼》三千，其致一也。未有入室而不由户者。

君子之于礼也，有所竭情尽慎，致其敬而诚若，有美而文而诚若。君子之于礼也，有直而行也，有曲而杀也，有经而等也，有顺而讨也，有摭而播也，有推而进也，有放而文也，有放而不致也，有顺而摭也。

三代之礼一也，民共由之。礼也者，反本修古，不忘其初者也。

君子曰：无节于内者，观物弗之察矣。欲察物而不由礼，弗之得矣。故作事不以礼，弗之敬矣。出言不以礼，弗之信矣。故曰：“礼也者，物之致也。”

天道至教，圣人至德。礼也者，反其所自生；乐也者，乐其所自成。是故先王之制礼也以节事，修乐以道志。故观其礼乐，而治乱可知也。蘧伯玉曰：“君子之人达，故观其器，而知其工之巧；观其发，而知其人之知。”故曰：“君子慎其所以与人者。”

祀帝于郊，敬之至也。宗庙之祭，仁之至也。丧礼，忠之至也。备服器，仁之至也。宾客之用币，义之至也。故君子欲观仁义之道，礼其本也。

君子曰：甘受和，白受采；忠信之人，可以学礼。苟无忠信之人，则礼不虚道。是以得其人之为贵也。

孔子曰："诵《诗》三百，不足以一献。一献之礼，不足以大飨。大飨之礼，不足以大旅。大旅具矣，不足以飨帝。"毋轻议礼！

综上，经文"修之于国，其德乃丰"可以理解为：自己引领全乡人遵道而行修正自我，就会进一步感化全国其他各乡取经学习纷纷效仿，当乡乡都尊敬长老、爱养幼小、教诲愚鄙时，国风国尚呈现出君信臣忠仁义自生、政平无私礼乐自兴的景象，道德至此，怎能不称为丰厚呢？

【说文解字并康熙字典5-31】天

【说文解字】天，顛也。至高無上，从一大。

【说文解字注】顚也。此以同部疊韵爲訓也。凡門聞也，戸護也，尾微也，髮拔也皆此例。凡言元始也，天顚也，丕大也，吏治人者也皆於六書爲轉注而微有差別。元始可互言之。天顚不可倒言之。葢求義則轉移皆是。舉物則定名難假。然其爲訓詁則一也。**顚者，人之頂也。以爲凡高之偁。始者，女之初也。以爲凡起之偁。**然則**天亦可爲凡顚之偁。臣於君，子於父，妻於夫，民於食皆曰天是也。**至高無上。从一大。**至高無上。是其大無有二也。**故从一大。於六書爲會意。凡會意合二字以成語。如一大，人言，止戈皆是。他前切。十二部。。

【白虎通】鎭也，居高理下，為物鎭也。【易·說卦】乾為天。

【禮·禮運】天秉陽，垂日星。荀子曰：天無實形，地之上至虛者皆天也。邵子曰：自然之外別無天。

【張子正蒙】天左旋，處其中者順之，少遲則反右矣。

"天"字玄机：

（1）天的本义为"颠"。"凡言元始也，天颠也""元始可互言之。天颠不可倒言之。""颠者，人之顶也。"所以天"至高无上"。《孟子·告子下》："故天将降大任于是人也，必先苦其心志，劳其筋骨，饿其体肤，空乏其身，行拂乱其所为，所以动心忍性，曾益其所不能。”

（2）引申含义为“镇”“顶”。《白虎通》曰：“居高理下，为物镇也。”《史记·郦生陆贾列传》曰：“王者以民人为天，而民人以食为天。”在人际关系方面，也可应参照天地敬字当头理顺君臣、父子、夫妻等秩序。

（3）《礼·礼运》曰：“天秉阳，垂日星。”《荀子》曰：“天无实形，地之上至虚者皆天也。”所以，扩展心胸，虚心如天，就是在效法天学习天，就是在增长自己的阳刚气质。

（4）“天下”即“普天之下”，泛指四海之内、全世界、全社会等。《书经·大禹谟》：“皇天眷命，奄有四海，为天下君。”老子《道德经》：“取天下常以无事，及其有事，不足以取天下。”宋范仲淹《岳阳楼记》：“先天下之忧而忧，后天下之乐而乐。”。

【说文解字并康熙字典5-32】普

【说文解字】普，日無色也。从日从竝。滂古切〖注〗徐鍇曰：“**日無光則遠近皆同**，故从竝。”

【说文解字注】日無色也。此義古籍少用。衣部袢下曰。無色也。讀若普。网無色同讀。是則普之本義實訓日無色。**今字借爲溥大字**耳。今詩溥（大也）天之下。**孟子及漢人引詩皆作普天**。趙岐曰。普，徧也。从日。竝聲。小徐本如此。韵會同。竝古音同傍。普从竝聲。又轉人虞模部。袢讀若普。知普古音亦讀若伴。以雙聲爲用也。滂古切。五部。

【广韵】**博也，大也，徧也**。【易·乾卦】**见龙在田，德施普也**。

“普”字玄机：

（1）“普”字本义为“日无色也”。“从日从竝”即道德之光与日并色、与日同辉、与日辉光相映。如《墨子》：“圣人之德，若天之高，若地之普。”

（2）引申含义为“溥”“博”“大”“徧”等。《孟子·万章上》：“普天之下，莫非王土。”《三国志·吴主传》：“普天一统，于是定矣。”《世说新语·排调》：“皇子诞育，普天同庆。”

综上，经文“修之于天下，其德乃普”可以理解为：自己引领全国人民遵道而行修正自我，就会进一步感化天下其他邦国取经学习纷纷效仿，当国都君信臣忠仁义自生、政平无私礼乐自兴时，上下互信就像如影随形、如响随声一样，那么，“我无为而民自化，我好静而民自正，我无事而民自富，我无欲而民自朴”的无为而治景象就会自然现前，如此，岂不是德光普照？

5.5.1 憨山大师注解

5.5.1.1 是故学道之人，修之于身，故其德乃真。

所以，学道修道之人，能修正自我不断转化烦恼心尘为清净、转化自身缺点为优点、转化紊乱习惯为规律，那么自己的道德就可以趋近圣贤的本真境界。

5.5.1.2 庄子曰，道之真以治身，其绪馀以为国家，其土苴以为天下。

《庄子·让王》曰：“道之真，以持身；其绪馀，以为国家；其土苴，以治天下。”意思是说：本真道德是用来规正自己的言谈举止的，饱满精气神的残余力量用来对外发挥作用治理国家，再剩余的残余力量用以助益天下。

5.5.1.3 故曰修之家，其德乃馀。修之乡，其德乃长。修之国，其德乃丰。修之天下，其德乃普。

所以说，如果家里人人都能以至善匡正自我，道德就会丰足有余；如果全乡人人都能以至善匡正自我，道德就会久长；如果全国人人都能以至善匡正自我，道德就会丰盛；如果全天下人人都能以至善匡正自我，道德就会普照。

5.5.2 宋龙源版本注解

5.5.2.1 此五句。皆是以道德修为之妙。明其不拔不脱之义。

这五句经文，说的都是如何以奥妙的道德修为，来明了道德不被超脱的含义。

5.5.2.2 若是修之不纯。则道不广。德不大。建之者。岂能不拔。抱之者。岂能不脱。何况祭祀岂能不辍乎。

如果自己运用道德修正自我的功夫不够纯正，则自己的道德就不广大，这样建立的道德根基不稳固，就容易被超脱，更何况是子孙祭祀，当然就容易断绝了。

5.5.2.3 万物有根。万事有本。固其根。则枝叶自茂。修其本。则万事自立。

万事万物都有根基。稳固根基，枝叶自然繁茂。修正根基，万事自然确立。

5.5.2.4 所以天下之本。在于国。国之本。在于乡。乡之本。在于家。家之本。在于身。身之本。在于德。此德既立。则身无不修。家无不齐。乡无不和。国无不治。天下无不平矣。

天下的根基在于国，国的根基在于乡，乡的根基在于家，家的根基在于自身，自身的根基在于德。自己的德如果完成建立，那么自己的言谈举止没有不能修正的，自己的家没有不能齐心的，自己的所辖之乡没有不和睦的，自己的所辖邦国没有不秩序井然的，进而普天下没有不太平的。

5.5.2.5 是以修之于身。天德全备。人欲之私不有。是非之念不生。敛之于内。此德无不昭明。发之于外。此德无不形着。

所以，用以修正自身，自己的本真天德就会全备，自己的人欲私心就不会贪有，自己的是是非非念头就不会杂生。收敛在自己内心，德光无不照亮心田。发挥作用在心外，此德无不表现在自己的言谈举止之中。

5.5.2.6　身心内外。头头都是此德。进退出入。步步尽是此德。虽有困辱之事。切迫于身。亦不能害其德。虽有生死之变。交临于前。亦不能失其德。所以德之实际。不变不迁。故曰修之身。其德乃真。

自己的身心内外，处处都是此德的映现；自己进退出入，每一步都尽显此德。虽然遇有困顿蒙羞之事强加自身，也不能祸害自己的德。虽然遇有生死突变降临面前，也不能遗失自己的德。所以德的本真实际是“不变不迁”。所以说“修之身，其德乃真”（修德于自身，自身的德就回归至诚本真）。

5.5.2.7　不但修之于身。又且修之于家。孝之于亲。敬之于兄。友之于弟。和之于妻。慈之于子。是推我一身之德。一家老幼。无处不善者也。是扩我心之真。尊卑长幼。无人不善者也。故曰修之家。其德乃余。

不但修德于自身，还修德于全家，孝敬父母长辈，敬爱友善兄弟，和睦妻子慈爱子女，都是把我的一身之德推及全家，一家老幼都亦步亦趋遵照实行，就无处不是善的显现了。也都是扩展我自己内心心德的至诚本真于全家，全家都至诚相处尊老爱幼，就没有一个人不是善良之人了。所以说，“修之于家，其德乃馀”。

5.5.2.8　不但修之于家。又且修之于乡。不以贤智先人。而惟恭是饬chì。不以侈泰自是。而惟俭是尚。交于乡党。无非义理之实。施于远近。无非纯全之德。故乡党见之而起敬。邻里就之而钦崇。有德之言。人人仰慕。有德之事。处处尊崇。有德之名。世世不朽。有德之实。在在知闻。故曰。修之于乡。其德乃长。

不但修德于全家，又进一步，还修德于所辖全乡。不把自己的贤达与机智凌驾于别人之上，而是唯求致坚自己的恭敬心。不以奢侈骄纵自以为是，而是崇尚节俭。与乡党亲朋进行交往，无非是依据实实在在的义理。施恩远近，无非凭借纯全之德。所以说乡党亲朋见到就肃然起敬，邻里邻居靠近就钦佩崇敬。有德之人的发言，人人仰慕爱听。有德之人的处事，处处都受到敬重推崇。有德之人的名声，世世相传永不磨灭。有德之人的至诚言行，处处咸知。所以说“修之于乡，其德乃长”。

5.5.2.9 又不但修之于乡。又且修之于国。德之至善。可以及于国人。可以化于百姓。可以立纲常。扶大义。可以明天理。正人心。尽于君。君无不信。及于臣。臣无不忠。施于民。民无不安。日远日大。日久日新。泽在一时。可为万事法则。功在目前。可为万代不朽。故曰修之于国。其德乃丰。

又进一步，不但修德于乡，还修德于国。德之至善，可以遍及国人，可以化育百姓，可以立纲常扶大义，可以明天理正人心。使道德尽及于君王，君无不信；尽及于臣下，臣无不忠；施惠于平民，民无不安。如此一天比一天道德远大，一天比一天道德久新。道德泽被时代，可以成为万事依据的法则。道德功在目前，可以成为万代榜样传承不朽。所以说“修之于国，其德乃丰”。

5.5.2.10 不但修之于国。又且修之于天下。德之至善。譬如天地之广大。虽草木昆虫。各遂生成之德。虽贤愚贵贱。均沾化育之恩。

不但修德于国，又进一步，还修德于天下。德之至善，就像是广大无边的天地一样，虽然草木昆虫不一，但各个成就生长成熟之德；虽然贤愚贵贱不一，但均沾天地化育之恩。

5.5.2.11 天下之百姓虽多未有一民不被其泽。天下之万物虽广。未有一物不蒙其化。所以万物一体。天下一德。周流而不滞。普徧而无遗。故曰。修之于天下。其德乃普。

天下百姓虽然众多，没有一位不被润泽；天下万物种类虽广，没有一物不蒙化育。所以万物为一体，共天下一德，周流不息、普遍无遗。所以说“修之于天下，其德乃普”。

5.5.2.12　今之人。果能以正心诚意。修之于身。以孝悌忠信。齐之于家。以敬上爱下。处之于乡。以无为无欲。治之于国。以道德仁义。施之于天下。

当今之人，果真能够以道德匡正思想至诚意念、修正自我，以孝悌忠信来齐家、以敬上爱下来处乡、以无为无欲来治国、以道德仁义来施惠天下。

5.5.2.13　到此天地。鸟飞鱼跃。无物不有化德之妙。朝野乡邦。无人不归于德化之风。是为成德之君子。修行之人。于此可不勉矣。

修养到此境界，那么，放眼鸟飞鱼跃，没有一物不有化德之妙；纵身朝野乡邦，没有一人不归德化淳风。这样境界的人就是成就道德的君子大丈夫。修行之人，一定要以此为榜样，勉励自己不断学习啊！

5.6　故以身观身，以家观家，以乡观乡，以国观国，以天下观天下

老子【道德经·尽己章第三十三】经文：故以身观身，以家观家，以乡观乡，以国观国，以天下观天下。

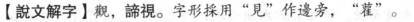

【说文解字并康熙字典5-33】观

【說文解字】觀，諦視。字形採用“見”作邊旁，“雚”。

【說文解字注】諦視也。宷（shěn）諦之視也。谷梁傳曰。常事曰視。非常曰觀。凡以我諦視物曰觀。使人得以諦視我亦曰觀。猶之以我見人，使人見我皆曰視。一義之轉移。本無二音也。而學者強為分別。乃使周易一卦而平去錯出。支離殆不可讀。不亦固哉。小雅采綠傳曰。觀，多也。此亦引伸之義。物多而後可觀。故曰觀，多也。猶灌木之為藂木也。古文觀，從囧。

【韻會】所觀也，示也。【易·觀卦】大觀在上，順而巽，中正以觀天下。【朱注】觀者，有以中正示人而為人所仰也。

【周禮·冬官考工記】㮚氏為量。嘉量既成，以觀四國。【注】以觀示四方，使放象之。

【爾雅·釋宮】觀謂之闕。【注】宮門雙闕（què皇宮門前兩邊供瞭望的樓）。

【左傳·僖五年】公旣視朔，遂登觀台，以望而書，禮也。【注】臺上構屋，可以遠觀者也。【廣韻】樓觀。【韻會】道宮謂之觀。

“观”字玄机：

（1）观的本义为“谛视”。“凡以我谛视物曰观。使人得以谛视我亦曰观。”“视”与“观”的区别是：常事曰视，非常曰观。

（2）“观者，有以中正示人而为人所仰也。”“以观示四方，使放象之。”所以《易》曰：“大观在上，顺而巽，中正以观天下。”《周礼》曰：“㮚氏为量。嘉量既成，以观四国。”

【拓展学习5-4】《太上老君内观经》摘选

老君曰：“谛观此身，从虚无中来。因缘运会，积精聚炁，乘华降神，和合受生，法天象地，含阴吐阳，分错五行，以应四时。眼为日月，发为星辰，眉为华盖，头为昆仑，布列宫阙，安置精神。万物之中，人最为灵。性命合道，人当爱之。内观其身，惟人尊焉。而不自贵，妄染诸尘，不净臭秽，浊乱形神。熟观物我，何疏何亲。守道长生，为善保真。世愚役役，徒自苦辛也。”

老君曰：“从道受分，谓之命；自一禀形，谓之性。所以任物，谓之心。

心有所忆，谓之意。意之所出，谓之志。事无不知，谓之智。智周万物，谓之慧。动而营身，谓之魂。静而镇形，谓之魄。流行骨肉，谓之血。保神养炁，谓之精。炁清而驶，谓之荣。炁浊而迟，谓之卫。总括百神，谓之身。万象备见，谓之形。块然有阂，谓之质。状貌可则谓之体，大小有分谓之躯。众思不测，谓之神。邈然应化，谓之灵。气来入身，谓之生。神去于身，谓之死。所以通生，谓之道。道者，有而无形，无而有情，变化不测，通神群生。在人之身，则为神明，所谓心也。所以教人修道，则修心也。教人修心，则修道也。道不可见，因生而明之。生不可常，用道以守之。若生亡则道废，道废则生亡。生道合一，则长生不死。人不能长保者，以其不能内观于心故也。内观不遗，生道长存。”

老君曰：“道无生死，而形有生死。所以言生死者，属形不属道也。形所以生者，由得其道也。形所以死者，由失其道也。人能存生守道，则长存不亡也。又曰：人能常清静其心，则道自来居。道自来居，则神明存身。神明存身，则生不亡也。人常欲生，而不能虚心。人常恶死，而不能保神。亦犹欲贵，而不用道；欲富，而不求宝；欲速，而足不行；欲肥，而食不饱也。”

老君曰：“道以心得，心以道明。心明则道降，道降则心通。神明之在身，犹火之因卮也。明从火起，火自炷发。炷因油润，油藉卮停。四者若发，明何生焉。亦如明缘神照，神托心存。水由形有，形以道全。一物不足，明何依焉？所以谓之神明者，眼见耳闻，意知心觉，分别物理，细微悉知，由神以明，故曰神明也。”

老君曰：“所以言虚心者，遣其实也；无心者，除其有也；定心者，令不动也；安心者，使不危也；静心者，令不乱也；正心者，使不邪也；清心者，使不浊也；净心者，使不秽也。此皆以有，令使除也。四见者，心直者不反覆也，心平者無高低也，心明者无暗昧也，心通者无窒碍也。此皆本自照者也。粗言数语，余可思也。”

老君曰：“知道易，信道难。信道易，行道难。行道易，得道难。得道易，守道难。守而不失，乃常存也。”

老君曰：“道也者，不可言传口授而得之。常虚心静神，道自来居。愚者不知，劳其形，苦其心，役其志，躁其神，而道愈远，而神愈悲。背道求道，当慎择焉。”

老君曰：“内观之道，静神定心。乱想不起，邪妄不侵。固身及物，闭目思寻。表里虚寂，神道微深。外藏万境，内察一心。了然明静，静乱俱息。念念相系，深根宁极。湛然常住，杳冥难测。忧患永消，是非莫识。”

老君曰：“吾非圣人，学而得之。故我求道，无不受持。千经万术，惟在心也。”

综上，经文“故以身观身，以家观家，以乡观乡，以国观国，以天下观天下”可以理解为：以修道之身谛视观察不修道之身，谁更长寿？以修道之家谛视观察不修道之家，哪家更和睦？以修道之乡谛视观察不修道之乡，谁的乡风更质朴长远？以修道之国谛视观察不修道之国，哪国更丰厚昌盛？以修道之天下谛视观察不修道之天下，谁更能实现无为而治？

5.6.1 憨山大师注解

5.6.1.1 故以性观身，则性真而身假。若以我身而观天下之身，则性同而形忘。以此观家则家和。以此观乡则乡睦。以此观国则国治。以此观天下则天下平。

所以，以本性谛视观察自我身心，则本性自有的精气神是真我，肉身是假我。如果以我一身来谛视观察天下万有之身，则本性同理，而形态万殊。以此类推，谛视观察家与乡，就能促进家和与乡睦。以此类推，谛视观察整个邦国，就会促进邦国大治。以此类推，谛视观察整个天下，就会促进天下太平。

5.6.1.2 所谓以性融物，则天下化。会物为己，则天下归。故其德乃普。是以圣人一真之外无余事，故唯以此。

这就是所说的，以本性来融通万物，则天下得以化育。会同万物为我心，则天下归心。所以说“其德乃普”。所以说，圣人除了一真本性之外没有多余的杂事，因此唯用此道。

5.6.2 宋龙源版本注解

5.6.2.1 此五句。是言圣人视家国天下。无所不至之义。圣王。观天下众人之身。如自己之一身。观自己之一身。即是天下众人之身也。

此五句经文。说的含义是，圣人谛视观察家国天下，道德无所不至。圣王把天下众人之身，视若自己一身一样。圣人视自己之一身，就是天下众人之身。

5.6.2.2 譬如身不自爱。以爱身之心。爱于天下。财不自利。以利己之心。利于天下。与民同乐。与民同忧。惟知天下之身。不知自有其身。惟知同于一身。不知自私一身。所以在在观身。而进修不异。人人观身。而修己同然。以身观身。盖是此义。

好比是，不只是爱自身，还以爱自身之心爱天下。钱财不私利自己，以利己之心利天下。与人民同乐同忧，只知天下万民不知有自己，只知同天下大公不知自私一己。所以处处谛视身心，精进修行不二。人人谛视身心，修正自我没有两样。“以身观身”，大概就是此意。

5.6.2.3 圣王不但以身观身而已。又能以家观家。家之中。有父母。有兄弟。有夫妇。有子孙。天下之家。皆如是也。圣人观天下之亲。不异于自己之亲。观天下之家。不异于自己之家。所以教于家者。即以教于天下。教于天下者。即如教于一家。家家有六亲之美。家家全人伦之道。天下之人。同然而亲。不异于亲。同齐其家。不异于家。故曰。以家观家。

圣王不只是“以身观身”而已，又进一步，能“以家观家”。家之中，有父母、有兄弟、有夫妇、有子孙。天下所有人的家，都是如此。圣人观天下所有人的父母至亲，不异于是自己之父母至亲。视天下所有人的家人，不异于是自己家人。所以教化于自家，就是教化于天下。教化于天下，就好比是教化于自己一家。家家都有六亲和美，家家都全人伦之道。天下所有人，都同样亲善，不异于亲善自家。同样齐家，不异于只齐自家。所以说“以家观家”。

5.6.2.4 圣王不但以家观家。又能以乡观乡。五家为邻。五邻为里。四里为族。五族为党。五党为州。五州为乡。共一万二千五百家。谓之乡。

圣王不但能“以家观家”，又能“以乡观乡”。五家为邻，五邻为里，四里为族，五族为党，五党为州，五州为乡，共一万二千五百家，称之为“乡”。

5.6.2.5 圣人处于一乡之中。观天下之乡。不异于本土之乡。本土之乡。不异于天下之乡。所以化于一乡者。即化于天下之乡。化于天下之乡者。即如化于一乡。一切乡党之风俗自美。一切邻里之德化自淳。文中言。以乡观乡。盖是此义。

圣人处于一乡之中，观天下所有的乡，不异于本土所居之乡。本土所居之乡，不异于天下所有其他的乡。所以，化育于一乡，就是化育于天下所有的乡。化育天下所有的乡，就如同化育一乡一样。一切乡党的风尚习俗回归本来优美，一切邻里的德行教化自返本来淳厚。经文中说的“以乡观乡”，大概说的就是此义。

5.6.2.6 圣王。又不但以乡观乡而已。又能以国观国。国虽有大国小国之分。有邻国本国之异。圣王道同天下。不生本国邻国之心。

圣王，不但能“以乡观乡”而已，而且能“以国观国”。国虽有大国、小国之分，有邻国、本国之异，圣王之道一同天下，不生本国、邻国之心。

5.6.2.7 德被生民。不起大国小国之见。因时顺理。而万国同观。修德省躬。而千邦一致。国国同观。而国无异政。观有同心。而心无异心。故曰以国观国。

德泽人民，不起大国小国之见。遵循道理因时制宜，而万国视同一国；修正品德反躬自省，而千邦如同一邦。国国同样观省，则国国政令无异。同心观省，心无异心，所以说“以国观国”。

5.6.2.8　圣王之德。又不但以国观国而已。又能以天下观天下也。天下虽大。圣王必有仁覆徧及之心。虽遐方异域。不因远而视为度外。虽山河险阻。不因难而懈其抚字。所以四海同风。万民乐业者。圣人不敢以天下为己有。观天下于大公也。六合一道。朔南教讫者。圣人化天下为己任。观天下以一心也。观天下于大公。观天下于一心。圣人所以无一毫私意。无一念不谆至也。故曰。以天下观天下。

圣王之德，不但能“以国观国”而已，而且能“以天下观天下”。天下虽大，圣王必有仁爱徧覆天下之心。虽异域他乡遐方遥远，不因远而视为法度之外。虽山河险阻，不因难而懈怠抚慰。之所以能四海同风、万民乐业，是因为圣人不敢以天下为己有、以大公无私之心平等看待天下。之所以能够天地四方一道相承、北方南方声威教化无不讫至，是因为圣人以化育天下为己任、以一心看待天下。大公无私看待天下、一心平等看待天下，所以圣人没有一丝私心、没有一念不至谆。所以说“以天下观天下”。

5.7　吾何以知天下之然哉，以此

老子【道德经·尽己章第三十三】经文：吾何以知天下之然哉，以此。

【说文解字并康熙字典5-34】然

【说文解字】燒也。从火肰聲。𤏸，或从艸難。如延切〖注〗臣鉉等曰：今俗别作燃，蓋後人增加。臣鉉等案：艸部有𦼮。注云艸也。此重出。

【说文解字注】燒也。通段爲語詈。訓爲如此。**爾之轉語也**。从火。肰聲。如延切。十四部。俗作燃。非是。。

（難nán）或从艸難。徐鉉等曰。艸部有此字。此重出。与火部无涉也。

【孟子】若火之始然。【管子·弟子職】蒸間容蒸，然者處下。【文劉績曰】古者，束薪蒸以爲燭。蒸，細薪也。稍寬其束，使其蒸閒可各容一蒸，以通火氣。又使已然者居下，未然者居上，則火易然也。【集韻】通作難。

又【玉篇】**許也，如是也。譍言也**。【史記·張耳陳餘傳】此固趙國立名義不侵爲然諾者也。

又【廣韻】**語助**。【禮·檀弓】歲旱，穆公召縣子而問然。【註】然之言焉也。

又【廣韻】**如也**。【詩·邶風】惠然肯來。【禮·檀弓】貿貿然來。

又承上接下語。【禮·曲禮】然後客坐。

又【禮·祭義】國人稱願，然曰：幸哉有子如此。【註】**然猶而也**。

综上，经文“吾何以知天下然哉，以此”可以理解为：我如何得知普天之下遵道而行就会长生昌盛、背道而行就会自取灭亡呢？就是用此“以身观身，以家观家，以乡观乡，以国观国，以天下观天下”的方法。

5.7.1 宋龙源版本注解

5.7.1.1 此二句。乃是总结上文之义。上文所谓修身之德。修及于天下。观身之德。观至于天下。

此二句经文，乃是总结上文意旨。上面经文说道，修正一己之德，可以以此类推修及于天下；谛视观察一身之德，可以以此类推谛视观察整个天下。

5.7.1.2 吾何以知一德立。而天下之万善并立。一德成。而天下之万理俱成。正因为德无不同之德。观无不同之观。天下之身。天下之家。天下之国。天下之天下。处处同然。在在不二。大同之善。无往而不善。至一之理。无往而不一矣。故曰。吾何

以知天下之然哉。以此。

吾如何得知，一德建立，就可以天下万善并立；一德成就，就可以使天下万里都成就。正是因为德德相同、观观无异，天下之身、天下之家、天下之国、天下之天下，处处同然、处处无异。大同善德，无往而不善；道德的至一之理，无论到哪都回归本一。所以说“吾何以知天下之然哉，以此”。

5.7.1.3　切思圣王之治天下。自本而支。自源而流。推广一身之德。不但及于家。及于国。及于天下。虽仰观天道。风云雷雨。此德无处不感应。俯察地理山川河海。此德无所不运化。可通乎神明。可贯乎古今。孰能测善建之不拔。善抱之不脱。有如是无穷之妙也哉。

深思圣王治理天下，从根本到枝干、从源头到支流。推广一身之德，不但能及于家、及于国，还能及于天下。虽然仰望观察天道，风、云、雷、雨，此德没有一处不感应。俯首察看地理地貌，山、川、河、海，此德没有一处不运化。可以通神明贯古今，如何测度“善建”的不可超拔、“善抱”的不可超脱，竟有如此无穷之妙呢!

5.8　思考与练习

一、思考并回答

1. 请问“善”“膳”“嬗”“禅”“禮”“让”“谦”“慊”“厭”“揖”的内涵是什么？如何解读“善”？有何感悟？
2. 请问“建”的内涵是什么？有何启发？
3. 请问“拔”的内涵是什么？

4. 如何理解“善建者不拔”？
5. 请问“抱”“褒”“捊”的内涵是什么？有何启发？
6. 请问“脱”的内涵是什么？有何感悟？
7. 如何理解“善抱者不脱”？
8. 请问“子”“孙”的内涵是什么？有何感悟？
9. 请问“祭”“祀”的内涵是什么？有何感悟？
10. 如何理解“子孙祭祀不辍”？
11. 请问“修”“身”“真”的内涵是什么？
12. 如何理解“修之于身，其德乃真”？
13. 请问“家”“馀”的内涵是什么？有何感悟？
14. 如何理解“修之于家，其德乃馀”？
15. 请问“乡（鄉）、飨（饗）、[illegible]、卿、向（嚮）”的内涵是什么？有何启发？
16. 请问“长”的内涵是什么？有何启发？
17. 请问如何理解“修之于乡，其德乃长”？
18. 请问“国”“丰”的内涵是什么？有何启发？
19. 如何理解“修之于国，其德乃丰”？
20. 请问“天”的内涵是什么？有何感悟？
21. 请问“普”的内涵是什么？有何感悟？
22. 如何理解“修之于天，其德乃普”？
23. 如何理解“故以身观身”？
24. 如何理解“以家观家”？
25. 如何理解“以乡观乡”？
26. 如何理解“以国观国”？
27. 如何理解“以天下观天下”？
28. 请问“然”的内涵是什么？有何感悟？
29. 如何理解“吾何以知天下之然哉，以此”？

二、每日早晚静坐背诵经典，各半小时。

三、继续依据自己制定的“日三省吾身表”每日记录、写日记。

附　录

附录1 《老子道德经憨山注》节选

一、论教源

尝观世之百工技艺之精，而造乎妙者，不可以言传。效之者，亦不可以言得。况大道之妙，可以口耳授受，语言文字而致哉，盖在心悟之妙耳。是则不独参禅，贵在妙悟。即世智辩聪、治世语言，资生之业，无有一法不悟而得其妙者。妙则非言可及也。故吾佛圣人说《法华》，则纯谭实相。乃至《妙法》，则未措一词，但云如是而已。至若悟妙法者，但云善说法者。治世语言资生业等，皆顺正法。而《华严》五地圣人，善能通达世间之学。至于阴阳术数，图书印玺，医方辞赋，靡不该练，然后可以涉俗利生。故等觉大士，现十界形，应以何身何法得度，即现何身何法而度脱之。由是观之，佛法岂绝无世谛，而世谛岂尽非佛法哉。由人不悟大道之妙，而自画于内外之差耳。道岂然乎。窃观古今卫道藩篱者，在此则曰彼外道耳。在彼则曰此异端也。大而观之，其犹贵贱偶人，经界太虚，是非日月之光也。是皆不悟自心之妙而增益其戏论耳。盖古之圣人无他，特悟心之妙者。一切言教，皆从妙悟心中流出，应机而示浅深者也。故曰无不从此法界流，无不还归此法界。是故吾人不悟自心不知圣人之心。不知圣人之心，而拟圣人之言者，譬夫场人之欣戚，虽乐不乐，虽哀不哀，哀乐原不出于己有也。哀乐不出于己，而以己为有者，吾于释圣人之言者见之。

二、论心法

余幼师孔不知孔，师老不知老。既壮，师佛不知佛。退而入于深山大泽，习静以观心焉。由是而知三界唯心，万法唯识。既唯心识观，则一切形，心之影也。一切声，心之响也。是则一切圣人，乃影之端者。一切言教，乃响之顺者。由万法唯心所现，故治世语言资生业等，皆顺正法。以心外无法，故法法皆真，迷者执之而不妙。若悟自心，则法无不妙。心法俱妙，唯圣者能之。

三、论学问

余每见学者披阅经疏，忽撞引及子史之言者，如拦路虎，必惊怖不前。及教之亲习，则曰彼外家言耳，掉头弗顾。抑尝见士君子为庄子语者，必引佛语为证。或一言有当。且曰佛一大藏尽出于此。嗟乎！是岂通达之谓耶？质斯二者。学佛而不通百氏，不但不知世法，而亦不知佛法。解庄而谓尽佛经，不但不知佛意，而亦不知庄意。此其所以难明也。故曰自大视细者不尽，自细视大者不明。余尝以三事自勖曰："不知春秋，不能涉世；不知老庄，不能忘世；不参禅，不能出世。"知此，可与言学矣。

四、论教乘

或问："三教圣人本来一理，是果然乎？"曰："若以三界唯心，万法唯识而观，不独三教本来一理，无有一事一法，不从此心之所建立。若以平等法界而观，不独三圣本来一体。无有一人一物，不是毗卢遮那海印三昧威神所现。"故曰不坏相而缘起，染净恒殊。不舍缘而即真，圣凡平等。但所施设，有圆融行布，人法权实之异耳。圆融者，一切诸法，但是一心，染净融通，无障无碍。行布者，十界五乘五教，理事因果浅深不同。所言十界，谓四圣六凡也。所言五教，谓小始终顿圆也。所言五乘，谓人天声闻缘觉菩萨也。佛则最上一乘矣。然此五乘，各有修进，因果阶差，条然不紊。所言人者，即盖载两间，四海之内，君长所统者是已。原其所修，以五戒为本。所言天者，即欲界诸天，帝释所统。原其所修，以上品十善为本。色界诸天，梵王所统。无色界诸天，空定所持。原其所修，上品十善，以有漏禅九次第定为本。此二乃界内之因果也。所言声闻所修，以四谛为本。缘觉所修，以十二因缘为本。菩萨所修，以六度为本。此三乃界外之因果也。佛则圆悟一心，妙契三德。摄而为一，故曰圆融。散而为五，故曰行布。然此理趣，诸经备载。由是观之，则五乘之法，皆是佛法。五乘之行，皆是佛行。良由众生根器大小不同，故圣人设教浅深不一。无非应机施设，所谓教不躐等之意也。由是证知，孔子，人乘之圣也，故奉天以治人。老子，天乘之圣也，故清净无欲，离人而入天。声闻缘觉，超人天之圣也，故高超三界，远越四生，弃人天而不入。菩萨，超二乘之圣也，出人天而入人天，故往来三界，救度四生，出真而入俗。佛，则超圣凡之圣也，故能圣能凡，在天而天，在人而人。乃至异类分形，无往而不入。且夫能圣能凡者，岂圣凡所能哉。据实而观，则一切无非佛法，三教无非圣人。若人若法，统属一心。若事若理，无障无碍。是名为佛。故圆融不碍行布，十界森然。行布不碍圆融，一际平等。又何彼此之分，是非之辩哉。故曰，或边地语说四谛，或随俗语说四谛，盖人天随俗而说四谛者也。原彼二圣，岂非吾佛密遣二人而为佛法前导者耶。斯则人法皆权耳。良由建化门头，不坏因果之相。三教之学，皆防学者之心。缘浅以及深，由近以至远。是以孔子，欲人不为虎狼禽兽之行也。故以仁义礼智授之。姑使舍恶以从善，由物而入人。修先王之教，明赏罚之权。作《春秋》，以明治乱之迹。正人心，定上下，以立君臣父子之分，以定人伦之节。其法严，其教切，近人情而易行。但当人欲横流之际，故在彼汲汲犹难之。吾意中国非孔氏，而人不为禽兽者几希矣。虽然，孔氏之迹固然耳。其心岂尽然耶。况彼明言之曰：“毋意、毋必、毋固、毋我。”观其济世之心，岂非据菩萨乘，而说治世之法者耶。经称儒童，良有以也。而学者不见圣人之心，将谓其道如此而已矣。故执先王之迹，以挂功名，坚固我执。肆贪欲而为生累，至操仁义而为盗贼之资，启攻斗之祸者有之矣。故老氏愍之曰：“斯尊圣用智之过也”。若绝圣弃智，则民利百倍。剖斗折衡，则民不争矣。甚矣，贪欲之害也。故曰：“不见可欲，使心不乱。”故其为教也，离欲清净。以静定持心，不事于物。澹泊无为，此天之行也。使人学此，离人而入于天。由其言深沉，学者难明。故得庄子起而大发扬之。因人之固执也深，故其言之也切。至于诽尧舜，薄汤武，非大言也，绝圣弃智之谓也。治推上古，道越羲皇，非漫谈也，甚言有为之害也。诋訾孔子，非诋孔子，诋学孔子之迹者也。且非实言，乃破执之言也。故曰寓言十九，重言十七，诃教劝离，隳形泯智，意使离人入天，去贪欲之累故耳。至若精研世故，曲尽人情，破我执之牢关，去生人之大累。寓言曼衍，比事类辞，精切著明，微妙玄通，深不可识。此其说人天法，而具无碍之辩者也。非夫现婆罗门身而说法者耶，何其游戏广大之若此也。枇糠尘世，幻化死生，解脱物累，逍遥自在，其超世之量何如哉。尝谓五伯僭窃之余，处士横议，充塞仁义之途。若非孟氏起而大辟之，吾意天下后世难言矣。况当群雄吞噬之剧，举世颠瞑，亡生于物欲，火驰而不返者众矣。若非此老崛起，攘臂其间，后世纵有高洁之士，将亦不知轩冕为桎梏矣。均之济世之功，又何如耶。然其工夫由静定而入，其文字从三昧而出。后人以一曲之见而窥其人，以浊乱之心而读其书，茫然不知所归趣。苟不见其心而观其言，宜乎惊怖而不入也。且彼亦曰：“万世之后，而一遇大圣知其解者，是旦暮遇之也。”然彼所求之大圣，非佛而又其谁耶。吾意彼为吾佛破执之前矛，斯言信之矣。世人于彼尚不入，安能入于佛法乎。

五、论宗趣

老氏所宗虚无大道，即楞严所谓晦昧为空，八识精明之体也。然吾人迷此妙明一心而为第八阿赖耶识。依此而有七识为生死之根、六识为造业之本，变起根身器界生死之相。是则十界圣凡，统皆不离此识，但有执破染净之异耳。以欲界凡夫，不知六尘五欲境界，唯识所变，乃因六识分别，起贪爱心，固执不舍，造种种业，受种种苦，所谓人欲横流。故孔子设仁义礼智教化为堤防，使思无邪，姑舍恶而从善，至于定名分，正上下。然其道未离分别，即所言静定工夫，以唯识证之，斯乃断前六识分别邪妄之思，以袪斗诤之害。而要归所谓妙道者，乃以七识为指归之地，所谓生机道原，故曰生生之谓易是也。至若老氏以虚无为妙道，则曰“谷神不死”，又曰“死而不亡者寿”，又曰“生生者不生”。且其教以“绝圣弃智”忘形去欲为行，以“无为”为宗极，斯比孔则又进。观生机深脉，破前六识分别之执，伏前七识生灭之机，而认八识精明之体，即楞严所谓罔象虚无“微细精想”者，以为妙道之源耳。故曰：“惚兮恍兮，其中有象。恍兮惚兮，其中有物。”以其此识乃全体无明，观之不透，故曰：“杳杳冥冥，其中有精。”以其识体不思议熏不思议变，故曰：“玄之又玄。”而称之曰妙道。以天地万物皆从此中变现，故曰：“天地之根”“众妙之门”。不知其所以然而然，故庄称自然。且老乃中国之人也，未见佛法，而深观至此，可谓捷疾利根矣。借使一见吾佛而印决之，岂不顿证真无生耶。吾意西涉流沙，岂无谓哉。大段此识，深隐难测。当佛未出世时，西域九十六种，以六师为宗。其所立论百什，至于得神通者甚多，其书又不止此方之老庄也。洎乎吾佛出世，灵山一会，英杰之士，皆彼六师之徒。且其见佛，不一言而悟。如良马见鞭影而行，岂非昔之工夫有在。但邪执之心未忘，故令见佛，只在点化之间以破其执耳。故佛说法原无赘语，但就众生所执之情，随宜而击破之。所谓以楔出楔者，本无实法与人也。至于楞严会上微细披剥，次第征辩，以破因缘自然之执，以断凡夫外道二乘之疑。而看教者不审乎此，但云彼西域之人耳，此东土之人也。人有彼此，而佛性岂有二耶。且吾佛为三界之师，四生之父，岂其说法止为彼方之人，而此十万里外则绝无分耶。然而一切众生，皆依八识而有生死。坚固我执之情者，岂只彼方众生有执，而此方众生无之耶。是则此第八识，彼外道者或执之为冥谛，或执之为自然，或执之为因缘，或执之为神我。即以定修心生于梵天，而执之为五现涅槃。或穷空不归，而入无色界天。伏前七识生机不动，进观识性，至空无边处，无所有处，以极非非想处。此乃界内修心，而未离识性者。故曰“学道之人不识真，只为从前认识神，无量劫来生死本，痴人认作本来人”者是也。至于界外声闻，已灭三界见思之惑，已断三界生死之苦，已证无为寂灭之乐。八识名字尚不知，而亦认为涅槃，将谓究竟归宁之地。且又亲从佛教得度，犹费吾佛四十年弹诃淘汰之功。至于法华会上，犹怀疑佛之意，谓以小乘而见济度。虽地上菩萨，登七地已，方舍此识，而犹异熟未空。由是观之，八识为生死根本，岂浅浅哉。故曰：“一切世间诸修行人，不能得成无上菩提，乃至别成声闻缘觉。及成外道，诸天魔王，及魔眷属，皆由不知二种根本，一者无始生死根本，则汝今者与诸众生，用攀缘心为自性者。二者无始涅槃元清净体，则汝今者识精元明，能生诸缘，缘所遗者，正此之谓也。”噫，老氏生人间世，出无佛世，而能穷造化之原，深观至此。即其精进工夫，诚不易易。但未打破生死窠窟耳。古德尝言，孔助于戒，以其严于治身。老助于定，以其精于忘我。二圣之学，与佛相须而为用，岂徒然哉。据实而论，执孔者，涉因缘，执老者，堕自然。要皆未离识性，不能究竟一心故也。佛则离心意识，故曰“本非因缘，非自然性”，方彻一心之源耳。此其世出世法之分也。故佛所破，正不止此。即出世三乘，而亦皆在其中矣。世人但见庄子诽尧舜薄汤武，诋訾孔子之徒，以为惊异。若闻世尊诃斥二乘以为焦芽败种、悲重菩萨以为佛法阐提，又将何如耶。然而佛诃二乘，非诃二乘，诃执二乘之迹者，欲其舍小趣大也。所谓庄诋孔子，非诋孔子，诋学孔子之迹者，欲其绝圣弃智也。要皆遣情破执之谓也。若果情忘执谢，其将把臂而游妙道之乡矣。方且欢忻至乐之不暇，又何庸夫愦愦哉。此其华严地上菩萨，而于涂炭事火卧棘投针之俦，靡不现身其中，与之而作师长也。苟非佛法，又何令彼入佛法哉。故彼六师之执帜，非佛不足以拔之。吾意老庄之大言，非佛法不足以证向之。信乎游戏之谈，虽老师宿学，不能自解免耳。今以唯心识观，皆不出乎响矣。

此论创意，盖予居海上时，万历戊子冬乞食王城，尝与洞观居士夜谈所及，居士大为抚掌。庚寅夏日，始命笔焉。藏之既久，向未拈出。甲午冬，随缘王城，拟请益于弱侯焦太史，不果。明年乙未春，以弘法罹难，其草业已遗之海上矣。仍遣侍者往残简中搜得之。秋蒙恩遣雷阳，达观禅师，由匡庐杖策候予于江上。冬十一月，予方渡江，晤师于旅泊庵，夜坐出此，师一读三叹曰，是足以祛长迷也。即命弟子如奇刻之，以广法施。予固止之。戊戌夏，予寓五羊时，与诸弟子结制垒壁间，为众演楞严宗旨。门人宝贵，见而叹喜，愿竭力成之，以卒业焉。噫，欲识佛性义，当观时节因缘。此区区片语，诚不足为法门重轻。创意于十年之前，而克成于十年之后；作之于东海之东，而行之于南海之南。岂机缘偶会而然耶。道与时也，庸可强乎。然此，盖因观老庄而作也，故以名论。

万历戊戌除日，憨山道人清书于楞伽室。

病后俗冗，近始读《大制曹溪通志》，及观《老庄影响论》等书，深为叹服。所谓不知《春秋》，不能涉世。不知《老》《庄》，不能忘世。不参禅，不能出世。及孔子人乘之圣，老子天乘之圣，佛能圣能凡能人能天之圣。如此之类，百世不易之论也。起原再稽颡。

六、注道德经序

予少喜读《老》《庄》，苦不解义。惟所领会处，想见其精神命脉，故略得离言之旨。及搜诸家注释则多以己意为文，若与之角，则义愈晦。及熟玩庄语，则于老恍有得焉。因谓“注，乃人人之老庄，非老庄之老庄也”。以《老》文简古而旨幽玄，则《庄》实为之注疏。苟能悬解，则思过半矣。空山禅暇，细玩沉思，言有会心，即托之笔。必得义遗言，因言以见义。或经旬而得一语，或经年而得一章。始于东海，以至南粤，自壬辰以至丙午，周十五年乃能卒业。是知古人立言之不易也。以文太简，故不厌贯通，要非枝也。尝谓儒宗尧舜，以名为教，故宗于仁义。老宗轩黄，道重无为，如云“失道德而后仁义”。此立言之本也。故《庄》之诽薄，殊非大言，以超俗之论则骇俗，故为放而不收也。当仲尼问礼，则叹为犹龙。圣不自圣，岂无谓哉。故《老》以无用为大用，苟以之经世，则化理治平，如指诸掌。尤以无为为宗极，性命为真修。即远世遗荣，殆非矫矫。苟得其要，则真妄之途，云泥自别。所谓“真以治身，绪余以为天下国家”，信非诬矣。或曰，“子之禅，贵忘言，乃哓哓于世谛，何所取大耶”。予曰，“不然。鸦鸣鹊噪，咸自天机。蚁聚蜂游，都归神理。是则何语非禅，何法非道。况释智忘怀之谈，讵非入禅初地乎”。且禅以我蔽，故破我以达禅，老则先登矣。若夫玩世蜉蝣，尤当以此为乐土矣。注成，始刻于岭南。重刻于五云南岳与金陵。今则再刻于吴门。以尚之者众，故施不厌普矣。

七、发明趣向

愚谓看老庄者，先要熟览教乘，精透《楞严》。融会吾佛破执之论，则不被他文字所惑。然后精修静定。工夫纯熟，用心微细，方知此《老》工夫苦切。然要真真实实看得“身为苦本”，“智为累根”，自能隳形释智。方知此老真实受用至乐处。更须将世事一一看破，人情一一觑透，虚怀处世。目前无有丝毫障碍，方见此《老》真实逍遥快活。广大自在，俨然一无事道人，然后不得已而应世，则不费一点气力端然无为而治。观所以教孔子之言，可知已。《庄子》一书，乃老子之注疏。故愚所谓老之有庄，如孔之有孟。是知二子所言，皆真实话，非大言也。故曰，“吾言甚易知，甚易行，天下莫能知，莫能行”。而世之谈二子者，全不在自己工夫体会。只以语言文字之乎者也而拟之，故大不相及。要且学疏狂之态者有之，而未见有以静定工夫而入者。此其所谓“知我者希”矣。冀亲二子者当作如是观。

八、发明工夫

《老子》一书，向来解者例以虚无为宗。及至求其入道工夫，茫然不知下手处。故予于首篇，将观无观有一“观”字，为入道之要，使学者易入。然观照之功最大，三教圣人皆以此示人。孔子则曰："知止而后有定。"又曰："明明德。"然知明，即了悟之意。佛言"止观"，则有三乘止观，人天止观，浅深之不同。若孔子，乃人乘止观也。老子，乃天乘止观也。然虽三教止观浅深不同，要其所治之病，俱以先破我执为第一步工夫。以其世人尽以"我"之一字为病根，即智愚贤不肖，汲汲功名利禄之场，图为百世子孙之计。用尽机智，总之皆为一身之谋。如佛言"诸苦所因，贪欲为本，皆为我故"。老子亦曰："贵大患若身。"以孔圣为名教宗主，故对中下学人，不敢轻言破我执。唯对颜子，则曰克己。其余，但言正心诚意修身而已。然心既正，意既诚，身既修，以此施于君臣父子之间，各尽其诚，即此是道，所谓为名教设也。至若绝圣弃智，无我之旨，乃自受用地，亦不敢轻易举以于人。唯引而不发，所谓"若圣与仁，则吾岂敢"。又曰："吾有知乎哉，无知也"。有鄙夫问于我，空空如也。至若极力为人处，则曰："克己。"则曰："毋意，毋必，毋固，毋我。"此四言者，肝胆毕露。然己者，我私。意者，生心。必者，待心。固者，执心。我者，我心。克者，尽绝。毋者，禁绝之辞。教人尽绝此意必固我四者之病也。以圣人虚怀游世、寂然不动，物来顺应，感而遂通。用心如镜，不将不迎，来无所粘，去无踪迹。身心两忘，与物无竞，此圣人之心也。世人所以不能如圣人者，但有"意必固我"四者之病，故不自在，动即是苦。孔子观见世人病根在此，故使痛绝之。即此之教，便是佛老以无我为宗也。且"毋"字便是斩截工夫，下手最毒。即如法家禁令之言毋得者，使其绝不可有犯，一犯便罪不容赦，只是学者不知耳。至若吾佛说法，虽浩瀚广大，要之不出破众生粗细我法二执而已。二执既破，便登佛地。即三藏经文，皆是破此二执之具。所破之执，即孔子之四病，尚乃粗执耳。世人不知，将谓别有玄妙也。若夫老子超出世人一步，故专以破执立言，要人释智遗形，离欲清净。然所释之智，乃私智，即"意、必"也。所遗之形，即"固、我"也。所离之欲，即己私也。清净则廓然无碍，如太虚空，即孔子之大公也。是知孔老心法未尝不符，第门庭施设，藩卫世教，不得不尔。以孔子专于经世，老子专于忘世，佛专于出世。然究竟虽不同，其实最初一步，皆以破我执为主，工夫皆由止观而入。

九、发明体用

或曰："三教圣人教人，俱要先破我执。是则无我之体同矣。奈何其用，有经世、忘世、出世之不同耶。"答曰："体用皆同，但有浅深小大之不同耳。"假若孔子果有我，是但为一己之私，何以经世。佛老果绝世，是为自度，又何以利生。是知由无我方能经世，由利生方见无我，其实一也。若孔子曰："寂然不动。"感而遂通天下之故，用也。明则诚，体也。诚则形，用也。心正意诚，体也。身修家齐国治天下平，用也。老子无名，体也。无为而为，用也。孔子曰："惟天惟大，唯尧则之，荡荡乎民无能名焉。"又曰："无为而治者，其舜也欤"。且经世以尧舜为祖，此岂有名有为者耶。由无我方视天下皆我，故曰："尧舜与人同耳。"以人皆同体，所不同者，但有我私为障碍耳。由人心同此心，心同则无形碍。故汲汲为之教化，以经济之。此所以由无我而经世也。老子则曰："常善教人，故无弃人。无弃人，则人皆可以为尧舜。"是由无我方能利生也。若夫一书所言"为而不宰""功成不居"等语，皆以无为为经世之大用，又何尝忘世哉。至若佛，则体包虚空。用周沙界，随类现身。乃曰："我于一切众生身中成等正觉。"又曰："度尽众生，方成佛道。"又曰："若能使一众生发菩提心，宁使我身受地狱苦，亦不疲厌。"然所化众生，岂不在世间耶。既涉世度生，非经世而何。且为一人而不厌地狱之苦，岂非汲汲耶。若无一类而不现身，岂有一定之名耶。列子尝云："西方有大圣人。不言而信，无为而化。"是岂有心要为耶。是知三圣无我之体，利生之用，皆同。但用处大小不同耳。以孔子匡持世道，姑从一身以及家国，后及天下，故化止于中国。且要人人皆做尧舜，以所祖者尧舜也。老子因见当时人心浇薄，故思复太古，以所祖者轩黄也。故件件说话，不同寻常，因见得道大难容，故远去流沙。若佛则教被三千世界，至广至大，无所拣择矣。若子思所赞圣人，乃曰："凡有血气者，莫不尊亲。"是知孔子体用，未尝不大，但局时势耳。正是随机之法，故切近人情，此体用之辩也。惜乎后世学者，各束于教。习儒者拘，习老者狂，学佛者隘。此学者之弊，皆执我之害也。果能力破我执，则剖破藩篱，即大家矣。

附录2 宋龙源《太上道德经讲义》节选

注：此讲义为金莲正宗龙门法派第七代龙渊子宋常星注解，第二十三代玄裔清霞子陈振宗校印。

一、御制道德经讲义序

伏惟大道。玄理幽深。神妙感通。觉世度人。超万有而独尊。历旷劫而不坏。先天地而不见其始。后天地而不见其终。夫道由心得。经以印证。朕皇考顺治元年。奠定神州。偃武修文。六年开科选贤。殿试三甲。山西举人宋龙渊。钦选探花。该员在京供职三十余年。勷赞中枢。公正体国。康熙十八年。致仕还乡。专修清静无为之道。又历二十载。内功圆满。特注道德经讲义一书。兹由其子宋家廉现供职太常寺少卿进呈御览。朕久欲效黄帝故事。访道崆峒。今得此项讲义。崆峒之言。悉在是矣。爰道德经。自历朝以来。注释是经者。无虑数十百家。虽众说悉加于剖析。而羣（群）言莫克于折衷。朕素钦前国史馆总裁。都察院都御史。兼经筵讲官。侍读学士元老故臣宋龙渊所注道德经讲义。其言洞彻。秘义昭融。见之者如仰日月于中天。悟之者如探宝珠于沧海。因此特命锓梓。用广流传。凡宗室皇胄。暨文武臣工。均皆敕读。果能勤诚修习。获最胜福田。永臻快乐。敕书为序。以示将来。康熙四十二年十月初八日题于御书房。

二、考证经注序

太上道德经。岂易言哉。虽玄门之精奥。其实修齐治平之理悉备焉。与吾儒之成己成物相表里者也。道本无言。非言莫喻。理炳日星。世人罔觉。所以老氏不得已。而阐发五千言。言言见谛。使人开卷有益。因言识心。不致偏奇邪见。流于异端。但言曲而理微。人性有顿渐。未易尽识其妙。山西名士宋龙渊先生。沈潜于道。念有余年。专心致志。开示后学。分章逐句。无不诠解。可谓致详且尽。此经八十一章之内。间有与五经四子之书相发明者。于大易之旨。尤多脗（吻）合。尝读功成名遂身退一语。窃叹古今来贤士大夫。往往建不世之勋。迨其后卒鲜令终。缘知进而不知退也。唯西汉留侯。愿谢人间事。从赤松子游。差堪语此。余既善诵老子之言。而喜读宋子之注。实获我心也。不揣固陋。而为之序。时康熙四十二年冬十一月九门军都杨桐题于介山草堂。

三、重刊龙渊子注道德经讲义缘起

自汉迄今。注道德经者。代不乏人。要以清初龙渊子宋常星真人所注为最精窍。龙渊子清初太史。历官国史馆总裁。都察院御史。致仕还乡。潜心研究。注道德经讲义。阐发隐微。清圣祖仁皇帝。尊为天书。命以五龙铜板制印。王公鉅卿。有功德者。始得获赐一部。其为当时重视可知。民国初元。刊版一次。流传至今。存书不多。同人等诚恐年久湮灭。爰为发起重刊。使修道之人。得渡迷津。而登道岸。海内同志。定必乐观厥成也。是为引。民国二十八年岁次己卯九月重阳日玄学会同人谨识。

附录3　习主席重要讲话用典节选

一、在《在河南省兰考县委常委扩大会议上的讲话》等文中引用："取法于上，仅得为中；取法于中，故为其下。"

原典出处：〔唐〕李世民《帝范》

古人有云：非知之难，惟行之不易。行之可勉，惟终实难。是以暴乱之君，非独明于恶路；圣哲之主，非独见于善途。良由大道远而难遵，邪径近而易践。小人俯从其易，不得力行其难，故祸败及之。君子劳处其难，不能力居其易，故福庆流之。……取法于上，仅得为中；取法于中，故为其下。

释义："取法于上，仅得为中；取法于中，故为其下。"

《四库全书》本文下释为："孔子曰：取法于天而则之，斯为其上。颜、孟取法于孔子而近之，才得其中。后儒取于颜、孟而远之，则为其下矣。既为其下，何足法乎？为儒者当取法孔子、颜子、孟子，为君者当取法于尧、舜、文王。"

注：《帝范》是唐太宗李世民自撰的一部论述为君之道的政治文献，成书于贞观二十二年（648年）。李世民告诉太子李治："饬躬阐政之道，皆在其中，朕一旦不讳，更无所言。"不讳：死亡的婉词。书中，唐太宗对为政者的个人修养、选任和统御下属的学问，乃至经济、民生、教育、军事等事务都做了颇有见地的阐述。南宋文学批评家严羽在《沧浪诗话》中也有类似的阐述："学其上，仅得其中；学其中，斯为下矣。"可见，无论立事还是治学，一定要放宽视野，高定标准，这样才能实现预期目标。

二、在《十八届中央纪委第三次全体会议上的讲话》等文中引用："一心可以丧邦，一心可以兴邦，只在公私之间尔。"

原典出处：〔北宋〕程颢、程颐《二程集·河南程氏遗书·卷第十一》

仲弓曰："焉知贤才而举之？"子曰："举尔所知。尔所不知，人其舍诸？"便见仲弓与圣人用心之大小。推此义，则一心可以丧邦，一心可以兴邦，只在公私之间尔。

释义："仲弓为季氏宰，问政。子曰：'先有司，赦小过，举贤才。'曰：'焉知贤才而举之？'曰：'举尔所知。尔所不知，人其舍诸？'"

说的是鲁国的仲弓做了季氏的家臣，向孔子请教怎样管理政事。孔子告诉他："先责成手下负责具体事务的官吏，让他们各负其责，宽恕他们的小过错，选拔贤才来任职。"仲弓又问："怎样发现并选拔贤才呢？"孔子说："选拔你所知道的。至于你不知道的贤才，别人难道还会埋没他们吗？"对此，二程作了如下评语："推此义，则一心可以丧邦，一心可以兴邦，只在公私之间尔。"

注：《二程集》是北宋思想家程颢、程颐兄弟一生传道讲学言论的结集。二人同为北宋理学的奠基者，故世称"二程"。上面这段话是二程对《论语·子路》的解释。

二程的学说被称作"身心之学"或"心性之学"，主张"有是心，斯具是形以生"。在他们看来，当政者是否具有公心，关乎国家兴亡。有了公心，可以使国家兴盛；没有公心，一切从私心出发，会使国家灭亡。

三、在《之江新语·做人与做官》等文中引用："修其心治其身，而后可以为政于天下。"

"重莫如国，栋莫如德。"在中国传统文化中，"修齐治平"既是进行道德教育和践履的理论体系，也是提高道德修养的最高境界和根本目的。这在《礼记·大学》中有非常完整的论述。由内及外，从个体到家庭再到国家、天下，个体道德在外化过程中不断完善、充实，达到化成天下的境界。换言之，先有修心治身的道德，后有经世治国的政德。

原典：〔北宋〕王安石《洪范传》

五行，天所以命万物者也，故“初一曰五行”。五事，人所以继天道而成性者也，故“次二曰敬用五事”。五事，人君所以修其心、治其身者也，修其心治其身，而后可以为政于天下，故“次三曰农用八政”。

释义：

《洪范传》是北宋政治家、文学家王安石的重要哲学著作。王安石通过为《尚书·洪范》作传注的形式，阐述了天人不相干、灾异不足畏的思想。关于治国理政之道，王安石主张“修其心治其身，而后可以为政于天下”。意思是，君主要先修心治身，充实德行，而后才能理政治国平天下。

在中国传统哲学观中，“修齐治平”是一个完整的人格成就路径。《礼记·大学》说：“古之欲明明德于天下者，先治其国；欲治其国者，先齐其家；欲齐其家者，先修其身；欲修其身者，先正其心；欲正其心者，先诚其意；欲诚其意者，先致其知；致知在格物。”修身是格物、致知、诚意、正心的落脚点，又是齐家、治国、平天下的出发点。在古人看来，任何设计严密的政治体系，最终均需落实到具体个人。所以，对为政者而言，个人修养水平至关重要，可以说是安邦治国的基础所在。

附录4 学生收获

一、坚持按照日三省吾身省察提升的收获

学生1：老师还让我们自制加分减分表，我就认真打印了几份表格，每天严格按照上面的执行，刚开始做得还不够好，后来慢慢习惯了，也就坚持了。现在我一直都是早睡早起，没有再熬过夜，这一点也是礼仪课带给我最大的变化。

学生2：老师告诉我们自由一定是在约束的前提下的。最大的自由也一定是在最大的约束的前提下的。所以要想自由的话，一定要学会约束自己。我喜欢读书，可自从上了大学之后，玩手机不再有家长和老师的约束，我便每天肆无忌惮地玩，毫无节制，我失去了自由，仿佛是一个被手机控制的傀儡，后来在礼仪老师的教导下，我决定我要改变！我每天给自己一个小时的阅读时间，这一个小时内我坚决不碰手机一下！一学期下来，我真的成功了！我数了数我的战绩，一共读了22本书！我非常地开心，从此我更加坚信努力了就会有收获。

学生3：通过杨老师教我们打坐、站姿，我提升自己的气质。之前有一点点的驼背，通过在宿舍里不断锻炼，治好了，自己的皮肤也变好了。

学生4：老师说“规范自己的行为，改掉不良行为”，我当时就明白了，我就在想现在也封校，也是冬天，难免会很懒惰，优秀点评片段：我不能这样，我要改变，老师给了我很大的启发，完成好一件事加5颗星，完成一件事且完成度很高加10颗星，我就每天早上6点起床7点洗睡，时间表都一一列出来，上课认真听讲，作业认真完成，从那一节课结束，我就严格要求自己，如果哪一天没有完成，我就会反思自己，哪里需要做得更好。现在要结课了，我的坏习惯都改掉

了，这得多谢我的礼仪老师，出了校门走上工作岗位我也要严格要求自己。

学生5：每组上课要分享小组学习和背诵经典，这些让我获益许多。了解到了许许多多书本外的知识，背诵的经典让我感受到了古文的韵味，更有意义的是让我了解到了其中的道理，让我整个人对大学生活的状态有了新的想法和目标。

学生6：在课堂上老师的要求下，我每天开始关注自己的言行，虽然刚开始总是忘掉，但是好在陆陆续续地我坚持了很久。比如我会在每天早上刚醒的时候默想一下，给自己打气加油，想好每一天都要上哪些课，然后规划一下一整天的行程，方便更好利用每天的时间，争取不浪费一分一秒。

学生7：我还学会了向老师问好，刚开始也只是向认识的老师问好，即使向认识的老师问好也会觉得有点不好意思，但是一开口问好就会发现也没什么难的，而且老师也会亲切地回我，后来开始胆子大了起来，能够慢慢向其他老师们问好了，向其他不认识的老师问好，这种感觉真不错。

学生8：还有在晚上的时候，会回想一天的言行得失，总结自己有哪些不足，虽然还有偶尔哪天忘掉的时候，但是也能总结不少自己的小缺点，每天进步一小步，逐渐优秀一大步，加油！

学生9：这学期，我自己都可以很明显地感觉到我的变化。以前，我很喜欢倚在门框上，站没站姿，坐没坐姿，走路也喜欢驼背。这一学期，学习了这些正确的姿势后，我开始有意识地改变这些，不久前的活力团比赛中，大一的任课老师，也是许久不见了，见到我的那刻，他说："变化挺大的，都快认不出来，气质越来越好了。"因此，课程真的对我们的人际交往影响很大，可能一些细节上的问题在别人眼里就会影响大格局的发展。

学生10：我学会了去赞赏和发现别人的优点。之前我是一个发现别人一个小缺点之后就能看到他身上一大堆缺点的人，但是，学习了"日三省吾身"之后，我慢慢地学会了发现别人身上的优点，慢慢发现别人身上的优点可以盖过他身上的缺点。正是学习了礼仪之后才懂得了如果只抓住别人的缺点就只会接收到负面情绪，对别人不好，对自己更加不好，以学会欣赏别人尤为重要。更明白了欣赏别人的优点，会让自己的内心更加明亮。

学生11：之前，我和朋友们之间的交流还充斥着脏话，举止也是很不得体。例如，刚开学的第二天，我撞到了一个同学，不仅没对她道歉，还骂她说“没长眼睛啊”。大一的时候是最没自我拘束的时候，那时候去食堂吃饭，即使有监管秩序的同学在，我也会经常插队买饭。大一的时候还总是随手丢垃圾，保洁阿姨扫好的道路也会出现一个个污点……种种不文明的行为都出现在了我身上。现在的我，撞倒人后会连忙道歉，询问他是否受伤，主动承担自己的责任；去食堂吃饭也会好好排队，不再“见缝插针”；手里的垃圾看到垃圾箱才会去丢……

学生12：每天进步一点点，养成良好的习惯。目标是转愚为慧，转缺点为优点，转小人为大人、大丈夫、君子、淑女。转凡成圣，细节决定成败，让优秀成为习惯，还要做计划表，几点起床几点背经典，几点锻炼要是做到就给自己加分，经过几节课的学习我每天六点半起床，每晚打坐半小时，看书半小时，熄灯前睡觉，每天主动给宿舍打扫卫生，这样既能锻炼自己也能给自己加分，还能给舍友留下好印象，何乐而不为呢？经过学习我已经得了好多分，也很有成就感，晚上坚持看书，早睡早起，违反就扣分，这样就能很好地控制自己了。

学生13：第一，让我明白了做人要学会谦卑，向优秀的人学习。没有人一生下来就是什么都会的，千万不要做一个盲目自大的人，优秀点评片段：已天下无敌，其实这都是虚的。只有脚踏实地去向优秀的人学习，才可以让自己变得更加优秀，让自己更加谦卑，不会因为骄傲而放纵自己。第二，让我明白了更加真实的精神生活是什么。从现在看以前的自己，真的有很多虚伪的东西来不断伪装着自己，表面上很强大，其实内心跟一个小孩子一样弱小无助。任何时候主动面对正视的东西，不逃避，让自己有一个强大的内心，拥有坚固真实的精神生活。第三，明白了时刻拥有一颗平静的心，宁静致远，戒骄戒躁。只有当一个人的心静下来的时候才能明白自己真正要做的是什么，不会再去计较平时一些琐事而耽误了自己真正要做的事情。时刻保持一颗平静的心态，厚积薄发，在不久的明天，总会有成绩。

学生14：第一，我变得勤劳了。在之前，无论在暑假还是双休日，只要能多睡一会，我绝对不会早睁眼，而现在与以往大不相同。现在在宿舍我都是第一个起床的，然后再叫舍友们起床，从前上学期上课迟到变为这学期0迟到。做事情不会拖拖拉拉了，当天的任务一定当天完成绝不拖到明天。第二，我变得勇敢了。在之前，我就是一个胆小鬼，遇到困难就逃避。现在的我，做什么事情都很勇敢，之前上台发言，都不敢说话。现在我自己敢在老师面前演讲、讲课等等。

学生15：虽然背得顺口，却领略不到其中的奥义。通过老师讲解，我幡然领悟，这就是要修身养性方能成大事啊，正是这些点滴小事汇聚起来，才能成就我们斑斓的人生。而如何去将小事做好呢？老师出的一招“列表格”也让我受益匪浅，将自己的言行举止做成数据，根据自己的表现来得出自己的分数，然后养成我们的好习惯的同时，也摒弃了那些坏习惯。比如我们之前沉迷网络游戏，我就每天给自己扣10分，久而久之，看着总是缺10分满分的数据，我开始逐渐改变，从每天打游戏到逐渐不打游戏到最后不打，我逐渐改变，我逐渐改变了打游戏的坏习惯。

二、坚持静坐的收获

学生1：每天练习打坐，通过自己一天的表现来给自己打分。我每天晚上都会打坐半个小时以上，每次结束之后都感觉自己的身心非常地舒畅。并且口水满满一口才达到了效果，说明自己打坐非常地标准。这也是坚定自己耐心和毅力的时候，也让自己提升很多。

学生2：我还养成了一个静心打坐的习惯。自从进入大二，课程便没有那么紧张了，有时待在宿舍休息总会因为玩手机而忘记了时间，每当放下手机的时候，便会觉得头脑昏昏沉沉的，我尝试了一下老师讲的打坐的方法，闭上眼睛盘起腿来，静静地坐在床上，把脑袋放空，不出十分钟，脑袋便会渐渐地清明起来，从那以后我便养成了打坐的习惯。

学生3：我改掉了许多坏的习惯，同时也养成了许多的好习惯。晚上不再熬夜，而是选择在睡前打坐半小时，打坐给我带来了许多的益处，让我可以快速入睡，解决掉以前失眠的问题，第二天早上起床感觉容光焕发，这样以便于我开启一天全新的学习生活。打坐会让我凝神聚气，身心愉悦。通过上课坐姿、站姿的练习，让我养成了较好的坐姿、站姿的行为习惯，何时何地都能保证坐姿的三个90度，整个人的外表仪态较以前有了很大的改变。走路姿势也有所改善，驼背现象有所好转，整个人的气质在无形中提升了许多。

学生4：我还养成了每天打坐背经典的习惯，每天晚上在睡觉之前都会打坐一小时。每次打坐，感觉世界仿佛只有我一个人，没有任何的喧闹，仿佛置身天堂。不知不觉口水已经充满了嘴巴，我觉得这可能就是打坐的真谛吧。不仅如此，我的坐姿和站姿已经练得非常好，每天上课前，我们除了向老师行作揖礼，还会听着舒服的音乐呈三个90度坐好。行得端，坐的正，再听着令人放松的音乐，那感觉真的美妙极了。

学生5：尤其是老师让我们养浩然正气的静坐那10分钟，我都会尽量克制我自已按照标准或站或坐，为什么是尽量克制呢？因为之前长期的不良站坐习惯骨骼都形成定格了，一旦改换一种方法身体就会极其不适应。那个难受呀！没点小毅力还真坚持不下来。但要是坚持完疼过之后你就可以体会到一种舒服感，那种感觉是心理上的成就感还是身体上的舒展感，我也说不清楚。还有课下的练习，我确实没有像老师说的那样每天花半个小时练习功课，因为我是真的忙得没有时间。但像这种坐着挺直背，站着要站直等我会利用上课和排队期间来保持练习。从开始的真的坚持不了几分钟，到现在的习以为常。当然也会有时稍稍懈怠一下。整体来说还是好的。背也不像过去驼得那么明显了。长时间坐着也不会那么腰疼和一条腿经常麻了，可能我说得过于神奇，但没有办法，它就是那么神奇的存在。

学生6：以前我对平辈和长辈间说话言语中难免说一些粗鄙之语，杨老师每天上课安排的静坐也好站姿训练也好都能让人安静下浮躁的心，以后再和平辈长辈谈话，我也懂得了凡事先静心，再动嘴讲话，讲话更要讲一些文明的语言。

学生7：因为疫情原因，在家里待着的时间比以往的任何一个假期都要长。再加上管控严格，需要人与人间减少直接来往，所以大都只能待在家里。本来就依赖手机，这一下来，对手机的依赖程度更加深了，而大家也知道，我们刷手机的时候，时针是转得最快的时候，而这个假期也让我养成了两个“习惯”：长时间看手机和熬夜。

开学以后，杨老师教我们静坐修身，三个90度，坐姿也要两腿与肩同宽。静坐或静立的时候，一开始会很别扭，很累，所以会觉得时间很慢，这就给了我们充足的思考时间，我觉得这个很有用，我有时在宿舍也会静坐，如果是白天，我就会给自己几分钟想想，这一天要干什么；如果是晚上，我会想自己这一天都干了什么，哪些事情干得不好。我虽然并不经常在宿舍这样，但是我确实也时不时会静坐思考一会儿，而且我也觉得收获了很多，最起码，手机离手一个小时，我不会觉得焦躁，熬夜的频率也比疫情期间大大的减少了。当然，我知道这还远远不够，我还需要继续努力。

学生8：在黑板上写下“长养浩然正气”这几个大字，刚开始练习的时候我在想，坐立有什么难的，就挺直背坐好就可以了，经过老师讲正步坐姿，我才发现“坐”也不是一件简单的事情。首先要双腿并拢，双脚并着，手心铺在腿上，手臂要放松，背和大腿，大腿和小腿，腿和地面要呈90°，舌头要抵在上颚，面部带有微笑，百会穴冲天。听老师讲这个后，我尝试着做了一下，发现与我平时的坐姿确实不一样，我们把这个叫作“打坐”。每次上课都要“打坐”十分钟，心中默念“长养浩然正气”几个字，刚开始的时候我感觉背和腰酸酸的，很累，但是真的让人的心静下来、沉了下来，现在的我每天都会拿出15分钟来练习正步坐姿。它不仅让我身体的形态变得很正，更重要的是“正心”！

学生9：我试着坚持打坐，让我整个人静下来后反思今天的收获，慢慢地我也会让自己慢下来，告诉自己，有些事情不是发火就可以解决的，心情平静了，也改善了与父母和同学间的关系。

附录5　道德经曲谱参考

最正统的吟诵调，推荐北京国子监吟诵调，请在网络上收听。

以下曲谱节选自华中师范大学孙享林教授的《李聃道德经意解·曲谱》，供读者参考：

第一曲　道

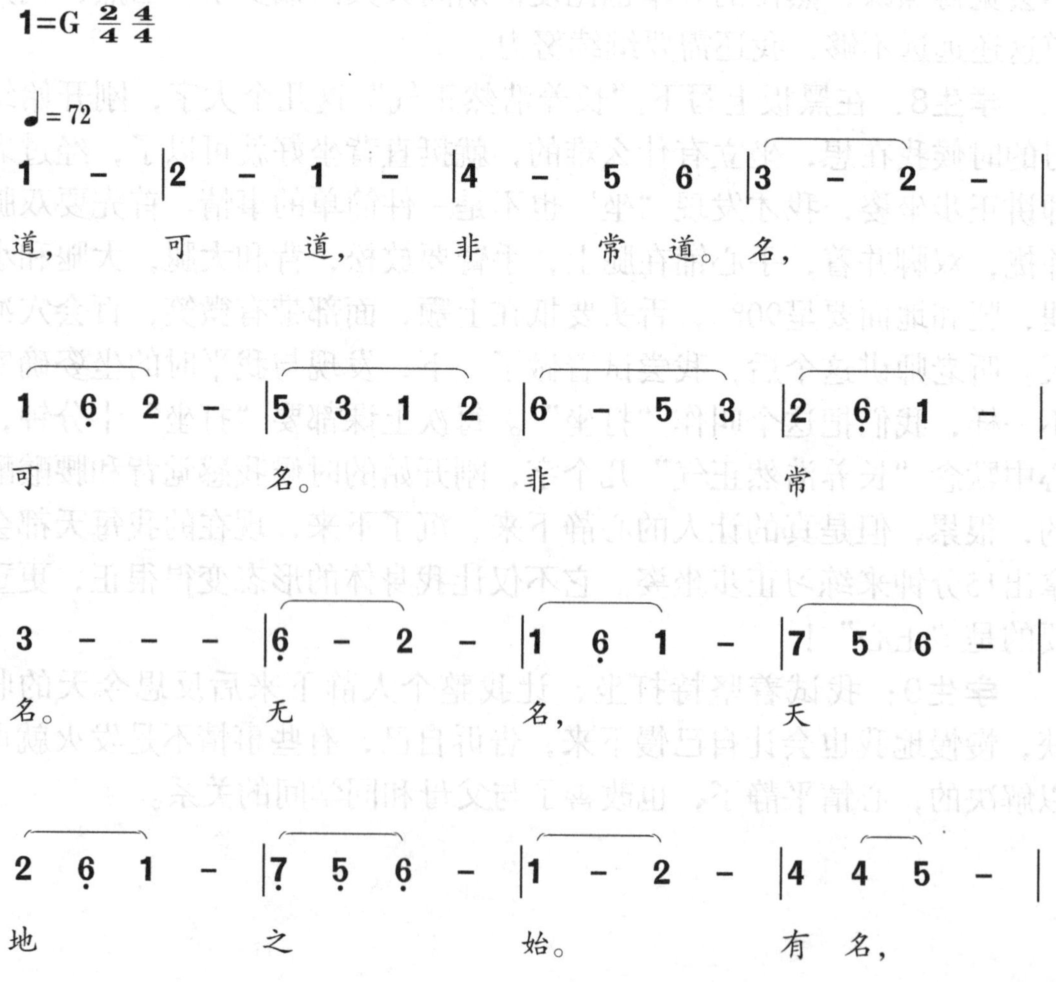
1=G 2/4 4/4
♩= 72
道，可道，非常道。名，
可名。非常
名。无名，天
地之始。有名，

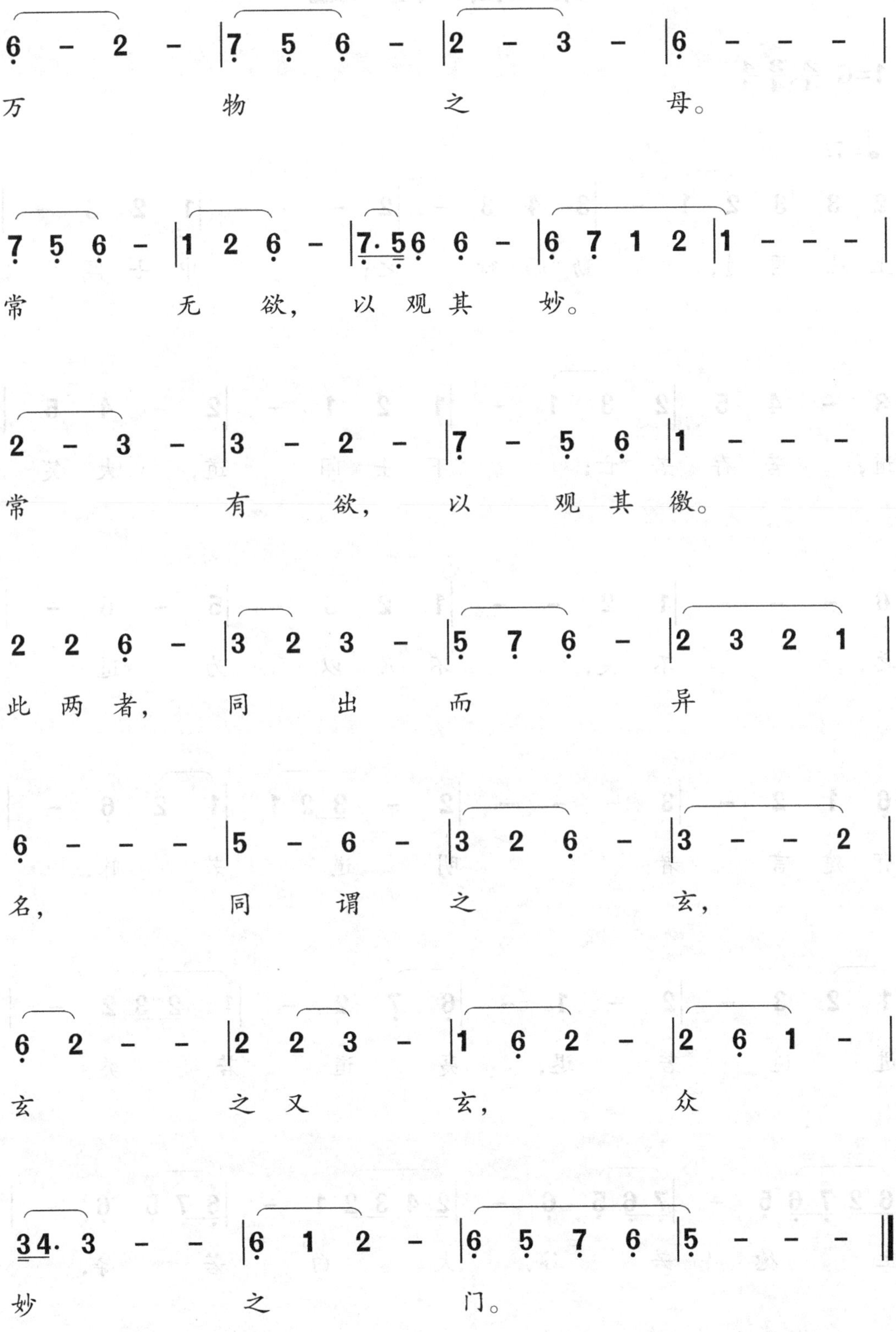
万 物 之 母。
常 无 欲，以 观 其 妙。
常 有 欲，以 观 其 徼。
此 两 者，同 出 而 异
名，同 谓 之 玄，
玄 之 又 玄，众
妙 之 门。

第二曲　闻　道

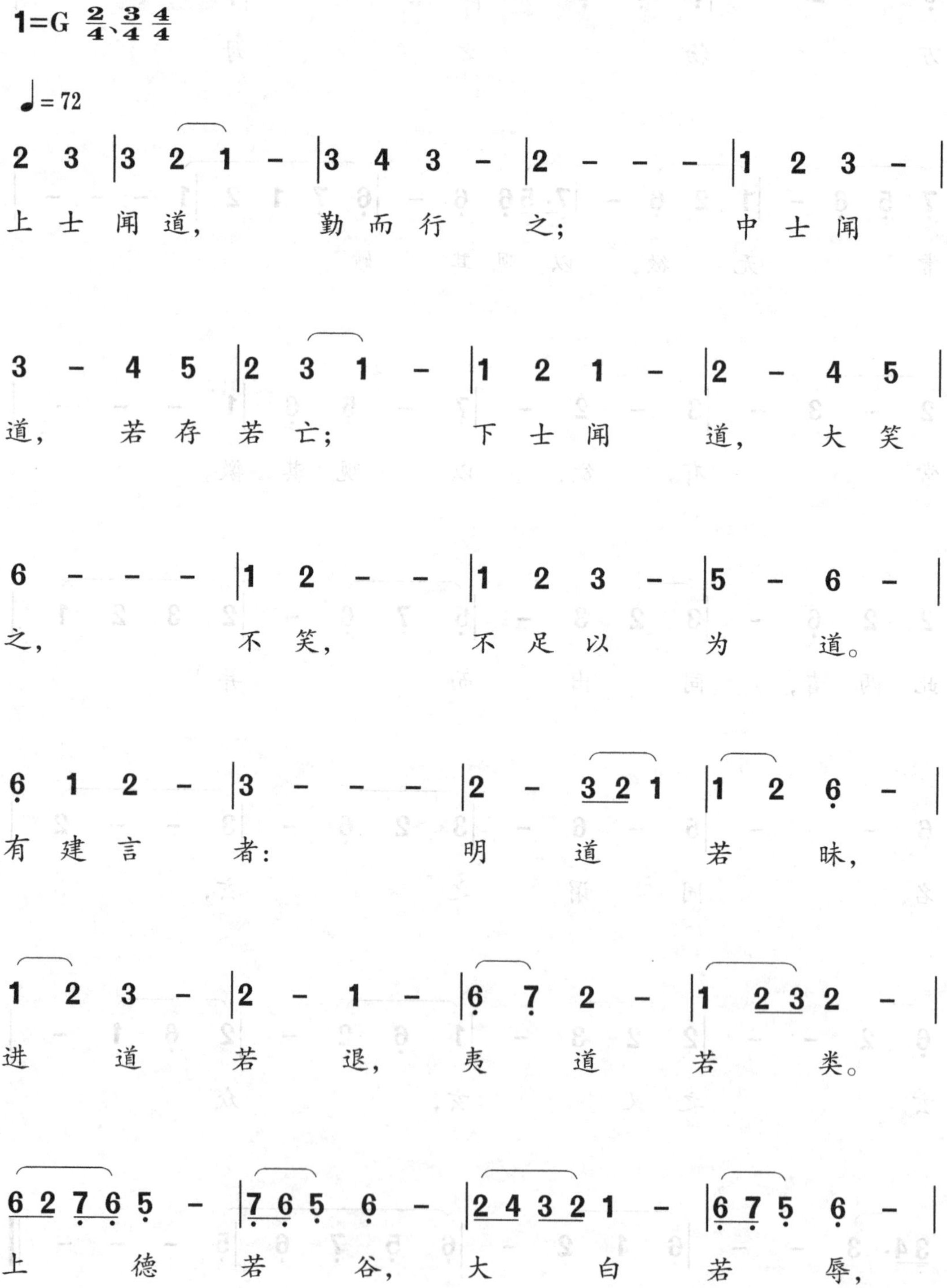
1=G 2/4、3/4 4/4
♩= 72
上士闻道，勤而行之；中士闻
道，若存若亡；下士闻道，大笑
之，不笑，不足以为道。
有建言者：明道若昧，
进道若退，夷道若类。
上德若谷，大白若辱，

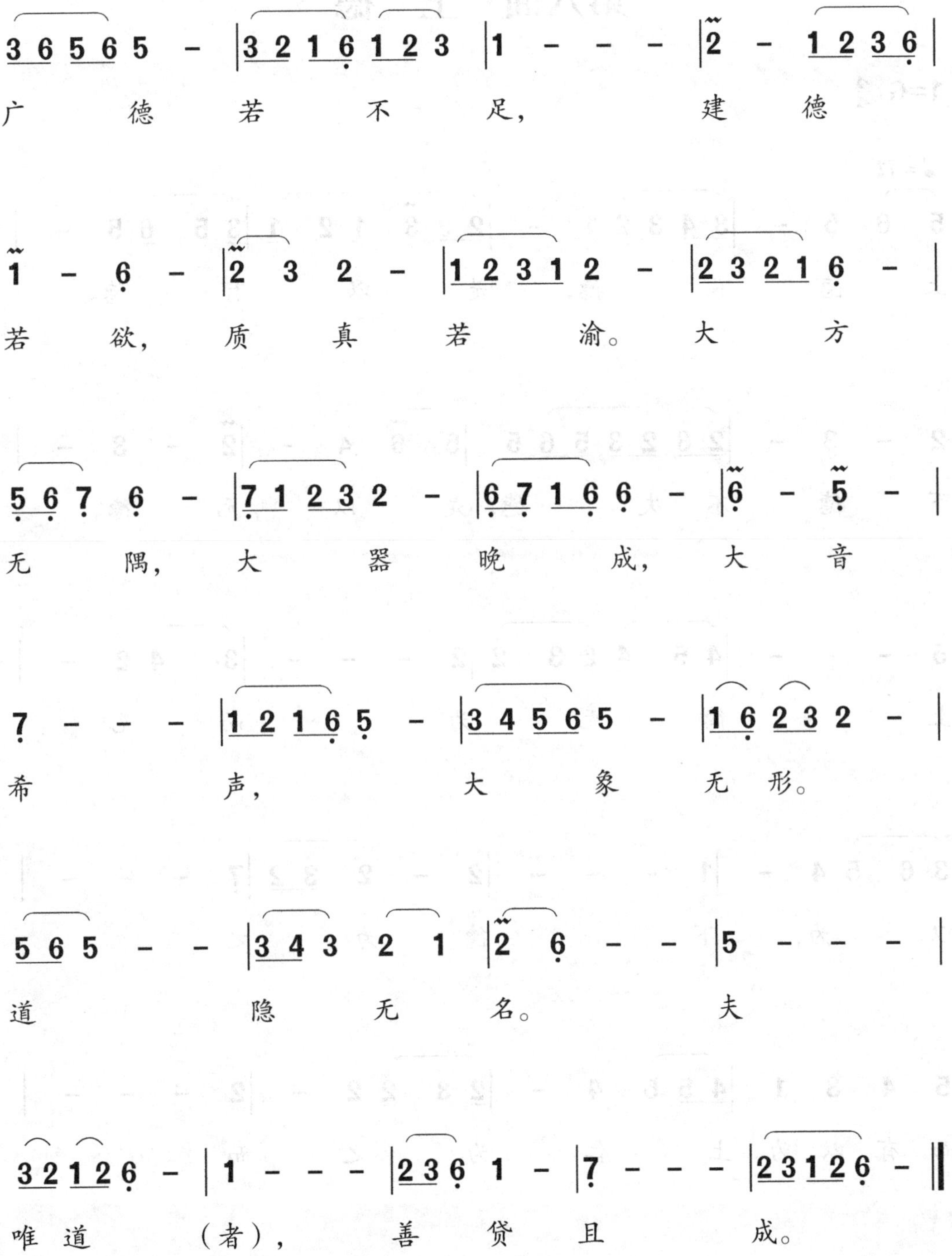
广 德 若 不 足， 建 德
若 欲， 质 真 若 渝。 大 方
无 隅， 大 器 晚 成， 大 音
希 声， 大 象 无 形。
道 隐 无 名。 夫
唯 道 （者）， 善 贷 且 成。

第八曲　上　德

1=G $\frac{4}{4}$

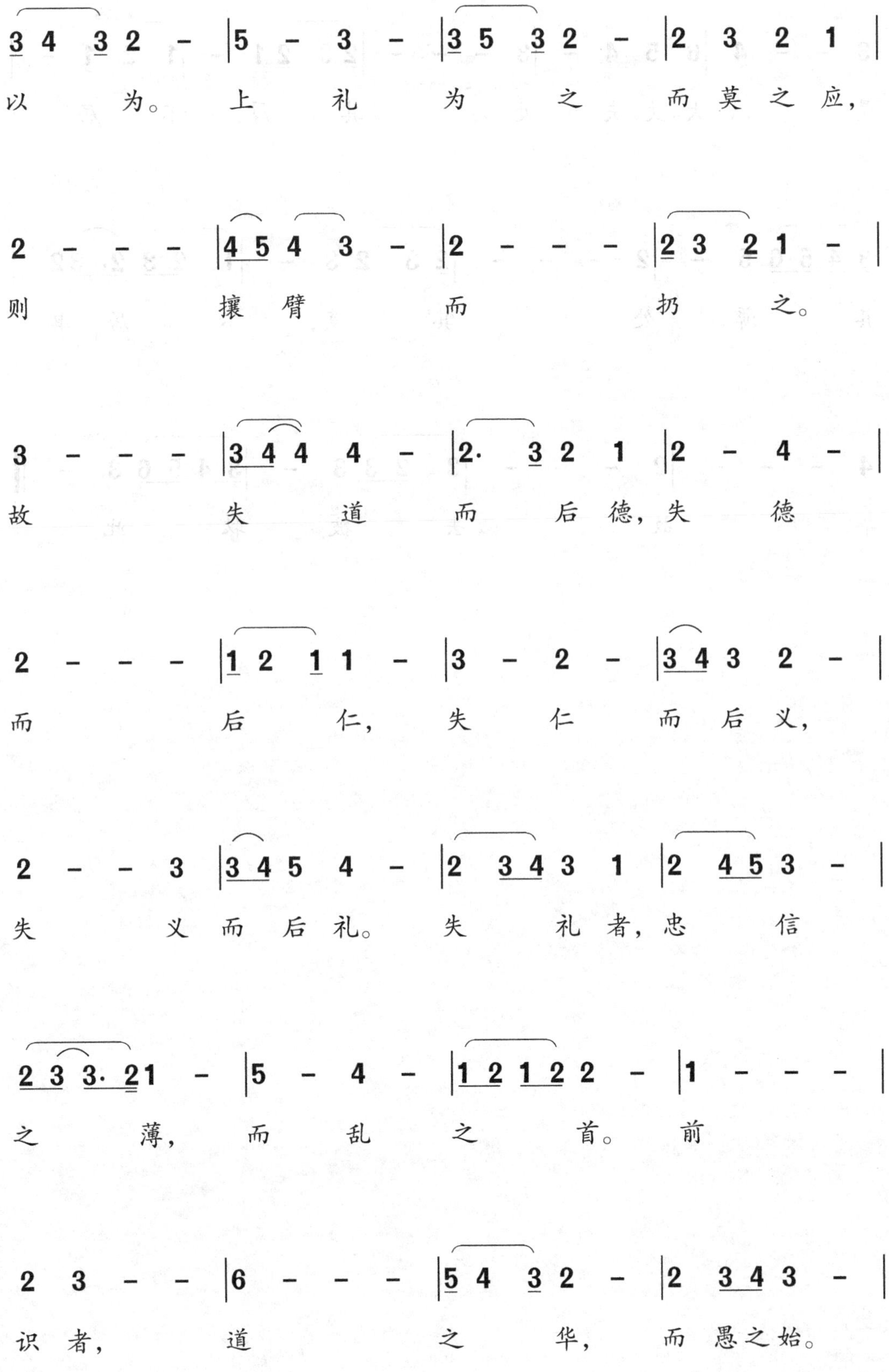
以 为。上 礼 为 之 而莫之应，
则 攘 臂 而 扔 之。
故 失 道 而 后德，失 德
而 后 仁，失 仁 而 后 义，
失 义 而 后 礼。失 礼 者，忠 信
之 薄，而 乱 之 首。前
识 者，道 之 华，而 愚之始。

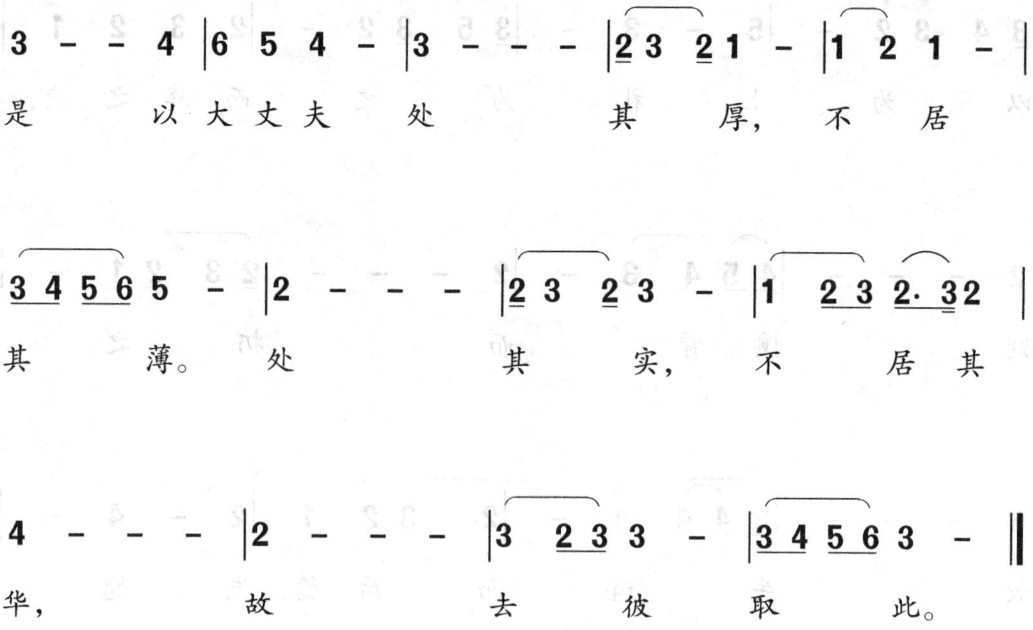
是 以大丈夫 处 其 厚，不 居
其 薄。处 其 实，不 居 其
华， 故 去 彼 取 此。

第四曲 建德

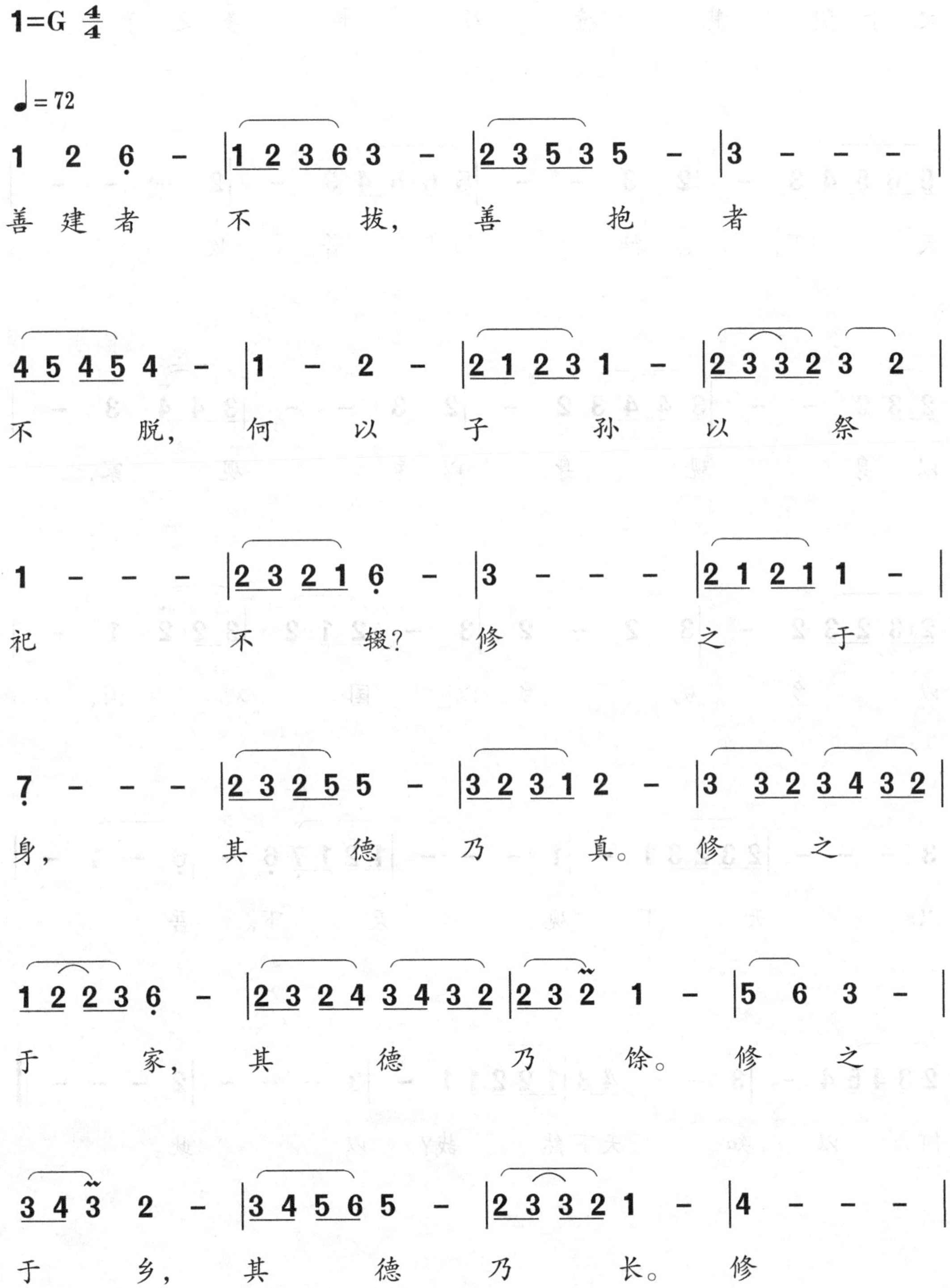
1=G 4/4
♩=72
善建者不拔，善抱者
不脱，何以子孙以祭
祀不辍？修之于
身，其德乃真。修之
于家，其德乃馀。修之
于乡，其德乃长。修

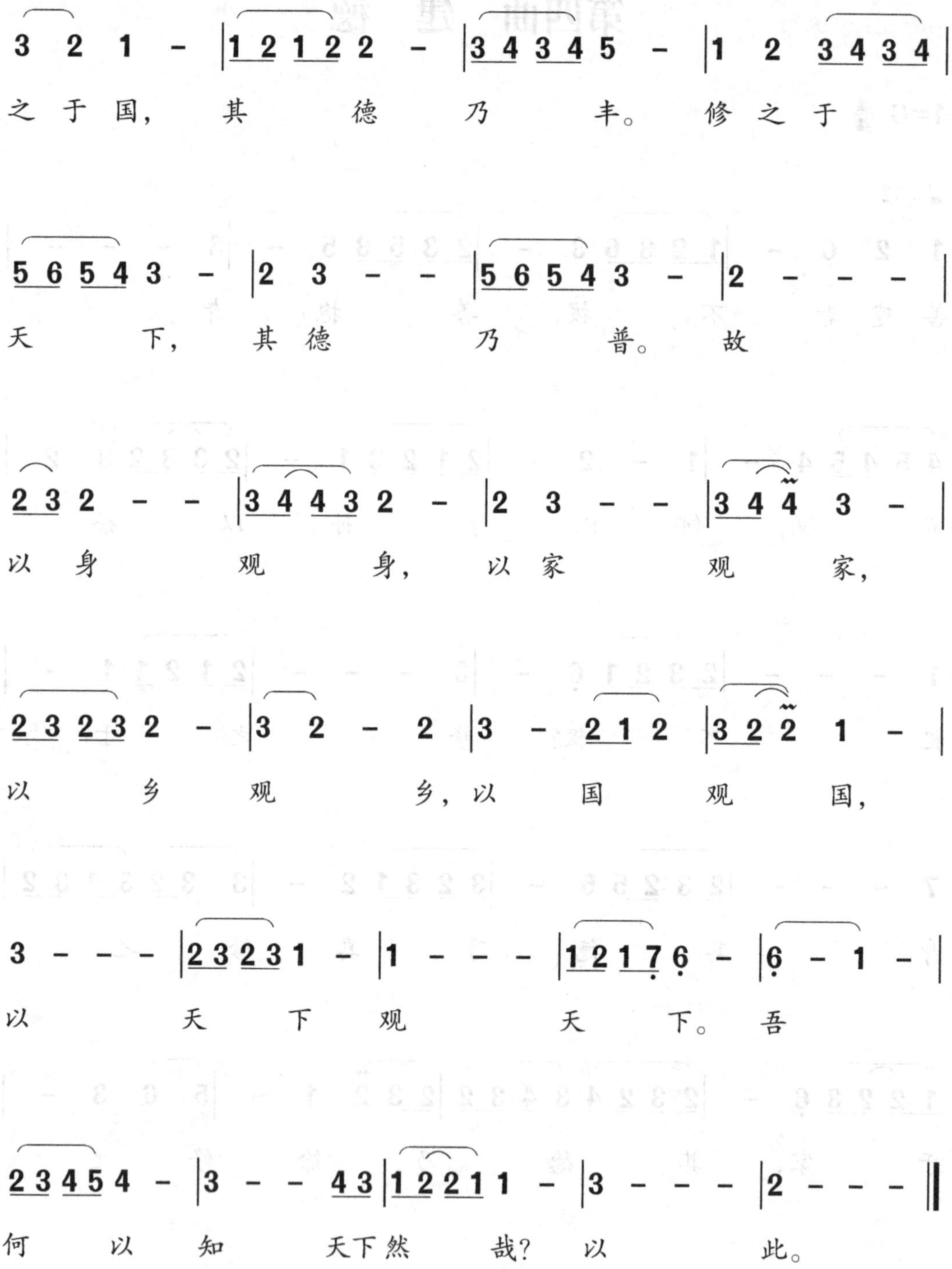
之于国，其德乃丰。修之于
天下，其德乃普。故
以身观身，以家观家，
以乡观乡，以国观国，
以天下观天下。吾
何以知天下然哉？以此。

第七十九曲 知 人

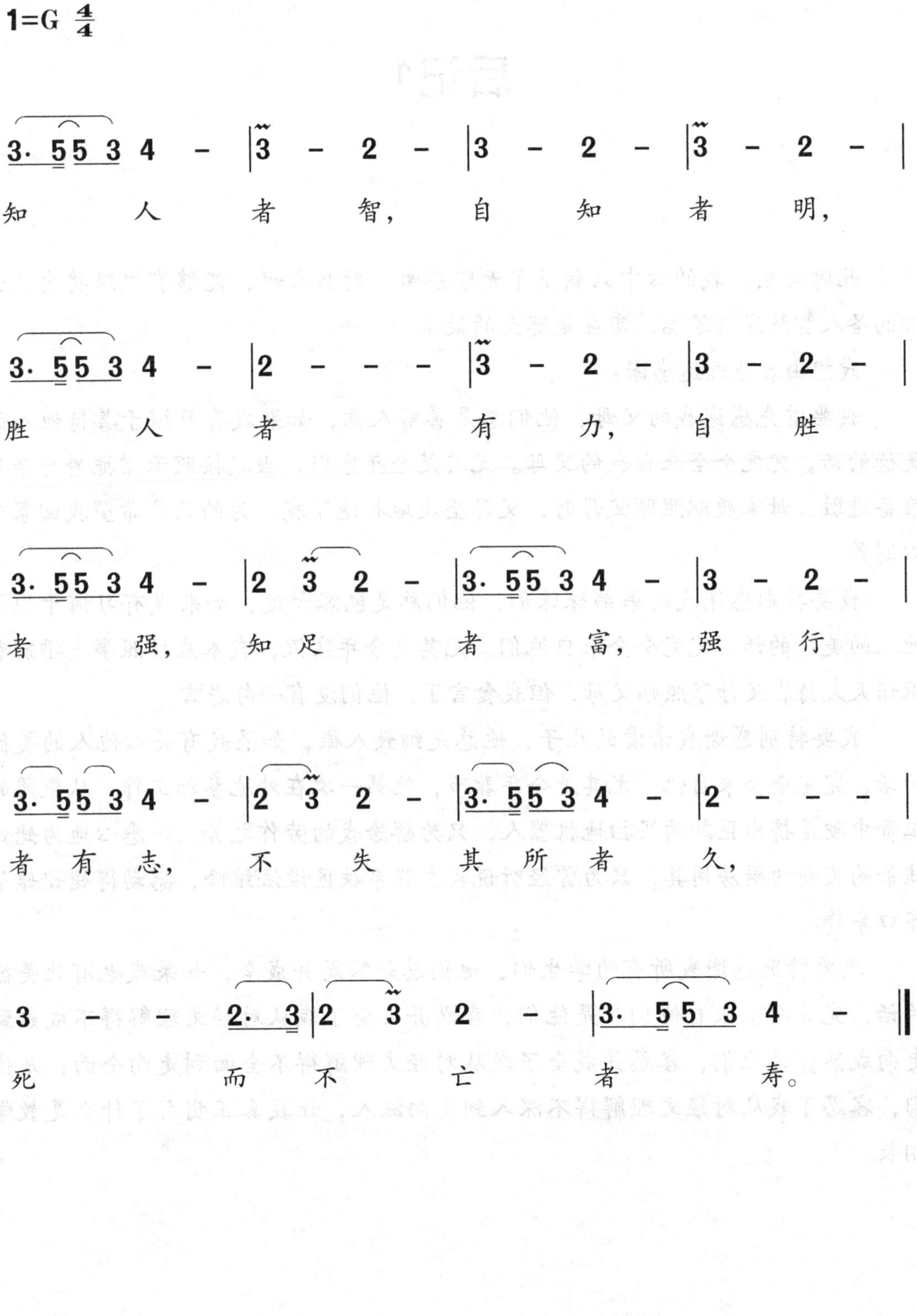
1=G 4/4
知人者智，自知者明，
胜人者有力，自胜
者强，知足者富，强行
者有志，不失其所者久，
死而不亡者寿。

后记1

此时此刻，我的心中只剩下了无限感激，对我来说，能够有机缘将自己景仰的圣人智慧发诸笔端，实在是莫大的荣幸！

我想由衷地表达感谢：

我要首先感谢我的父母，他们总是善解人意，如果我有习惯于善待他人的美德的话，完完全全来自我的父母。尤其是今年寒假，当我按照承诺拖着行李箱准备进驻父母家履职照顾父母时，父母坚决地拒绝了我，为的只是希望我回家专心写作。

我要特别感谢我的弟弟妹妹们，他们总是包容大度，如果我有习惯于原谅他人的美德的话，完完全全来自他们。尤其是今年寒假，我本应按照事先排班和承诺天天待在父母家照顾父母，但我食言了，他们没有一句怨言。

我要特别感谢我亲爱的儿子，他总是细致入微，如果我有关心他人的美德的话，完完全全来自他。尤其是今年春节，他第一次在外地参加工作，从微薄的工资中硬是挤出巨款购买扫地机器人，只为解除我的劳作之苦。还悉心地为姥姥姥爷购买新的厨房用具，只为曾经听说我去联系铁匠设法维修，感动得姥姥姥爷齐口夸赞。

我要特别感谢我所有的学生们，他们总是容忍并成全，如果我也有此美德的话，完完全全来自他们。是他们，容忍并成全了我从对经文理解得不成熟到走向成熟；是他们，容忍并成全了我从对经文理解得不全面到走向全面；是他们，容忍了我从对经文理解得不深入到走向深入，让我真正明白了什么是教学相长。

我还要特别感谢张总和出版社领导、新华书店采编和学校教务处领导，尽管我推迟交稿一个月，但一直在鼓励我、支持我、信任我、宽容我，使我能够沉下心来逐字逐句与圣贤碰撞出智慧的火花。

再次挚诚感谢！祝他们处处心想事成、时时万事如意！

杨萍

于龙泽书苑

2020年10月9日

后记2

我尤其要衷心感谢青岛市礼仪学会的发起人、名誉会长、顾问、领导班子和全体同仁，以及促成学会成立和成长的所有民盟青岛市委领导、民政局领导、社科联领导、青岛酒店管理职业技术学院领导和其他所有恩人朋友们！

学会自2014年4月份开始正式申报，2015年9月28日举行成立仪式。漫漫申请路，让我们倍加珍惜和感谢，可以说，没有姜汇峰会长、刘怀荣院长等发起人的悉心引领不可能有学会的诞生；没有葛燕娣局长、沈竹君局长、陈洁秘书长、陈蕴薪律师等同志的全力支持与帮助，我们不可能顺利跨越诸多坎坷破土而出；没有张辉总经理、王鲁刚董事长、张荣真经理、李达书记、姜玉鹏院长、马志平校长、陈英校长、崔西展校长、孙睿校长、安晓兵校长等的倾心支持与帮助，学会不可能实现一个个突破；如果没有彭林教授、杨朝明院长、胡延森主席、王新春主任、李鸿令局长、杨民刚院长、冯显泉会长、韩曙黎局长、隋红主任等的鼎力支持，学会也不可能具备破釜沉舟勇往直前的勇气、如果没有班子成员的团结友爱更难以使嫩芽得以呵护并维系至今。为此，我将永远铭记并挚诚感恩他们：

挚诚感谢青岛市礼仪学会发起人：葛燕娣、姜汇丰、林艺霞、刘怀荣、陈洁、孟天运、马志平、刘树艳、冷卫国等。

挚诚感谢青岛市礼仪学会所有名誉会长和顾问：杨朝明、胡延森、彭林、王新春、李鸿令、李达、史立萍、杨民刚、冯显泉、陈蕴新等。

挚诚感谢所有领导班子成员：刘怀荣、刘树艳、孟天运、于成宝、冷卫国、蔡连卫、葛燕娣、马志平、杨武成、陈英、唐好勇、曲桂蓉、于刚、姜国昌等。

挚诚感谢其他所有呵护学会成立和成长的恩人们如：王晋卿、李春虎、张辉、王鲁刚、沈竹君、陈立波、林于滨、赵维枫、田荣峰、邵如、张栋、赵宁宁、袁孟河、王鹏、俞永、葛树荣、杨华新、刘宝、郭芳、肖建来、刘学琴、纪云华、姚志刚、姚新平、王栋、马耀清、张维克、王光敏、刘悦令、张荣真、崔西展、孙睿、安晓兵、刘存霓、杨永峰、王吉会、李丽、戴玉环、王晓光、魏华、王玉萍、孙文洁、孙勇胜、王春燕、曹宝升、王永祥、王振国、牛鲁平、张禹、陈杰、于向阳、韩曙黎、姜玉鹏、王文、马耀清、张维克、曲志敏、朱永帅、徐悦伟、赵一诺、丁超、孙军展、李华、王瑞、王建敏、肖颖、杨恒珉、杨恒、高小力、傅克冲、王建民、焦学锋、韩小讴、程泉、王增民、马新民、高峰、曲林、马良、吴明昌、赵伟、吴华华等等。

挚诚感谢所有积极参与的会员朋友们如：杨珊珊、孙品、宫泉久、李春虎、王平、隋雪丽、王惠荣、董瑞虎、王文慧、高峰、郭新璇、谢建宏、郭玉娟、赵文静、詹荣菊、姜瑞华、赵应淇、张桂霞、罗冬梅、陈健、陈继红、郭斌、张传友、曾伟、焦绪霞、顾迎新、韩萍、于海芹、郭兰华、石增业、谢建宏、郭玉娟、隋雪丽、贾海平、汤涵清、许帅、郝敬宏、徐建军、金莹莹、张晓清、郭新璇、修相科、隋泽泉、王悦、董诣卿、王莒、王雪逢、王冲、傅尧尧、赵晓晨、陈蕾蕾、梁倩茹、鲍婷婷、曹娟、韩淑红、修秀、王序天馨、徐乔、宗帅、张萌、柯珊、沙珍珍、张静静、万蕾、王琦、张美凤、刘函初、潘罡、周海磊等等。

挚诚感谢所有热心礼仪事业的单位会员如：中国石油大学、山东科技大学、青岛农业大学、青岛酒店管理职业技术学院、山东省青岛第二中学、青岛实验高级中学、青岛市崂山第二中学（山东省青岛第六十八中学）、青岛实验初级中学、青岛上清路小学、青岛大学路小学、山东省青岛第九中学、青岛电子学校、青岛市技师学院、青岛城市管理职业学校、青岛高新职业学校、招商证券股份有限公司青岛分公司、青岛宁夏路第二小学、青岛八大峡小学、青岛嘉峪关学校、青岛镇江路小学、青岛香港路小学、青岛宁夏路小学、青岛市实验小学、北京国开当代教育投资集团有限公司、青岛东方国际招标有限公司、青岛农村商业银行股份有限公司李沧支行、皇明洁能控股（青岛）有限公司等。

挚诚感谢青岛酒店管理职业技术学院我所有的新老领导、同事和朋友们，感谢他们多年来的陪伴、宽容、教导和鼎力支持！！

挚诚感谢所有关心、支持、帮助本书编辑、出版工作的各级领导、各位同仁、各界朋友们！

再次挚诚致谢！祝恩人们处处心想事成、时时万事如意！！

杨萍于龙泽书苑

20230415